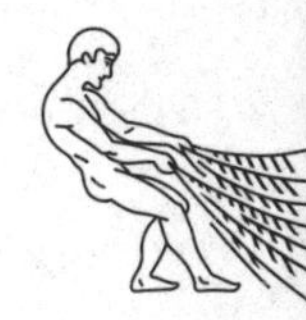

Hubertus Büschel

Hitlers adliger Diplomat

Der Herzog von Coburg und das Dritte Reich

S. FISCHER

Die Zeit des Nationalsozialismus
Eine Buchreihe
Begründet und bis 2011 herausgegeben von Walter H. Pehle

Erschienen bei S. FISCHER

Satz: Fotosatz Amann, Memmingen
Druck und Bindung: CPI books GmbH, Leck
Printed in Germany
ISBN 978-3-10-002261-5

Inhalt

Einleitung

11. April 1945: Das Ende des Krieges auf der Veste Coburg

Am frühen Morgen des 11. April 1945 erreichten amerikanische Truppenverbände die oberfränkische Kleinstadt Coburg. Es hatte in den Tagen zuvor heftige Kampfhandlungen gegeben, bis schließlich der für den Frontabschnitt zuständige Kommandant der Wehrmacht und der Coburger Oberbürgermeister kapitulierten.[1] Allmählich war weitgehend Ruhe eingekehrt. Nur noch vereinzelt hörte man Schüsse oder die Explosion einer Handgranate.

Am Nachmittag des gleichen Tages kroch eine Wagenkolonne der US-Armee den Coburger Festungsberg hinauf. Die Amerikaner hatten auf der gesonderten Übergabe der sogenannten »Veste« über der Stadt bestanden – einer ausladenden Burg, in der sich einige Wehrmachtsoldaten verschanzt hatten. Die Amerikaner verfolgten aber auch ein anderes Ziel. Sie wollten einen international bekannten, mit Monarchen in Schweden, England, Bulgarien, Belgien, den Niederlanden und vielen anderen europäischen Ländern verwandten[2] hochrangigen »Nazi-Bonzen« verhören,[3] der als Getreuer Hitlers der ersten Stunde galt, zahlreiche wichtige Ämter im Dritten Reich innegehabt und weltweit für das Regime geworben hatte.[4] Ihr Interesse galt Carl Eduard von Sachsen-Coburg und Gotha, der unter den Nationalsozialisten meist nur kurz »Herzog von Coburg« genannt wurde.[5] Als Einziger der 1918 abgesetzten deutschen Bundesfürsten hatte sich Carl Eduard bis 1945 für Hitler eingesetzt.

Dabei war der deutsche Herzog ein gebürtiger Engländer und als Enkel Queen Victorias Mitglied der britischen Königsfamilie.

In den Jeeps, die hinauf zur Veste Coburg fuhren, saßen neben Paul J. Friedman, einem Captain der US-Armee, sein begleitender Offizier Robert H. Roberts, einige Militärreporter, Fotografen, zwei Coburger Bürgermeister und ein Oberstleutnant der Wehrmacht.[6] Alles sollte dokumentiert und später bezeugt werden. Bedeutendes war zu erwarten.

Die Wagenkolonne überquerte die steinerne Brücke am Wall der Veste, durchfuhr einen hochgewölbten, spärlich beleuchteten Tunnel – schemenhaft waren eiserne Tore und ein Fallgitter zu erkennen – und parkte im ersten Burghof. Dort wartete bereits ein Mann, der sich als Bodo Voigts und Generalbevollmächtigter des Herzogs vorstellte.[7]

Vermutlich waren die Amerikaner sehr angespannt an diesem Nachmittag – nicht nur aufgrund der heftigen Kämpfe um die Stadt Coburg und der ihnen nun bevorstehenden Begegnung mit dem Herzog. Die militärischen Dienststellen hatten gemeldet, dass in diesen Stunden das Konzentrationslager Buchenwald befreit werde, knapp 150 Kilometer nordöstlich von Coburg.[8] Das Grauen, die Leichenberge und die bis auf die Knochen abgemagerten Häftlinge, die man dort vorfinden würde, konnten die amerikanischen Offiziere zu diesem Zeitpunkt nur erahnen. Doch schon einige Tage vor der Einnahme von Coburg, am 5. April, hatte die US-Armee das Außenlager von Buchenwald in Ohrdruf befreit und war dabei auf die verkohlten Überreste von mehr als 3000 Menschen gestoßen, welche die SS vor ihrem Rückzug ermordet und auf Scheiterhaufen zu verbrennen versucht hatte.[9]

Nun würden die amerikanischen Offiziere mit dem Herzog von Coburg sprechen, den sie in unmittelbare Verbindung mit solchen Verbrechen brachten. Denn neben zahlreichen anderen hochrangigen Posten hatte Carl Eduard seit Ende 1933 das Amt des Präsidenten des Deutschen Roten Kreuzes (DRK) inne. Unter seiner Präsidentschaft war aus der karitativen und humanitären Hilfsorganisation ein von der SS infiltriertes Sanitätskorps geworden, das unter dem Verdacht stand, für die Verbrechen des Regimes in den Konzentrationslagern, für die als »Aktion T4« getarnte Ermordung zehntausender Insassen von Heil- und Pflegeanstalten und für den Massenmord an den Juden mit verantwortlich, wenn nicht sogar maßgeblich beteiligt gewesen zu sein.[10] So war der Reichsgesundheitsführer und SS-Obergruppenführer Leonardo Conti mit dem DRK verbunden, der als ein maßgeblicher Initiator der »Euthanasie«-Verbrechen gilt.[11] Carl Eduards Stellvertreter als Präsident des DRK war der SS-Reichsarzt Ernst-Robert Grawitz gewesen, der ebenfalls ein Drahtzieher der Krankenmorde war. Grawitz war überdies verantwortlich für Menschenversuche in Konzentrationslagern und für die Auswahl von Ärzten, welche die »Selektionen« in den Vernichtungslagern durchführten.[12]

Am 8. April hatten die Briten einen Funkspruch aus dem Führerhauptquartier in Berlin abgefangen, in dem es hieß: Der Herzog von Coburg dürfe »auf keinen Fall in die Hände des Feindes« fallen.[13] Das ließ vermuten, dass Carl Eduard von Hitler höchstpersönlich als Geheimnisträger hinsichtlich der Verbrechen des Regimes eingestuft worden war.

Die Präsidentschaft im DRK war allerdings bei weitem nicht das einzige Amt, das der Herzog von Coburg im Nationalsozialismus innehatte. Bei ihm liefen zur Zeit des Dritten Reiches mehr Funktionen zusammen als bei jedem anderen einstmals regierenden Monarchen Deutschlands. Dabei hatte Carl Eduard immer auch abgewogen, was ihm das Eintreten für die NSDAP auch persönlich bringen könnte – an Einfluss, Macht und Vermögen. Wenngleich er seit 1919 in zahlreichen nationalkonservativen und rechtsradikalen Bünden engagiert war – wie dem Stahlhelm –, stand er wie viele seiner Bundesgenossen Hitler zunächst eher kritisch und abwartend gegenüber.[14]

Der Herzog von Coburg – Ämter und Funktionen unter Hitler

Zur Reichstagswahl 1932 allerdings entschied sich der Herzog von Coburg endgültig für Hitler und ließ einen entsprechenden Wahlaufruf veröffentlichen.[15] Das brachte ihm vonseiten der Nationalkonservativen vehemente Kritik, von den Nationalsozialisten freilich Lob für sein »heldenhaftes Eintreten für die Bewegung« ein.[16] Später als viele seiner Verwandten – erst am 1. Mai 1933 – trat Carl Eduard schließlich in die NSDAP ein.[17]

Fortan war sein Engagement allerdings ungebremst: Noch im gleichen Jahr wurde er »förderndes Mitglied« der SS, was bedeutete, dass er dort zwar nicht aktiv tätig war, aber regelmäßig finanzielle Unterstützungen leistete.[18] Im Juli 1933 erfolgte die Ernennung zum SA-Gruppenführer und 1938 – von Hitler persönlich veranlasst – die Beförderung zum SA-Obergruppenführer.[19] Seit 1936 beteiligte sich Carl Eduard als Reichstagsabgeordneter an der parlamentarischen Farce des Hitler-Regimes.[20]

Über sein Engagement für die deutsche Automobilfahrt wurde der Herzog von Coburg Obergruppenführer und Ehrenvorsitzender des NS-Kraftfahrkorps (NSKK). Diese SA-nahe Massenorganisation[21] organisierte seit 1939 auch die Motorisierung der SS und der Polizeibataillone und war somit zumindest mittelbar an der Deportation und Ermordung von Juden in den besetzten Gebieten beteiligt.[22]

Ein weiteres durchaus brisantes Amt übte der Coburger Herzog seit April 1937 aus: Zu diesem Zeitpunkt wurde er Ehrenführer der deutschen Luftfahrt im Nationalsozialistischen Fliegerkorps (NSFK) und dort gleichzeitig Obergruppenführer. Allen, die mit dem NSFK verbunden waren, konnte zu dieser Zeit nicht entgangen sein, dass diese durch Führererlass im Frühjahr 1937 in der Nachfolge des Deutschen Luftsportverbandes (DLV e. V.) gegründete paramilitärische Organisation auf die Vorbereitung eines aggressiven Angriffskrieges ausgerichtet war.[23] Entsprechend unterstand das NSFK unmittelbar dem Reichsluftfahrtminister Hermann Göring. Alle Mitglieder des NSFK wurden von den Wehrmeldeämtern für den künftigen Kriegsfall erfasst.[24]

Bereits 1933 erhielt der Herzog von Coburg einen Sitz im Senat der Kaiser-Wilhelm-Gesellschaft zur Förderung der Wissenschaften (KWG). Von 1935 bis 1937 war er sogar deren erster Schriftführer.[25] Über seinen Schreibtisch liefen somit zentrale wirtschaftliche und wissenschaftsstrategische Entscheidungen. Viele Forscher der Kaiser-Wilhelm-Institute (KWI) waren zutiefst korrumpiert[26] und stellten ihre Arbeiten in den Dienst der Rüstungs- und NS-Rassenforschung, wobei es oft unmittelbare Verbindungen zum DRK gab.[27] Auch beteiligten sich Forscher der KWG an den verbrecherischen Menschenversuchen in den Konzentrations- und Vernichtungslagern bzw. bauten mit ihren Studien auf deren Ergebnissen auf.[28]

Carl Eduard war außerdem Mitglied von Aufsichtsräten wichtiger deutscher Firmen, die Profit aus dem Expansionskrieg, aus der Zwangsarbeit und aus der Verfolgung und Ermordung der jüdischen Bevölkerung zogen: Seit 1928 saß er im Aufsichtsrat der Wanderer-Werke in Schönau bei Chemnitz, die unter anderem Motorräder sowie Automobile für das NSKK produzierten sowie die Schreibmaschinen, auf denen die Deportations- und Todeslisten der SS getippt wurden.[29]

Zudem war der Herzog von Coburg auch im Aufsichtsrat der Rhein-Metall-Borsig AG tätig, die während des Zweiten Weltkrieges vollends in den Dienst der Rüstung gestellt und schließlich – unter Beibehaltung der alten Garde des Aufsichtsrates – den »Reichswerken Hermann Göring« einverleibt wurden. In den Rheinmetallwerken waren Tausende von Zwangsarbeitern eingesetzt, unter anderem in einem Außenlager des Konzentrationslagers Bergen-Belsen.[30]

Als die Deutscher Ring Lebensversicherung AG gleichgeschaltet und in die Deutsche Arbeitsfront (DAF) integriert wurde, trat

Carl Eduard auch hier dem Aufsichtsrat bei. Unverzüglich legte die Gesellschaft fest, künftig keine Juden mehr zu versichern, wozu der Aufsichtsrat seine Zustimmung zu erteilen hatte.[31] 1934 wurde der Herzog von Coburg in die Aufsichtsräte der Deutschen Bank und Discontogesellschaft und der Centralboden-Kredit AG berufen. Die Deutsche Bank profitierte enorm von den sogenannten »Arisierungen« und expandierte kontinuierlich im Zuge der Besetzung Europas.[32] Sie übernahm 1938 Kreditanstalten im Sudetenland sowie in Böhmen, Mähren und Österreich. Vor allem über die einstige Böhmische-Union-Bank beteiligte man sich an der »Arisierung« in Osteuropa zugunsten der Reichswerke Hermann Göring oder unmittelbar der SS. Es wird vermutet, dass die Deutsche Bank auch Profit aus dem Handel mit dem Gold ermordeter Juden schlug. Sie finanzierte zu ihrem Vorteil Unternehmungen im Lagerkomplex Auschwitz, wie beispielsweise für die IG-Farben.[33] Ähnlich verhielt es sich mit der Centralboden-Kredit AG, in deren Aufsichtsrat Carl Eduard und andere NS-Größen jüdische Bankiers ersetzten, die in die Emigration gezwungen worden waren.[34]

Im Jahr 1938 schließlich wurde der Herzog von Coburg der Vorsitzende des Aufsichtsrates bei der Europäischen Güter- und Reisegepäckversicherung, einem Unternehmen, das mit der Münchner Rückversicherung sowie der Allianz verflochten war und Millionen Reichsmark durch die Versicherung des Gepäcks emigrierender Juden, bei der Absicherung der Transporte von Raubgut und -kunst sowie der Habseligkeiten von Angehörigen der Wehrmacht, NS-Diplomaten und Verwaltungsmitarbeitern in den besetzten Gebieten und vor allem im Generalgouvernement verdiente.[35]

Über seine Ämter pflegte Carl Eduard regelmäßig Umgang mit Joseph Goebbels, Hermann Göring, Heinrich Himmler, Reinhard Heydrich, Rudolf Heß, Joachim von Ribbentrop und immer wieder auch mit Hitler selbst.

Dieser Umgang war ebenso wie die vielen Posten an Schlüsselstellen der Wirtschaft und Politik des NS-Staates für einen Aristokraten einzigartig. Denn Hitler hegte grundsätzlich ein Misstrauen gegenüber Alteliten wie dem Adel. Auch erschien ihm die Vorstellung der von Geburt her emporgehobenen Aristokraten unvereinbar mit dem Konzept der unter Ariern egalitären nationalsozialistischen »Volksgemeinschaft«.[36] Gegenüber Carl Eduard galten solche Bedenken offensichtlich nicht. Dies ist umso bemerkenswerter, als der Herzog von Coburg gar kein gebürtiger Deutscher, sondern Brite war und aus dem englischen Königshaus stammte.

Ein gebürtiger Brite als Hitlers Weltdiplomat

Aufgrund seines ehemaligen Standes als regierender Bundesfürst und seiner Zugehörigkeit zum britischen Königshaus führte der Coburger Herzog sein Leben lang den Titel »Königliche Hoheit«. Das erregte bei den Funktionsträgern der SS, SA und bei Hitler selbst, die in ihren Schreiben Carl Eduard entsprechend anredeten, erstaunlicherweise keineswegs Argwohn. Es waren gerade die internationalen Verbindungen des Herzogs von Coburg nach Großbritannien, die ihn für die Nationalsozialisten so interessant werden ließen, setzten Hitler und sein »Beauftragter für außenpolitische Fragen«, der SS-Ehren- und Standartenführer Ribbentrop,[37] doch zunächst durchaus auf Allianzen mit dem Vereinigten Königreich.[38]

Aufgrund ihres nicht zuletzt auch politischen Einflusses waren für die Nationalsozialisten einige englische Adelsfamilien von besonderer Relevanz, die unter anderem vor dem Hintergrund ihres wirtschaftlichen und sozialen Abstiegs nach dem Ersten Weltkrieg[39] eine besondere Affinität für die britischen Faschisten und hier vor allem für die »Blackshirts« Oswald Mosleys hegten.[40] Besonders der Kronprinz, der 1936 König Edward VIII. werden sollte und ein Großcousin Carl Eduards war, zeigte sich der Hitler-Bewegung gegenüber sehr aufgeschlossen.[41] Mit solchen exklusiven Verbindungen im Rücken gelangte der Herzog von Coburg 1934 in die Position eines »Repräsentanten der Reichsregierung im Ausland mit Sonderauftrag« und führte als Vertreter Hitlers vertrauliche Unterredungen, wobei er seinen Zugang zur britischen Königsfamilie und zu anderen hochrangigen Persönlichkeiten nutzte.[42]

Im Dezember 1935 formte Ribbentrop außerdem mit dem Herzog von Coburg als Präsidenten und Ehrenvorsitzenden die sogenannte Deutsch-Englische Gesellschaft (DEG), ein Sammelbecken nationalkonservativer und antisemitischer Adliger und bürgerlicher Partei- und Wirtschaftsmagnaten aus dem Deutschen Reich und Großbritannien. Die DEG sollte (vorgeblich unter der Sicherung des Friedens) zwischen beiden Ländern vor allem Sympathien für den Faschismus und Hitlers Nationalsozialismus wecken. Die in der DEG organisierte Wirtschaftselite des Deutschen Reiches witterte vor allem lukrative Geschäftsbeziehungen, während Goebbels als Ehrenmitglied auf den nationalsozialistisch opportunen Zuschnitt der Tafelrunden und kulturellen Veranstaltungen achtete.[43] Ganz ähnliche Freundschafts- und Friedenspropaganda betrieb Carl Eduard als Präsident der im Oktober 1936 von Ribbentrop geschaffenen Vereinigung Deutscher Frontkämpfer-Verbände.[44]

Man gewann mit ihm somit einen willigen und treu ergebenen Unterstützer des Nationalsozialismus von internationaler Prominenz und mit besten Verbindungen. Die gleichgeschaltete deutsche Presse hielt keineswegs damit hinterm Berg, dass der Herzog von Coburg für das Ansehen Deutschlands im Ausland wichtig war, denn er sei »infolge seiner vielseitigen persönlichen Beziehungen wohlbekannt«.[45]

So unternahm Carl Eduard von 1933 bis 1944 in Hitlers Diensten mindestens 39 Auslands- und zwei Weltreisen.[46] 1934 besuchte er innerhalb von vier Monaten England, Kanada, die USA, Japan, China, Singapur, Indien, Ägypten und Italien.[47] Hierbei visitierte er nicht nur die Auslandsorganisationen der NSDAP,[48] sondern knüpfte auch für das nationalsozialistische Regime wichtige politische und wirtschaftliche Kontakte – beispielsweise zu amerikanischen Wirtschaftsmagnaten, zu internationalen Rot-Kreuz-Vertretern und zum japanischen Kaiserhof.[49]

Von Februar bis Juni 1940 begab sich Carl Eduard als Präsident des DRK und Sonderbeauftragter der Reichsregierung auf eine zweite Weltreise in die USA, nach Japan und in die Sowjetunion. Im Weißen Haus hatte er Gelegenheit, mit dem amerikanischen Präsidenten Franklin D. Roosevelt zu sprechen, in Tokio mit Kaiser Hirohito.[50]

Nur wenige Monate nach der Reise des Herzogs von Coburg – am 27. September 1940 – wurde der Dreimächtepakt zwischen Japan, Italien und dem Deutschen Reich geschlossen. Hitler hielt die »Achse Berlin–Rom–Tokyo« für einen wichtigen Schritt auf dem Weg zur Weltherrschaft.[51]

Es scheint, dass Hitler die Dienste des Coburger Herzogs bei seinen Ämtern und diplomatischen Missionen bis zum Ende des Dritten Reiches schätzte und würdigte: Der Führererlass vom 19. Mai 1943, dass aus der Staatsbürokratie, Partei und Wehrmacht alle Personen zu entfernen seien, die verwandtschaftliche Beziehungen ins »feindlich gesinnte Ausland« unterhielten, blieb für Carl Eduard auf Hitlers Befehl ausgesetzt.[52] Bis zum Ende des Krieges verblieb er in allen seinen Ämtern. Darüber hinaus bezog der Herzog von Coburg aus Hitlers Privatschatulle regelmäßig hohe Summen an »Aufwandsentschädigungen« als Gratifikation für seine Dienste.[53]

Das eigentliche Ende der Monarchie in Deutschland und ein Gemälde

Der amerikanische Captain Friedman und sein Offizier Roberts, die am Nachmittag des 11. April 1945 Carl Eduard das erste Mal verhören sollten, waren über die internationale Prominenz des Coburger Herzogs, seine Ämter und diplomatischen Missionen weitgehend im Bilde.[54] Wie es um die Haltung Carl Eduards zur NSDAP bestellt war, hatten die Amerikaner schon feststellen können, als sie im Anmarsch auf Coburg waren. Als sie auf der Straße unterhalb des verwaisten Anwesens Schloss Callenberg auf Coburg zufuhren, konnten sie deutlich das mannshohe Hakenkreuz sehen, das Carl Eduard bereits 1932 auf dem Schlossturm hatte anbringen lassen.[55] Zu solch einem Schritt hatte sich kein anderer Aristokrat im Deutschen Reich entschließen können.

Carl Eduards Generalbevollmächtigter Voigts richtete den Amerikanern nun aus, der Herzog von Coburg sei bereit zur Kapitulation.[56] Die Abordnung ging auf den Fürstenbau zu, ein mehrstöckiges, hoch aufragendes Gebäude mit Fachwerkverblendung und bleiverglasten Fenstern. Sein gewölbtes Dach hatte durch die Gefechte nur einige wenige Blessuren abbekommen.[57] Der Weg führte über eine breite Holztreppe ein Stockwerk hoch in die mit einer dunklen Holzdecke überspannte Jagdgalerie, an deren Wänden unzählige Gehörne und Geweihe hingen, darunter das ausgestopfte Haupt eines seltenen weißen Hirsches.[58] Es folgten ein spärlich beleuchteter fensterloser Zwischengang mit Ahnenbildern an den Wänden und noch ein Treppenaufstieg. Im zweiten Stockwerk befanden sich die Privaträume der herzoglichen Familie.

Im sogenannten »Cranachzimmer« sollte das Verhör stattfinden. Hierbei handelte es sich um ein mit Eichenpanelen ausgetäfeltes Wohnzimmer, wo über einem Flügel ein berühmtes Gemälde von Lucas Cranach dem Älteren hing, das die sich erdolchende Römerin Lucretia zeigte. Kunsthistoriker waren sich einig, dass die Coburger Fassung das weitaus beste der zahlreichen Lucretia-Bilder von Cranach und aus seiner Werkstatt war. Das Bild war weltberühmt.[59] Im 6. Jahrhundert vor Christus aufgekommen, stand der Lucretia-Stoff für das Ende der Monarchie und den Beginn der römischen Republik.[60] Es war eine gewisse Pointe der Geschichte, dass die Amerikaner gerade unter diesem Bild zum ersten Mal dem Herzog von Coburg begegnen sollten. Gewissermaßen wurde hierbei nicht nur die Kapitulation der Nationalsozialisten in Coburg vollzogen, sondern auch das Ende einer monarchischen Herrschaft, die selbst unter Hitler zumindest in diesem Teil Deutschlands südlich des Thüringer Waldes weiter bestanden hatte: Denn kaum ein Aristokrat hatte es im Dritten Reich verstanden, seinen Herrschafts- und Lebensstil so weiterzuführen wie der Herzog von Coburg.

Im Luxus standesgemäßer Wohnungen und den Annehmlichkeiten eines großen Fuhrparks, beflissener Adjutanten, Verwaltern und Bediensteten sowie reichlich Devisenmitteln zeigte sich die weltdiplomatische Bedeutung, die Carl Eduard für das Hitler-Regime hatte. Wer in den 1930er Jahren wie selbstverständlich im Londoner Kensington-Palast abstieg, wo Carl Eduards Schwester Alice Athlone ein luxuriöses Apartment bewohnte, der musste auch zu Hause über entsprechende Räumlichkeiten verfügen. Carl Eduard lebte im Nationalsozialismus unbehelligter als in der Weimarer Republik auf der Veste Coburg und auf seinen zahlreichen anderen Schlössern. Der Streit um Besitztümer in Thüringen und Österreich, die nach dem Ende des Ersten Weltkrieges von den Landesbehörden konfisziert worden waren, war nicht zuletzt durch die Intervention hochrangiger nationalsozialistischer Parteifreunde bald zugunsten der herzoglichen Familie beigelegt worden.[61]

Entsprechend seines aristokratischen Lebensstils erwartete Carl Eduard die Amerikaner in einer Hofjagduniform. Seine nationalsozialistischen Ehrenzeichen und Orden hatte er vorsichtshalber nicht angelegt. Er schien um eine betont entspannte Atmosphäre bemüht. Die Kapitulation war ein rein formeller Akt und rasch erledigt. Das darauffolgende Gespräch glich eher einem Empfang bei Hofe als einem Verhör: Es wurde Wein gereicht, und man nahm in bequemen Sesseln Platz.[62] Die Fotografen suchten nach einer guten Beleuchtung für ihre Aufnahmen und rückten den Herzog auf seinem Sitz ein wenig hin und her. Die Coburger Honoratioren sollen sich später über dieses respektlose, einem deutschen Herzog und Angehörigen des britischen Königshauses gegenüber unpassende Verhalten empört haben.[63] An anderen Orten starben Tausende in den letzten Tagen des Krieges. Hier achtete man auf die Einhaltung der höfischen Etikette.

Das Verhör: Einer der »intimsten Freunde und Helfer Hitlers«

Einen Auszug aus dem folgenden Verhör strahlte einige Tage später der alliierte Sender Radio Luxemburg im Rahmen der »Bunten Bühne für die Wehrmacht« aus.[64] Hierbei handelte es sich um eine Propagandasendung, mit der sich der Deutsche Dienst der BBC an Wehrmachtsoldaten und deutsche Zivilisten wandte, um sie zur Kapitulation zu bewegen. Verantwortlich für die Beiträge war der deutsch-jüdische Literat Stefan Heym, der 1935 in die USA emigriert war und für eine Einheit der amerikanischen Armee zur psychologischen Kriegsführung arbeitete.

In dieser Radiosendung wurde der Herzog von Coburg nun als einer der »intimsten Freunde und Helfer Hitlers« vorgestellt. Diese Haltung sei auch noch nach der Kapitulation in Coburg unübersehbar gewesen. Der verhörende Captain sei sehr beeindruckt gewesen von dem »Mangel an Verantwortungsgefühl und der für amerikanische Verhältnisse unerhörten Arroganz« des Herzogs. Gleich zu Beginn der Befragung erklärte Carl Eduard – so die Radiosendung –, dass der Krieg begonnen habe, weil »Polen Deutschland überfallen« hätte. Als ihm gesagt wurde, dass das Gegenteil der Fall war, erwiderte er, »das habe er nicht gewusst«. Auf die Frage, was er vom Nationalsozialismus angesichts der Niederlage und der Zerstörungen in Deutschland halte, erklärte der Herzog: »Die nationalsozialistische Idee sei wundervoll.« Die »Nazis« hätten nur »leider über das Ziel hinausgeschossen«. Gefragt, was er als Präsident des DRK über die Konzentrationslager und die »Grausamkeiten denke, die in ganz Europa im Namen Deutschlands begangen wurden«, antwortete er: »Ja, dafür bin ich nicht verantwortlich. Ich bin ja nur ein kleiner Mann.« Zu seinen Vorstellungen von einer künftigen Regierung Deutschlands erklärte er: »Nun, diese Regierung kann natürlich nur von Leuten gemacht werden, die entsprechend ihrer Intelligenz und Tradition zum Regieren vorbestimmt sind. Eine Demokratie, das gibt es nicht in Deutschland. Das deutsche Volk kann sich nicht selbst regieren.« Als schließlich gemeldet wurde, dass man begonnen habe, die unzähligen in den Kasematten der Veste gelagerten Lebensmittel auf Lastwagen zum Abtransport zu verladen, habe Carl Eduard »plötzlich sehr besorgt, da es um seinen eigenen Bauch ging«, geschrien: »Sie wollen uns verhungern lassen!«

Solche Radiosendungen zielten freilich darauf ab, durch die Diskreditierung von Angehörigen der NS-Elite den Durchhaltewillen der Wehrmacht und deutschen Zivilbevölkerung zu schwächen. Aus einem internen Geheimbericht, den Friedman und Roberts am 1. Mai 1945 an das amerikanische Headquarter schickten, geht allerdings hervor, das Carl Eduard sich sogar noch drastischer äußerte, als es die BBC berichtete.

Ein erster Punkt betraf die Judenverfolgung: Die Methoden seien zu hart gewesen, und er habe nie hierzu seine Zustimmung gegeben. Aber es sei »Zeit gewesen, die Juden zu beseitigen«; ihr »Einfluss« sei nach 1918 zu »groß« geworden.[65] Ein zweiter Punkt bezog sich auf Carl Eduards Vorstellungen zu einer künftigen Regierung Deutschlands. So wurde der Coburger Herzog nicht nur – wie die Radiosendung vermittelt – um eine Stellungnahme zu seinen allgemeinen Visionen gebeten.[66] Friedman – so jedenfalls sein Bericht – ging so weit, Carl Eduard zu fragen, was er tun würde, wenn er zum Staatsoberhaupt eines neuen deutschen Staates ernannt würde. Daraufhin habe Carl Eduard zunächst zu seiner Ehefrau Viktoria Adelheid geschaut, die »lebhaft zustimmend« genickt habe. Schließlich antwortete Carl Eduard: Man solle ihm »24 Stunden geben, um die Namen seiner Mitarbeiter zu benennen«. Durchaus sei er für eine solche Aufgabe sehr geeignet, denn er stamme aus der »Führungsschicht« des Deutschen Reiches, eben aus den »leitenden Kreisen«, die das Regieren gewöhnt seien.[67] Auf Friedmans Nachfrage, woher der Herzog sein Regierungskabinett rekrutieren würde, entgegnete er: Die einzige Partei, mit der er zusammenarbeiten könne, sei die NSDAP.[68] Nur mit ihr könne es gelingen, Deutschland wieder zu einer »großen Nation« aufzubauen.[69]

Die mangelnde Läuterung und Einsicht über die eigenen Verfehlungen verband Carl Eduard mit sehr vielen Protagonisten des Hitler-Regimes, auch solchen aus dem Kreis des Adels. Tausende Nationalsozialisten verübten im Frühjahr 1945 Selbstmord – vermutlich weniger aus Scham oder aus Angst vor Verfolgung und Bestrafung, sondern weil sie in einer Welt ohne Hitler nicht leben wollten oder glaubten, dies nicht zu können.[70] Der Herzog von Coburg und seine Familie entschieden sich nicht für einen solchen Schritt. Im Gegenteil: Carl Eduard stand bereit, um selbst die Regierung Deutschlands zu übernehmen, und schien zu glauben, dass die Amerikaner ihm diese Aufgabe auch anvertrauen würden. Nur wenige Nationalsozialisten hatten solche Hoffnungen.[71] Der Herzog von Coburg aber schüttelte zum Abschied herzlich die Hände der Amerikaner und äußerte, er habe große Hoffnung auf eine gute Zusammenarbeit, schließlich seien die Amerikaner, Briten und Deutschen einander »rassisch sehr nah«.[72]

Das Verhör auf der Coburger Veste im April 1945, die Ämter Carl Eduards und seine Missionen für das Dritte Reich werfen viele Fragen auf. Wer war dieser Mann, der nach dem Ende des Krieges noch daran glauben konnte, dass man ihm die Regierung eines Deutschlands nach Hitler anvertrauen würde? Wie hatte er seinen Weg zum Nationalsozialismus gefunden, und was tat er genau als Präsident des DRK und Hitlers Diplomat? Ist seine Rolle im Dritten Reich außergewöhnlich oder mit der anderer Vertreter der deutschen Alteliten zu vergleichen? Und zunächst: Wie nahmen eigentlich die Zeitgenossen den Herzog von Coburg wahr?

Seine Königliche Hoheit: Wahrnehmungen, Zeugnisse und Persilscheine

Der Herzog von Coburg sei ein »wahrer Edelmann«, schrieb Joseph Goebbels am 7. März 1930 in sein Tagebuch. Er hatte Carl Eduard gerade bei einem Empfang des Deutschen Automobilclubs im Berliner Hotel Kaiserhof kennengelernt.[73] Auch in der offiziellen nationalsozialistischen Propaganda und Hagiographie wurde der Herzog von Coburg häufig als wichtiger Vertreter des Regimes genannt und gepriesen.[74]

Ganz anders hingegen berichtete die Gesellschaftskolumnistin Bella Fromm[75] über ihre Begegnung mit Carl Eduard. Es war der Abend des 25. November 1933 bei einem Ball der Berliner Presse: Wie eine Witzfigur sei der Herzog von Coburg herumstolziert, »zwergenhaft und gebeugt«, am Gürtel »seinen Faschistendolch, eine Ehrengabe Mussolinis«.[76]

Ähnlich diskreditierend äußerte sich der Labour-Abgeordnete Harold Nicolson in seinen Erinnerungen an einige Gespräche mit Carl Eduard im Jahr 1936: Coburg sei ein »furchtbarer Snob« gewesen, der vor allem »fest davon überzeugt« gewesen sei, Hitler »mit seinen Verbindungen in höchste Kreise zu beeindrucken«. Carl Eduard sei nicht davon abzubringen gewesen, zwischen den Briten und Deutschen gegenseitiges Verständnis zu wecken, so oft ihn auch Nicolson auf die wahre »Natur des Regimes« in Deutschland ansprach. Und in der Tat habe Carl Eduard bis zum Krieg regen Umgang mit dem britischen Königshaus, zahlreichen englischen Adligen und Politikern gehabt, trotz oder gar aufgrund seiner völlig offen vertretenen Verehrung für Hitler.[77]

Marie Balser, die Ehefrau des hessischen Diplomaten Karl August Balser, der 1938 der Generalkonsul des Auswärtigen Amtes in Kôbe-Ôsaka war, vermittelte ein völlig anderes Bild von Carl Eduard als eines versierten, an Kultur und Kunst interessierten Menschen, der es überdies verstand, mit seinen Angestellten sehr gut umzugehen. Bei seiner Japanreise 1940 habe der Herzog aufgrund »seiner verständnisvollen Art überall große Sympathien« geweckt.[78] Von seinen Untergebenen habe sich Carl Eduard nie mit dem Titel »Königliche Hoheit«, sondern mit dem Spitznamen »Köhei« anreden lassen.[79]

Ganz ähnlich äußerte sich der Schweizer Diplomat Carl Jakob Burckhardt, der den Herzog von Coburg als Delegierter des Internationalen Komitee vom Roten Kreuz (IKRK) mehrfach traf: In seinen Memoiren schilderte er Carl Eduard als skrupulösen, umsichtigen, diplomatisch versierten und auch ein wenig ängstlichen Mann, der gegenüber der SS und Heydrich sehr vorsichtig agiert habe.[80] Gegenüber einer Spruchkammer im Rahmen der Entnazifizierungsverfahren Carl Eduards erklärte Burckhardt, als Präsident des DRK sei der Herzog von Coburg immer für die »notleidende Bevölkerung in den besetzten Gebieten« eingetreten.[81] Auch für Insassen der Konzentrationslager habe Carl Eduard viel getan: Ihm sei »zum großen Teil zu verdanken«, dass auch Juden Lebensmittelspenden ausländischer Rot-Kreuz-Verbände erhalten hätten. Gegen Ende des Krieges habe er viele Mordaktionen der SS in den Lagern zu verhindern gewusst. Seit 1941 habe der Herzog von Coburg immer wieder mit »Trauer und Bitterkeit über die schwere Enttäuschung« gesprochen, die ihm Hitler und sein Regime bereiten würden. Man könne es einem »in England erzogenen und landfremden Prinzen« nicht verdenken, dass er die Nationalsozialisten anfangs nicht habe richtig einschätzen können. Burckhardts Aussagen hatten zu dieser Zeit noch Gewicht. Erst später wurde bekannt, dass er selbst eine gewisse Faszination für Hitler gehegt hatte[82] und ein dezidierter Antisemit war.[83]

Ähnlich verhielt es sich mit dem wohl bedeutendsten Prominenten, der sich für Carl Eduard in seinen Entnazifizierungsverfahren einsetzte: der Ehrenpräsident der KWG Max Planck, der 1919 den Nobelpreis für Physik erhalten hatte. Plancks Zeugnis wog umso schwerer, da er einigen Widerstand gegen die Nationalsozialisten geleistet hatte und sein Sohn Erwin aufgrund der Beteiligung am Attentat vom 20. Juli hingerichtet worden war.[84] Nun beteuerte Planck, dass der Herzog von Coburg die Versuche der KWG, jede politische Beeinflussung aus der Arbeit der Gesellschaft herauszuhalten, »mit vollster Überzeugung unterstützt« habe.[85] Überhaupt sei »seine Königliche Hoheit« in jeder Hinsicht »achtungswürdig«, geleitet von »hohem Idealismus« und »menschlich wertvollen Eigenschaften«. Man dürfe ihm aus seiner bloßen »Zugehörigkeit zu der nationalsozialistischen Bewegung« keinen Vorwurf machen.[86] Erst seit einigen Jahren haben Historiker erforscht, wie sehr diverse Institute der KWG in Forschungen zur Rassenideologie des NS-Regimes und auch in Menschenversuche von Konzentrationslagern verstrickt waren,[87] ein Umstand, der ein neues Licht auf Plancks Zeugnis wirft.

Aus dem Kreis der engeren Familie und Vertrauten waren bei den Gerichtsverfahren gegen Carl Eduard nach 1945 ohnehin nur entlastende Aussagen zu vernehmen: So attestierte Viktoria Adelheid ihrem Ehemann »vornehme Gesinnung« und ein »feines Empfinden für alles Gute«; allenfalls habe er einer etwas »weltfremden Ideologie« angehangen. Als Präsidenten des DRK hätten die Nationalsozialisten den Herzog von Coburg überhaupt nicht ernst genommen.[88] Voigts, der Generalbevollmächtigte Carl Eduards, behauptete wiederum: Auf keinen Fall sei Carl Eduard Antisemit gewesen; da er in England aufgewachsen sei, habe er den »Unterschied zwischen Juden und Christen« gar nicht gekannt.[89]

Solche Zeugnisse, sogenannte Persilscheine, sind für die Einschätzung des Handelns von Funktionseliten im Dritten Reich in der Regel völlig unbrauchbar. Sie dienten vor allem dazu, die Angeklagten von jeder Schuld an Kriegsverbrechen oder Verbrechen gegen die Menschlichkeit reinzuwaschen – aus persönlicher Verbundenheit, materiellen Interessen oder aus dem Bemühen heraus, von eigener Verstrickung und Schuld abzulenken.[90] Damit stehen auch die Zeugnisse für Carl Eduard keineswegs für sein Verhalten im Dritten Reich, sondern für soziale Beziehungen, Bindungen oder Eigennutz.[91]

Umso schwerer wiegen einige wenige Aussagen, die den Herzog von Coburg durchaus als überzeugten Nationalsozialisten, als kriminell und zutiefst korrumpiert beschrieben – wie die von Ilse Klingler, der Witwe des im Juli 1933 in Folge von Misshandlungen durch die SA verstorbenen SPD-Landtagsabgeordneten und Herausgeber des Coburger *Volksblattes* Friedrich Klingler.[92] Schon in den 1920er Jahren – so gab Klingler im Februar 1948 der Coburger Polizei zu Protokoll – habe sich Carl Eduard mit polizeilich gesuchten politischen Mördern eingelassen, ihnen gefälschte Pässe besorgt und sie auf der Veste beherbergt.[93] Es gebe keinen Zweifel, dass der Herzog von Coburg bis zum Ende des Krieges ein vehementer Nationalsozialist gewesen sei; das habe nicht nur sie mit eigenen Augen beobachten können.[94]

Schlussendlich wurde Carl Eduard 1950 nach mehreren Spruchkammerverfahren als »Mitläufer« und Minderbelasteter eingestuft.[95] Wie im Fall von mehr als 95 Prozent aller NS-Funktionäre in der amerikanischen Zone kamen die Spruchkammerverfahren auch beim Herzog von Coburg zu dem Ergebnis, er habe die »nationalsozialistische Gewaltherrschaft nicht aktiv unterstützt«.[96] Die Frage nach Schuld und Unschuld wurde in fast allen Entnazifizierungsverfahren – und so auch in dem Carl Eduards – zugunsten der Angeklagten ad absurdum geführt.[97] In den biographischen Versuchen zum Herzog von Coburg, die bislang vorliegen, wurde sie wieder aufgegriffen.

Der Streit um die Biographie

Im Februar 1978 traf im idyllischen mittelalterlichen Gebäude der Coburger Hofapotheke ein mehrseitiger Brief voller Vorwürfe und Richtigstellungen ein.[98] Adressat war der Inhaber der Apotheke Rudolf Priesner, ein kunstsinniger älterer Laienhistoriker, der viel Umgang mit der herzoglichen Familie gepflegt und ein paar Monate zuvor die erste längere Biographie zu Carl Eduard veröffentlicht hatte.[99] Absender des Schreibens war der jüngste Sohn des Herzogs, Prinz Friedrich Josias. Der Prinz machte keinen Hehl aus seiner Verärgerung. Er hatte eine Reihe von Materialien über seinen Vater gesammelt, verfügte über dessen Taschenkalender mit Notizen und andere wichtige Quellen und wollte nun selbst eine Biographie über den Herzog von Coburg verfassen.[100] In seinem Schreiben wies er Priesner auf inhaltliche Fehler und »Geschmacklosigkeiten« hin, die diesem in seiner Biographie unterlaufen seien.[101] Vor allem fand der Prinz, dass sein Vater viel zu milde davongekommen war. Er wisse genau, dass der Herzog von Coburg schon in den 1920er Jahren Waffen zur Ausrüstung »einer ganzen Armee« gehortet hatte, mit der er die Rechtsradikalen unterstützte.[102] Auch sei Carl Eduard ganz genau über die Massenmorde an den Juden im Bilde gewesen. Sein zweitältester Sohn Hubertus habe bei seinem Einsatz an der Ostfront die Eisenbahntransporte in die Vernichtungslager selbst gesehen und öfter darüber gesprochen.[103] Dem auf seinen Ruf bedachten Nachkommen, der nach Carl Eduards Tod Chef des Hauses Sachsen-Coburg und Gotha geworden war, war es offensichtlich gar nicht recht, allzu Beschönigendes über seinen Vater zu lesen. Die geplante Biographie hat er allerdings nie veröffentlicht.[104]

In diesem Spannungsfeld zwischen persönlicher Beteiligung und Lokalgeschichte ist auch die neueste Geschichte zum Leben Carl Eduards angesiedelt, die ein Coburger Laienhistoriker veröffentlichte. Hier wurden chronologisch alle Informationen zusammengetragen, die zu finden waren. Wissenschaftliche Analysen und Nachweise über die Quellen wurden allerdings kaum erbracht. Es ging – durchaus berechtigt – eher darum, das vermeintliche Hineinschlittern Carl Eduards in alles, was er tat, geradezurücken und seine Mitschuld an den Verbrechen des Regimes herauszustellen.[105] Ähnlich verhält es sich mit der von Karina Urbach veröffentlichten Studie, in der sie den Herzog von Coburg in eine Reihe von Adligen einordnet, die ähnlich wie er international für Hitler warben.[106]

Im Gegensatz dazu soll es in diesem Buch darum gehen, das Leben des Herzogs von Coburg in den Kontext der Zeit einzuordnen. Nur am Rande wird dabei nach den Motiven gefragt, für Hitler einzutreten, die vermutlich – wie bei vielen deutschen Aristokraten – aus einer Mischung von Ideologie, Pflichtverständnis, Angst, materiellen Vergünstigungen und dem Wunsch bestanden, wieder Macht und Einfluss auszuüben.[107] Stärker als die Beweggründe oder die Frage nach Schuld bzw. Unschuld sollen die Handlungen des Herzogs von Coburg im Mittelpunkt stehen. Denn die zentrale Rolle Carl Eduards im nationalsozialistischen Herrschaftsapparat ist zweifelsfrei belegt. Sie kann allein schon aufgrund seiner Ämter und diplomatischen Reisen im Dienste Hitlers als unstrittig gelten.

Ein Täter der zweiten Reihe

Die Studien von Alf Lüdtke und Michael Wildt zur sozialen Herrschaftspraxis des Nationalsozialismus[108] oder von Raul Hilberg zu »Tätern, Opfern und Zuschauern« haben eindrücklich gezeigt,[109] dass man sich einem Verständnis der Wirkungsmechanismen des Nationalsozialismus und seiner Gräuel besonders gut annähern kann, wenn das häufig ambivalente und vielschichtige Handeln von Einzelpersonen untersucht wird, die schließlich Protagonisten der Untaten, des Hinnehmens oder Wegschauens waren. In Anlehnung an diesen Ansatz wird es in diesem Buch darum gehen, zu beschreiben, wie der Herzog von Coburg durch aktive Beteiligung, durch Duldung und Mitwisserschaft Hitler mit zur Macht verhalf und die Verbrechen des Nationalsozialismus mittrug.

Das Eintreten deutscher Adliger für die Nationalsozialisten ist allerdings noch ein recht junges Forschungsthema: Stephan Malinowski legte 2003 eine grundlegende Studie vor, die erstmals aufzeigte, wie vehement sich viele deutsche Aristokraten von der nationalsozialistischen Ideologie infizieren und für Hitler einnehmen ließen.[110] Fabrice d'Almeida hat wiederum gezeigt, wie wichtig der »schöne Schein des Dritten Reiches« für die Stabilisierung der innenpolitischen Herrschaft Hitlers war und welche zentrale Rolle Aristokraten hierbei zukam.[111] Die Bedeutung des sozialen und kulturellen Kapitals[112] adliger Netzwerke und Umgangsformen für Hitlers Außenpolitik ist erstaunlicherweise bislang kaum untersucht worden.[113] Dabei ist die transnationale Verflechtungsgeschichte des Nationalsozialismus gerade gegenwärtig ein stark diskutiertes Feld, wobei auch immer wieder die Rolle von Akteuren im Sinne von »Vermittlern« betont wird.[114]

So ist es das vorrangige Ziel in diesem Buch, anhand der Person Carl Eduards eine transnationale Kulturgeschichte der Diplomatie des Dritten Reiches zu entwickeln und dabei die atmosphärische Wirkung aufzuzeigen, die das einschläfernde Gift der Weltdiplomatie des Hitler-Regimes haben konnte – gerade wenn sie von so glänzend vernetzten und in Umgangsformen versierten Akteuren wie dem Herzog von Coburg betrieben wurde. Dass das Ausland und internationale Organisationen wie das Genfer IKRK nicht viel entschiedener gegen Judenverfolgung, die Entrechtung politisch Andersdenkender, den Mord an Kranken und Behinderten, die Zustände in den Konzentrationslagern, die Überfälle auf die Nachbarstaaten und schlussendlich den Holocaust eingeschritten sind, lässt sich nicht allein durch Nichtwissen, Verwunderung, Überrumpelung, Wegschauen oder abwartend politisches Kalkül erklären.

Auch der Glaube an die Repräsentanten einer alten Gesellschaftsordnung, die Aura von großen Namen und edler Herkunft und die Atmosphäre von feinsinnigen Gesprächen, Kammerkonzerten und Sektempfängen spielten eine wichtige Rolle. Oft konnten amerikanische, britische, schwedische oder schweizerische Gesprächspartner einfach nicht glauben, dass Diplomaten die Untaten des Regimes beschönigten oder – wissentlich oder unwissentlich – verharmlosten.

Carl Eduard war zweifellos kein Täter der ersten Reihe. Dennoch ist die Wirkung seines Handelns nicht zu unterschätzen. Wenngleich schon seit längerem im Gefolge Christopher Brownings oder auch Daniel Goldhagens die Täterforschung insbesondere zu den unmittelbar am Holocaust Beteiligten boomt,[115] ist das Handeln von Tätern der zweiten Reihe, zu denen auch der Herzog von Coburg zählt, kaum hinreichend analysiert worden. Außenpolitisch waren es nur selten die prügelnden Schergen der SA, die Schlächter der SS und der Polizeibataillone, die im Buckingham-Palast, der Downing Street oder im Weißen Haus als das wahrgenommen wurden, was Hitlers Herrschaft ausmachte. Es waren vielmehr jene Sonderbotschafter wie Carl Eduard, die weltläufig ihre fatale »Kunst« des diplomatischen »Handelns«[116] ausübten und mit geschliffenen Manieren Zweifel säten, ob es unter Hitler wirklich so brutal und menschenverachtend zugehe, wie allenthalben berichtet wurde. Wie viel sie auch immer im Detail von den Verbrechen des Regimes wussten, wie einflussreich oder ohnmächtig sie auch waren: Sie halfen mit, eine Politik zu kaschieren, die sich ganz unverhohlen Rassismus und Antisemitismus sowie dem aggressiven Expansionskrieg verschrieb – und letztendlich zum Tod von Millionen Menschen führte.

Über viele jener Täter der zweiten Reihe – ob sie nun Sekretäre, Polizisten, Zugführer oder eben Diplomaten wie Carl Eduard waren – gibt es kaum Quellen.[117] Für den Herzog von Coburg sind hingegen viele Unterlagen überliefert. Sein Leben hat Spuren in Bibliotheken und Archiven in Deutschland, England und den USA hinterlassen. Dabei wurden für dieses Buch auch viele neue Quellen eingesehen. Erstmals war es möglich, Unterlagen im Hausarchiv der Familienstiftung von Sachsen-Coburg und Gotha zu untersuchen, die auch die Taschenkalender Carl Eduards für die Jahre 1932 bis 1953 enthalten, in denen er Termine vermerkte und kurze Eindrücke von seinen Begegnungen und Reisen festhielt.

I

Der Weg zu Hitler

1 Das Coburger Milieu: Europäischer Hochadel und deutscher Nationalismus

Coburg, 12. Januar 1927: Die Einäscherung Houston Stewart Chamberlains

Am Morgen des 12. Januar 1927 begleiteten uniformierte Mitglieder des Stahlhelm und einige Dutzend »Nationalsozialisten in Hitlertracht« die Leiche des zwei Tage zuvor in Bayreuth verstorbenen englischen Publizisten Houston Stewart Chamberlain zum Krematorium auf dem Coburger Friedhof.[1] Aus Bayreuth, Nürnberg und München waren Kohorten der SA angereist, bereit loszuschlagen, sollte es zu Protesten gegen den Aufmarsch kommen. Schon zu Lebzeiten galt Chamberlain, ein Schwiegersohn Richard Wagners, als einer der wichtigsten Ideengeber der Nationalsozialisten und sonstigen Antisemiten.[2] Zu seiner Coburger Trauerfeier waren zahlreiche prominente Vertreter der »Neuen Rechten«[3] erschienen. Neben Mitgliedern der Familie Wagner, Abgesandten der Städte Bayreuth und Coburg, der SA und des Stahlhelm hatten sich mit ihren Fahnen und Standarten Männer nationalistischer und antisemitischer Verbände versammelt. Dazu gehörten der Bund Wiking und der Deutschvölkische Schutz- und Trutzbund,[4] der nach zeitgenössischer Einschätzung des Reichskommissars für Überwachung der öffentlichen Ordnung »größte, tätigste und einflussreichste antisemitische Verband in Deutschland«.[5] Auch Hitler war gekommen, der den von ihm hochverehrten Chamberlain etwas mehr als drei Jahre zuvor das erste Mal in Bayreuth besucht hatte und sich in seinen antisemitischen Hetzreden immer wieder auf ihn bezog.[6]

Nicht zuletzt waren drei Angehörige des europäisch-deutschen Hochadels anwesend: der seit 1918 im Coburger Exil lebende ehemalige Zar von Bulgarien Ferdinand I., der Kaisersohn August Wilhelm von Preußen und Ernst II. zu Hohenlohe-Langenburg, der bis zur Volljährigkeit Carl Eduards 1905 Regent von Sachsen-Coburg und Gotha gewesen war.[7] Der Herzog von Coburg war mit allen dreien eng verwandt. Er selbst war durch eine dringende anderweitige Verpflichtung verhindert, andernfalls hätte auch er es sich gewiss nicht nehmen lassen, Chamberlain die letzte Ehre zu erweisen.

Ferdinand von Bulgarien, den Carl Eduard vertraulich »Onkel« nannte, stand dem Bayreuther Kreis und dem verstorbenen Schriftsteller besonders nahe. Er war ein großer Liebhaber von Wagners Opern, unterstützte die Festspiele durch großzügige Spenden und hatte sich mit Chamberlain nahezu wöchentlich über seine völkischen und antisemitischen Ideen ausgetauscht. Auch mit Hermann Göring traf er sich regelmäßig, und mitunter warb er für die NSDAP, die in Bayreuth und Coburg in den 1920er Jahren bereits zahlreiche Mitglieder bzw. Wähler hatte.[8] August Wilhelm von Preußen kannte Chamberlain nur vom Hörensagen, war aber begeistert von dessen Schriften.[9] Ernst II. zu Hohenlohe-Langenburg schließlich war ein ebenso entschiedener Anhänger Chamberlains und überhaupt des Rechtsradikalismus.[10]

Glaubt man zeitgenössischen Zeitungsberichten, dann verfolgte die Coburger Bevölkerung mit großer Anteilnahme und erwartungsvoller Neugier dieses Zusammentreffen von Angehörigen des Hochadels, völkischen Verbänden und Nationalsozialisten und nicht zuletzt Hitlers Auftreten am Sarg Chamberlains.[11] Eine so deutlich auf künftige Allianzen zwischen den Repräsentanten der längst vergangenen monarchischen Ordnung und den Nationalsozialisten verweisende Begegnung hatte es bislang weder in Coburg noch sonst im Deutschen Reich gegeben.

Coburg war nach 1918 zu einem regelrechten Reservat für abgedankte Fürsten des Hauses Sachsen-Coburg und Gotha geworden, die sich keineswegs mit ihrer politischen Entmachtung zufriedengaben und ähnlich wie der Herzog von Coburg die Nähe zu rechtsradikalen Kreisen suchten. Nach der russischen Oktoberrevolution war Großfürst Kyrill von Russland nach Coburg geflohen, ein Enkel Zar Alexanders II., der die Tochter Herzog Alfreds geheiratet hatte. Kyrill hatte nach dem Zarewitsch an dritter Stelle der Thronfolge gestanden. Zwischen Coburg und Paris pendelnd scharte er die sogenannten Mladorossy um sich, eine Gruppe junger russischer Adelssöhne im Exil, die sich in ihrem Auftreten an faschistische Jugendorganisationen – wie die italienischen Schwarzhemden und die SA – anlehnten. 1924 ließ sich Kyrill in Paris als Kaiser im Exil ausrufen. Immer wieder nahm er auch in Coburg an »vaterländischen Kundgebungen« unter Carl Eduard teil.[12] Auch Philipp von Sachsen-Coburg und Gotha, den die österreichische Republik aufgrund seiner Weigerung, die Adelstitel abzulegen und Enteignungen hinzunehmen, 1918 des Landes verwiesen hatte, fand in Coburg Unterschlupf, ebenso wie sein Bruder Ferdinand, der abgedankte Zar von Bulgarien.[13] Man zeigte sich nicht nur mit den »Neuen Rechten«, sondern unterstützte vor allem auch Hitler mit Geldspenden und Werbekampagnen, da Kyrill, Philipp, Ferdinand und Carl Eduard sich auf dem ersehnten Weg zurück zur Macht von ihm Unterstützung gegen ihre Todfeinde, die Republikaner und Bolschewiken, versprachen.[14]

Coburg, 14. Oktober 1922: Der »Deutsche Tag« und seine Folgen

Hitler war anlässlich der Trauerfeier für Chamberlain 1927 nicht das erste Mal in Coburg. Bereits am 14. Oktober 1922 hatte er auf Einladung des Deutschvölkischen Schutz- und Trutzbundes an einem »Deutschen Tag« teilgenommen, begleitet von Julius

Streicher, Joseph Goebbels, Alfred Rosenberg und 600 SA-Männern. Sie marschierten auf, um linke Gegendemonstranten einzuschüchtern, antisemitische Parolen zu brüllen und den Coburger Juden lauthals mit Mord zu drohen. Das eher gemäßigte bildungsbürgerliche Coburger Publikum schien erschrocken, aber auch beeindruckt. Man begann sich für diesen Mann zu interessieren, der kein Blatt vor den Mund nahm zu seinen Vorstellungen über die Zukunft Deutschlands und es verstand, die gefürchteten »roten Horden« im Zaum zu halten.[15] Außerhalb der oberfränkischen Kleinstadt hatten gemäßigte Zeitungen vor dem »nackten Straßenterror der bis auf die Zähne bewaffneten Knüppelgarde« Hitlers gewarnt.[16] Linksliberale Blätter, Demokraten und jüdische Verbände nahmen den Coburgern übel, dass sie den NS-Schergen zugesehen und gar applaudiert hatten: Bald galt die Stadt europaweit als »Hakenkreuzparadies« und als ein »Schandfleck« für ganz Deutschland.[17]

In der Tat war es Hitler in Coburg erstmals gelungen, außerhalb Münchens aufzumarschieren und Straßenkämpfe anzuzetteln.[18] Hier wurde eingeübt und öffentlich vorgeführt, »wie man Stoßtrupps aufzieht und durch eigene Kraft den Mob im Zaume hält«.[19] Die Gewalt auf den Straßen Coburgs wurde von den radikalen Rechten mit einer gewissen Bewunderung für Hitler allenthalben gerühmt: In einem Bericht an den Alldeutschen Verband war gar davon die Rede, dass die in Coburg »zerschlagenen Hirnschalen der Roten erst wieder zusammenwachsen« müssten.[20]

Tatsächlich verfehlten die Ereignisse im Oktober 1922 nicht ihre Wirkung: In der Stadt wurde eine der ersten und militantesten Ortsgruppen der NSDAP gegründet,[21] die innerhalb weniger Monate bereits mehrere hundert Mitglieder zählte.[22] Coburger Nationalsozialisten brüsteten sich damit, dass ihre SA die am meisten »gefürchtete« weit und breit sei. Sie mache »ihrem Ruf alle Ehre«.[23] Hitler selbst rühmte die Ereignisse in Coburg als Durchbruch seiner Bewegung[24] und verkündete: »Mit Coburg habe ich Geschichte gemacht.«[25] Zehn Jahre nach dem Marsch auf Coburg sollte er das »Coburger Ehrenzeichen« stiften, das an die »Kämpfer der Bewegung« an diesem »Deutschen Tag« verliehen wurde und gleich nach dem »Blutorden« rangierte, der höchsten Parteiauszeichnung.[26]

Erste Begegnungen mit Hitler

An diesem »Deutschen Tag«– genau genommen am Abend des 14. Oktober 1922 – traf auch der Herzog von Coburg Hitler das erste Mal persönlich.[27] Hitler hatte in einer Coburger Bierhalle eine seiner unverhohlen antisemitischen Gewaltpredigten vor mehr als 3000 Zuhörern gehalten. Carl Eduard und seine Ehefrau saßen auf Ehrenplätzen in der ersten Reihe. Sie erlebten, wie das Publikum zu den Parolen des »Führers« nach anfänglichem Zögern in frenetischen Jubel und Applaus ausbrach.[28] Seit diesem Abend verfolgte Carl Eduard aufmerksam Hitlers allmählichen Aufstieg zur Macht.

Bereits ein Jahr später traf man sich wieder auf den »Deutschen Tagen« in Nürnberg, Bamberg und vermutlich auch in Bayreuth.[29] Man begegnete sich bei der Eröffnung der Bayreuther Festspiele, die seit 1924 wieder allsommerlich stattfanden. Als Hitler 1927 und 1929 Reden in Coburg hielt, war Carl Eduard abermals im Publikum.[30] Seit 1929 unterstützte er die NSDAP dann auch finanziell.[31]

Spätestens im Dezember 1929 sprachen der Herzog von Coburg und Hitler das erste Mal unter vier Augen. Man frühstückte im Familienkreis auf Schloss Callenberg, was im Frühjahr 1930 und im Januar 1931 wiederholt wurde.[32] Offensichtlich hatte man sich eine Menge zu sagen und hegte gewisse Sympathien füreinander. Der junge Herzog, der meist in schlichter Jägeruniform oder bayerischer Tracht erschien, seine aufgeschlossenleutselige Frau, die wohlerzogenen Kinder und die alles in allem schlichte, zurückhaltende Lebensweise auf dem Callenberg hatten nur wenig gemein mit dem Feindbild, das Hitler vom deutschen Adel hatte. Hier war nichts zu spüren von der überkommenen arroganten Opulenz der Aristokraten und den einflussreichen Höflingen, die er in »Mein Kampf« als »berufsmäßige Kriecher und Schleicher« und »Spulwürmer« bezeichnete.[33] Mit dem Herzog von Coburg – so schien es – könnte man sich künftig nicht nur arrangieren, sondern auch gemeinsame Wege gehen.

Am 11. Oktober 1931 lernte Carl Eduard auf dem »Harzburger Treffen« auch Goebbels, Göring, Heß und Himmler kennen.[34] Eine Woche später war der Herzog von Coburg beim Braunschweiger SA-Treffen zu sehen,[35] der mit über 100000 Teilnehmern größten rechtsradikal-paramilitärischen Zusammenkunft in der Weimarer Republik. Hier stand er nun in Reih und Glied mit den Nationalsozialisten. Die Aufmärsche, Fackelzüge und Fahnenweihen von SA und SS scheinen ihn beeindruckt zu haben. Und es muss ihm klargeworden sein, dass Hitler die uneingeschränkte Macht im Staat auch mit Gewalt durchsetzen würde. Die brutalen Straßenkämpfe, die sich Nationalsozialisten in Braunschweig mit protestierenden Arbeitern lieferten und die zahlreiche Verletzte und Todesopfer forderten, waren ein deutliches Zeichen.[36]

Nach Braunschweig stand Carl Eduards Entschluss fest: Gegen den Rat seiner Bundesgenossen beim Stahlhelm und zu ihrem Entsetzen ließ er am 23. März 1932 zur anstehenden Reichspräsidentenwahl einen Wahlaufruf für Hitler gegen Hindenburg veröffentlichen. Gleichzeitig betrieb er konsequent das Zusammengehen zwischen Stahlhelm und SA. Die Führung des Stahlhelm verlangte eine Erklärung von Carl Eduard und erwog ein Ausschlussverfahren gegen ihn.[37] Wie später noch sehr oft, wenn sein Verhalten Kritik und Anstoß erregte, ließ Carl Eduard durch Mitarbeiter seiner Verwaltung mitteilen, er habe sich als »Privatmann« zu diesem Schritt entschieden; im Übrigen sei er sich nicht bewusst gewesen, dass der Stahlhelm sich über diesen Wahlaufruf so empören würde. Man teile doch viele Auffassungen mit Hitler, wenn es um die Zukunft Deutschlands gehe.[38]

Als Hitler im Oktober 1932 erneut nach Coburg kam, um die Verleihung der Ehrenbürgerschaft durch die Stadt entgegenzunehmen, zeichnete er Carl Eduard für seine »Treue und Gefolgschaft« mit dem »Coburger Ehrenzeichen« aus.[39] Der Herzog revanchierte sich einen Monat später mit einem Telegramm an Hitler: Er werde künftig dem »Führer« und seiner Partei »uneingeschränkt zur Verfügung« stehen.[40] Zum 1. Mai 1933 trat Carl Eduard schließlich in die NSDAP ein.[41] Als Einziger der ehemals regierenden deutschen Bundesfürsten hatte er sich so früh und so deutlich zu Hitler bekannt. Dabei war er nicht einmal Deutscher.

2
Ein englischer Prinz wird deutscher Herzog

Coburg, 5. August 1900:
Der Ausländer und die deutsche »Volksgemeinschaft«

Am 5. August 1900 kam Carl Eduard das erste Mal offiziell nach Coburg, um dort seinen künftigen Untertanen präsentiert zu werden. Er war klein und schmächtig und wirkte trotz seiner 16 Jahre noch sehr kindlich. Ein paar Tage vorher war sein Onkel, der Coburger Herzog Alfred, ohne Nachkommen gestorben. Nun fanden das Staatsbegräbnis und der erste öffentliche Auftritt des jungen Nachfolgers statt. Und hier lassen sich eine Reihe von bemerkenswerten »Übergangsriten«[42] erkennen, die in symbolisch geraffter Form das Versprechen in Szene setzten, dass aus einem jungen englischen Prinzen ein »würdiger« deutscher Herzog heranreifen werde. Es ging an diesem Augusttag in Coburg weniger darum, die Herrschaft symbolisch und rechtlich auf den Nachfolger zu übertragen.[43] Im Vordergrund stand vor allem die symbolische Inszenierung des Beginns eines länger andauernden Prozesses der »Gesinnungserziehung« zu einem Deutschen, den Carl Eduard durchlaufen sollte.

Wilhelm II. nutzte die symbolische »Eroberung« der künftigen Residenzstadt,[44] um an der Seite seines jungen blassen Vetters im offenen Landauer durch die Straßen zu fahren[45] und so dem ganzen Reich zu zeigen, dass er höchstpersönlich Carl Eduard in seine neue Rolle hineinverhelfen werde, die dieser mit 21 Jahren (der Volljährigkeit) dann antreten sollte. Als einstweiligen Regenten hatten der Kaiser und die Bundesfürsten Ernst II. zu Hohenlohe-Langenburg bestimmt, den Schwiegersohn des verstorbenen Herzogs Alfred, der aus einer dem deutschen Nationalismus besonders zugeneigten Dynastie stammte und daher als Begleiter Carl Eduards neben dem Kaiser gut geeignet schien.[46] An der Seite dieser beiden Männer schritt der junge Herzog nun in die Coburger Stadtpfarrkirche St. Moriz, wo man den Sarg seines verstorbenen Onkels, des Herzogs Alfred, aufgebahrt hatte.

In Zeitungen und Erinnerungsbroschüren war anschließend zu lesen: Ein »jedes treue Mitglied der Volksgemeinschaft konnte befriedigt mit eigenen Augen sehen«, wie der junge Herzog trauernd am Sarg gestanden habe – Seite an Seite mit dem Kaiser und dem Regenten zu Hohenlohe-Langenburg. In deren »guten, Segen für die Zukunft verheißenden Händen« würde das Schicksal Carl Eduards liegen, alsbald ein »guter deutscher Fürst« zu werden.[47]

Bemerkenswert ist hier der Begriff der »Volksgemeinschaft«, der zu jener Zeit noch recht neu und wenig gebräuchlich war.

Abb. 1 Trauerzug für Herzog Alfred von Sachsen-Coburg und Gotha, in der ersten Reihe von links Carl Eduard von Sachsen-Coburg und Gotha und Kaiser Wilhelm II.

Erst in der Weimarer Republik und dann vor allem im Nationalsozialismus sollte er zu jenem »amorphen Leitbegriff« mit hoher propagandistischer Wirkungsmächtigkeit aufsteigen, der maßgeblich bei den Deutschen soziale Praktiken des Wegschauens, Duldens und vor allem auch »Mitmachens« freisetzte.[48] Die späteren Grundelemente des Herrschaftskonzepts der »Volksgemeinschaft« als einer »moralisch« dem Nationalsozialismus verpflichteten »Leistungsgesellschaft« – so Martin Broszat – sind bereits hier im August 1900 zu erkennen.[49]

So drückte in seinen Formen, Ritualen und Zeremonien dieser erste öffentliche Auftritt Carl Eduards vor allem eines aus: Der englische Prinz hatte alsbald »völkisch« zu werden und sich mit »Leistungen« und »Beweisen« würdig zu erweisen, ein deutscher Fürst zu sein. Und das bedeutete eben keineswegs nur uneingeschränkte Loyalität gegenüber allen Deutschen, sondern auch ein »emphatisches Bekenntnis« zur deutschen »Volksgemeinschaft«. Den deutschen Nationalismus sollte Carl Eduard als den »zentralen Wert« seines Denkens und Handelns[50] verinnerlichen und sich somit gewissermaßen die Stellung eines deutschen Herzogs verdienen. Bereits zu diesem Zeitpunkt lässt sich zumindest symbolisch die fatale Mixtur aus Erwartungsdruck, dem zu genügen er sich bemühte, und dem Streben nach politischer Macht erkennen, die das Handeln des Herzogs von Coburg bis zum Ende des Nationalsozialismus entscheidend mitbestimmen sollte.

Die im ganzen Deutschen Reich gebetsmühlenartig wiederholte Rhetorik des Kaisers, nach der er Carl Eduard zu einem »guten deutschen Herzog« erziehen werde, hatte nicht nur im Nationalismus der Zeit liegende Gründe: Es hatte unter den Bundesfürsten und auch im Reichstag immense Widerstände dagegen gegeben, dass gemäß der Erbfolge erneut ein Ausländer Herzog von Sachsen-Coburg und Gotha werden sollte. Denn schon Carl Eduards Vorgänger Alfred war ein Sohn Queen Victorias gewesen.[51] Und der hatte sich in den Augen vieler Bundesfürsten und Untertanen keineswegs bewährt. Alfred hatte lange bei der Flotte gedient, sich nie mit seiner Aufgabe in Deutschland anfreunden können, nur gebrochen Deutsch gesprochen und war kaum in der Öffentlichkeit aufgetreten. Den monarchisch-konservativen Kreisen im Reich galt er als unzuverlässiger, für die Regierung eines deutschen Fürstentums ungeeigneter Gewohnheitstrinker und als Marionette der politischen Ansichten seiner Mutter.[52] So kam es in den letzten Jahren von Alfreds Regierung zu Debatten darüber, dass nach seinem Tod das Herzogtum unter den deutschen Fürsten aufgeteilt werden solle. Es bestand ja ohnehin aus mehreren nicht zusammenhängenden Enklaven. Für Queen Victoria kam es allerdings nicht in Frage, auf das Erbrecht ihrer Dynastie in den »Stammlanden« zu verzichten. Sie setzte bei Wilhelm II. durch, dass ihr Enkel Charles Edward Herzog von Sachsen-Coburg und Gotha werden sollte, nachdem ihr dritter Sohn, Arthur von Connaught, dieses Erbe für sich und seine Nachkommen ausgeschlagen hatte.[53]

Als schließlich Carl Eduard im August 1900 seine Antrittsbesuche unternahm, scheint es bei seinen Coburger Untertanen große Vorbehalte gegen den neuen ausländischen Landesherrn gegeben zu haben. Die lokalen Blätter berichteten freilich einhellig vom feierlichen und herzlichen Empfang des jungen Herzogs: Alle am Coburger Bahnhof erwartungsvoll Versammelten hätten zuerst das »hübsche, aufgeweckte und intelligente Gesicht eines Knaben« am Fenster des einrollenden Zuges erspäht und seien dann freudig überrascht gewesen, dass »dieses Kind« der neue Herzog war. Carl Eduard habe mit seinem »gewinnenden« Wesen die Untertanen aller Schichten für sich eingenommen.[54] Die Coburger verkauften diese Nachricht per Blitztelegramm über die Agentur Reuters an alle Welt. Britische Zeitungen druckten sie im Wortlaut ins Englische übersetzt ab, nicht ohne einen gewissen Stolz und Genugtuung, dass der junge englische Prinz seine Rolle in Deutschland offensichtlich so perfekt zu spielen verstand.[55]

Fotografien der Ereignisse vermitteln hingegen etwas ganz anderes. Sie zeigen einen eingeschüchterten jungen Mann, der einer schier unüberwindlichen Mauer angetretener Honoratioren gegenübersteht. Nichts haben diese Szenen gemein mit dem damals üblichen überschwänglichen Jubel und Pomp solcher monarchischer Willkommensszenen.[56] Carl Eduard, der als schüchtern und unsicher galt, scheint es keinesfalls leicht gehabt zu haben, als er seinen Untertanen das erste Mal vorgeführt wurde.[57]

Charles Edward Duke of Albany: Der Sohn eines Toten

Als Charles Edward am 19. Juli 1884 auf Claremont House, Esher, in der Grafschaft Surrey geboren wurde, war sein Vater, der Duke of Albany Leopold, jüngster Sohn der Queen Victoria, be-

Abb. 2 Herzog Carl Eduard (mit Blumenstrauß an der Seite des Regenten Ernst II. zu Hohenlohe-Langenburg) am Bahnhof von Sonnefeld bei Coburg.

reits tot.[58] Er hatte unter »Hämophilie« gelitten, der in der englischen Königsfamilie verbreiteten »Bluterkrankheit«, und war an den Folgen eines Sturzes bei einem Erholungsaufenthalt in Nizza im Alter von nur 30 Jahren verstorben.[59] Das Vaterbild, das man Charles Edward allem Anschein nach vermittelte, war das eines schwerkranken, gefühlvollen und gebildeten, aber auch sehr furchtsamen und abergläubischen Mannes, der – seine lebensbedrohliche Krankheit vor Augen – in düsteren Ahnungen sein frühes Ende vorausgesehen hatte.[60]

Die Mutter Helene galt hingegen als resolute Frau, die sich durchaus auch gegenüber der Queen durchzusetzen verstand. Durch ihre Einheirat in die britische Königsfamilie im April 1882 und ihre frühe Witwenschaft war aus der schüchternen, aus der oberhessischen Provinz stammenden Prinzessin Helene eine selbstbewusste Matrone geworden. Zahlreiche Ablichtungen von ihr und ihren Kindern zeugen von der Inszenierung einer Familienidylle, als sollte der Welt bewiesen werden, dass die alleinerziehende Mutter aus Deutschland es verstand, ihre Sprösslinge zu guten Engländern und Mitgliedern der Königsfamilie zu erziehen. Besonders eng war das Verhältnis Charles Edwards zu seiner Schwester Alice. In der Familie sprach man bisweilen von den »siamesischen Zwillingen«.[61] Bewahrte Queen Victoria Medaillons mit den Haaren jedes ihrer Kinder und Enkel auf, gab es für die Albany-Kinder nur ein einziges dieser Behältnisse, in dem Charles Edwards und Alices Haarlocken miteinander verflochten waren. Neuere Forschungen zu materieller Kultur haben immer wieder auf die Bedeutung von Dingen für die Herstellung, Aushandlung und Gestaltung sozialer Beziehungen hingewiesen.[62] In diesem Sinne ist das Medaillon ein Zeugnis für das enge Verhältnis zwischen Charles Edward und seiner Schwester Alice und dessen Wahrnehmung in der königlichen Familie.

Die Queen ihrerseits kümmerte sich angeblich um den kleinen Herzog von Albany mehr als um alle ihre anderen Enkel.

Abb. 3 Helene von Waldeck-Pyrmont mit ihren Kindern 1898, *The Sphere*, August 1900

Abb. 4 Medaillon der Queen Victoria mit Haaren von Charles Edward, Duke of Albany, und seiner Schwester Alice

»Charly« sei – so äußerte Victoria beglückt – seinem Vater wie aus dem Gesicht geschnitten.[63]

Tatsächlich teilte Helene mit ihren Kindern das Leben der königlichen Familie bei Besuchen in Windsor, im schottischen Balmoral, in Osborne House auf der Isle of White oder der Villa Nevada in Cannes.[64] Nur selten erlaubte die Queen, dass die Familie Albany den Kanal überquerte, um die Verwandtschaft in Bad Arolsen, Den Haag und Stuttgart zu besuchen, wo Helenes Schwestern mittlerweile Königinnen der Niederlande bzw. von Württemberg waren.[65] Charles Edward selbst hat keine Erinnerungen an diese Zeit hinterlassen. Seine Schwester allerdings schwelgte in ihren Memoiren in – wie sie schrieb – »nostalgischen Erinnerungen« an »gemütliche Abende« bei Kammerkonzerten und Gesellschaftsspielen auf Schloss Windsor – immer in nächster Nähe zur königlichen Großmutter.[66] Mit der Queen, ihren Kindern und Enkeln – so Alice – sei man »eine einzige große Familie« gewesen.[67]

Was in den Erzählungen von Alice über ihre Kindheit unerwähnt bleibt, sind der Druck und die erzieherische Strenge, die auf die Sprösslinge der britischen Königsfamilie ausgeübt wurden. Die Erziehung und der Unterricht Charles Edwards fanden in der strikten Observanz öffentlicher Schulen statt. Schließlich wurde er in das private Eliteinternat Eton aufgenommen, wo die Sprösslinge der führenden britischen Familien auf ihre künftigen staatstragenden Rollen vorbereitet wurden. Regelmäßig wurden die Geschwister nach Windsor bestellt, um dort von Höflingen oder der Großmutter selbst in ihre künftigen öffentlichen Rollen eingewiesen zu werden.[68] So wurde Charles Edward schon als Knabe Chef eines schottischen Highlander-Regiments.[69]

Am liebsten ließ die Queen ihre Enkel »lebende Bilder« biblischer, literarischer und historischer Szenen aufführen. Alice und Charles Edward schlüpften hier des Öfteren in die Rolle von Engeln.[70] Mögen solche Schauspiele als Mittel der Selbsterziehung der Kinder und Jugendlichen oder der gebildeten Unterhaltung gedient haben[71] – sie zeigen doch sehr deutlich die Idealvorstellung Victorias von ihren Nachkommen: engelsgleiche, gehorsame Wesen, christliche Inkarnationen der früh verstorbenen Familienmitglieder, welche die Queen so exzessiv betrauerte.[72]

Charles Edward scheint früh eine gewisse Affinität zu den Formen monarchischer Schauspiele entwickelt zu haben, vor allem aber zum Pomp der öffentlichen Paraden. Diese Faszination für die Formen der Monarchie und das Festhalten an ihnen sollten später sein ganzes Leben begleiten – auch als er schon lange nicht mehr regierte.

So soll er seinen Einsatz beim Festzug anlässlich des diamantenen Thronjubiläums der Queen im Juni 1897 beinahe verpasst haben, weil er auf das Dach des Buckingham-Palasts hinaufgestiegen war, um sich die versammelten Massen auf der Londoner Mall, die Fahnen und Gardesoldaten anzusehen.[73] Zeitgenössische Berichte lobten später, dass der »winzig kleine Prinz« bei der Parade unter all seinen Verwandten den allerbesten Eindruck gemacht habe. »Der Ernst«, mit dem er die Zuschauer militärisch grüßte, habe »große Freude unter den Leuten« und »immer erneute Stürme von Applaus« hervorgerufen.[74] Auch der Diakon und Schriftsteller Lewis Caroll, der das berühmte Kinderbuch »Alice im Wunderland« verfasst hatte und ein Freund der Familie war, nannte »Little Charly« einen »perfekten kleinen Prinzen«, der zum Entzücken aller Zuschauer besonders die Kunst des königlichen Zeremoniells und die höfische Etikette artig beherrsche.[75]

Hinter verschlossenen Türen gab es aber auch Stimmen, die durchaus Zweifel anmeldeten, dass Charles Edward sich wunschgemäß entwickelte. Sein Kindermädchen beklagte, er sei allzu »zart und empfindlich, nervös und ermüdend«.[76] Helene konsultierte auf Anraten der Queen immer wieder Ärzte und Psychologen; man hatte den Verdacht, Charles Edward habe schon im Mutterleib durch den Schock, den seine Mutter durch den plötzlichen Tod ihres Ehemannes erlitten hatte, einen bleibenden psychischen Schaden erlitten.[77] Auch gab es ab und an unschöne Presseartikel über die »Standesdünkel des königlichen Zöglings«: Als man Charles Edward in Eton wie alle anderen Schüler angewiesen habe, gewisse Pflichten im Haushalt des Internats zu übernehmen, habe er sich standhaft und empört über diese »Degradierung« geweigert.[78]

Alice legte ihre und ihres Bruders Kindheitstraumata freilich anders aus: Die frühe Erfahrung von Krankheit und Tod wie die Erziehung zur »Disziplin« durch die Mutter und Großmutter hätten bei den Geschwistern einen »Sinn für Verantwortung, Haltung und Selbstkontrolle« hervorgerufen.[79] An diese Tugenden appellierten Helene und die Queen auch, als sich 1899 abzeichnete, dass aus Charles Edward bald Carl Eduard und der künftige Herzog von Sachsen-Coburg und Gotha werden sollte.

Charly und der Kaiser

Nachdem schließlich die Entscheidung gefallen war, dass »Charly« die Nachfolge in den deutschen »Stammlanden« antreten sollte, entspannen sich zähe Verhandlungen zwischen Herzog Alfred und Helene. Charles Edwards Mutter gab sich zunächst alles andere als erfreut. Gegenüber der Queen beklagte sie sich, dass sie als Deutsche doch so lange und intensiv versucht habe, ihren Sohn zu einem »guten« Engländer zu erziehen; alle diese Mühen seien nun vergebens, denn nun müsse ihr Sohn zu einem »guten« Deutschen heranwachsen.[80] Im Frühjahr 1899 zirkulierten schließlich ellenlange Telegramme zwischen Gotha, Coburg und Claremont, die sich im Kern um die Frage drehten, wo und unter welcher Verantwortung die weitere Erziehung von Carl Eduard stattfinden sollte. Standhaft blieb Helene dabei, dass sie und ihre Tochter mit nach Deutschland ziehen sollten. Es sei nahezu unabwendbar, dass ihr Sohn bei einer Trennung von seiner Familie einen »recht großen psychischen und moralischen Schaden« erleiden werde.[81] Die Bindung der beiden Albany-Frauen an Carl Eduard scheint ebenso groß gewesen zu sein wie die schiere Furcht Helenes, ihr Sohn könne ohne ihr Zutun in die Hände seines trunksüchtigen Onkels Alfred oder noch schlimmer unter die Obhut des für seine hysterischen Ausbrüche wohlbekannten kaiserlichen Vetters Wilhelm geraten.[82] Der Kaiser, die Bundesfürsten und nicht zuletzt Alfred bestanden aber auf der unverzüglichen Übersiedlung Carl Eduards in das Herzogtum und auf seiner künftigen ausschließlich deutschen Erziehung.[83] Als man Helene schlussendlich deutlich zu verstehen gab, dass der schwer krebskranke Herzog Alfred bald sterben werde, die Zeit nunmehr dränge und sie letztendlich nicht viel zu bestimmen habe, weil die Sache schon zwischen Queen Victoria und dem Kaiser ausgemacht sei, willigte sie ein. In einer Mischung aus Kleinbeigeben und Stolz telegrafierte sie schließlich nach Gotha: Sie verbürge sich, dass ihr Sohn »pflichtgetreu seine Stellung als Deutscher« erfüllen werde. Und auch Carl Eduard selbst verstehe schon »ganz deutlich«, dass er nun vor allem »gut deutsch« werden müsse.[84]

Herzog Alfred antwortete seiner Schwägerin postwendend, es müsse in der Tat alles unternommen werden, das alte Misstrauen ob der ausländischen Herkunft des künftigen Herzogs von Sachsen-Coburg und Gotha von vornherein zu zerstreuen. Helene sei hierbei allerdings nicht vonnöten.[85]

Schließlich erklärte Wilhelm II. die Ausbildung und Erziehung Carl Eduards zu seiner eigenen Angelegenheit. Helene und ihren Kindern wurde die Potsdamer Villa Ingenheim zugewiesen, in der auch die Söhne des Kaisers zeitweilig wohnten.[86] Dort erhielt Carl Eduard Unterricht von einem Privatlehrer, bis er schließlich in die Kadettenakademie in Berlin-Lichterfelde eintrat. Die Ausbildung orientierte sich an der für die Kaisersöhne.[87]

Wilhelm überwachte die Fortschritte persönlich, wobei übergriffige Jovialität, Gewalttätigkeit und Bloßstellungen die Begegnungen zwischen dem Kaiser und Carl Eduard prägten, sofern kein größeres Publikum zugegen war. So ist eine Fotografie überliefert, die 1901 auf der kaiserlichen Yacht aufgenommen wurde. Hier ist Wilhelm II. zu sehen, wie er in Siegerpose auf dem Bauch des am Boden liegenden Coburger Herzogs sitzt, der von einer dritten Person festgehalten wird.[88]

Dergleichen gewalttätige Späße und Demütigungen scheinen zu dieser Zeit recht häufig gewesen zu sein. Im Frühjahr 1905 – Carl Eduard war mittlerweile 20 Jahre alt – vertraute der Potsdamer Hofmarschall Robert Graf von Zedlitz-Trützschler seinem Tagebuch an: »Der Kaiser liebt es, seinen Spaß mit ihm zu treiben. Meist kommt es dabei aber so, daß er ihn so kneift und pufft, daß der arme kleine Herzog eigentlich in regelrechter Weise verprügelt wird. Neulich waren nun außerdem seine Braut, die Prinzeß Viktoria und ihre Eltern zugegen; dies machte

Abb. 5 Herzog Carl Eduard, Kaiser Wilhelm II. und eine unbekannte Person auf der kaiserlichen Yacht 1901

es dem armen kleinen Herzog wohl besonders peinlich, er kämpfte beinahe mit den Tränen und hatte den ganzen Abend über ein so unglückliches Gesicht, als sollte er am nächsten Morgen gehenkt werden.«[89] Will man einen Sinn hinter Wilhelms Ausfällen erkennen und dieses Verhalten nicht nur als triviales Machtgebaren und Ausdruck der hinlänglich bekannten Selbstherrlichkeit des Kaisers werten, dann kann man mit den Worten des britischen Historikers Edgar Feuchtwanger sagen: »Die Peinigungen und die Zurschaustellung übertriebener Männlichkeit, die Charlie Albany durch den Kaiser über sich ergehen lassen musste, sollten ihn ›deutscher als die Deutschen‹ machen.«[90]

Wilhelm II. hatte in der Tat ein gezieltes Programm zur moralischen Erziehung des britischen Prinzen zu einem deutschen Herzog erdacht. Dabei ging es hier vor allem auch darum, Carl Eduard eine gewisse liberale Einstellung auszutreiben, die er den Sprösslingen britischer Aristokraten unterstellte, besonders wenn sie die Eliteschule Eton besucht hatten:[91] Militärischer Drill, Exerzieren und Einschwören auf die Pflichten eines deutschen Fürsten gegenüber seinem »Volk« gehörten zur Tagesordnung. Wie weit die Bemühungen des Kaisers schon gediehen waren, wurde auch den Briten vorgeführt, als Carl Eduard am 4. Februar 1901 an der Seite des deutschen Kaisers am Trauerzug für seine Großmutter Victoria in der Uniform des preußischen Husarenregiments teilnahm.[92]

Ein knappes Jahr später schloss Carl Eduard die Kadettenakademie mit dem Abitur ab und wurde – wie auch die Söhne des Kaisers – an der Bonner Universität immatrikuliert. Dort gab es wiederum Ermahnungen, alsbald ein »guter deutscher Fürst« zu werden. Wie eine Beschwörung liest sich denn auch die Rede des Rektors bei der Immatrikulationsfeier des Coburger Herzogs. Wort für Wort abgedruckt war in deutschen Gazetten zu lesen: Nur der könne den »Beruf als deutscher Fürst voll und wahrhaft ausfüllen, der bis ins Innerste seines Wesens hinein deutsch ist, der deutsch denken und fühlen gelernt« habe.[93]

An der Universität und auch in den Ferien wich der zweite Kaisersohn Eitel Friedrich seinem Großcousin nicht von der Seite; er sei dem Herzog von Coburg ein Vorbild an »deutschen Tugenden«, enger Freund, Vertrauter und Ratgeber – so wurde in der nationalistischen Presse des Kaiserreichs allenthalben kolportiert, als wolle man abermals kritische Gemüter gegen den Ausländer auf einem deutschen Thron beruhigen.[94] Wie nahezu alle jungen deutschen Adligen jener Zeit bekam schließlich auch der britische Prinz Charles Edward seinen letzten Schliff im deutschen Wesen durch die schlagende Bonner Studentenverbindung Borussia, wo auch der Kaiser, seine Söhne und nahezu alle Bundesfürsten korporiert waren.

Es lag auf der Hand, dass der Herzog von Coburg alsbald eine deutsche Ehefrau brauchte. So arrangierte die Kaiserin die im Oktober 1905 geschlossene Ehe mit ihrer Nichte Viktoria Adelheid von Schleswig-Holstein-Glücksburg – einem alten deutschen Adelsgeschlecht, das in seinen Ahnennachweisen keine Ausländer oder gar Juden aufwies. In einer Sondernummer des *Coburger Tageblattes* hieß es anlässlich der Hochzeit im Herzogshaus, das Volk »werde stets eine dem eigenen Stamm entborene Fürstin lieber als Landesmutter begrüßen als eine Fremde«.[95]

Nachdem schließlich 1905 Carl Eduard die Regierung in Sachsen-Coburg und Gotha angetreten hatte, bemühten sich wohlgesonnene Blätter hervorzuheben, dass der junge Herzog nun ein »rechter deutscher Fürst« sei.[96] Und als müssten sie immer wieder aufs Neue ihr deutsches Wesen beweisen, engagierten sich Carl Eduard und Viktoria Adelheid – weit mehr als es unter deutschen Adligen des Kaiserreichs üblich war – bei öffentlichen Feiern der »deutschen Weihnacht« mit Hofangestellten und Bedürftigen[97] und durch Mitgliedschaften in unzähligen vaterländischen Vereinen.[98] Dass es dabei nicht nur um philanthropisches Engagement und sentimentale Untertanenbindung ging, sondern auch um wohlkalkulierte Machtpolitik, zeigt Carl Eduards Beitritt in den »Reichsverband gegen die Sozialdemokratie« 1910, der jedem den Kampf ansagte, der die »Monarchie und ihre Träger in den Staub ziehe«.[99] Auch auf manche Zeitgenossen wirkte es durchaus grotesk, wie vehement Carl Eduard und Viktoria Adelheid sich um die Förderung volkstümlich-völkischer Traditionen bemühten.[100] Den Höhepunkt bildete ein Trachtenfest im Park des Schlosses Reinhardsbrunn Ende August 1910,[101] bei dem neben dem Herzogspaar auch Carl Eduards Schwester Alice und deren englischer Ehemann Alexander von der Teck in mehr oder weniger erfundenen Trachten einfacher Landleute aufgetreten waren. Die Londoner Presse kommentierte das illustre Geschehen mit Hohn, Spott und der ironischen Bemerkung: »Der Adel von heute in Kostümen von gestern.«[102]

Das Gothaer Hofmarschallamt sammelte wiederum emsig Berichte über Bekundungen der Untertanen, die darauf schließen ließen, wie sehr sie Carl Eduard als ihren Landesvater angenommen hätten.[103] Es ist allerdings eher unwahrscheinlich, dass der Herzog von Coburg zu jener Zeit schon verinnerlicht hatte, was er hier an Deutschtümelei aufführte. Er scheint sich eher an die Erwartungen des Kaisers und nationalistischer Kreise im Reich gehalten zu haben. Den offiziellen und formellen Akt der Annahme der deutschen Staatsbürgerschaft hatte der Herzog von Coburg nämlich nicht vollzogen und sollte dies auch ferner nie tun.[104] Auch anderweitig blieb Carl Eduard in dieser Zeit recht stark mit seinem Heimatland und der dort lebenden Verwandtschaft verbunden.

Zwischenwelten in England und Deutschland

Mindestens zweimal im Jahr reiste das Herzogspaar nach England, wo man regelmäßig auch die Königsfamilie besuchte; mehrfach feierte man auf dem Landsitz Sandringham gemeinsam Silvester.[105] Auch legte Carl Eduard als deutscher Bundesfürst weder seine britischen Titel noch militärischen Ränge ab. Fast alljährlich war er bei den Feierlichkeiten des Hosenbandordens in der St.-Georgs-Kapelle auf Schloss Windsor dabei; 1902 war ihm diese höchste Auszeichnung des britischen Königshauses von Edward VII. verliehen worden.[106] 1905 – zu seiner Volljährigkeit und seinem Regierungsantritt in Sachsen-Coburg und Gotha – wurde Carl Eduard zum »Colonel-in-Chief« seines Regiments der Seaforth Highlanders befördert.[107] Als er im Juni 1914 die Ehrendoktorwürde der Universität Oxford erhielt,[108] erklärte der Rektor der Universität, dass man sich kaum vorstellen könne, dass Sachsen-Coburg und Gotha »ein ausländisches Territorium« ist.[109]

Solche Bemerkungen wie auch die Tatsache, dass ein deutscher Bundesfürst so häufig ins Ausland reiste, wurden im Deutschen Reich mit Argwohn wahrgenommen. So wetterte der Nationalist Heinrich Claß, der Vorsitzende des Alldeutschen Verbandes,[110] gegen den doch häufig allzu »instinktlosen« Coburger Herzog, der überhaupt keinen Sinn für deutsche Belange und »Sitten« habe.[111] Solche Tiraden schmeichelten dem fränkischen »Uradel«, der weit entfernt vom Status eines Herzogs war und sich doch als harten Kern der deutschen Aristokratie sah. So liest sich die Korrespondenz des mittelfränkischen Freiherrn Konstantin von Gebsattel mit dem Führer der Alldeutschen denn auch als implizite Kritik an Carl Eduard: Die »Ausländer« auf deutschen Thronen seien schon ein Ärgernis. Dabei müsse man tagtäglich einen »Entscheidungskampf« gegen den »Krebsschaden« des Judentums, der Sozialdemokratie und des »Freisinns« führen. Und hierfür seien wirkliche »deutsche Fürsten« bitter nötig.[112]

Auch die gemäßigtere Regierung und der Kaiser selbst waren von den zahlreichen Englandaufenthalten Carl Eduards nicht gerade angetan. So musste der Herzog von Coburg seine Besuche bei der deutschen Botschaft in London anmelden, von wo man durchaus misstrauisch nachfragte, was er immer wieder in England wolle.[113] Besonders heikel war die Entscheidung Carl

Eduards, bei der Krönung Georgs V. 1911 in der Uniform seines schottischen Regiments zu erscheinen. Sogar der Reichskanzler Theobald von Bethmann-Hollweg ließ anfragen, warum der Coburger Herzog als deutscher Bundesfürst dort nicht in einer deutschen Uniform auftreten wolle.[114]

Im engeren Kreis hielt Carl Eduard auch in Deutschland an britischen Sitten fest. Bei Einladungen hinter verschlossenen Türen wurde öfters ein Dudelsackpfeifer zur Musikbegleitung bestellt; es konnte vorkommen, dass der Herzog und die Herzogin in Kilt miteinander schottische Volkstänze aufführten.[115] Lange Zeit sprach Carl Eduard nur gebrochen Deutsch. Man gab sich in der Familie englische Spitznamen. Zeitgenossen meinten oftmals, der Herzog von Coburg habe sich »im Inneren mehr als Engländer, denn als Deutscher« gefühlt.[116]

Wenn man sich vergegenwärtigt, wie stark zu jener Zeit Nationalismen und imperiale Attitüden walteten – und zwar diesseits wie jenseits des Kanals –, dann scheint das Leben zwischen England und Deutschland für Carl Eduard nicht einfach gewesen zu sein. Er zeigte daher eine gewisse Zurückhaltung in politischen Fragen, für die man ihn öfter kritisierte: Die Einsamkeit der Mächtigen, das Leben wie in einem Kokon, das für so viele europäische Monarchen des Fin de Siècle beschrieben wurde, scheint auch den jungen Coburger Herzog geprägt zu haben: An sich schüchtern und unsicher, habe Carl Eduard rasch einen »Mangel an Selbstkritik« entwickelt, eingeimpft von den »ständig eingenommenen Überdosen an Schmeichelei« durch Höflinge, die sich »wie Drohnen« um ihn geschart hätten, so schilderte es eine Zeitgenossin rückblickend.[117]

Äußerungen zu politischen Themen, die gerade auch das deutsch-britische Verhältnis betrafen, habe man vom Coburger Herzog nicht vernehmen können.[118]

3
Der Erste Weltkrieg und der Bruch mit England

Noch Ende Juni 1914 war das Coburger Herzogspaar in England gewesen. Kurz nach der Rückkehr aus diesen Ferien sollte sich die Welt für Carl Eduard von Grund auf ändern. Am 1. August wurde im Deutschen Reich die Mobilmachung verkündet. Unverzüglich bezog der Herzog von Coburg Position und brach demonstrativ mit seiner englischen Heimat und den dortigen Verwandten. So bat er den Kaiser telegrafisch darum, dass auch er für Deutschland ins Feld ziehen dürfe, und betonte seinen vorbehaltlosen Willen, sich in den »Dienst der gerechten Sache für das Vaterland« zu stellen.[119] Zum 1. September ließ Carl Eduard in allen großen deutschen Zeitungen verkünden, die Engländer hätten das Deutsche Reich in »schändlichster Weise überfallen«.[120] Es sei für ihn als »deutschen Bundesfürsten« nun nicht mehr tragbar, Chef eines schottischen Regiments zu sein.[121] Er legte alle militärischen britischen Orden ab; als sollte das englische Königshaus zusätzlich getroffen werden, wurden sie nicht zurückgeschickt, sondern öffentlich an den Meistbietenden versteigert. Der Erlös ging als Spende an das Deutsche Rote Kreuz.[122]

Bei seinen Landtagen in Gotha und Coburg regte Carl Eduard einen Gesetzesentwurf an, der künftig »für alle Zeiten« Ausländer von der Thronfolge ausschließen sollte.[123] Die nationalistisch-monarchische Presse lobte diesen Schritt als Beweis dafür, dass der Coburger Herzog ein »wahrhaft Deutscher« geworden sei.[124] Voll von »deutscher Gesinnung« und »flammender Empörung über den Frevel an Deutschland« habe er jetzt endlich alle Verbindungen zu seiner Heimat »zerrissen«.[125]

Dabei handelte es sich freilich um Propaganda. Es ist eher unwahrscheinlich, dass Carl Eduard in nur wenigen Wochen zu einem durch und durch deutschen Fürsten geworden war, der mit seiner englischen Verwandtschaft nichts mehr zu tun haben wollte. Vielmehr reagierte er auch hier eher auf Erwartungen, die an ihn herangetragen wurden, und auf das unüberhörbare Misstrauen seiner Person gegenüber. So waren unmittelbar nach Beginn des Krieges in der Presse Zweifel an der Loyalität von Ausländern in deutschen Herrscherfamilien gesät worden.[126] Carl Eduard als »Halbengländer« und engster Verwandter der britischen Königsfamilie war ganz besonders ins Visier geraten.[127] Demonstrative Bekenntnisse zum Deutschen Reich und ein klarer Bruch mit England waren die einzigen Wege, um die erhitzten Gemüter zu beruhigen. Auch war durchaus zu erwarten, dass bei einem zögerlichen Verhalten Carl Eduards Absetzung als Herzog drohte, die Einziehung seiner Besitztümer und die Ausweisung aus Deutschland.

In der Schule von Nationalismus, Gewalt und Antisemitismus

Carl Eduard wurde das XI. Armeekorps zugeteilt, zu dem auch das Coburger 95. Regiment gehörte.[128] Am 7. August 1914 brachen er und sein Adjutant Marcel von Schack zur Westfront auf. Schack führte Tagebücher über seine Kriegserlebnisse mit dem Coburger Herzog, berichtete regelmäßig an dic Oberste Heeresleitung und versorgte auch die Presse mit Meldungen über das angebliche Wohlverhalten seines Herrn, das voll und ganz eines deutschen Bundesfürsten angemessen sei. Insgesamt unternahmen die beiden im Verlauf des Krieges 18 Reisen an die West- und Ostfront sowie in den Balkan.[129]

Später sollte Schack seine Aufzeichnungen in einem Bericht zusammenfassen,[130] der nicht nur einen deutlichen Eindruck von der selbstgerechten und gewalttätigen Atmosphäre in den

Führungsebenen des Reichsheeres vermittelt, sondern auch davon, was für einen Nationalisten, Antisemiten und Rassisten sich Carl Eduard als Begleiter gewählt hatte. Wie selten in vergleichbaren Texten wird hier der Krieg – in Anlehnung an Eric Hobsbawm gesprochen – als »Maschine der Brutalisierung der Welt« geradezu euphorisch gefeiert.[131] Mit diesem Einpeitscher für rechtsextremes, nationalistisches Gebaren an seiner Seite sind die Ausflüge des Coburger Herzogs an die Front des Ersten Weltkrieges durchaus als Einübung dessen zu verstehen, was Carl Eduard später auch in Hitlers Diensten praktizierte: das Dulden eines brachialen Nationalismus, Rassismus und Antisemitismus, das Hinnehmen von entfesselter Gewalt, Rückzüge in den schönen Schein adliger Annehmlichkeiten und Selbstbetrug.

Gleich in den ersten Tagen im Feld wurden der Coburger Herzog und sein Adjutant Augenzeugen eines der schlimmsten Gewaltexzesse deutscher Soldaten gegenüber Zivilisten während des ganzen Krieges: der Zerstörung der wallonischen Städte Ardenne und Dinant, bei der über 700 vor allem belgische Frauen, Kinder und alte Leute ums Leben kamen.[132] Die Vorgänge, die als »Massaker von Dinant« in die Geschichte eingehen sollten,[133] kommentierte Carl Eduards Adjutant Schack als »blutige, aber gerechte Strafe« für das angeblich »schändliche Verhalten« einer »mißgeleiteten Bevölkerung«.[134] Auch auf den Herzog habe der »Anblick der noch brennenden Stadt Dinant« einen »unvergesslichen Eindruck« gemacht.[135]

Vielleicht wollte man danach Carl Eduard von Belgien fernhalten, da er mit dem belgischen König eng verwandt war.[136] Jedenfalls wurden das Coburger Infanterieregiment und der Herzog bereits Anfang September 1914 zunächst an die Ostfront abgezogen.[137] Über das, was Schack in der Begleitung Carl Eduards dort gesehen haben will, breitete sich alsbald sein ganzer rassistisch-antisemitischer Hohn und Spott aus. So berichtete er aus Polen von angeblich »schmierigen Judenhäusern voller Dreck und Fliegen«.[138] Nicht zuletzt dienten solche Schilderungen auch dazu, den Einsatz des Coburger Herzogs hervorzuheben: Carl Eduard habe keine Entbehrung gescheut, der »Stimme seines Herzens« zu folgen, um seinen Truppen »nahe zu sein«:[139] Noch so »bescheidene« Quartiere in »schmutzigen Bauernhäusern«[140] und selbst das »feindliche Feuer der Granaten« hätten den »hohen Herrn« nicht davon abhalten können, sich »persönlich vom Wohlergehen seiner Landeskinder im Felde« zu überzeugen.[141]

Bereits die erste Kriegsweihnacht verbrachte Carl Eduard gemeinsam mit »einfachen Soldaten« in einer mit »Tannengrün ausgeschmückten polnischen Scheune bei heimatlichem Lichterglanz auf feindlichem Boden«.[142] Und auch den Heiligabend 1915 verbrachte er an der Front, nun wieder im Westen, in einer nordfranzösischen Kreidehöhle. Carl Eduard hatte extra in seinen Thüringer Wäldern Weihnachtsbäume schlagen und per Zug an die Front transportieren lassen. Das Ergebnis dieser Verschwendung kriegswichtiger Ressourcen war eine besonders gelungene Selbstinszenierung des Herzogs. Nach Schacks Erzählungen fand ein »unvergessliches Fest unter einem grünen Dom von heimatlichen Bäumen« statt, erleuchtet von »hunderten von Kerzen, die ganz besonders weihevoll und ergreifend« gebrannt hätten. Im Hagel der französischen Granaten seien alle Augen der Soldaten auf ihren Landesherrn gerichtet gewesen, voller »glücklichster Freude« darüber, dass er sie in diesen Stunden nicht allein gelassen hatte.[143]

Mit diesen Demonstrationen seiner Bindung an das deutsche Heer durch die symbolträchtige Feier der »deutschen Weihnacht« bewies er, dass Carl Eduard ein »wahrer deutscher Fürst« geworden war, wie Schack ins Reich berichtete.[144] Alle Zweifel an der Loyalität des Coburger Herzogs waren wie weggewischt. Von den Kanzeln des Herzogtums predigten die Pfarrer von Carl Eduard als einem »deutschen Mann, deutschen Offizier, deutschen Fürst vom Scheitel bis zur Sohle«.[145]

Auch für Wilhelm II. schien es nach wie vor ein Anliegen zu sein herauszustellen, dass sein in England geborener Vetter nun zu den Seinigen zählte und dies auch durch Tapferkeit vor dem Feind tagtäglich beweise. So überschüttete der Kaiser Carl Eduard regelrecht mit militärischen Auszeichnungen, ohne dass es dafür konkrete Anlässe gegeben hätte: Bereits Ende September 1914 erhielt der Coburger Herzog das Eiserne Kreuz erster und zweiter Klasse.[146] Im Dezember des gleichen Jahres wurde er zum General der Infanterie ernannt. Wilhelm II. sprach von einer Anerkennung für die großen »Anstrengungen« und die »treue Kameradschaft«, die Carl Eduard fortwährend »trotz seiner schwankenden Gesundheit« auf sich genommen habe.[147]

In Wirklichkeit waren längere Frontaufenthalte für den Herzog von Coburg kaum zu bewältigen. Der gerade erst Dreißigjährige litt an schweren rheumatischen Anfällen und »Morbus Bechterew«, einer chronischen Entzündung der Wirbelsäule und des Beckens, die zu schmerzhaften Versteifungen führt.[148] In der Regel blieben Carl Eduard und sein Adjutant weit hinter den Kampflinien in der Etappe zurück.[149] Immer wieder fuhr man zurück nach Deutschland, um Arztbesuche, Bade- und Massagekuren zu absolvieren. Solche Hinfälligkeit bei einem Offizier im besten Alter wurde von manchen Generälen und Bundesfürsten durchaus als ernstzunehmender Makel bewertet. Auch als Fürst sollte man im Krieg Gebrechen und Krankheiten nicht allzu leicht nachgeben, und dergleichen galt rasch als Verrat.[150]

Wollte Carl Eduard sich nicht das Missfallen des Kaisers zuziehen oder gar den Verdacht wieder aufleben lassen, sich aufgrund seiner britischen Herkunft im Krieg nicht genügend für Deutschland einzusetzen, musste er sich eine neue, möglichst wirkungsvolle Aufgabe suchen. Hierbei galt es etwas zu finden, das auch gewisse Erfolge versprach, kannte der Coburger Herzog den Hohn und Spott seines kaiserlichen Vetters seit seiner Jugendzeit ja nur zu genau. Ein Engagement in der Bündnispolitik schien geeignet zu sein, denn Carl Eduard verfügte über nunmehr kriegswichtige internationale dynastisch-verwandtschaftliche Beziehungen und hatte es stets verstanden, sie zu pflegen.

In der Schule der Diplomatie: Die Balkanmission 1915

Am 14. Juni 1915 ließ Carl Eduard seinen Coburger Hofmarschall Carl Eduard von Rüxleben an das Auswärtige Amt »vertraulich« schreiben, dass der Herzog sich für das Bündnis mit Bulgarien einsetzen könnte. Denn er sei mit dem Zaren von Bulgarien Ferdinand I. bekanntlich nicht nur eng verwandt, sondern auch in »Herzlichkeit« verbunden. Der Kaiser möge daher den Coburger Herzog »ausersehen«, ihn alsbald in einer diplomatischen Mission nach Sofia zu schicken, um den Eintritt des zögerlichen Bulgariens in den Krieg aufseiten Deutschlands und der Mittelmächte endlich voranzutreiben. Carl Eduard, so Rüxleben, habe ja in dieser »ernsten Zeit mutig mit seiner englischen Vergangenheit gebrochen«. Er sei nicht nur der richtige Mann für eine solche Mission. Sie könnte ihm auch helfen, im In- und Ausland nun endgültig als deutscher Bundesfürst zu gelten.[151]

Kann man Carl Eduards Fronterlebnisse als Übungsstunden in Gewalterfahrung, Rassismus, Antisemitismus und Fluchten in eine propagandistische Scheinwelt sehen, so liegen in diesem Schreiben aus dem Sommer 1915 die Grundlinien des diplomatischen Handelns, mit dem sich der Herzog von Coburg schließlich auch für Hitler einsetzte: das skrupellose Ausnutzen familiär-freundschaftlicher Verbindungen bis hin zu Erpressung und dem ostentativen Berufen auf den eigenen »guten Namen«, von dem keine verwerfliche Weltdiplomatie ausgehen könne.

Als Zar Ferdinand nämlich das Schreiben seines Coburger Verwandten bekam, wusste er nur zu genau, dass er keine Bitten und Offerten ausschlagen konnte; denn er hatte seit dem Regierungsantritt seines Hauses Sachsen-Coburg-Kohary in Bulgarien 1886 unzählige finanzielle und moralische Schulden bei seinen europäischen Verwandten und gerade in jüngster Zeit auch bei Carl Eduard angehäuft, die es nun wieder zurückzuzahlen galt: Bei der Wahl Ferdinands zum Fürsten von Bulgarien zu einem Zeitpunkt, als das Land zumindest formell noch zum Osmanischen Reich gehörte, waren bereits immense Bestechungssummen aus der Familienkasse geflossen.[152] Dennoch hatte er erst 1896 die Anerkennung seiner Regentschaft durch die europäischen Großmächte und durch die Hohe Pforte erreicht. Ferdinand war allerdings hiermit noch lange nicht am Ende seiner Ziele. Bulgarien sollte unter seiner Herrschaft zur unerreichbaren Vormacht auf dem Balkan werden. Im Herbst 1908 erklärte er die Unabhängigkeit des Landes und ernannte sich selbst zum Zaren. Das erregte europaweit Misstrauen, vor allem in England, das Schieflagen in der sorgsam ausbalancierten Machtverteilung auf dem Balkan fürchtete. Carl Eduard wiederum tat alles, um Ferdinand durch Einladungen und Besuche zu helfen.[153] Allmählich waren diese Mühen von Erfolg gekrönt, und das Gerede über den »Despoten« auf dem Balkan ließ nach.

1914 spitzten sich für Ferdinand auch innenpolitische Probleme zu: Der zweite Balkankrieg hatte Bulgarien empfindliche territoriale Einbußen und Millionen an Rüstungsgeldern gekostet. Nahezu die gesamte bulgarische Bevölkerung Ostthrakiens war von den Osmanen getötet oder vertrieben worden. Im Sommer 1914 zählte das Land mehr als 150000 Kriegsflüchtlinge, die auf Staatskosten zu versorgen waren. Zu dieser Zeit war das Zarenreich genau besehen schon längst bankrott. Schließlich gewährten französische Banken keine weiteren Kredite mehr. Der offizielle Staatsruin schien unaufhaltbar. Ferdinand hatte Grund zur Sorge, dass die Tage der kurzen Herrschaft des Hauses Sachsen-Coburg-Kohary in Bulgarien bereits wieder gezählt seien.

Bei der nun folgenden Finanzierungskampagne war Carl Eduard wiederum behilflich und nutzte seine Verbindungen zum deutschen Kaiser. Schließlich gewährte die Disconto-Gesellschaft, einer der größten deutschen Bankenverbände, Bulgarien die gewünschten Kredite.[154]

Carl Eduard und Wilhelm II. wussten somit genau Bescheid über die tiefe Schuld, in der Ferdinand gegenüber Deutschland, dem Kaiser und ganz besonders dem Herzog von Coburg stand. Am Zustandekommen des Bündnisses zwischen Deutschland und Bulgarien sollte Carl Eduard nicht beteiligt sein. Im März 1916 reiste er allerdings im kaiserlichen Auftrag nach Sofia, um Ferdinand gehörig zur Raison zu bringen.[155] Geheimdienste hatten nach Berlin berichtet, dass der allzu selbstbewusste, als »schwierig und verschlagen« verschriene Zar[156] das Bündnis mit Deutschland nutzen wollte, um die im Zweiten Balkankrieg an das Osmanische Reich verlorenen Gebiete zurückzuerlangen und überhaupt Rache an den »verhassten Türken« zu nehmen.[157] Das Osmanische Reich, das aufseiten Deutschlands sowie Österreich-Ungarns im Krieg stand, durfte aber keinesfalls in einen Konflikt mit einem Verbündeten des Deutschen Reiches hineingezogen werden. Tatsächlich gelang es dem Herzog von Coburg, Ferdinand zu überzeugen, dass er keinen Konflikt mit dem Osmanischen Reich anzetteln dürfe.

So wie Carl Eduard sich unter den strengen Augen seines kaiserlichen Cousins im Balkan diplomatisch als »guter deutscher Fürst« erwiesen hatte, so förderte er zu Hause in Gotha den Bau von militärischen Luftschiffen und Flugzeugen.[158] Ein Indiz für die von langer Hand geplanten Kriegsvorbereitungen im Deutschen Reich[159] sind die vom Juni 1913 datierenden Bitten Carl Eduards an den Kaiser, die in Gotha bestehende Fliegerschule für militärische Zwecke umzurüsten; im Januar 1914 stimmte Wilhelm II. schließlich »unter strikter Geheimhaltung« zu.[160] Mit Kriegsbeginn wurde die Gothaer Waggonfabrik, welche die Reichsbahn mit Personen- und Güterwaggons belieferte, teilweise zur Flugzeugwerft umgebaut. Im März 1917 wurde von dort schließlich das erste Kampfgeschwader von Doppeldeckerflugzeugen des Typs »Gotha« ausgeliefert. Im Sommer 1917 flogen die »Gothas« schwere Luftangriffe auf Südengland und London. Durch ihre Bomben starben mehrere hundert Zivilisten.[161]

Schloss Windsor, 14. Mai 1915: Der englische König und der Bruch mit den deutschen Verwandten

Am Nachmittag des 14. Mai 1915 standen die Besucher der St.-Georgs-Kapelle auf Schloss Windsor vor verschlossenen Türen. Im Chor der Kirche machten sich Handwerker im allerhöchsten Auftrag des Königs an die Arbeit. Sie lehnten ihre Leitern vorsichtig an das geschnitzte Chorgestühl, stiegen hinauf ins Gewölbe des Kirchenschiffs und nahmen die hoch aufgehängten Banner von sieben Rittern des Hosenbandordens ab: Dem österreichisch-ungarischen Kaiser Franz Joseph, dem deutschen Kaiser Wilhelm II., dem Herzog von Braunschweig Ernst August, Prinz Heinrich von Preußen, dem preußischen Kronprinzen Wilhelm, dem württembergischen König Wilhelm II. und dem Herzog von Sachsen-Coburg und Gotha Carl Eduard waren durch König Georg V. die Ordenswürde entzogen worden.[162]

Der König hatte einige Zeit gezögert, bevor er sich zu diesem Schritt entschlossen hatte. Bereits unmittelbar nach Ausbruch des Krieges hatte die *Times* gefordert, man solle den deutschen Fürsten, die sich gegen England gewandt hatten, den Hosenbandorden aberkennen.[163] Im Frühjahr 1915 hatte schließlich Alexandra, bis 1910 als Ehefrau Edwards VII. Königin von England, ihrem Sohn geschrieben, er solle endlich dafür sorgen, dass die »verhassten deutschen Banner« aus der »heiligen Kirche« der englischen Könige entfernt würden, schließlich liege dort auch sein Vater begraben.[164] Später erzählte man sich in den

Kreisen der europäischen Hochadligen, »Charly Coburgs idiotische Geste«, nach der britischen Kriegserklärung alle seine englischen Orden und Auszeichnungen abzulegen, habe dazu geführt, dass man ihm und den anderen deutschen Fürsten auch den Hosenbandorden aberkannte.[165] Diesen höchsten aller seiner Orden, der weniger als Auszeichnung des englischen Königs selbst galt, sondern mehr als über alle Grenzen hinausreichende Würde für um die Menschheit verdiente Monarchen, hatte er offensichtlich behalten wollen.[166]

Ein knappes Jahr nach dem Ausschluss aus dem Kreis der Ritter des Hosenbandordens wurde der Coburger Herzog das erste Mal im Parlament in Westminster des Hochverrats bezichtigt.[167] Das war rechtlich durchaus korrekt: Denn er beteiligte sich am Krieg gegen Großbritannien, war aber nach wie vor britischer Staatsbürger.[168] Mitglieder des Ober- und Unterhauses forderten einmütig, Georg V. und Queen Mary sollten sich zumindest von diesem »teuflischsten« aller ihrer abtrünnigen Verwandten lossagen, der sich auf die Seite des deutschen Kaisers geschlagen habe und tagtäglich an seinem Vaterland vergehe.[169]

Auch hier zögerte der König mit einer öffentlichen Erklärung, wahrscheinlich auch aus Rücksicht auf Carl Eduards Schwester Alice, die ja mit seinem Schwager verheiratet war. Allerdings intervenierte Georg V. auch nicht, als die Regierung im Oktober 1915 entschied, das sich noch in England befindliche Eigentum des Coburger Herzogs – wie das anderer Deutscher – einem öffentlichen Treuhänder zu unterstellen, zu sperren und 1917 schließlich dem britischen Staatsvermögen einzuverleiben. Carl Eduards Mutter Helene durfte zwar weiterhin auf Claremont House wohnen, war aber künftig dem Gutdünken von Beamten ausgeliefert.[170]

Den Herzog von Coburg traf der Einzug seiner sich auf mehrere Millionen Pfund belaufenden englischen Vermögenswerte zweifellos sehr. Er reagierte postwendend und ließ von seinen Landtagen in Coburg und Gotha im Juli 1917 einen Nachtrag zum herzoglichen Hausgesetz verabschieden, der den vermögensrechtlichen Erbfall an die Thronfolge band. Die britischen Verwandten sollten nach Carl Eduards Ableben keinen Zugriff mehr auf die Domänengüter, Schlösser, Kunstgegenstände oder das Geldvermögen des deutschen Herzoghauses haben.[171] Hatte sich die englisch-deutsche Dynastie somit vermögensrechtlich auseinanderdividiert, trug das britische Königshaus nach wie vor den deutschen Namen »Sachsen-Coburg und Gotha«.

Als schließlich die öffentliche Kritik am deutschen Familiennamen der königlichen Familie immer massiver wurde,[172] bestimmte Georg V. für sich, seine Familie und Nachkommen, dass man künftig »Windsor« heiße – nach dem größten und ältesten Schloss der Familie in der Nähe von London. Auch die Battenbergs und Tecks verzichteten auf ihre deutschen Titel und Namen, so dass aus Carl Eduards Schwester Alice von Teck die Countess of Athlone wurde.[173] Die *Times* pries den »weisen Schritt« des Königs.[174] Andere Aristokraten waren eher irritiert, beklagten das »Ende der wahren Monarchie« und bemitleideten Georg V., dass er offensichtlich so stark von der britischen Regierung abhängig geworden war, dass er selbst den Namen seiner Dynastie ändern musste.[175] Carl Eduard hingegen führte weiterhin die Farben der britischen Königsfamilie in seinem Wappen und legte den englischen Titel »Königliche Hoheit« bis zu seinem Lebensende nie ab.

4
Der Exherzog und die »Neuen Rechten«

Coburg, 14. November 1918: Ein Thronverzicht, der keiner war

Als schließlich im November 1918 der Krieg zu Ende ging, überall in Deutschland die Revolution ausgerufen wurde und man den Bundesfürsten nahelegte, freiwillig zurückzutreten, brach für Carl Eduard eine Welt zusammen. Verspürten viele der durchweg älteren deutschen Bundesfürsten in jenen Tagen in einer Mischung aus Panik, Verlustphantasien und Weltuntergangsstimmung auch eine gewisse Erleichterung, dass der Krieg und die damit verbundenen Pflichten nunmehr ein Ende hatten,[176] verhielt es sich für den Herzog von Coburg zweifellos anders.

Er war mit 34 Jahren trotz aller Krankheiten noch zu jung und agil, um sich überhaupt vorstellen zu können, nicht mehr Monarch zu sein. Er hatte gerade einmal 13 Jahre regiert und sich seiner Ansicht nach redlich bemüht, als ein »guter deutscher Landesherr« aufzutreten. Er hatte nicht viel anderes gelernt als militärisch-höfisches Zeremoniell und diplomatisch geschicktes Taktieren auf glattem Parkett. Ein Erwerbsleben als Land- oder Forstwirt war nicht vorstellbar. Außerdem war fraglich, ob der umfängliche Besitz an Wäldern und Feldern überhaupt erhalten werden konnte. So war das Auskommen für die nunmehr bald siebenköpfige junge Familie äußerst unsicher, geschweige denn ein standesgemäßes Leben. Die Forderungen von Sozialisten und Kommunisten nach der entschädigungslosen Enteignung der Fürsten wurden immer lauter.

Einige der deutschen Bundesfürsten dankten recht schnell

ab.[177] Ob man sie enteignen würde und welches Vermögen ihnen überhaupt blieb, war völlig offen.

Carl Eduard zögerte und zog sich auf Schloss Callenberg zurück. Die Wachen an den Zugängen zu seinem Anwesen hatte er verdoppeln lassen. Das sollte sich allerdings als unnötige Vorsichtsmaßnahme erweisen. Denn in Coburg blieb alles recht ruhig. Die rund 24000 Einwohner der Stadt – vor allem evangelisch-lutherische kleinbürgerliche Beamte, Angestellte und Pensionisten – verband durchaus eine gewisse Anhänglichkeit mit ihrem Herzog, der auch das Oberhaupt der Landeskirche war. Konservativismus und Monarchismus waren hier stärker ausgeprägt als in vielen anderen deutschen Residenzstädten.[178] In Coburg war es weniger das biedermeierlich beschauliche Kleinbürgertum, wie es der amerikanische Historiker Mack Walker für die »German Hometowns« als so prägend beschrieben hat,[179] welches das Sagen hatte, sondern eine recht große Anzahl von Amtsadligen und höheren Beamten, die allesamt Höflinge waren. Arbeiter, die andernorts den Rücktritt der Landesherren forderten und die Revolution anfachten, waren hier allenfalls in den Vororten zu finden. Nur selten war in der vermögenden und beschaulichen Stadt »jemand genötigt, ein Kohlepartikelchen aus dem Auge oder vom Anzug zu wischen«.[180] Der Hof der herzoglichen Familie war eng mit der Lebensweise der Honoratioren verwoben, ob man nun ökonomisch, kulturell, gesellschaftlich oder politisch zu profitieren glaubte. Es war daher nicht verwunderlich, dass die traditionellen Loyalitäten und die Anhänglichkeit vieler Coburger auch nach 1918 fortdauerten. Es schien schlichtweg undenkbar und gewissermaßen sogar ein Sakrileg, den Landesherren zu bedrohen oder auch nur in seinem als »standesgemäß« akzeptierten Leben anzutasten. Auch als das SPD-nahe *Coburger Volksblatt* die Gesamtzahl der im Krieg gefallenen Gothaer und Coburger Landeskinder mit über 3600 Soldaten bezifferte und dem Herzog die Schuld hierfür gab, sollte sich dies nicht ändern. Die Frage des Blattes, ob

Carl Eduard als Ausländer glaube, ein besonderes Anrecht auf seinen Thron zu haben und daher zögere zurückzutreten,[181] ließ die meisten Coburger recht unbeeindruckt.

Während am 9. November 1918 der Gothaer Arbeiter- und Soldatenrat die Herrschaft Carl Eduards für beendet erklärte,[182] behielten in Coburg nach ein paar halbherzigen Tumulten die konservativ-monarchistischen Honoratioren das Steuer in der Hand. Stadtrat und Landesregierung standen dafür ein, dass die Herzogsfamilie weiterhin von jedermann geachtet werde. Die treibende vermittelnde Kraft war der Coburger Staatsrat Hermann Quarck, ein konservativer und seinem Herzog treu ergebener Mann, dem die revolutionären Umtriebe mehr als suspekt waren. Quarck beruhigte Carl Eduard ausdrücklich, dass in Coburg die Hoheiten auch ferner gern gesehen und absolut sicher seien vor Schmähungen, Beschimpfungen oder gar gewalttätigen Übergriffen.[183]

Nach wie vor zögerte Carl Eduard mit seinem Rücktritt. Der Kaiser, von dem er so geprägt worden war, hatte sich mittlerweile in die Niederlande abgesetzt.[184] Von ihm war künftig keine Orientierung mehr zu erwarten. Die Kaiserin, die Tante Viktoria Adelheids, gab Durchhalteparolen an ihre deutschlandweit verstreute Verwandtschaft aus und Botschaften, die besagten, dass Gott das Ende der Monarchien in Deutschland niemals zulassen werde.[185] Der Bruder von Carl Eduards Mutter Friedrich von Waldeck–Pyrmont dachte gar nicht an eine Abdankung und tat dies auch entsprechend kund. Er konnte erst im August 1920 zum Thronverzicht gezwungen werden.[186]

Carl Eduard teilte durchaus diese Haltung. Andererseits wurde er mit sanftem Zureden der Coburger Landtagsabgeordneten, wohlmeinenden Ratschlägen seiner Vertrauten und vollmundigen Versprechungen regelrecht überschüttet, die alle darauf verwiesen, dass man in Coburg auch in ökonomischer Hinsicht großzügige Lösungen finden werde, wenn man nun die leidige Angelegenheit der Abdankung hinter sich bringe.[187]

Am Morgen des 14. November fuhr Quarck schließlich nach Schloss Callenberg, um die Sache endlich zu regeln. In seinen Erinnerungen schrieb er, er habe das Herzogspaar in »trüber, aber gefasster Stimmung« angetroffen. Sogleich habe Carl Eduard erklärt, er wolle »lieber mit Gewalt abgesetzt sein, als einen Verzicht auszusprechen«.[188] Nach einigem Hin und Her ließ er sich schließlich zu einer Erklärung bewegen, die auf den ersten Blick als Rücktritt durchgehen konnte.[189] Bei näherer Betrachtung war sie dies allerdings keinesfalls.[190] Denn hier hieß es nun, dass »Deutschland eine auf sozialistischer Grundlage beruhende Republik geworden« sei, »in deren Rahmen kein Raum für das Fortbestehen von Einzelmonarchien« sei. Damit habe auch Carl Eduard »aufgehört, in den Herzogtümern Coburg und Gotha zu regieren«. Ausdrücklich wurde ein Verzicht auf die Regierung vermieden, und als wolle der Herzog bald wieder auf den Thron zurückkehren, hieß es, er sei auch ferner »beseelt von dem aufrichtigen Wunsch, für das Wohl seiner bisherigen Landeskinder zu sorgen«.[191] Damit behielt sich Carl Eduard vor, jederzeit die Regierung wieder aufzunehmen – eine Haltung, die ihn sein ganzes restliches Leben begleiten und sein Handeln prägen sollte. Obwohl auch andere deutsche Adlige »aus der kurzen Betäubung während des Staatsumsturzes« rasch »erwachten« und darangingen, »mit großer Umsicht und Zähigkeit, ihre erschütterten Herrschaftspositionen wieder zu festigen«,[192] war der Herzog von Coburg in den Jahren nach dem offiziellen Ende der Monarchie im Deutschen Reich ganz besonders bemüht, weiter als Herrscher zu leben und auch politisch zu handeln.

Die Burg für den »Führer« von morgen

Die Coburger, die wie die Gothaer einen eigenen Freistaat gründeten, taten alles, um Wort zu halten und ihrer Herzogfamilie auch künftig ein standesgemäßes Leben zu ermöglichen. Das sollte auch so bleiben, als Coburg 1921 zu Bayern kam. Im Juni 1919 schloss man einen für Carl Eduard durchaus günstigen Abfindungsvertrag, der seiner Familie Schloss und Forst Callenberg und weitere Immobilien als Privateigentum zusprach, eine Landesstiftung vorsah und der Herzogsfamilie das Wohnrecht auf der Veste Coburg zusicherte.[193]

Was mit der Veste allerdings in den Folgejahren unternommen wurde, ist kaum nur mit konservativer Monarchentreue oder Gutmütigkeit gegenüber einem entmachteten Herzog zu interpretieren. Hier ging es zweifellos um mehr. Die Renovierung der Veste, die 1909 begonnen worden war, sollte fortgeführt und abgeschlossen werden.[194] Dies sah auch den außerhalb Coburgs aus konservatorischen Gründen äußerst umstrittenen[195] luxuriösen Umbau des dortigen Fürstenbaus zum Winterwohnsitz der herzoglichen Familie vor – mit aufwendigen Schnitzereien, Vertäfelungen, großzügigen Kaminen, elektrischem Licht, modernsten Badezimmern und einer Zentralheizung auf dem neuesten Stand der Technik.[196]

Auch künftig sollte hier die herzogliche Familie »unter sich« sein und inmitten ihrer Ahnenbilder, Fahnen, Wappen und Erinnerungsstücke ungebrochen im Bewusstsein leben, Mitglieder der langen, starken und vor allem weitverzweigten Kette der Dynastie Sachsen-Coburg und Gotha zu sein – als hätte es keine Revolution gegeben.

Der Architekt Bodo Ebhardt ließ den Fürstenbau fast vollständig abtragen und neu aufbauen und schuf damit strenggenommen einen völlig neuen Schrein althergebrachter monarchischer Insignien. Gegen ein Entgelt konnten neugierige Besucher künftig einen Eindruck gewinnen von der standesgemäßen Eleganz, die einem Monarchen im erzwungenen frühzeitigen Ruhestand durch die ohnehin stark belasteten Steuerzahler der jungen Republik gewährt wurde. Auch andernorts gewannen Burgen, Schlösser und Gutshäuser nach der politischen Entmachtung der Aristokraten als »adlige Bastionen«

durchaus an Bedeutung.[197] Außergewöhnlich in Coburg und mit einem weitreichenden, auch politischen Sinn versehen war allerdings der Umstand, dass eine solche »Bastion« erst neu entstand: Hier verhielt es sich anders als in der Doorner Miniatur des Berliner Hoflebens, in die der Kaiser sich eingesponnen hatte, oder bei den nostalgisch-sentimentalen Hofhaltungen, mit denen deutsche Adlige trotz bisweilen erheblicher finanzieller Einbußen ein recht luxuriöses Leben führten.[198]

Beim Um- und Neubau der Veste Coburg wurde nun – mit Georg Simmel gesprochen – das Geheimnis der verblüffenden Privilegien der Hocharistokratie und ihrer ungebrochenen »ästhetischen Attraktion«[199] völlig neu interpretiert und – wohldosiert – ab und an gelüftet. Luxus, in Adelskreisen zu jener Zeit oft als »soziale Giftblase« beschrieben, sollte keinen Anstoß erregen.[200] Gleichzeitig sollte auf der Veste Coburg die Aura der Herzogsfamilie allgegenwärtig sein. In der Kapelle des Fürstenbaus konnte man in Bleiglas gefasst Carl Eduard als Oberhaupt der protestantischen Landeskirche in der Ahnenreihe der sächsischen Landesfürsten bestaunen, welche die Reformation vorangetrieben hatten. Die Jagdgalerie mit zahllosen Trophäen ließ keinen Zweifel aufkommen, dass hier ein Fürst inmitten seiner adligen Privilegien residierte.[201] Der Raum, der Kern dieser Inszenierung war, sollte das Zentrum des künftig fürstlichen Wirkens sein: das Arbeitszimmer des Herzogs.

Ebhardt und Carl Eduard hatten hierfür die sogenannte Hornstube mit ihren zahlreichen Intarsien-Vertäfelungen mit Jagdszenen aus dem 17. Jahrhundert vorgesehen, ein unermesslich wertvolles museales Schaustück, das seit seiner Entstehung niemals genutzt, sondern nur ausgestellt worden war.[202] Man ließ den ersten privaten Telefonanschluss Coburgs verlegen, bohrte Löcher für Steckdosen in die Vertäfelungen und stellte Aktenschränke auf. Und als hätte sich die herzogliche Familie diese Kostbarkeit als letzte zumindest symbolische Bastion ihrer Standesherrlichkeit ertrotzt, wurde hier künftig die »deutsche

Weihnacht« gefeiert, die Carl Eduards Leben bislang so zentral begleitet hatte, unter Christbäumen mit brennenden Kerzen, ungeachtet der konservatorischen Gefahren für den komplett aus Holz bestehenden barocken Raum.[203]

Dabei waren die Wohnräume der Herzogsfamilie ansonsten keineswegs opulent oder prächtig gestaltet. Carl Eduard, Viktoria Adelheid und die Kinder lebten zwar zwischen wertvollen Möbeln und Gemälden, doch nicht überladen oder in verspielter Grandezza. In seinem ostentativen Anspruch, das deutsche Mittelalter einerseits wieder auferstehen und andererseits zeitgemäß bewohnbar zu machen, lehnte Ebhardt seine Entwürfe an jenem »Kult der Kargheit« an, den viele Aristokraten 1918 zu ihrem Distinktionsmerkmal erhoben hatten: Man wollte sich mit einer noblen, aber maßvollen Schlichtheit umgeben und so vom Rest der vermögenden Bevölkerung abheben. Und dies hatte durchaus ein Konzept, das kaum anders denn als »völkisch« bezeichnet werden kann: Kargheit und Schlichtheit galten als deutsch, Opulenz und Verspieltheit als das Gegenteil und entsprechend degeneriert. Nur neureiche Bürger und allen voran die Juden würden mit dem Glanz »fremder« Stile protzen in diesen für Deutschland schwierigen Zeiten.[204]

So ging es auch darum, die Veste Coburg vom Zuckerbäckerstil »undeutscher Umbauten« der englischen Neugotik zu »reinigen«[205] und zwischen hohen, dunklen, schlichten Balkendecken und steinernen Kaminen ein Ensemble von Interieurs entstehen zu lassen, das so weit wie möglich vom überbordenden Glanz französischer oder britischer Adelshäuser und von den historistisch-neureichen Plattitüden mancher Fabrikantenvillen entfernt war, die als dem deutschen Adel »wesensfremd« angesehen wurden.[206]

Es waren alles in allem »feine Unterschiede«, die im Coburger Fürstenbau in Szene gesetzt wurden und immer wieder in einer Mischung aus Distinktion und Anschlussfähigkeit an zeitgemäß monarchisches Dasein auf Machtansprüche anspielten:[207]

Zur »Tugend verklärte Knappheit und gottgegebener Adelsreichtum«[208] fanden mit allen modernen Annehmlichkeiten des täglichen Lebens zueinander wie in einer dunkel schweren Kathedrale eines Monarchen, der nur darauf wartete, die ererbten Regierungsaufgaben auch wieder zu übernehmen.

Am 6. Dezember 1920 war der Fürstenbau schließlich fertiggestellt und wurde durch die herzogliche Familie bezogen. Von nun an residierte der Herzog von Coburg in einem so hochherrschaftlichen Ambiente, wie er es nicht einmal zu Regierungszeiten hatte genießen können. Und dies sollte für die künftige Selbstdarstellung Carl Eduards wie auch für die Nationalsozialisten in den 1920er Jahren eine wichtige Rolle spielen.

Das höchst politische Konzept, das hinter alledem stand, war das des monarchischen »Führers«,[209] eines potentiellen adligen Herrschers über die Deutschen, der durch Leistungen beweisen musste, dieser Rolle würdig zu sein, so wie Carl Eduard dies bereits getan hatte – seit seinem Bekenntnis zu Deutschland im Ersten Weltkrieg und seiner Weigerung, den Anspruch auf den Thron aufzugeben.

Bereits 1909 hatte der Festungsbaumeister Ebhardt den Traum gehegt, dereinst einen »Horst« zu schaffen für den »rassisch-reinen« Adel, für einen »Führer«, der »Deutschland wieder zu wirklicher Größe« verhelfen werde.[210] Glaubt man Max Weber, dann war Ebhardt spätestens seit den letzten Monaten des Ersten Weltkrieges keine Ausnahme mehr. Denn zu jener Zeit habe sich – so Weber – unter den Deutschen eine Art Sehnsucht nach einer »echten Aristokratie« verbreitet, die sich durch »Volksnähe«, »Treue zu Deutschland« und vor allem Führungsqualitäten auszeichnen sollte.[211] Ein solcher Monarch habe nach Weber eine »ökonomisch sturmfreie Existenz« verdient. Denn erfülle ein Aristokrat eine politische Rolle, lebe er automatisch immer »*für* den Staat (…), nicht *von* ihm«.[212] In diesem Sinne investierte man mit dem Umbau der Veste in eine Zukunft Deutschlands und in einen strenggenommen nur zeitweise entmachteten

Monarchen, der irgendwann wieder als »Führer« die Geschicke der Deutschen mitgestalten sollte.

Als die Coburger Herzogsfamilie den Fürstenbau bezog, arbeiteten sich Aristokraten in ganz Deutschland an ihrer künftigen Rolle ab. So war 1921 beispielsweise unter der Überschrift »Adel verpflichtet« im *Deutschen Adelsblatt* zu lesen: »Die eigentliche und vornehmste Aufgabe des Adels ist: die Führerschaft. Der Edelmann soll ein Führer sein. Das ist sein Beruf, dazu ist er da.« Das »deutsche Volk« sei in seinem »tiefsten Kern doch noch gesund«. Daher könne man gewiss sein, dass es nur »auf seinen Führer wartet«. Und dieser »Führer« habe der Adel zu sein.[213]

Hierbei kamen vor allem drei miteinander verwobene Varianten in Frage, wie jene »Führerschaft« zu sein hatte: erstens eine völkische, in der man sich auf arische Herkunft und »rassische Reinheit« einschwor und sich gegenseitig beteuerte, für die »Führung der Deutschen« prädestiniert zu sein.[214] Ein Propagandist dieser Sichtweise war der ehemalige Frontoffizier und Rechtsanwalt Edgar Julius Jung, ein Vertrauter und Mitarbeiter Papens,[215] der 1927 in einer weitverbreiteten Schrift die »Herrschaft der Minderwertigen« in der Republik abkanzelte – gemeint waren hier vor allem Bürger, Sozialisten, Kommunisten und Juden. Zweifellos sei der Adel schon durch sein »überlegenes Sein« zum Herrschen geboren.[216] Er müsse sich allerdings erneuern, sich »arisch rein halten« und auch sonst durch ungebremste Loyalität zu »Nation und Volk«, Tatendrang und Mut als »wahrer Führer« erweisen.[217] Bemerkenswerterweise sah Jung in der britischen Aristokratie diese Qualitäten zumindest zum Teil verwirklicht.[218] Denkt man sich in solche Modelle hinein, dann konnte Carl Eduard als Abkömmling der britischen und deutschen Hocharistokratie durchaus als vielversprechendes Exemplar dieser Gattung des erneuerten deutschen Adels erscheinen.

Jung wie auch andere Publizisten zeigten sich hier als Anhänger der Eugenik und »Rassenlehre«. Der Adel besitze – so ist beispielsweise zu lesen – »ein durch generationenlange Zucht immanent gewordenes Verständnis und Feingefühl«, das sich auch künftig als nützlich erweisen könne.[219] Im »Erbe seines Blutes« habe der Adel alle »guten Anlagen« für einen »genialen Täter und großen Menschen«.[220]

Aristokraten, die sich dem »völkischen Gedankengut« nahe sahen, waren von solchen Schriften mehr als angetan. So schrieb Heinrich von Gleichen, ein Anhänger der rechtskonservativen Ringbewegung: »Der Führergedanke ist überall lebendig geworden. Sehnsucht nach überlegener Führung erwacht in den Massen.«[221] In diesem Sinne führte man bei den deutschen Adelsverbänden einen »Arierparagraphen« ein und verpflichtete sich dem »Eisernen Buch deutschen Adels deutscher Art« – kurz »Edda« –, in dem für jeden Eintrag der Nachweis zu erfolgen hatte, dass 32 Vorfahren väter- und mütterlicherseits keinen »Semiten« und keinen »Farbigen« aufwiesen.[222]

Einigkeit herrschte auch über einen zweiten Aspekt der »Führerschaft«, nämlich die Stellung von Adligen oberhalb der »Massen«, die auf ein verstärktes Engagement in den völkischen Verbänden abzielte. Eine »angeborene Höherwertigkeit« und ererbte Führungsansprüche sollten mit Charaktertugenden wie »Festigkeit, Durchsetzungsstärke und Kampfesmut« verbunden sein.[223] Drittens schließlich sollten sich die adligen »Führer« als »Elite« zusammenfinden, in Clubs, Zirkeln und Parteien, in denen man durchaus – wenn es aus machtpolitischen Erwägungen nicht zu vermeiden war – einige Allianzen mit Bürgerlichen einging.[224]

Dieses Konzept fand wie kaum irgendwo in Deutschland nach dem Ersten Weltkrieg ein symbolisches Abbild beim Umbau der Veste Coburg. Hier sollte das Leben eines völkisch-adligen »Führers« abgebildet und ein repräsentativer Rahmen für künftige Aufgaben geschaffen werden.

Ebhardt verfolgte mit seinem Umbau unübersehbar das Ziel, für einen Monarchen, der für den »Wiederaufstieg« Deutschlands eine Rolle spielen sollte, einen angemessenen Wohn- und

Wirkungssitz zu bauen, in dem deutschnationale Ideologie, völkischer Kult[225] und fürstliche Annehmlichkeit zusammenflossen – und zwar mitten in der Weimarer Republik, zu einer Zeit, in der die meisten Deutschen unter Not und Hunger litten.[226]

Die Nationalsozialisten und vor allem der Chef der SS Heinrich Himmler sahen in Ebhardt einen Gralshüter deutscher Kulturgüter.[227] Der Ausklang des »Deutschen Tages« 1922 wurde durch einen Aufmarsch der Hitler-Anhänger auf der Veste begangen, was Ebhardt als »besondere Weihe« für sein Werk ansah.[228] Alfred Rosenberg, der am »Deutschen Tag« in Coburg teilgenommen hatte, schien die architektonischen Chiffren, die sich hier auftaten, durchaus verstanden zu haben. So schwärmte er im *Völkischen Beobachter* von der »herrlich uralten Burg«, die ein Stein gewordenes »Zeichen trotzigen Kampfeswillens und unbeugsamen Charakters« sei.[229]

Anlässlich der Festungsweihe 1924 beschwor schließlich Ebhardt mit ähnlichen Worten wie Rosenberg vor dem Herzogspaar und mehr als 3000 geladenen bayerischen Honoratioren und Politikern Gott, aus der Veste wieder einen »Wallfahrtsort« entstehen zu lassen, »wo alle deutschen Herzen zueinanderfinden« könnten, um sich aus den »Fallstricken« ihrer »falschen Freunde« und »aus den Ketten« ihrer »Feinde« zu befreien. Dies war auch eine Botschaft an Carl Eduard, seinen Beitrag dazu zu leisten, dass von seiner Burg alsbald »ein helles Licht auf eine glücklichere Zukunft« des »geliebten Vaterlands strahlen könnte«.[230]

Tatsächlich sollte Carl Eduard nicht lange warten, bis er sich selbst als völkischer »Führer« in der Veste in Szene setzte: Bereits im Frühling 1925 wurde eine ursprünglich als Thronsaal vorgesehene Halle kurzerhand umfunktioniert und für eine erste »große vaterländische Kundgebung« unter Vorsitz des Coburger Herzogs genutzt.[231]

Freilich gab es bald Kritik: Das *Volksblatt* der lokalen SPD war empört und lancierte im ganzen Reich entsprechende Pressemeldungen. Es könne nicht angehen, so hieß es darin, dass ein »Exherzog« mit den Völkischen auf der mit Geldern des bayerischen Steuerzahlers so aufwendig ausgebauten Coburger Veste Hof halte.

Abb. 6 Plakat zu einer nationalsozialistischen Kundgebung in Coburg 1929

Es sei skandalös, dass Carl Eduard vielerlei »Freibeutergestalten« gastfreundlich Aufnahme gewähre, die nichts anderes im Sinn hätten, als den demokratischen Staat zu zerstören, jüdische Mitbürger und Andersdenkende zu schmähen und eine Diktatur – ob nun mit oder ohne Monarchen – zu errichten.[232] Die »unerhörten Annehmlichkeiten«, die man dem Coburger Exherzog und seiner Familie hierbei zukommen lasse, seien äußerst gefährlich. Hier nähre man eine »Natter an der Brust der Demokratie«, die sich schon seit längerem mit gefährlichen »Totschlägern« einlasse und nur danach strebe, die Republik zu vernichten.

Es blieb bei solchen Einsprüchen. Niemand hinderte Carl Eduard daran, nach eigenem Gutdünken mit dem Staats- und Stiftungseigentum zu verfahren, als wäre es sein Privatbesitz. Seit Ende der 1920er Jahre fanden regelmäßig völkische und nationalsozialistische Kundgebungen auf der Veste Coburg statt. So gelang es Carl Eduard und seiner Familie, nicht nur unbehelligt, sondern immer wieder auch bewundert und bestätigt in der »wohltemperierten Hofluft«[233] Coburgs wie unter einer Glasglocke zu leben, abgeschirmt von allen republikanischen Umtrieben. Der Herzog von Coburg konnte standesgemäß Gesinnungsgenossen empfangen und entwickelte sich Schritt für Schritt zu einem glühenden Anhänger der Rechtsradikalen und schließlich Hitlers.

Der Tod der Republik: Beschützer und Förderer der Rechtsterroristen

In den frühen 1920er Jahren führte Herzogin Viktoria Adelheid ihren kleinen Sohn, den Prinzen Friedrich Josias, in eines der Gästezimmer auf Schloss Callenberg, wo ihm ein unbekannter Herr mit einigen bedeutungsvollen Gesten eine Pistole in die Hände legte – so jedenfalls beschreibt der Prinz die Szene in seinen Erinnerungen.[234] Es handelte sich um Hermann Ehrhardt, einen ehemaligen Korvettenkapitän und einen der bekanntesten und meistgesuchten antisemitischen, deutschnationalen, republikfeindlichen Freikorpsführer, dessen Brigade Ehrhardt überaus gewalttätig war.[235] Schwer bewaffnet mit Maschinengewehren und Flammenwerfern hatten Ehrhardt und seine Kumpanen im Frühjahr 1919 revoltierende Arbeiter in Braunschweig und in vielen anderen Städten niedergeschlagen. Später hatten sie die Münchner Räterepublik angegriffen.[236] Nachdem die Reichsregierung, bestehend aus SPD, Zentrum und der Deutschen Demokratischen Partei, die Auflösung der Freikorps und so auch der Brigade Ehrhardt beschlossen hatte, hatte sich Ehrhardt für den Staatsstreich entschieden. Unterstützt von General Walther von Lüttwitz, Erich Ludendorff und Wolfgang Kapp marschierte er in der Nacht zum 13. März 1920 mit seiner Brigade nach Berlin. Mit Waffengewalt hatten sie das Regierungsviertel besetzt; bald sprach man vom bis dahin massivsten Angriff auf die Republik.[237] Letztlich scheiterte der Putsch an einem Generalstreik, der die Hauptstadt lahmlegte. Bei ihrem Abzug aus Berlin hatten Ehrhardt und die Mitglieder der Brigade auf Gegendemonstranten geschossen. Es gab zahlreiche Verletzte und Tote.[238] Gegen Ehrhardt wurde Haftbefehl erlassen. Er tauchte unter, floh nach Süden und fand Unterschlupf auf Schloss Callenberg beim Herzog von Coburg.[239]

Ehrhardt kannte Carl Eduard noch nicht lange, wahrscheinlich seit Dezember 1919, als der Herzog von Coburg Ehrhardts Rat für den Aufbau einer Einwohnerwehr einholte, die revolutionäre Umtriebe bekämpfen sollte. Künftig unterstützte Carl Eduard nicht nur diese Einwohnerwehr,[240] sondern gründete auch gleich eine Bezirksgruppe der Brigade Ehrhardt, deren Führer er wurde. Es ist nicht auszuschließen, dass Carl Eduard bereits zu dieser Zeit auch mit Ernst Röhm bekannt wurde, der kampferprobte Männer aus Ehrhardts Brigade für seine gerade gegründete SA zu rekrutieren versuchte.[241]

Der Herzog von Coburg war für Ehrhardt allerdings mehr als

nur ein Unterstützer: Hegte Ehrhardt zunächst Pläne, den Kaiser vor seiner Flucht mit Waffengewalt vor einer Festnahme durch die Alliierten zu schützen, war er nun von Wilhelm II. bitter enttäuscht.[242] Für die Restauration der Monarchie in Deutschland kam der Kaiser somit nicht mehr in Frage. Der Kronprinz galt den radikalen Rechten als »Waschlappen«, »Schwächling« und als ein ähnlicher Drückeberger wie sein Vater.[243] Als einziger der Ehrhardt bekannten Bundesfürsten hatte sich Carl Eduard geweigert, den Anspruch auf seinen Thron niederzulegen. So ist es durchaus möglich, dass Ehrhardt den Coburger Herzog als einen Kandidaten sah, den man zum künftigen Herrscher von Deutschland aufbauen konnte. Jedenfalls blieb es nicht bei einem einmaligen Aufenthalt Ehrhardts auf Schloss Callenberg. In einem durch eine Zwischendecke abgetrennten Hohlraum des Schlosses soll Ehrhardt mit Duldung und Unterstützung des Herzogs ein Waffenlager mit Maschinengewehren und Handgranaten angelegt haben, genug für die Ausrüstung einer ganzen Garnison.[244] Man plante gemeinsam weitere Terroranschläge im großen Stil in einer Art Privatisierung des Krieges gegen Sozialdemokratie, Kommunismus und letztlich die Republik.[245] Freilich: Viele Angehörige des deutschen Adels akzeptierten solche Formen von Gewalt.[246] Beim Herzog von Coburg blieb es nicht bei bloßer Akzeptanz.

Bei ihm lassen sich bereits zu dieser Zeit jene »faschistischen Potentiale« erkennen, die Geoff Eley beschrieben hat: Künftig ging es Carl Eduard nicht mehr darum, die Gegner politisch zu bekämpfen, sondern sie in einer Art militantem Überlebenskampf schlichtweg totzuschlagen.[247] Wenngleich der Herzog von Coburg – soweit überliefert ist – nie selbst zum politischen Mörder wurde, unterstützte er auch nach dem Verbot und der Auflösung der Brigade Ehrhardt rechtsradikale Totschläger vorbehaltlos. So trat er der Nachfolgeorganisation der Brigade bei, der sogenannten Organisation Consul,[248] die im Untergrund wirkte und zahlreiche Fememorde zum Sturz der Weimarer Republik initiierte, wie die Attentate auf den liberalen Reichsaußenminister Walther Rathenau[249] und den Reichsfinanzminister Matthias Erzberger.[250]

Zu dieser Zeit berichteten Beamte der bayerischen Landespolizei besorgt, wie Carl Eduard und Viktoria Adelheid sogar in Dorfgasthäusern des Coburger Umlands vollmundige Reden für die Rechtsterroristen schwangen: Dabei schmeichele es »den jungen Leuten, wenn der Herzog und die Herzogin von Coburg mit ihnen in bescheidenen Dorfschenken beim Bier sitzen«, womit sie ganz besonders für die rechtsradikalen Gedanken eingenommen würden.[251] Auch untersuchte man, ob der Herzog seinen ältesten Sohn Leopold angestiftet habe, dem antisemitisch-militanten Jungdeutschen Orden beizutreten.[252] Dieser verstand sich als »Tatgemeinschaft auf christlicher Grundlage«, mit dem Ziel der »Befreiung Deutschlands«. Wie es seit alters her in »deutscher Art verwurzelt sei«, wollte man alle »Feinde des Volkes« bekämpfen – vor allem die Juden.[253]

Im Herbst 1923 soll Prinz Leopold an mehreren gewaltsamen Überfällen auf jüdische Dorfbewohner im Coburger Land beteiligt gewesen sein: Mit sarkastischen Titelzeilen wie »Die Heldentat des Erbprinzen« und »Der Prinz als Straßenräuber« berichteten Zeitungen über den »unbeschreiblichen Terror«, der unter der »Führung« des Erbprinzen mit Duldung seines Vaters verübt worden sei.[254] Besonders im Fokus war eine Reihe »schwerer Überfälle« auf jüdische Hofbesitzer im Dorf Autenhausen bei Coburg, die schwerverletzt gerade noch mit dem Leben davongekommen waren. Man sprach davon, dass das zuständige Gericht die Beteiligung des Coburger Erbprinzen vertuscht und dass Carl Eduard Zeugen bestochen habe.[255]

Auch Frauen waren Mitglieder im Jungdeutschen Orden. Im Mai 1925 versammelten sich mehrere Tausend von ihnen in Coburg, begleitet vom Hochmeister des Ordens, Arthur Mahraun. Sie schworen sich auf die »Pflege des Deutschtums« ein und wurden vom Herzogspaar auf Schloss Callenberg empfangen.[256]

Die Organisation Consul allerdings war bereits 1922 verboten worden. Ehrhardt hatte rasch eine Nachfolgeorganisation gegründet, den Bund Wiking, dem Carl Eduard alsbald beitrat. Rasch zählte der Bund reichsweit mehr als 10000 Mitglieder, die sich mit paramilitärischen Übungen intensiv auf den Sturz der Weimarer Reichsregierung mit Waffengewalt vorbereiteten. Ziel war die Errichtung einer Militärdiktatur und die Revision des Versailler Vertrags.[257] Carl Eduard wurde »Ehrenpräsident« des Coburger Wiking, sein Forstangestellter Paul Schmidt war Bezirksleiter. Im Mai 1925 marschierten mehrere hundert Mitglieder des Wiking auf dem Coburger Schlossplatz vor Carl Eduard auf, was die verantwortlichen Behörden durchaus kritisch sahen, denn mit einer solchen prominenten Rolle des »ehemaligen Landesherren« bekomme die Angelegenheit doch eine »gewisse politische Bedeutung«. Der Herzog von Coburg hatte eine Wiese unterhalb seines Schlosses Callenberg zur Verfügung gestellt, wo die jungen Leute – trotz der bestehenden Verbote der Reichs- und Landesregierung – in Uniform Wehrsportübungen ausführten. Zur Belohnung gab es Tee im Beisein der »königlichen Hoheiten«.[258]

Bei Adligen wie Carl Eduard oder auch dem Reichsgeschäftsführer des Bundes Hanns Günther von Obernitz wurde die Hoffnung genährt, dass der Wiking dabei helfe, die Monarchie in Deutschland gewaltsam wiederherzustellen.[259] Vieles, was von den »Führern« des Wikingbundes gefordert wurde, wie »Geistesgegenwart, Todesverachtung, Treue, Tapferkeit, Pflichtbewusstsein« und »Fürsorge für die Untergebenen«, war dem Herzog von Coburg seit seiner preußischen Kadettenausbildung bekannt, die er unter Wilhelm II. durchlaufen hatte. Jetzt war für Carl Eduard die Stunde jener »Tugenden« gekommen. Er wollte sie so vehement üben, dass viele Männer ihm »blindlings« folgen sollten.[260]

In der Organisation Consul und beim Bund Wiking lernte der Herzog von Coburg den späteren Reichsgesundheitsführer Hitlers Conti kennen, ein bereits zu dieser Zeit weithin bekannter Antisemit, der 1918 den Deutschen Volksbund gegründet hatte, dessen Mitglieder immer wieder jüdische Bürger diffamierten und tätlich angriffen.[261]

1926 trat Carl Eduard in den Stahlhelm ein, den rechtsradikalen Bund der Frontsoldaten. Der Stahlhelm war unmittelbar nach dem Ende des Krieges von Franz Seldte gegründet worden, der sich den Vorsitz mit Theodor Duesterberg teilte.[262] Zunächst stand der Verband der DNVP nahe, für die er bei Parteiversammlungen den Saalschutz stellte. Sein Ziel war anfangs, eine stärkere Würdigung der ehemaligen Frontsoldaten durchzusetzen. Die Mitglieder bezeichneten sich als »deutsche Faschisten« und schworen sich auf einen radikalen Antisemitismus ein. Juden waren ausgeschlossen. Seit Mitte der 1920er Jahre propagierte der Stahlhelm die Errichtung einer Militärdiktatur, welche die Sozialdemokratie gewaltsam zerschlagen und in einem völkisch-großdeutschen Reich die Monarchie wiederherstellen

Es wird hiermit bescheinigt, daß der....
Jnhaber die durch
nebenstehendes Licht-
bild dargestellte Per-
son ist und die darun-
ter befindliche Unter-
schrift eigenhändig
vollzogen hat.
Coburg, den 15. Juli 1920
Bezirksamt.

Abb. 7 Personalausweis Herzog Carl Eduards vom Juli 1920

sollte.[263] Wie sehr der Herzog von Coburg sich – wider jegliche Realität – als ehemaliger Frontkämpfer verstand, schon bevor er in den Stahlhelm eintrat, zeigt ein Brustbild für seinen neuen Personalausweis von 1920, auf dem er in Uniform mit Stahlhelm abgelichtet ist. Als hätte nie eine Revolution stattgefunden, unterschrieb Carl Eduard mit »Herzog von Sachsen-Coburg und Gotha«.

Mit seiner Mitgliedschaft im Stahlhelm stand der Herzog von Coburg auch hinter der sogenannten »Fürstenberger Hassbotschaft« vom September 1928, in der öffentlich und verbindlich für alle Stahlhelm-Mitglieder erklärt wurde: »Wir hassen mit ganzer Seele den augenblicklichen Staatsaufbau, seine Form und seinen Inhalt«, denn er verhindere es, »unser geknechtetes Vaterland zu befreien, (…), den notwendigen Lebensraum im Osten zu gewinnen und das deutsche Volk wieder wehrhaft zu machen«.[264] 1930 wurde Carl Eduard schließlich in den Bundesvorstand des Stahlhelm berufen.[265]

Gleichzeitig näherte er sich immer deutlicher der NSDAP an. 1932 ließ er Schloss Callenberg umbauen durch den Architekten Reinhard Claaßen, der später auch mit Albert Speer zusammenarbeiten sollte.[266] Dabei ließ er nicht nur einige Modernisierungen durchführen, sondern auch auf dem Turm des Schlosses ein weithin sichtbares Hakenkreuz anbringen.[267]

Carl Eduards Teilnahme am Braunschweiger SA-Aufmarsch sowie am Treffen der Nationalsozialisten in Bad Harzburg und seine öffentlichen Empfehlungen für Hitler bei der Reichspräsidentenwahl 1932 führten schließlich zu Differenzen mit den Führern des Stahlhelm, die ein Ausschlussverfahren gegen den Coburger Herzog einleiteten, schließlich aber wieder fallenließen.[268]

Abb. 8 Turm des Schlosses Callenberg nach dem Umbau von 1932

Gekauft: Hoffnung auf die Wiederherstellung der Monarchie

Unter allen Rechtsradikalen der Weimarer Republik wurde Hitler für den Coburger Herzog wahrscheinlich vor allem aus zwei Gründen interessant: Wie kaum ein Politiker des rechten Spektrums bezog Hitler ab 1926 eine klar ablehnende Haltung zur Frage der Fürstenenteignung. Auch schien er sich zunächst durchaus für die Wiederherstellung der Monarchie in Deutschland erwärmen zu können. Hitler bediente somit beide zentralen Anliegen Carl Eduards geradezu perfekt: das Streben nach der Sicherung des Familienvermögens und den Willen zu politischer Macht.

Was die materielle Seite betrifft, hatte der Herzog lediglich mit der Coburger Landesregierung einen recht glimpflichen Abfindungsvertrag geschlossen. Der Freistaat Sachsen-Gotha hatte ihm im Juni 1919 als Entschädigung für alle seine Besitztümer in Thüringen eine Zahlung von 15 Millionen Reichsmark angeboten. Das riesige Schloss Friedenstein in Gotha mit seiner wertvollen Kunstsammlung und der Bibliothek voller mittelalterlicher Handschriften sollte ebenso wie Schloss Reinhardsbrunn mit den ausgedehnten wildreichen Wäldern in staatliches Eigentum ohne jegliche Nutzungsrechte durch die Herzogsfamilie übergehen. Carl Eduard lehnte ab. Der Thüringer Landtag beschloss daraufhin Ende Juli 1919 ein Gesetz zur entschädigungslosen Einziehung des herzoglichen Vermögens.[269] Dabei handelte es sich um die einzige Enteignung eines ehemals regierenden Fürsten im Deutschen Reich.[270]

Der Herzog von Coburg hatte diesen Schritt durch seine Attacken und seine Weigerung, das Vergleichsangebot des Thüringer Landtages anzunehmen, regelrecht provoziert.

Unverzüglich klagte Carl Eduard beim Leipziger Reichsgericht, wo sein Fall über Jahre geprüft und verhandelt wurde. Es ging um die immense Summe von mehr als 37 Millionen

Goldmark und einen weit höheren Wert an Grundbesitz.[271] Aber es ging außer um Geld vor allem auch um Prestige und Macht. Die Bedeutung, die der Grund- und Immobilienbesitz für deutsche Adlige nach dem Ersten Weltkrieg hatte, wurde 1922 von Papen auf den Punkt gebracht, als er von einem »Fundament« des »Anspruches auf Führerschaft«[272] sprach. Auch für Carl Eduard und seine Familie war dieses »Fundament« von Grundbesitz ein Erinnerungszeichen für verlorene politische Macht und verhieß Hoffnungen, diese wieder zu erlangen. So war es auch in den Folgejahren ein wesentliches Ziel des Herzogs, die Enteignungen in Thüringen wieder rückgängig zu machen. Und hierfür erhoffte er sich schließlich Unterstützung von Hitler persönlich.

Im Juni 1925 hatte schließlich das Leipziger Reichsgericht die Klage zugunsten Carl Eduards entschieden:[273] Es wurde zwar nicht das gesamte geschätzte Vermögen entschädigt, aber immerhin flossen 37 Millionen Goldmark.[274] Unverzüglich kam es zu Pressekampagnen und öffentlichen Protesten gegen diese in den Augen von Sozialdemokraten, Kommunisten, aber auch vielen Anhängern der gemäßigten Mitte völlig unangebracht hohe Entschädigung:[275] Der sozialistische *Vorwärts* schrieb, es sei schon fast eine »Satire«, dass »ein leibhaftiger englischer Prinz« in dem nach dem Krieg so notleidenden Deutschland wieder an sein »Riesenvermögen« gelangt sei.[276] Dies müsse damit zu tun haben, so die kommunistische *Rote Fahne* im Oktober 1926, dass Carl Eduard ein »Oberprotektor aller faschistischen und völkischen Verbände« sei.[277] Nicht zuletzt vor dem Hintergrund dieser Empörung kam es im Reichstag zu Debatten darüber, ob man nicht endlich ein Gesetz für die Fürstenenteignung brauche. Schließlich wurde auf Initiative von KPD und SPD ein Volksbegehren für März 1926 festgesetzt, bei dem die Deutschen darüber abstimmen sollten, ob und in welcher Form die einstmals regierenden Fürsten zu enteignen seien. Auch Politiker der Deutschen Zentrumspartei, der Deutschen Demokratischen Partei und vereinzelt sogar konservativ-nationale Verbände sprachen sich für eine entschädigungslose Enteignung aus. Carl Eduard prüfte daher intensiv die Einstellungen der deutschen Rechtsparteien zur Fürstenenteignung.[278] Und hier wurden die NSDAP und vor allem Hitler für ihn immer interessanter.

Innerhalb der NSDAP gab es im Winter 1925/26 hitzige Debatten um die Frage, wie man sich zur Fürstenenteignung und -abfindung stellen sollte. Besonders Gregor Strasser und Joseph Goebbels gaben sich als Vertreter eines linken Flügels in der Partei, der sich für einen »nationalen Sozialismus« statt für »Nationalsozialismus« aussprach. Dementsprechend forderte Strasser eine entschädigungslose Enteignung der Fürsten. Hitler vertrat die gegenteilige Meinung. Die Gräben waren tief. Eine Spaltung der Partei drohte ebenso wie eine empfindliche Schwächung der Autorität Hitlers. In dieser verzwickten Lage rief Hitler etwa 60 Parteiführer nach Bamberg in Oberfranken,[279] wo man bereits im Oktober 1923 an einem »Deutschen Tag« aufgetreten war.

Auch Carl Eduard war damals mit dabei gewesen[280] und hatte Hitler einigen Honoratioren der Stadt und »völkischen Führern« vorgestellt. Der Effekt war ähnlich wie ein Jahr zuvor in Coburg: Auch in Bamberg florierte die NSDAP nach diesem »Deutschen Tag«, der in nationalsozialistischen Schriften rückblickend als folgenreiche Demonstration der Einheit alter Eliten mit der »aufstrebenden« NSDAP gepriesen wurde, bei der nicht zuletzt den Bamberger Juden ein »panikartiger Schrecken« eingejagt worden sei.[281] Drei Jahre später nun nutzte Hitler die Bamberger Führertagung, um deutliche Worte zur Fürstenenteignung zu sprechen, was angesichts der inneren Querelen in der Partei, die an Hitlers Führungsanspruch nagten, durchaus riskant war. Die Frage der Fürstenenteignung, verkündete er, stehe nicht mehr zur Debatte, denn es gebe »keine Fürsten« mehr, sondern »nur Deutsche«. Ein Nationalsozialist könne nicht »dulden«, dass den Fürsten »genommen wird, was ihnen gehört«. Man solle sich doch an die jüdischen »›Fürsten‹ des Geldes, der Börse, des Handels und der Wirtschaft« halten.[282] Goebbels lenkte nach anfänglichem Entsetzen über Hitlers »grauenvolle« Haltung zur Fürstenenteignung letztendlich ein.[283] Durch Coburger Nationalsozialisten gut unterrichtet,[284] konnte Carl Eduard aus den Geschehnissen in Bamberg zwei Schlüsse ziehen: Zum einen war sehr deutlich geworden, dass sich Hitler innerhalb der NSDAP machtpolitisch durchzusetzen vermochte. Zweitens schien seine Ablehnung gegenüber der Fürstenenteignung ernst gemeint zu sein, da er dieses Thema zu einem Zeitpunkt aufbrachte, als Widerstand in den eigenen Reihen zu erwarten war.

Der Volksentscheid, in dessen Vorfeld umfassend Stimmung gegen die »bolschewistisch gottlose Straßenräuberei« gegenüber dem Adel gemacht worden war,[285] ging schließlich zugunsten der Adligen aus. Die Konsequenz war, dass nun auf Landesebene Einigungen zwischen den Regierungen und den Fürsten erzielt werden sollten. Ein Sperrgesetz verbot bis Ende Juni 1927 Zivilklagen der Aristokraten.[286] Besonders Thüringen versuchte mehrfach, Carl Eduard zu Verhandlungen zu bewegen, um für das Land eine günstigere Regelung zu erzielen.[287] In den Jahren der Präsidialkabinette bemühten sich SPD und KPD wiederholt darum, die Frage der Fürstenenteignung zum Thema zu machen, nicht zuletzt um Franz von Papen und sein »Kabinett der Barone« anzugreifen, das fast ausnahmslos aus parteilosen Aristokraten bestand.[288] Hitler schien ein Garant gegen solche Initiativen zu sein.

Carl Eduard versprach sich von Hitler aber auch Schützenhilfe auf dem Weg zurück zu politischer Macht. Bereits im Herbst 1922 hatten fränkische Nationalsozialisten Werbekampagnen für einen Volksentscheid unterstützt, bei dem abgestimmt werden sollte, ob Coburg von Bayern abgetrennt und ein eigener Freistaat werden sollte. Wenngleich die Angelegenheit rasch im Sande verlief, hatte die Forderung der NSDAP das Ziel des Herzogs von Coburg, wieder Herrscher über sein eigenes Territorium zu werden, zumindest in den Rahmen des Möglichen gestellt. Denn bei einer etwaigen Wahl eines Coburger Oberhauptes hätte Carl Eduard sich zweifellos darauf verlassen können, dass seine einstigen Untertanen mehrheitlich für ihn stimmen würden.[289]

Ob er allerdings wirklich daran glaubte, dereinst von Hitler zum »König von Thüringen« eingesetzt zu werden, wie bisweilen behauptet wird,[290] ist nicht nachweisbar. Allerdings spricht vieles dafür, dass er in den 1930er Jahren den irrigen Eindruck gewann, Hitler sei für die künftige Staatsform einer Monarchie unter seiner Herrschaft durchaus aufgeschlossen.

Hitler erwog niemals ernsthaft, die Monarchie in Deutschland wiederherzustellen. Die Besetzung repräsentativ-politischer Ämter mit Adligen kam für ihn zeitweise jedoch durchaus in Frage. So gab es 1933 Debatten innerhalb der Führungsriege der NSDAP, ob man nach dem Tod des greisen und kranken Reichspräsidenten Hindenburg einen einstigen Bundesfürsten zu dessen Nachfolger wählen sollte.

Otto Wagener, in den 1930er Jahren Hitlers Vertrauter und »Berater zur besonderen Verwendung«, berichtet in seinen Memoiren,[291] Hitler habe sich mit ihm »einige Male« über einen potentiellen Nachfolger für Hindenburg aus dem Kreis der ehemals regierenden Bundesfürsten unterhalten. Dabei sei er eigentümlich indifferent gewesen: Er habe sich einerseits gegen die machtbesessene »Fürstenclique« ausgesprochen, besonders auch gegen die Coburger, die in ganz Europa viele regierende Häuser gestellt hatten.[292] Andererseits sei Hitler bewusst gewesen, dass »dem deutschen Volke der monarchische Gedanke« mehr liege als »der republikanische«. Dabei habe Hitler durchaus den Gedanken monarchischer »Führerschaft« betont, wie er von den Adelsverbänden und der Mehrzahl der deutschen Aristokraten geteilt wurde. Man müsse – so habe er gemeint – einen Mann aus dem Adel finden, zu dem die Deutschen »unbedingt aufschauen« könnten und der »auch in der Lage« sei, »das Volk und das Deutsche Reich in jeder Beziehung zu vertreten«.

Nach einigen Überlegungen zum preußischen Kronprinzen Wilhelm, dem schließlich sein Vater untersagte, auf Hitlers Avancen einzugehen,[293] rückte Großherzog Adolf Friedrich von Mecklenburg als ein möglicher Kandidat in den Fokus, der einstige Gouverneur der Kolonie Togo,[294] der sich seit längerem in völkisch-elitären Zirkeln wie der Herrengesellschaft Mecklenburg engagierte. Von dort erklärte man immer wieder, Hitler als »großen Führer« durch adlige Netzwerke unterstützen zu wollen.[295]

Adolf Friedrich war wiederum mit dem Herzog von Coburg gut bekannt, über den eine erste Unterredung mit Hitler angebahnt werden sollte. Und tatsächlich hatten sich – so Wagener – Hitler, Adolf Friedrich und Carl Eduard mehrfach getroffen.[296] Adolf Friedrich war allerdings um einiges älter als Carl Eduard und wesentlich weniger international vernetzt. So war durchaus für den Herzog von Coburg zu hoffen, dass die Monarchie im nationalsozialistischen Deutschland wieder eine maßgebliche Rolle spielen könnte – und gar die Wahl für das Amt des Reichspräsidenten schlussendlich auf ihn fallen würde.

II

Hitler zu Diensten

1
Die erste nationalsozialistische Stadt

Coburg, 9. Juni 1935: Der Landesvater der Nationalsozialisten und sein Geschenk

Am 9. Juni 1935 fand im Saal des Coburger Rathauses eine bemerkenswerte Festsitzung statt. Der Stadtrat, einige Honoratioren, Carl Eduard und Viktoria Adelheid hatten sich versammelt. Wie nie vorher in Coburg und wohl auch nicht anderswo wurde nun hier die enge Verbindung eines ehemaligen Monarchen mit den Nationalsozialisten in seiner einstigen Residenzstadt in Szene gesetzt. Symbolisch entfaltete sich noch einmal das uralte, über Jahrhunderte ausbalancierte landesväterliche Beziehungsritual zwischen Herrscher und Untertanen, das »do ut des« mit symbolisch aufgeladenen Gaben und Gegengaben, welches eigentlich schon lange vor Hitler untergegangen war:[1] Carl Eduard schenkte den Coburger Stadtoberen eine Bürgermeister-Amtskette mit großen Steinen aus »deutschem Bergkristall«, versehen mit einem Hakenkreuz. Damit revanchierte sich der Herzog dafür, dass ihm die Coburger 1933 die Ehrenbürgerschaft verliehen hatten.[2] Bemerkenswerterweise ging es hier allerdings keineswegs darum, dass ein Vertreter der Alteliten die neuen Machthaber auf Moral, Recht und Ordnung einschwor. Ganz im Gegenteil diente dieser Akt der gegenseitigen Versicherung zwischen Herzog und Stadt, Hitler »auf ewig bedingungslos treu zu folgen« – wie es der Coburger Bürgermeister formulierte.[3] Mit dem Anthropologen Arjun Appadurai, einem Experten für materielle Kultur, könnte man sagen, dass sich in dieser Amtskette die Absichten Carl Eduards verdichteten, das »soziale Leben« mit der nationalsozialistischen Stadtregierung Coburgs zu gestalten – nicht zuletzt auch unter seiner Führung.[4]

Abb. 9 Amtskette des Coburger Bürgermeisters, gestiftet 1935 durch Carl Eduard

Für diesen Anlass war sogar der Gauleiter von Pommern Franz Schwede angereist, einer der radikalsten Erfüllungsgehilfen der SS und Himmlers; Schwede war im August 1930 der erste nationalsozialistische Bürgermeister Coburgs geworden.[5] Gewissermaßen als selbst verliehene Würdigung für seine »Verdienste« um den Aufstieg Hitlers führte Schwede den Beinamen »Coburg«.[6]

Wie offizielle nationalsozialistische Anlässe überall im Deutschen Reich zu jener Zeit, begann auch die Coburger Feierstunde mit einem gemeinsamen Gelöbnis, alles »für eine glückliche Zukunft« der Deutschen zu tun, gefolgt von »Sieg Heil«-Rufen auf Hitler.[7] Dann würdigte Schwede-Coburg Carl Eduards »Verdienste«: Stets habe der Herzog von Coburg ein »offenes Bekenntnis zum Nationalsozialismus« abgegeben. Als enger »Freund und Gefährte« Hitlers sei sein Einsatz für die »Volksgemeinschaft« herausragend und beispielhaft.[8]

Bei seiner Erwiderungsrede brachte Carl Eduard so deutlich wie selten sonst zur Sprache, wie er sein eigenes Herrschaftsverständnis mit dem Nationalsozialismus vereinbarte: »Herzog eines Volkes zu sein«, sagte er, sei »keine Angelegenheit formalen Rechts« und somit nicht vergänglich, sondern eine »innerste Verpflichtung auf ewig«. So habe er nur mit »Stolz und Freude« seine »Pflicht« getan, nämlich sich trotz vieler Angriffe und auch »persönlicher Diffamierung« für den Nationalsozialismus einzusetzen.[9] Die von ihm gestiftete Amtskette solle für die Verbindung des Herzogshauses mit der Stadt Coburg unter der »Führerschaft Adolf Hitlers« stehen. Die Coburger Bürgermeister, so mahnte Carl Eduard, sollten sich ihrer würdig erweisen. Denn sein »größter Stolz« sei, dass seine »alte Residenzstadt« dereinst als erste Kommune im Deutschen Reich nationalsozialistisch geworden sei.

In der Tat war die NSDAP in Coburg bereits im Juni 1929 mit absoluter Mehrheit in den Stadtrat eingezogen.[10] Damit wurde Coburg früher als jede andere Stadt nationalsozialistisch regiert.[11] Was auch bedeutete, dass an kaum einem anderen Ort so früh und so massiv von Nationalsozialisten Gewalt gegen Juden, Kommunisten und Sozialdemokraten verübt wurde.

Die Coburger Machtergreifung: Im Laboratorium des Dritten Reiches

Nach der Initialzündung für den Nationalsozialismus in Coburg, dem »Deutschen Tag« im Oktober 1922 und den Auftritten Hitlers und der SA,[12] entwickelte sich die Stadt rasch zu einem »Hakenkreuzparadies«[13] und einer Art Laboratorium für vieles, was das sogenannte Dritte Reich später ausmachen sollte. Rückblickend pries die NS-Propaganda Coburg als Quelle für den »Kampf der Bewegung« schlechthin.[14] Schon Mitte der 1920er Jahre hätte viele Coburger »ein unwahrscheinlich tiefer Glauben an die gute Sache der Nationalsozialisten« verbunden; mit »unermesslicher Härte und unaufhörlicher Arbeit« habe man für den Aufstieg Hitlers »gekämpft«.[15]

Bereits 1924 hatten in Coburg völkische Verbände und antisemitische Gruppierungen starke Wahlerfolge zu verzeichnen. Auch hier war die oberfränkische Kleinstadt eine Ausnahme. Nach Auftritten Hitlers und Görings sowie diffamierenden Hetzkampagnen gegen sozialdemokratische und der Weimarer Republik zugewandte Stadträte wurde 1929 die Stadtregierung putschartig aufgelöst und der Weg für die Nationalsozialisten frei gemacht – nicht zuletzt auch mit Gewalt.

Schon im Mai 1927 vermutete die Münchner Regierung, dass die Coburger Nationalsozialisten in geheimen Kellern und Verliesen politische Gegner in »Schutzhaft« nahmen, folterten und verprügelten.[16] Unmittelbar nach Einzug der Hitler-Anhänger ins Rathaus folgten öffentliche Ausschreitungen gegen politische Gegner:[17] Kommunisten, Sozialdemokraten und sogar gemäßigte Konservative wurden von SA-Schergen auf offener Straße überfallen, mit dem Tode bedroht und krankenhausreif geschlagen.[18] Die Coburger Polizei schritt kaum noch ein.[19] Das

Münchner Innenministerium sah sich genötigt, auswärtige Polizisten nach Coburg zu schicken, die ihrerseits der Lage kaum Herr wurden.[20]

Das Machtgebaren der Coburger Nationalsozialisten fand seine symbolische Entsprechung am 18. Januar 1931, als zur Reichsgründungsfeier die Hakenkreuzfahne gehisst wurde – zum ersten Mal an einem deutschen Amtsgebäude. Der Stadtrat ließ verkünden: Durch dieses »geschichtliche Ereignis« werde von Coburg aus in »alle Lande hinausgetragen«, dass das »Dritte Reich bald komme«.[21]

Mit der Ernennung Schwedes zum Ersten Bürgermeister im Herbst 1931, die mit einer erneuten Welle von Gewalt begleitet wurde,[22] versetzten die Nationalsozialisten kurzerhand jedes gemäßigte und zögerliche Mitglied des Stadtrats in den Ruhestand.[23]

Abb. 10 Das Coburger Rathaus am 18. Januar 1931 als erstes deutsches Amtsgebäude mit der Hakenkreuzfahne

Auch in den folgenden Jahren war Coburg in vielerlei Hinsicht ein »Vorbild« für das nationalsozialistische Deutschland: 1932 wurde in der Stadt ein »Freiwilliger Arbeitsdienst« eingerichtet, das Modell für den späteren Reichsarbeitsdienst. Künftig gewährte die Stadt keine Wohlfahrtsunterstützung mehr an junge arbeitsfähige Leute. Hingegen zwang die SA arbeitslose männliche Jugendliche in Baracken am Rande der Stadt, wo sie kaserniert und mit körperlicher Schwerstarbeit in Steinbrüchen und beim Siedlungs- und Straßenbau »zur Arbeit erzogen« wurden.[24]

Im gleichen Jahr 1932 verlieh Coburg als erste deutsche Stadt Hitler das Ehrenbürgerrecht.[25] Bei den Landtags- und Reichstagswahlen sowie bei der Reichspräsidentenwahl von 1932 erreichten Hitler und die NSDAP das erste Mal in einer deutschen Stadt die absolute Mehrheit.[26]

So früh die Nationalsozialisten in Coburg an die Macht kamen, so bekannt war die Stadt seit dem Ende der 1920er Jahre als Zentrum eines außergewöhnlich aggressiven Antisemitismus.[27] Treibende Kräfte waren zunächst Mitglieder des Deutschvölkischen Schutz- und Trutzbundes, in dem sich auch die herzogliche Familie engagierte. Bereits unmittelbar nach dem Krieg hetzte der Bund in Coburg mit Flugblättern, Plakaten und Reden gegen jüdische Bürger und rief offen zu Gewalt gegen sie auf. Der Jungdeutsche Orden, dem Erbprinz Leopold beigetreten war, verbreitete in seiner Zeitschrift *Coburger Warte* ebenfalls antisemitische Propaganda.[28] Die NSDAP-Ortsgruppe gab wiederum wöchentlich den *Weckruf* heraus, ein Blatt, das dem *Stürmer* Julius Streichers in antisemitischer Gehässigkeit und Vulgarität kaum nachstand.[29] Ende der 1920er Jahre wurde Streicher mehrfach nach Coburg eingeladen und rief völlig ungehindert und öffentlich zur Gewalt gegen Juden auf.[30] Der *Weckruf* fand in Coburg schließlich so reißenden Absatz, dass er ab Oktober 1930 als *Coburger National-Zeitung* zur ersten nationalsozialistischen Tageszeitung in Deutschland wurde.

Seit 1929 gab es in der Stadt und im Landkreis Coburg nahezu täglich Angriffe auf jüdische Gotteshäuser und Geschäfte. Immer wieder wurden jüdische Bürger auf offener Straße geschmäht, beschimpft, bespuckt oder geschlagen.[31] An keinem anderen Ort im Deutschen Reich wurde die Auflösung von Synagogen so früh erzwungen: Bis dahin einmalig war der Fall von Autenhausen im Landkreis Coburg, wo 1928 das jüdische Gotteshaus per Ratsbeschluss geschlossen, enteignet und in ein Lagerhaus für Landmaschinen umgewandelt wurde. Die Coburger Synagoge war seit Frühjahr 1930 mehrfach geschändet worden, bis sie schließlich durch die Stadt im September 1932 gesperrt wurde.[32] Ab 1931 rief der Coburger Stadtrat regelmäßig zum Boykott jüdischer Geschäfte und Firmen auf; Sachbeschädigungen und Plünderungen wurden weder verhindert noch strafrechtlich verfolgt.[33]

Nachdem bei den Reichstagswahlen vom 5. März 1933 in Coburg mehr als die Hälfte aller Stimmen an die Hitler-Partei ging, begann nun systematisch der städtisch organisierte Terror gegen Juden, Sozialdemokraten und Kommunisten.[34] Schwede, der zweite Bürgermeister Werner Faber und der Coburger SS-Standartenführer Emil Musow hatten bereits einige Tage vor der Wahl eine sogenannte »Notpolizei« aus jungen Männern der SS und SA zusammengestellt. Ungewöhnlich – wenn nicht gar einzigartig – war, dass diese Schlägergruppe nicht aus Parteimitteln, sondern aus dem städtischen Haushalt verköstigt und besoldet wurde. Ebenso außergewöhnlich war die Lage des Ortes, an dem in den folgenden Wochen die Opfer festgehalten und misshandelt wurden, bevor sie schließlich in der Regel ins Konzentrationslager Dachau überstellt wurden.[35] Es handelte sich um die sogenannte »alte Herberge« an der Hinterseite des Rathauses, mitten in der Stadt, nur wenige Schritte vom Marktplatz entfernt. Im März und April 1933 wurden hier mehr als 150 Juden und Regimegegner in »Schutzhaft« genommen und mit Faustschlägen, Ochsenziemern oder Fußtritten gefoltert.

Dabei drohte man den Opfern, sie auf der Stelle zu erschießen, oder drangsalierte sie mit Stricken und Kissen bis kurz vor dem Ersticken,[36] so dass viele in Todesangst Selbstmordversuche unternahmen, was ihre Peiniger wiederum mit Hohn, Spott und Ermunterung kommentierten.[37]

All dies geschah keineswegs im Verborgenen. Allnächtlich waren die Schreie der Gefolterten bis auf den Marktplatz zu hören; Anwohner konnten direkt in die »Prügelstube« sehen; die Folterknechte brüsteten sich überall mit ihren Taten.[38] Beschwerden aus dem Rest der Bevölkerung kamen nur selten vor. Und wenn, dann nur über die Störung der Nacht- und Sonntagsruhe.[39] Sonstige Proteste gegen das wüste Treiben gab es nicht – auch nicht seitens der herzoglichen Familie.[40]

Gleiches gilt für Schilder, die in Coburg seit April 1933 aufgestellt wurden und zum Boykott jüdischer Geschäfte aufriefen, oder für sogenannte »Prangerlisten«, auf welchen die Namen aller zu lesen waren, die weiterhin bei Juden einkauften. Auch hierbei handelte es sich im Vergleich mit anderen deutschen Städten um außergewöhnlich frühe Maßnahmen.[41]

In Anbetracht dieser Geschehnisse war es kaum verwunderlich, dass die Führungsriege der NSDAP die Coburger über alle Maßen rühmte: »Der Führer« – so schrieb Goebbels in sein Tagebuch – lege in »seine Coburger Kämpfer sein absolutes Vertrauen«.[42] Wie bereits erwähnt, stiftete Hitler 1932 das Coburger Ehrenzeichen, nach dem »Blutorden« die ranghöchste Auszeichnung der Partei für »alte Kämpfer«, die auch der Coburger Herzog erhielt.[43] 1939 verlieh Hitler Coburg den zweifelhaften Ehrentitel »Erste nationalsozialistische Stadt Deutschlands«. Zwischen 1922 und 1937, seinem vermutlich letzten Aufenthalt in Coburg, war Hitler mindestens vierzehnmal anwesend.[44] Immer wieder traf Hitler zu diesen Anlässen auch Carl Eduard. Angesichts des Ansehens und der Popularität, die der Herzog auch nach 1918 bei den Coburgern genoss, lag es nahe, dass ihm später im Spruchkammerverfahren eine maßgebliche Mitverantwortung, wenn nicht gar die Hauptschuld für den so frühzeitigen und massiven Aufstieg des Nationalsozialismus in seiner ehemaligen Residenzstadt angelastet wurde.[45]

Vormarschieren und Überreden: Die herzogliche Familie und die erste nationalsozialistische Volksgemeinschaft

In einer Prozessakte des Münchner Landgerichts von 1950 ist zum Herzog von Coburg zu lesen: Aufgrund seines Engagements als »Protektor der nationalsozialistischen Herrschaft« und seines »großen Ansehens und der Verehrung«, die ihm in Coburg entgegengebracht worden seien, habe er »anreizend und bestimmend« auf viele gewirkt, sich selbst voll und ganz für Hitler einzusetzen. So seien Carl Eduards »ehemalige Untertanen« seinem »Beispiel blindlings« gefolgt.[46]

In der Tat deckt sich diese retrospektive Einschätzung mit zeitgenössischen Stimmen. So schrieb Schwede-Coburg in seiner Propagandaschrift zum Aufstieg des Nationalsozialismus in Coburg: Carl Eduard habe es sich »nicht nehmen lassen«, gleich zu Hitler zu eilen, als dieser 1922 das erste Mal in Coburg eine Rede gehalten habe. Dabei habe sich der Herzog nicht von dem Umstand abschrecken lassen, dass er hierfür »in der wüstesten Art und Weise beschimpft und bedroht worden« sei. Und seit dieser ersten Begegnung mit Hitler habe er seinem »Führer die Treue gehalten«.[47]

Auch kritische und mahnende Berichte brachten Carl Eduard mit dem Aufstieg des Nationalsozialismus in Coburg und Deutschland in Verbindung: So war bereits im Januar 1929 in der Zeitung des *Central-Vereins deutscher Staatsbürger* zu lesen, dass Coburg zu einer »Hochburg und Brutstätte antisemitischer Ausschreitungen« und des Nationalsozialismus geworden sei. Und hierbei sei unübersehbar, dass die »schroffe, ja geradezu aggressive judenfeindliche Haltung des Herzogs und besonders der Herzogin das Emporblühen der Hakenkreuzlerbewegung lange Zeit stark gefördert hat. Waren und sind doch in einer kleinen Residenzstadt die Fäden zwischen Hof und Bürger naturgemäß viel enger geknüpft (…). Deshalb ist es auch verständlich, dass die politische Haltung des Hofes von vielen Bürgern (…) sogar heute noch als zur Nacheiferung verpflichtend angesehen wird.«[48]

Tatsächlich spricht vieles dafür, dass Carl Eduards politisches Engagement viele seiner ehemaligen Untertanen auf Linie brachte. Schon sein Eintreten für die radikalen Rechten und ihr Zulauf in Coburg in den 1920er Jahren greifen zeitlich ineinander; offenbar führte das Vorbild des Herzogs dazu, dass zahlreiche Coburger sich dem Schutz- und Trutzbund, der Brigade Ehrhardt oder dem Jungdeutschen Orden anschlossen.[49]

Auch dafür, dass sich die Coburger bei Wahlen mehr und mehr für Hitler entschieden, scheint die Haltung der herzoglichen Familie maßgeblich gewesen zu sein: So ist in zeitgenössischen Berichten davon die Rede, dass bei Hitlers erstem Auftritt in Coburg 1922 das Publikum abgewartet habe, wie sich das Herzogspaar nach der Rede verhalten werde. Erst als Carl Eduard und Viktoria Adelheid applaudiert hätten, sei auch im Saal Beifall und Jubel ausgebrochen. Und schließlich habe man weniger Hitler, sondern vielmehr die »hohen Herrschaften« mit einer »spontanen Huldigung« verabschiedet.[50] Die Präsenz des Herzogs und sein Beifall bei solchen Veranstaltungen konnten kaum anders denn als Zustimmung gewertet werden – und als Ansporn, es ihm gleichzutun, zumal in einer noch stark von Anhänglichkeit an ehemalige Monarchen geprägten Gesellschaft.

Die nationalsozialistische Propaganda erkannte dies sehr wohl und protzte regelmäßig mit den Auftritten der »Königlichen Hoheiten« bei Nazi-Veranstaltungen, wenn beispielsweise Viktoria Adelheid bei der alljährlichen Sonnwendfeier unter einem brennenden Hakenkreuz erschien und sich die Verlesung von Goebbels' »Feuerrede« gegen die Juden anhörte.[51] Wie schon

1922 ließen sich Carl Eduard und Viktoria Adelheid bei solchen Anlässen meist selbst durch »Heil-Rufe« huldigen, wie beispielsweise im Juni 1932 beim Richtfest für die Behausungen des NS-Arbeitsdienstes[52] oder im Mai 1934 bei der Einweihung der ersten Reichsschule für die NS-Frauenschaft in Schloss Hohenfels.[53]

Im Gegenzug zu solchen Ovationen spendete die herzogliche Familie freigebig für das NSKK, das den Transport und den Saalschutz für auswärtige prominente nationalsozialistische Redner organisierte,[54] ebenso wie für die Ausrüstung der Coburger SA- und SS-Prügelgarden, was dann wiederum in der nationalsozialistischen Presse als ein »beispielhaftes Handeln« für die »ganze deutsche Volksgemeinschaft« gepriesen wurde.[55]

Gegenüber den meisten nationalsozialistischen Stadträten allerdings, die allesamt dem Arbeiter- und Kleinbürgermilieu entstammten, schien Carl Eduard zunächst durchaus Ressentiments gehegt zu haben. Besonders Schwede fiel oft durch rüpelhaftes, ungehobeltes und lautstarkes Auftreten auf. 1932 hatte er sogar eine Strafanzeige wegen Beleidigung des Reichspräsidenten Hindenburg kassiert, mit dem Carl Eduard gut bekannt war und in enger Verbindung stand.[56] Als sich Schwede schließlich den Beinamen »Coburg« zulegte, empfand die Herzogsfamilie dies zweifellos als Anmaßung.[57]

Die Fotografien der ersten nationalsozialistischen Stadträte dokumentieren die anfängliche Distanz und spätere Nähe zum Coburger Herzog. 1929 nehmen sich die frischgewählten Nationalsozialisten noch ein wenig verloren und gar unsicher aus, wenn sie zum Gruppenfoto ihrer Stadtratsfraktion vor den herzoglichen Gemälden und unter den Kristalllüstern des Rathauses posierten. Der Herzog von Coburg ließ sich zu dieser Zeit noch nicht mit den Nationalsozialisten fotografieren. Das änderte sich 1933 mit der Machtübernahme Hitlers und Carl Eduards Parteieintritt. Nun war ihm klargeworden, dass die Nationalsozialisten in Coburg auch auf Dauer das Sagen haben würden.

Abb. 11 Erste NSDAP-Stadtratsfraktion in der Coburger Ratsstube um 1929 …

Abb. 12 … und um 1933

Fortan ließ er sich regelmäßig bei den Stadtratssitzungen in ihrer Mitte ablichten. Den Coburgern sollte deutlich werden, dass die Hitler-Bewegung in der Stadt auf ihn zählen konnte; zögerliche Konservative sollten wohl zudem durch seine Anwesenheit vereinnahmt werden. Carl Eduard selbst scheint Anfang 1933 endgültig am Ziel seiner lokalpolitischen Bemühungen angelangt gewesen zu sein: Offensichtlich war es ihm gelungen, innerhalb der nationalsozialistischen Emporkömmlinge eine gewisse kommunalpolitische Führungsrolle einzunehmen, die ihm in der Weimarer Republik nie zugekommen war.

Ob nun aus Machtopportunismus oder aufgrund seiner eigenen Affinität zu nationalsozialistischer Gewalt und Antisemitismus: Zu den Verbrechen, die in jenen Jahren in Coburg an Sozialdemokraten, Kommunisten und jüdischen Mitbürgern verübt wurden, äußerte sich Carl Eduard – so jedenfalls die Überlieferung – niemals kritisch oder auch nur beschwichtigend.[58] Das änderte sich auch nicht, als 1933 in Neustadt bei Coburg ein besonders berüchtigtes Außenlager des Konzentrationslagers Buchenwald errichtet wurde.[59]

Der Herzog nutzte im Gegenteil sogar Familienanlässe, um für den Nationalsozialismus zu werben und seine eigene Bedeutung hervorzuheben. Das wichtigste Ereignis in dieser Hinsicht war im Oktober 1932 die Coburger Hochzeit seiner ältesten Tochter Sibylla mit dem Sohn des schwedischen Kronprinzen Gustav Adolf, der in der schwedischen Thronfolge an dritter Stelle stand.[60]

Weder zuvor noch je danach während der nationalsozialistischen Herrschaft versammelten sich die Angehörigen des europäischen Hochadels so zahlreich und deutlich inmitten von Nationalsozialisten, was im Übrigen ein deutliches Bekenntnis Carl Eduards und seiner aristokratischen Verwandtschaft zu Hitler und seinen Schergen darstellte. Trotz zahlreicher Einsprüche, Widerstände und Kritik nötigten Carl Eduard und Viktoria Adelheid ihre aus ganz Europa angereiste adlige Verwandtschaft und nicht zuletzt die Mitglieder des schwedischen Königshauses, an jener Prinzenhochzeit unter dem Zeichen des Hakenkreuzes teilzunehmen. Dabei hatte es zunächst so ausgesehen, als würden die Schweden aufgrund des nationalsozialistischen Gepränges die Feierlichkeiten in Coburg absagen.

Coburg, 20. Oktober 1932: Europas Fürsten unter Hakenkreuzen

Am 21. September 1932 schrieb der Staatssekretär im Auswärtigen Amt Bernhard Wilhelm von Bülow an Erwin Planck, seinen Kollegen in der Reichskanzlei Franz von Papens. »Mit allen Zeichen des Entsetzens« habe ihn der schwedische Gesandte in Berlin aufgesucht.[61] Er sei außerstande, mit dem Herzog von Coburg »ein befriedigendes Arrangement« für die auf den 19. und 20. Oktober in Coburg angesetzten Feierlichkeiten zur Hochzeit der Tochter Carl Eduards Sibylla mit dem schwedischen Prinzen Gustaf Adolf zu treffen. Der Herzog von Coburg sei für »jede vernünftige Erwägung unzugänglich« und halte daran fest, »aus der Hochzeit eine große Stahlhelm- und Nazikundgebung zu machen«.[62]

Die Angelegenheit war so brisant, dass der Außenminister Konstantin von Neurath sogar Erkundigungen bei der deutschen Gesandtschaft in Stockholm über Gerüchte und Stimmungslagen in Schweden einzog. Von dort empfahl man ihm, dass Carl Eduard unbedingt alles unterlassen sollte, was den Beziehungen zwischen Stockholm und Berlin schaden könnte. Daher dürfe die Hochzeit keine allzu deutliche nationalsozialistische Prägung haben.[63]

Anstoß erregte in Schweden vor allem auch, dass Hitler persönlich eingeladen worden war.[64] Er hatte zwar abgesagt, würde aber wenige Tage vor den Hochzeitsfeierlichkeiten in Coburg die Ehrenbürgerschaft der Stadt entgegennehmen.[65] Man ahnte, dass sich in Hitlers Gefolge Tausende seiner Anhänger aus ganz

Deutschland befinden würden.[66] Und diese würden nun auf die bereits zur Prinzenhochzeit aus aller Welt angereisten Journalisten treffen.[67] Auch war für den Vorabend der eigentlichen Eheschließung eine »Volkskundgebung« auf dem Coburger Schlossplatz geplant, bei der Kohorten der SA, SS und des Stahlhelm vor den Gästen aus dem europäischen Hochadel aufmarschieren sollten.[68]

Nicht zuletzt war es der schwedischen Regierung nicht recht, dass der nationalsozialistische Bürgermeister Schwede die standesamtliche Trauung – womöglich gar in Nazi-Uniform – vollziehen würde. Wie unermüdlich dieser immer wieder zu wüsten Gewalttaten gegenüber Juden und politisch Andersdenkenden aufrief, war hinlänglich bekannt. Man vermute, dass Schwede die weltweite öffentliche Aufmerksamkeit gegenüber der Coburger Hochzeit nutzen werde, um antisemitische und gegen Sozialdemokraten oder Kommunisten gerichtete Hetzreden zu schwingen.[69]

Die politische Lage in Schweden war brisant: Erst im September 1932 hatten in der parlamentarischen Monarchie Reichstagswahlen stattgefunden, bei denen die Sozialdemokraten gewonnen hatten. Während des Wahlkampfs hatte es Streiks und Demonstrationen sozialistischer Arbeiter gegeben, die mehr Rechte und Lohn forderten. Immer wieder waren Veranstaltungen gewaltsam niedergeschlagen worden. Mitglieder des Königshauses hielten beschwichtigende Ansprachen, waren allerdings einige Male niedergeschrien und ausgepfiffen worden. Viele Sozialisten forderten die Abschaffung der Monarchie in Schweden.[70] Als in Coburg die letzten Hochzeitsplanungen stattfanden, befand sich Schwedens künftiger sozialdemokratischer Ministerpräsident Per Albin Hansson, der keineswegs ein Freund des Königshauses war, gerade in der Kabinettsbildung.[71] Zugleich hatten in Schweden antisemitische und nationalsozialistische Gruppen steten Zulauf.[72] Viele dieser schwedischen Radikalen nahmen Bezug auf den Bräutigam der Coburger Prinzessin, der mehrfach an nationalsozialistischen Kundgebungen in Coburg teilgenommen hatte. Das kritisierte wiederum die gemäßigte schwedische Presse scharf.[73]

Schon seit längerem wurde der schwedische König Gustav V. auch persönlich ob seiner Deutschfreundlichkeit angegriffen.[74] Carl Eduard wie Hitler selbst waren über Victor von Wied, der 1932 in die NSDAP eingetreten und ein enger Verwandter der schwedischen Königsfamilie war,[75] hierüber wohlunterrichtet. Sie wussten auch, dass Gustav V. zu dieser Zeit Hitlers Ansichten keineswegs abgeneigt war.[76] Nun drohte ein zusätzlicher Imageschaden durch die Coburger Hochzeitsfeierlichkeiten. So verbat sich Gustav V. schließlich, dass Carl Eduard seinen schwedischen Schwiegersohn »nötigte«, bei nationalsozialistischen Kundgebungen zu erscheinen, und drohte damit, selbst nicht nach Coburg zu reisen.[77]

Die Fronten verhärteten sich, nachdem ein Abgesandter des Stockholmer Hofes dem Herzog von Coburg vorgehalten hatte, er solle sich doch endlich der »Ehre« bewusst sein, dass der Erbe eines amtierenden Königshauses die Tochter eines abgesetzten deutschen Bundesfürsten heirate. Er könne doch nicht allen Ernstes diese Ehe aufs Spiel setzen; die schwedische Regierung sei ohnehin alles andere als erfreut, dass der künftige König von Schweden die Tochter eines so offensichtlich glühenden Hitler-Verehrers erwählt hatte. Carl Eduard entgegnete nur ungerührt: Sein Haus sei »mit dem Volk eine Familie und könne sich spontanen Ovationen nicht entziehen« – auch nicht denen von Nationalsozialisten.

Da alle Bemühungen der Schweden gescheitert waren, wuchs sich die Angelegenheit zu einer ernsthaften diplomatischen Krise aus: Gustav V. sagte – notgedrungen und auf Druck der schwedischen Regierung – seine Teilnahme an den Feierlichkeiten in Coburg schlussendlich ab.

Währenddessen wandten sich schwedische Diplomaten nunmehr an die deutsche Reichsregierung und forderten von ihr, dass zumindest der nächtliche Fackelzug der SA und SS vor der adligen Hochzeitsgesellschaft verboten werden sollte. Notfalls müsse die Regierung die Reichswehr entsenden und das »Spektakel« mit Gewalt unterbinden. Ansonsten müsse man die Feierlichkeiten in Coburg ganz absagen und nach Stockholm verlegen.

In Papens Innenministerium stießen die Schweden allerdings auf taube Ohren. Hier saßen in diesen letzten Monaten der Weimarer Republik bereits zahlreiche Rechtskonservative und Nationalsozialisten in Schlüsselpositionen, auf die auch der Herzog von Coburg durchaus seinen Einfluss ausüben konnte.[78] Papen regierte seit der Reichstagswahl vom 31. Juli 1932, bei der die NSDAP ihre Mandate nahezu verdoppeln konnte, mit einer Minderheitsregierung. Sein »Kabinett der Barone« tendierte immer stärker zu Hitler; dieser forderte seit September 1932 unverhohlen Papens Rücktritt und die Ausschreibung von Neuwahlen.[79] Besonders der Reichsminister des Innern Wilhelm von Gayl sah in Hitler die Zukunft Deutschlands; er teilte die völkischen Vorstellungen der NSDAP und deren radikalen Antisemitismus.[80] Gayl war nicht nur mit dem Herzog von Coburg gut bekannt, sondern auch mit Alfred Hugenberg, dem bürgerlichen Wegbereiter der Nationalsozialisten, der mit seinem Medienkonzern mehr als die Hälfte der deutschen Presse kontrollierte und der Propaganda Hitlers jegliche erdenkliche Förderung zukommen ließ.[81] Gayl, Hugenberg und auch Carl Eduard waren sich zweifellos bewusst, dass die Coburger Prinzenhochzeit eine seltene Gelegenheit war, der ganzen Welt vor Augen zu führen, wie sehr sich der deutsche Adel und Vertreter von Königshäusern aus ganz Europa mit den Nationalsozialisten arrangieren, diese sogar unterstützen würden. Vor dem Hintergrund dieser Erwägungen unternahm das Berliner Innenministerium keinerlei Schritte, um irgendwelche nationalsozialistischen Bekundungen zu unterbinden. Man sorgte hingegen dafür, dass kein »politisches Gesindel« – gemeint waren Anarchisten und

Kommunisten – durch Proteste die »Hochzeit der hohen Herrschaften« störte.[82]

Schließlich unternahm Neuraths Auswärtiges Amt noch einen letzten Vorstoß bei Carl Eduard und Viktoria Adelheid und entsandte einen im diplomatischen Zureden geschliffenen Legationsrat, der das Herzogspaar zu einigen Abänderungen im Programmablauf bewegen sollte, um die schwedische Regierung nicht allzu sehr gegen das Deutsche Reich aufzubringen. Er erreichte das Versprechen, dass bei dem nächtlichen Fackelzug die adligen Gäste aus dem Ausland so platziert würden, dass sie auf Fotografien zumindest nicht zusammen mit den Kohorten der SA und SS zu sehen sein würden. Bei der kirchlichen Trauung – so wurde versprochen – sollten keine Nationalsozialisten erscheinen.[83]

Carl Eduard und Viktoria Adelheid hielten sich nicht an ihre Zusagen: Die Coburger Prinzenhochzeit fand wie geplant statt und bot der Welt ein seltenes Spektakel des europäischen Hochadels unter Hakenkreuzfahnen und inmitten zahlloser Männer der SA und SS. Neben den Mitgliedern des schwedischen Hofes waren unter anderem Angehörige der Königsfamilien von Großbritannien, Norwegen und Dänemark erschienen. Monarchen selbst waren nicht gekommen. Man hatte die Kronprinzen und -prinzessinnen entsandt, was allerdings völlig den gängigen Gepflogenheiten entsprach.[84]

Nur das Fernbleiben des schwedischen Königs als Großvater des Bräutigams und des britischen Thronfolgers Edward war ein Politikum.[85] Der englische König Georg V., der Hitler gegenüber sehr kritisch eingestellt war, hatte seinem Sohn, einem Sympathisanten der Nationalsozialisten,[86] die Teilnahme an den Coburger Hochzeitsfeierlichkeiten schlichtweg verboten.[87]

Von besonderer Bedeutung im Sinne einer Einvernahme für den Nationalsozialismus war die Anwesenheit Rupprecht von Bayerns, der als König von Bayern hofiert wurde,[88] obwohl er das niemals gewesen war. Rupprecht war 1923 mit einer antisemitischen »Denkschrift« aufgefallen, in der er sich dafür ausgesprochen hatte, alle sogenannten Ostjuden aus dem Deutschen Reich auszuweisen. Somit durchaus der Ideologie der NSDAP gegenüber aufgeschlossen, zögerte Rupprecht aber zunächst,

Abb. 13 Hochzeit der Prinzessin Sibylla mit Gustav Adolf von Schweden 1932, vor der Kirche

Abb. 14 Hochzeit der Prinzessin Sibylla mit Gustav Adolf von Schweden 1932, vor der Kirche

Abb. 15 Hochzeit der Prinzessin Sibylla mit Gustav Adolf von Schweden 1932, Prinz Josias zu Waldeck-Pyrmont, vor der Kirche

Hitler zu unterstützen. Einige Wochen nach seiner Teilnahme an den Coburger Hochzeitsfeierlichkeiten erklärte er sich jedoch bereit, sich nach Hitlers etwaiger Machtübernahme zum Generalstaatskommissar von Bayern ernennen zu lassen.[89]

Während es noch gelang, dass vom Brautpaar nur Bilder um den Globus gingen, die Sibylla und Gustav Adolf nicht gemeinsam mit Nationalsozialisten zeigten, war auf anderen Fotografien unübersehbar, dass die SA vor der Kirche aufgezogen war. Besondere Aufmerksamkeit erregte der Vetter des Coburger Herzogs Prinz Friedrich Josias zu Waldeck-Pyrmont, der in SS-Uniform erschien. Damit war jedem klar, in welche Familie der schwedische Prinz eingeheiratet hatte. Die *Deutsche Illustrierte* nannte den nächtlichen Fackelzug der Nationalsozialisten eine »Huldigungsfeier« für die Monarchen, womit sie sicher nicht ganz falsch lag.[90]

Auch die sozialdemokratische Presse interpretierte – freilich kritisch und sarkastisch – die öffentlichen Auftritte bei der Coburger Fürstenhochzeit als Avancen gegenüber Carl Eduard: Es sei still geworden »um den Feldzug gegen die feinen Leute, den der Obernazi Goebbels eröffnet hatte«. Man verstehe sich nun bestens, bei den Hochzeitsfeierlichkeiten seien die »abgetakelten Fürstlichkeiten« von der SA und SS geehrt und beschützt worden.[91]

In vielen ausländischen Berichten wurde besonders harsche Kritik geübt: Bereits einige Tage vor den eigentlichen Hochzeitsfeierlichkeiten hatten amerikanische Korrespondenten Schreckensmeldungen aus Coburg verbreitet und behauptet, dass dort nach »judenfeindlichen NS-Versammlungen überall Leichenteile herumliegen« und »der Rinnstein voller Blut« sei.[92] Eine schwedische Zeitschrift schrieb über die Prinzenhochzeit, ganz Coburg habe einer einzigen »Hakenkreuzsymphonie« geglichen.[93] Über »pittoreske Szenen« berichteten britische Journalisten, als vor den königlichen Gästen in ihren »alten imperialen Uniformen« über 4000 Mann uniformierte »Nazis« und

Mitglieder des Stahlhelm aufmarschierten.[94] Man könne nicht übersehen, in welchem Maße Carl Eduard ein »Gönner und Förderer der Nazis« sei. Durch sein Zutun sei Coburg eine »nationalsozialistische Hochburg« geworden.[95]

Unbenommen solcher mehr oder weniger unterschwellig sarkastisch-kritischer Bemerkungen waren die Hochzeitsfeierlichkeiten 1932 und ihre Nachwirkungen für Carl Eduard ein großer Coup. Die Popularität der herzoglichen Familie war unübersehbar. Die Coburger Hofbeamten wurden regelrecht überschüttet mit Anfragen nach Einladungskarten für die Trauzeremonie oder den nächtlichen Fackelzug; viele Mitglieder nationalkonservativer Kreise wollten teilnehmen und störten sich offensichtlich keineswegs am nationalsozialistischen Gepränge, das sie zu erwarten hatten.[96] Ganz im Gegenteil gab es sogar zahlreiche Anfragen von Schweden, die betonten, wie wertvoll es ihnen wäre, durch die Teilnahme an der Prinzenhochzeit in Coburg zumindest ein paar Stunden an die »guten alten Zeiten« erinnert zu werden, wo in Schweden doch gerade »Arbeiter eine widerliche Revolution« anzetteln würden und »verkommene Regierungssubjekte«, die vom »internationalen Judentum« gesteuert seien, sich »an die Spitze Schwedens geputscht« hätten.[97] Das Erscheinen des europäischen Hochadels jedenfalls konnte in seiner Gesamtheit nicht anders denn als Duldung oder gar Zustimmung zu Carl Eduards Sympathien für die Nationalsozialisten ausgelegt werden.[98] Durch die Ehe seiner Tochter mit dem Sohn des schwedischen Kronprinzen konnte der Herzog von Coburg überdies sein dynastisches Netzwerk nach Schweden ausbauen, was auch für die Nationalsozialisten nicht unwichtig war. Schweden, das im Ersten Weltkrieg neutral geblieben war, war nun als potentieller Bündnispartner für Deutschland wahrscheinlicher geworden. Carl Eduard wurde erstmals deutlich bewusst, was er international für Hitler bewegen konnte.

Umso mehr durfte der Herzog hoffen, in einer zukünftigen

nationalsozialistischen Regierung zumindest eine bedeutende repräsentative Rolle einzunehmen. Nicht einmal ein Vierteljahr nach Hitlers Machtübernahme kamen denn auch die ersten Gerüchte und Misstöne auf, dass es Carl Eduard bei seinen Verbindungen zu den Nationalsozialisten vor allem um eines gehe: um Macht und das Streben, unter Hitler – zumindest annähernd – wieder so zu regieren wie vor 1918.

Der Traum, mit Hitler wieder zu regieren

Am 13. April 1933 schrieb der Gauleiter von Köln-Aachen Josef Grohé an Rudolf Heß, er habe aus zuverlässiger Quelle eine beunruhigende Neuigkeit über den Herzog von Coburg erfahren.[99] Carl Eduard versuche unter Adligen, Industriellen und sonstigen Persönlichkeiten des öffentlichen Lebens »größere Geldsummen« aufzutreiben, die verwendet werden sollten, »um die Wiederherstellung der Monarchie« in Deutschland vorzubereiten. Sogar Juden würden angesprochen, hohe Summen zu spenden. Die ganze Sache laufe unter dem Ehrenvorsitz des Exkaisers, der allerdings alles in die »Hand des Herzogs« gelegt habe. Dergleichen laufe der »nationalsozialistischen Auffassung und den Grundsätzen der Reichsregierung offensichtlich und entschieden zuwider«. Angeblich habe Carl Eduard Hitler in Kenntnis gesetzt, der voll und ganz einverstanden sei. Das sei kaum zu glauben. Heß möge daher »den Führer« über diese »Umtriebe« unverzüglich informieren. Man müsse entschieden hiergegen vorgehen und den Herzog von Coburg bestrafen.[100]

Möglicherweise hatte es sich bei dieser Angelegenheit nur um ein Gerücht unter dienstbeflissenen Nationalsozialisten gehandelt, die gegen deutsche Adlige und ganz besonders gegen Carl Eduard, den britischen Aufsteiger in ihren Reihen, Argwohn hegten. Allerdings zeigt die Art und Weise, wie der Eintritt Carl Eduards in die NSDAP lanciert wurde, dass es dem Herzog von

Coburg mit seiner Entscheidung für Hitler in der Tat zunächst vor allem um seinen eigenen Machtzuwachs ging.

Am 9. Mai 1933 traf ein Schreiben eines SS-Sturmbannführers, der es vorzog, anonym zu bleiben,[101] bei Walter Buch ein,[102] dem Leiter des Untersuchungs- und Schlichtungsausschusses der NSDAP, der unter anderem Entscheidungsvorlagen für Hitler über Parteimitgliedschaften und Ausschlussverfahren vorzubereiten hatte.[103] Der Verfasser des Schreibens warnte davor, Carl Eduard in die NSDAP aufzunehmen, was zum 1. Mai 1933 amtlich werden sollte. Aufgrund unzähliger Parteiaufnahmebegehren im Frühjahr 1933 war im April eine einstweilige Aufnahmesperre verhängt worden. Man wollte die Partei vor Opportunisten und Karrieristen schützen und sie »ideologisch rein« halten. Daher sollten nur noch aktive Mitglieder der HJ, SA und SS aufgenommen werden. Der SS-Sturmbannführer warnte Buch: Man müsse auf der Hut sein. Denn der Adjutant des Herzogs von Coburg Ferdinand Nord versuche mit Halbwahrheiten und Lügen die Aufnahme seines Chefs in die NSDAP »zu erzwingen«. Dahinter verberge sich eindeutig die Absicht Carl Eduards, Statthalter in Thüringen zu werden – oder gar Reichspräsident.[104]

Trotz dieser Warnung und trotz Aufnahmestopp wurde der Herzog von Coburg in die Partei aufgenommen. Was auch immer sich hinter seinem Parteibeitritt tatsächlich verbarg, von einigen Personen im inneren Zirkel der NSDAP wurde Carl Eduard vor allem als Opportunist und Machtmensch wahrgenommen.[105]

Im Januar 1936 löste sein Gebaren erneut Debatten in der Parteiführung aus: Er hatte nach 1933 seinen Hausorden einer ganzen Reihe von Hitler-Anhängern aufgrund ihrer »Verdienste um die nationale Bewegung und die Erhebung Deutschlands« verliehen, sich somit wie selbstverständlich wie ein Repräsentant der staatlichen Exekutive verhalten. Unter den Ordensempfängern befanden sich so prominente Figuren wie Göring, Lammers, der Chef der Reichskanzlei, Ribbentrop, Neurath oder

Hjalmar Schacht.[106] 1936 sollte es mit diesen Ordensverleihungen vorbei sein.[107] Erneut hatte der Herzog von Coburg drei enge Mitarbeiter Hitlers ausgezeichnet, diesmal Fritz Wiedemann und Wilhelm Brückner, die in der »Adjutantur des Führers« arbeiteten, und Julius Schaub, der einer von Hitlers Fahrern und ständigen Begleitern war.[108] Heß ließ seinen Reichs- und Stabsleiter Martin Bormann an die Empfänger der Orden schreiben: Der Führer habe ein allerletztes Mal diesen »Unfug« gebilligt.[109] Ferner sei es dem Herzog von Coburg genauso wie allen anderen »ehemaligen Potentaten« streng verboten, eigene Auszeichnungen zu verleihen. Damit habe diese »Anmaßung« auf immer ein Ende. Sonst würden Carl Eduard oder andere ehemalige Fürsten am Ende noch glauben, sie stünden »neben dem Führer oder gar über ihm«.[110]

Damit war der Herzog von Coburg eines seiner letzten aristokratischen Privilegien beraubt; doch bediente er sich künftig einer anderen Art, Getreue an sich zu binden und neue Verbindungen zu knüpfen – über das Verschenken eines exklusiven Taschenkalenders.

Der Taschenkalender des Herzogs

Zwischen 1932 und 1940 ließ Carl Eduard über seinen Adjutanten Nord mit den besten Wünschen zu Neujahr und »Heil Hitler« einen mit edlem dunklen Glattleder überzogenen Taschenkalender »verleihen«, der auf dem Frontispiz sein Wappen trug.[111] Unter diesem Wappen konnte der künftige Eigentümer seinen Namen eintragen und somit gewissermaßen einen Kontrakt eingehen, sich dem Herzog von Coburg zumindest symbolisch zu unterstellen. Als alltäglich zu gebrauchender Gegenstand konnte der Kalender sogar noch weit mehr bewirken als ein Orden: Er erinnerte seinen Eigentümer tagtäglich an die Aufforderung, dem Herzog von Coburg wie Hitler selbst treu zu sein. Auszeichnung und Aufforderung verschränkten sich in dieser machtpolitisch nicht zu unterschätzenden exklusiven Gabe miteinander.

Wie bei seinem Geschenk der Bürgermeister-Amtskette an den Coburger Stadtrat 1935 oder den Ordensverleihungen an enge Mitarbeiter Hitlers erwies sich Carl Eduard einmal mehr als Spezialist einer »Kunst des Handelns«,[112] die durch generöse, symbolisch hoch aufgeladene Gaben auf die Herstellung oder Festigung sozialer Beziehungen unter seiner Führung abzielte. Bei der »Verleihung« des Kalenders ging es eindeutig nicht nur um Bindungen, sondern auch um Erwartungen. Der Beschenkte wurde sozusagen reziprok in die Schuld gesetzt,[113] sich auch ferner Carl Eduard gegenüber loyal zu erweisen und sich wie dieser – oder gar unter dessen Ägide – für den Nationalsozialismus einzusetzen. Denn die Gunst des Herzogs konnte als eine Art kritische Instanz jedes Jahr erneuert oder auch entzogen werden.

Carl Eduard selbst trug seine Termine und bisweilen sehr knapp gefassten Eindrücke zwischen 1932 und 1940 in einen dieser Taschenkalender ein. Man findet hier keine ausführlichen Schilderungen oder gar Überlegungen. Das entsprach durchaus der Praxis führender Nationalsozialisten. Lediglich von Goebbels, Rosenberg und Frank sind ausführlichere Tagebuchaufzeichnungen überliefert, die – außer bei Goebbels – nicht zur Veröffentlichung gedacht waren und eher verschämt und im Verborgenen angelegt wurden.[114] Die meisten Vertreter des Regimes verstanden sich als »Männer der Tat«, wobei das Verfassen selbstreflexiver Äußerungen in der Regel als überkommen bürgerlich, undeutsch, verweichlicht oder »jüdisch verkopft« galt.[115] Eine Rolle mag auch gespielt haben, dass man ständig auf der Hut war, zweifelnde, verfängliche oder gar kritische Äußerungen nicht in unerwünschte Hände fallen zu lassen. Spätestens die Entmachtung und Ermordung Ernst Röhms und seiner Gefährten in der SA am 30. Juni bzw. 1. Juli 1934[116] hatte jedem vor Augen geführt, wie leicht man selbst als Vorkämpfer der Bewegung bei Hitler in Ungnade fallen konnte.

Carl Eduard, der seit Ende Juli 1933 SA-Gruppenführer im Stab von Röhm war, blieb dies keineswegs verborgen.[117] So wird auch er jede zweifelnde oder kritische Äußerung in seinem Taschenkalender von vornherein vermieden haben, wenn ihm dergleichen überhaupt in den Sinn kam. Und nicht zuletzt vermieden es Täter im Nationalsozialismus in einer paradoxen, einer eigenen Logik folgenden Mischung aus moralischem Schuldbewusstsein und alles legitimierender »Führertreue«, Beweise über eigene Verbrechen, ihre Beteiligung oder Mitwisserschaft zu hinterlassen oder auch nur darüber zu reflektieren.

Insgesamt ähneln Carl Eduards Aufzeichnungen vor allem denen in Himmlers Taschenkalender:[118] In seinen wenigen ausführlicheren Bemerkungen bekundet er eine bis ins Skurrile gesteigerte Verehrung und Anhänglichkeit gegenüber Hitler und sein vorbehaltloses Einstehen für den Nationalsozialismus. Hier schrieb zweifellos ein glühender Verehrer seines »Führers« und Verfechter der Sache des Dritten Reiches. So liest sich ein Eintrag vom Beginn des Jahres 1934 regelrecht beschwörend: »Revolutionäre Linie unbedingt beibehalten. Nur so kann Deutschland seinen Platz in der Welt behalten. Alle sollen Herren sein. Keine Knechtsnaturen.«[119]

Über die Aufmärsche und die »Luftparade« beim Nürnberger Reichsparteitag 1935 vermerkte Carl Eduard: »sehr eindrucksvoll« und »fabelhaft«. Über die antisemitischen Gesetze, die dort beschlossen wurden, ließ er kein Wort verlauten. Er schien sich nun ganz als Deutscher zu fühlen und erteilte zu allem seine Zustimmung.[120] »Höhepunkte« wie die Reichsparteitage oder gar Begegnungen mit Hitler persönlich markierte der Herzog von Cobug in der Regel mit einem Hakenkreuz.[121] Nachdem er am 4. Februar 1936 Hitler von einer Englandmission berichtet hatte, schrieb er: »Führer rührend lieb.«[122]

Hitlers Reden – wie im März 1936 in Köln, im Januar 1937 in Berlin oder beim Besuch Carl Eduards mit einer Delegation der Frontkämpfer auf dem Berghof in Berchtesgaden am 17. Februar

1937 – kommentierte er mit »phantastisch gut«, »packend« oder »fabelhaft«.[123] Auch jene berühmte Hetztirade Hitlers am 30. Januar 1939 vor dem Reichstag, in der ein halbes Jahr vor dem Überfall auf Polen der Völkermord an den europäischen Juden

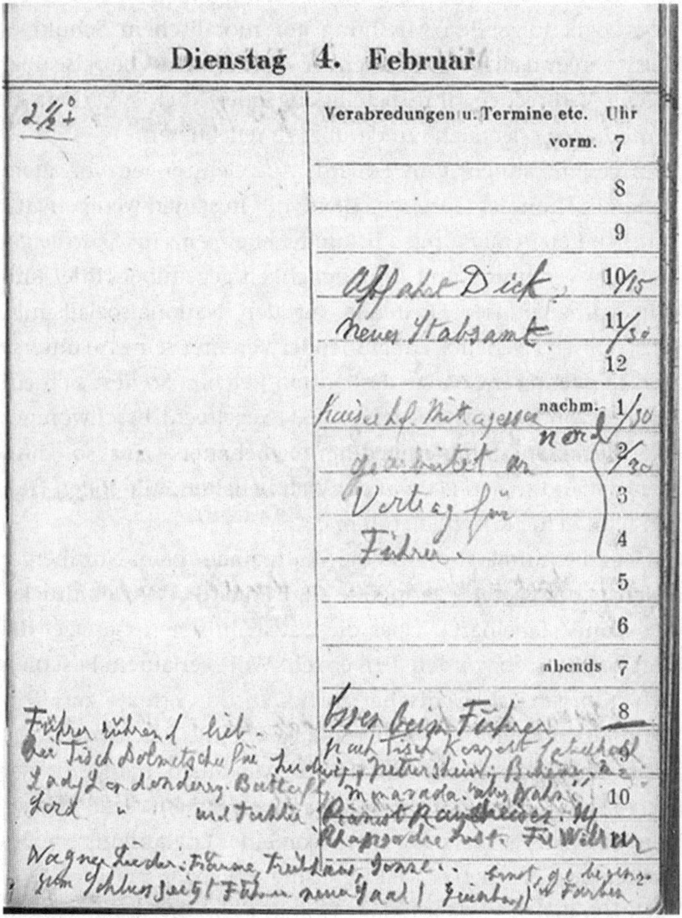

Abb. 16 Taschenkalender Herzog Carl Eduard 1936, Eintrag vom 4. 2. 1936

mit den Worten »Vernichtung der jüdischen Rasse« angekündigt wurde, lobte Carl Eduard mit »ganz groß«.[124]

Die Stimmvergabe zur Reichstagswahl am 29. März 1936, die zugleich mit der nachträglichen Volksabstimmung über die Er-

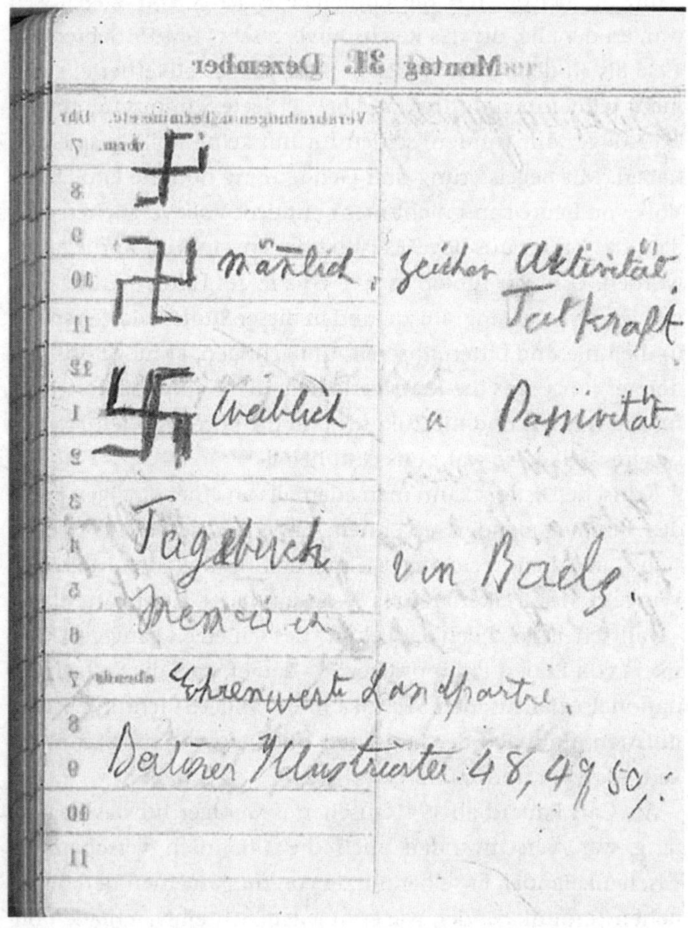

Abb. 17 Taschenkalender Herzog Carl Eduard 1934, letzte Seite

mächtigung zur Rheinlandbesetzung verbunden war, verfolgte der Herzog von Coburg offensichtlich in der Presse oder am Radio. Regelrecht fieberhaft listete er die Stimmen auf, verbesserte sie immer wieder und unterstrich dann mit Rot die Stimmen »für den Führer«. Dass es sich hierbei um eine Scheinwahl handelte, bei der nur die Einheitsliste der NSDAP zugelassen war, an der alle, die das Reichsbürgergesetz vom 15. September 1935 als »Juden« oder »jüdische Mischlinge« etikettierte, nicht mehr teilnehmen durften und bei der leere Stimmzettel für die NSDAP gezählt wurden, schien für ihn keine Rolle gespielt zu haben. Mit Begeisterung und Genugtuung notierte er: »Dieses Volk von heute kann nicht mehr mit dem Volk verglichen werden, das hinter uns liegt. Es ist besser, anständiger und klar geworden. Und wir fühlen es. Die Gnade des Herrn wendet sich uns jetzt wieder langsam zu; und in dieser Stunde, da gehen wir in die Knie und bitten unseren Allmächtigen, er möge uns segnen, er möge uns die Kraft verleihen, den Kampf zu bestehen, für die Freiheit und die Zukunft und die Ehre und den Frieden unseres Volkes, so wahr uns Gott helfe!«[125]

Kritische Distanz kann man allenfalls an einer einzigen Stelle des Taschenkalenders erkennen: Ende des Jahres 1934 setzte sich Carl Eduard zeichnerisch mit den hinduistisch-indischen Wurzeln des Hakenkreuzes[126] auseinander und kam dabei – wahrscheinlich nach der Lektüre des seinerzeit gängigen Klassikers von Robert Philipps Greg[127] – darauf, dass die Spitzen der nationalsozialistischen Swastika in die andere Richtung zeigen müssten, um nach der indischen Überlieferung für Männlichkeit, Aktivität und Tatkraft zu stehen.[128]

Als Carl Eduard ab 1941 zusehends weniger für das Regime tätig war, verschwanden auch die alljährlich verschenkten Taschenkalender. Er selber nutzte von nun an einen herkömmlichen Terminkalender, wie er in jedem Schreibwarenladen billig erworben werden konnte, und trug hier – regelrecht manisch – jede Nachricht zu den Frontgeschehnissen, die er aus seinen internen Quellen oder aus dem Hörfunk erfahren konnte, mit unterschiedlich farbigen Stiften ein – mit jeweils eigener Farbe für Heeresberichte, Meldungen aus dem Führerhauptquartier, den täglichen Wehrmachtbericht und Sondermeldungen. Aus einem geradezu versessen für Hitler agierenden adligen Botschafter war ein ebenso akribischer und teilnehmender Chronist des Krieges geworden. Seit vielen Jahren von Rheuma und »Morbus Bechterew« geplagt und somit untauglich für einen Einsatz im Krieg, immer weniger gefragt in seinen nationalsozialistischen Ämtern, war dies nun der Weg Carl Eduards, noch am Schicksal Deutschlands teilzuhaben. Ein deutliches Zeichen dafür, dass hinter dem Wandel der Einträge des Herzogs von Coburg in seinem Taschenkalender auch eine zunehmend beherrschte, versachlichte und passiv beobachtende Haltung steckte, ist die Art und Weise, wie er den Tod seines zweitältesten Sohnes Hubertus vermerkte, der im November 1943 bei einem Aufklärungsflug über Polen abgeschossen wurde. Carl Eduard vermerkte schlicht »Hubertus † fürs Vaterland«. Das Sterbekreuz unterstrich er mit der Farbe, mit der er den täglichen Wehrmachtbericht kennzeichnete, den Namen seines Sohnes mit der Farbe für Sondermeldungen.[129]

In der Gesamtschau vermitteln die Taschenkalender Carl Eduards, dass hier ein treu ergebener Bewunderer und Anhänger Hitlers schrieb, der an den Nationalsozialismus glaubte und ihn als heilsbringend für Deutschland ansah. Die Einträge dokumentieren auch den Aufstieg des Herzogs von Coburg zu einem zunehmend mit Terminen regelrecht überfrachteten zentralen Protagonisten des Regimes, der bis zum Kriegsbeginn regelmäßig zu Besprechungen mit Göring, Himmler, Frank und anderen Mitgliedern der NS-Herrschaftselite sowie Hitler selbst zusammentraf. Dieser Bedeutungsaufstieg zeigt sich auch an den Dienststellen, die Carl Eduard in Berlin unterhielt, sowie an deren Verlagerung innerhalb der Topographie der Reichshauptstadt in die Nähe der Schlüsselstellen des Regimes.

2
In der Berliner NS-Elite

Raum von Macht und Einfluss: Die Adjutantur des Herzogs von Coburg

Wie viele ehemals regierende Bundesfürsten in den 1930er Jahren unterhielt auch Carl Eduard in der Reichshauptstadt einen bürokratischen Apparat, der mit wirtschaftlichen und repräsentativen Angelegenheiten befasst war und durchaus mit einer Hofhaltung im Kleinen verglichen werden kann: das sogenannte Stabsamt des Herzogs von Coburg in der Kalckreuthstraße 5 im noblen Berliner Stadtviertel Schöneberg, wo viele Aristokraten ihre Stadtwohnungen hatten, Seite an Seite mit begüterten jüdischen Familien, Amerikanern und Briten. Chef des Stabsamtes war Carl Eduards Burghauptmann Nord, der auch den Parteieintritt des Herzogs lanciert hatte. Bei Nord und seinen Mitarbeitern liefen die Fäden für alle Vorgänge zusammen, welche die öffentlichen Ämter des Coburger Herzogs betrafen: seine Stellung als Präsident des DRK und Reichskommissar für die Freiwillige Krankenpflege, ernannt durch den Reichspräsidenten Hindenburg am 1. 12. 1933 bzw. 31. 1. 1934, als Vorsitzender der Faschistischen Studiengesellschaft in Berlin seit 5. 12. 1931, als Senator der KWG zur Förderung der Wissenschaften, am 23. 5. 1933 durch Hitlers Reichsregierung berufen, als Präsident des Nationalen Klubs von 1919, gewählt am 5. 9. 1932, als Präsident der Deutsch-Englischen Gesellschaft, von Ribbentrop und Hitler berufen Ende 1935, und einiger anderer Ämter mehr. Das Stabsamt war ferner für alle »auswärtigen persönlichen Verbindungen« Carl Eduards zuständig.[130]

Nord war für diese Aufgabenflut genau der richtige Mann: Er hatte nach seinem Studium der Politik- und Wirtschaftswissenschaft seit 1928 das erste Berliner Büro Carl Eduards in Berlin-Steglitz, den Politischen Dienst des Herzogs von Coburg, aufgebaut, von wo aus die Netzwerke zu den Rechtsradikalen geknüpft wurden. Wie sein Dienstherr war er Mitglied des Stahlhelm, dort Abteilungsleiter des Kraftfahrtwesens, an dem Carl Eduard ein besonderes persönliches Interesse hegte. Gleichzeitig war Nord SA-Standartenführer und bereits 1930 in die NSDAP eingetreten. Er war somit durchaus als ein Vermittler zwischen den konservativen Rechtsradikalen und der Hitler-Bewegung geeignet, wobei er immer das Ziel verfolgte, den Nationalsozialismus an die Macht zu bringen und seinem Chef im NS-System eine wichtige Stellung zu sichern.[131]

Mit Nord gelang Carl Eduard die Umwandlung seiner Berliner Stabsstelle in die Adjutantur des Herzogs von Coburg, ein rechtlich den Dienststellen Ribbentrops, Himmlers oder Görings gleichgestelltes Amt mit eigenen Befugnissen. Kein anderer Aristokrat schaffte es, unter Hitler eine solche Behörde für sich zu installieren. Für die Verflechtung der Adjutantur mit der SS und den wichtigsten Dienststellen des Regimes spricht auch ihr Umzug in die Nähe des Regierungsviertels. Ab 1938 lag das Büro Carl Eduards in der Kochstraße 28/29, Berlin-Kreuzberg, fußläufig gerade einmal fünf Minuten von Himmlers Reichssicherheitshauptamt, der Zentrale der Gestapo und Hitlers persönlicher Adjutantur entfernt.[132]

Bei den gesellschaftlichen Pflichten für Hitler lag auf der Hand, dass der Coburger Herzog auch über angemessene private Räumlichkeiten in Berlin verfügen musste. Zunächst logierte Carl Eduard in der Regel im Hotel »Kaiserhof« am Wilhelmplatz gegenüber der Reichskanzlei und in verschiedenen hochherrschaftlichen Wohnungen. Allein für das Jahr 1932 vermerkte Carl Eduard in seinem Taschenkalender fünf Begegnungen im »Kaiserhof« mit der nationalsozialistischen Parteiführung, darunter mit Göring, Frank, Heß und Rosenberg.[133] Bei der im Hotel gefeierten Hochzeit zwischen Göring und Emmy Sonnemann im April 1935 war der Herzog von Coburg wie selbstverständlich mit von der Partie.[134]

Ab August 1936 nutzte Carl Eduard das »Haus Coburg« in Berlin-Wilmersdorf, Brandenburgische Straße 54, das ihm vermutlich durch die Reichskanzlei oder sogar die SS zur Verfügung gestellt worden war.[135] Er teilte die Villa mit seinem Cousin Josias zu Waldeck–Pyrmont, auf den er sich nicht nur verlassen konnte, sondern dessen Verbindungen in den inneren Zirkel der SS er auch zu nutzen wusste. Josias war Mitglied im Jungdeutschen Orden gewesen, den Carl Eduard protegierte, und bereits im November 1929 in die NSDAP eingetreten. Er war unter anderem Himmlers Adjutant und wurde bereits 1932 zum SS-Gruppenführer ernannt. Josias war bei der durch Hitler angeordneten Gefangennahme und Ermordung der SA-Führung im Sommer 1934 beteiligt und wurde im Dezember des gleichen Jahres von Hitler zum Volksrichter ernannt. Ab 1936 war er als SS-Obergruppenführer für die Personalpolitik der SS im Konzentrationslager Buchenwald zuständig.[136] Durch ihn verfügte das »Haus Coburg« in Berlin über einen Wachschutz der SS und bot damit den idealen Raum für politisch sensible Treffen Carl Eduards.

Während Hitler selbst eher zurückhaltend bezüglich opulenter Feierlichkeiten, rauschender Feste und Luxus war, sonnten sich Göring, Ribbentrop, Frank und bisweilen auch Goebbels durchaus gerne im Glanz der Berliner »besseren Gesellschaft«, die – als hätte es keine Revolution von 1918 gegeben – zu einem hohen Anteil aus dem deutschen Hochadel bestand. So dinierte Carl Eduard wie andere Aristokraten häufig mit den Parteispitzen im »Horcher«, einem für den Großteil der von Arbeitslosigkeit und Inflation gepeinigten Bevölkerung unerschwinglichen Gourmetlokal.[137]

Neben seinen Berliner und Coburger Immobilien – wie der Veste Coburg und Schloss Callenberg – nutzte Carl Eduard seit den 1930er Jahren vor allem Schloss Reinhardsbrunn in Thüringen für exklusive Begegnungen bei Jagdausflügen mit führenden Nationalsozialisten und auswärtigen Gästen. Das Anwesen und die Jagdgründe waren ihm nach der Enteignung nicht zuletzt aufgrund der erpresserischen Einflussnahme von Rechtskonservativen und Nationalsozialisten auf die Thüringer Landesregierung wieder überlassen worden und boten nun die Möglichkeit, auch den jagdbegeisterten Göring zu bewirten.[138]

Die Gleichschaltung der Berliner Hautevolee

Anfang 1932 wurde Carl Eduard Präsident des Berliner Nationalen Klubs, in dem er seit dessen Gründung 1919 Mitglied war. Dabei handelte es sich um die exklusivste und einflussreichste politisch-gesellschaftliche Vereinigung der deutschen Oberschicht, deren Mitglieder – standesbewusste Vertreter der Politik, des Militärs, der Wirtschaft und nicht zuletzt des Adels – sich als Anhänger der national gesinnten Rechten und Antisemiten verstanden. Die meisten Mitglieder des Nationalen Klubs waren allerdings auch Verfechter der Monarchie. Diese erwiesen sich längere Zeit als recht renitent gegenüber den Nationalsozialisten.[139]

Mit seinen Bemühungen, für Hitler im Klub Werbung zu machen, war der Medienunternehmer Alfred Hugenberg kläglich gescheitert. Er galt den hochkarätigen Mitgliedern des Klubs – wie den Kaisersöhnen August Wilhelm und Eitel Friedrich, Großindustriellen wie Günther Quandt und schließlich dem Reichspräsidenten Paul von Hindenburg selbst – als realitätsferner Phantast und Emporkömmling.[140] So blieb die Haltung des elitären Zirkels und seiner knapp 2000 Mitglieder in Bezug auf Hitler recht unbestimmt. Man verstand sich zwar als rechtskonservativ und behielt den Zugang nur Männern vor, die »rassisch-arisch« waren, erklärte aber immer wieder eher allgemein, dass es dem Klub um den »Wiederaufstieg des deutschen Volkes«

und die Zerstörung der Weimarer Republik gehe. Die durch den immensen Mitgliedsbeitrag und Spenden aufgetriebenen Gelder flossen einer Vielzahl rechtsradikaler Organisationen und Parteien zu, keineswegs nur der Hitler-Bewegung.[141]

Das sollte sich 1932 mit der Präsidentschaft Carl Eduards rasch ändern.[142] Der Herzog von Coburg und sein Stellvertreter Hans Pfundtner betrieben fortan konsequent die Gleichschaltung des Klubs im Sinne der Nationalsozialisten. So verkündete Carl Eduard in seiner Antrittsansprache als Präsident des Klubs am 5. September 1932: Künftig müsse es mehr denn je zuvor darum gehen, »Wesen und Inhalt der Krone in unverfälschter Reinheit herauszuarbeiten«. Und unter dieser »Reinheit« verstand er vor allem die Unterstützung von Monarchen und Aristokraten für Hitler.[143] In einem zeitgenössischen Kommentar hieß es dazu: Mit seiner programmatischen Antrittsrede habe der Herzog alle Mitglieder des Klubs in die Pflicht genommen, »ihr bestes Können im Kampf um den Endsieg des nationalen Deutschlands« einzusetzen.[144] Unverzüglich nach Übernahme der Präsidentschaft lud Carl Eduard Goebbels und Hitler zu Vorträgen ein. Bald konnte er Röhm vermelden, die »nationale Gesinnung« im Klub habe sich im Verlauf seines ersten Dienstjahres so rasant ausgebreitet, dass 1933 nahezu alle Mitglieder hinter Hitler standen.[145] Die »Zeit der Werbung für die Bewegung« war im Klub damit vorbei; jetzt sollte Hitler vorbehaltlos unterstützt werden.[146] So veranlasste Carl Eduard auch, dass der Klub nunmehr ausschließlich den Wahlkampf der NSDAP finanzierte.[147] Der Chef von Hitlers Reichskanzlei Lammers wurde in den Vorstand des Klubs berufen.[148]

Wie vehement Carl Eduard auch nach der Machtergreifung Mitglieder des Klubs auf Linie hielt, zeigt vor allem ein Vorfall vom Januar 1934. Man hatte den 75. Geburtstag Wilhelms II. gefeiert, wobei das Bild des Kaisers in einer Art Festprozession durch die Räume getragen worden war. Carl Eduard, der nicht anwesend war und dem die Sache zugetragen wurde, schrieb postwendend an seinen Stellvertreter Pfundtner: Er solle dafür sorgen, dass sich alle für diesen »Hokuspokus« Verantwortlichen sofort und persönlich bei Hitler entschuldigten. Nur dem »Führer« selbst gebühre eine solche Ehrung. Nur bei ihm liege das Recht auf Herrschaft. Und alle Mitglieder des Klubs sollten sich künftig an Carl Eduard ein Beispiel nehmen, dass er »als selbst ehemals regierender Fürst« uneingeschränkt gewillt sei, »dem Führer blindlings zu folgen«.[149]

Auch dieses Engagement Carl Eduards resultierte zweifellos aus dem Glauben an den Nationalsozialismus einerseits *und* dem Bestreben, als einer der wenigen Aristokraten in Hitlers Regime durch Leistungen und Treuebekenntnisse zu Macht und Einfluss zu gelangen. Gerade im Hinblick auf den Berliner Nationalen Klub wusste Carl Eduard genau, dass sich Engagement auszahlte: Sein Stellvertreter Pfundtner wurde im Februar 1933 leitender Staatssekretär im Reichsministerium des Innern, wo ihm für »reichswichtige Aufgaben« der Rücken freigehalten wurde. Er arbeitete federführend am schließlich 1935 erlassenen »Gesetz zum Schutze des deutschen Blutes und der deutschen Ehre« mit.[150]

Als ein ähnliches Karrieresprungbrett erwies sich die Gesellschaft zum Studium des Faschismus, die von Carl Eduard und seinem alten Gefährten Waldemar Pabst[151] am 5. Dezember 1931 gegründet worden war und zwischen rechtskonservativen Kreisen und der NSDAP vermittelte. Die Gesellschaft setzte sich zum Ziel, den Faschismus unter den deutschen Eliten bekannt zu machen. Hierfür wurden Vorträge, Lesungen, Filmvorführungen und Studienfahrten nach Italien veranstaltet. Der Herzog von Coburg reiste selbst öfter nach Rom, wo er mit Mussolini und anderen führenden Faschisten zusammentraf.[152] Dabei gab es immer wieder kontroverse Debatten, in denen manche Aristokraten durchaus eine stärkere Anlehnung des Nationalsozialismus an Mussolinis Faschismus befürworteten.[153] Auch hier fiel Carl Eduard durch seine unbedingte »Führertreue« auf. So vertrat er seit 1932 immer wieder ganz offen, dass es ihm nicht nur um die Vernichtung der Weimarer Verfassung und Demokratie gehe, sondern auch um die Errichtung einer nationalsozialistischen Diktatur durch Hitler. Nachdem die Gesellschaft Ende 1933 ihre Zwecke erfüllt hatte und aufgelöst wurde, erhielten zahlreiche Mitglieder äußerst einflussreiche Ämter in Hitlers Regierung, wie beispielsweise Schacht, der zwischen 1934 und 1937 Reichswirtschaftsminister war.[154]

Sowohl im Nationalen Klub Berlin als auch in der Gesellschaft zum Studium des Faschismus waren unter der Präsidentschaft des Herzogs von Coburg zahlreiche hochrangige Stahlhelm-Führer Mitglied, auf die er geschickt Druck ausübte, sich Hitler anzuschließen. Darunter war auch der Bundesführer des Stahlhelm selbst – Franz Seldte, der noch im Sommer 1932 ein Ausschlussverfahren gegen Carl Eduard angestrengt hatte, weil dieser Wahlaufrufe für Hitler veröffentlichen ließ.[155] Bei dem nächtlichen Fackelzug zur Hochzeit seiner Tochter im Oktober 1932 führte Carl Eduard Seldte zumindest symbolisch vor Augen, dass es ihm darum ging, dass SA und Stahlhelm künftig gemeinsam aufmarschieren sollten. Im April 1933 schrieb der Herzog von Coburg schließlich an Seldte und Röhm gemeinsam, dass es nunmehr schon »seit Jahren« sein »Bestreben« sei, Stahlhelm und SA zusammenzubringen. Der Stahlhelm sei seiner Meinung nach einfach in die SA einzugliedern.[156]

Seldte verstand offensichtlich den Ernst der Lage und unterstellte in der Tat knapp drei Wochen später den Stahlhelm Hitler. Alle wehrfähigen Männer wurden in die SA eingegliedert.[157] Seldte selbst wurde – wie auch der Herzog von Coburg – in den Rang eines SA-Obergruppenführers erhoben.[158]

Carl Eduard spielte somit eine entscheidende Rolle bei der Gleichschaltung der einflussreichsten Elitenverbände im Deutschen Reich – des Nationalen Klubs Berlin und des Stahlhelm. Durch geschickte Netzwerkpolitik, Ratschläge, Taktieren und das Äußern eigener Wünsche und Vorstellungen zum rechten Zeitpunkt überzeugte er noch zögernde Rechtskonservative, dass Hitler der richtige Mann der Zukunft sei – und verstand es dabei, scheinbar *en passant*, aber doch zielstrebig, sich unter den Nationalsozialisten wichtige Ämter zu sichern. Die bedeutendste Rolle im Dienste Hitlers sollte Carl Eduard allerdings künftig außenpolitisch spielen: als Helfershelfer Ribbentrops, des Sonderbeauftragten Hitlers für außenpolitische Angelegenheiten, und als Präsident des DRK.

3 Das Spiel zwischen Distinktion und Zugehörigkeit: Adlige Scheindiplomatie für Hitler

Ende 1934 gelangte der Coburger Herzog an den Posten eines »Repräsentanten der Reichsregierung im Ausland mit Sonderauftrag«.[159] So konnte er als Vertreter Hitlers vertrauliche Unterredungen führen, ohne in irgendeiner Weise dem Auswärtigen Amt unterstellt zu sein. Er war ausschließlich an die Weisungen Hitlers gebunden. Damit gehörte Carl Eduard zu einem sehr kleinen Kreis loyaler adliger Anhänger des Nationalsozialismus, die im Auftrag ihres »Führers« eine Art Ersatz- oder auch Scheindiplomatie betrieben, welche als inoffiziell und unpolitisch deklariert wurde, außenpolitisch allerdings höchst relevant und meist streng geheim war. Offiziell durch das Auswärtige Amt akkreditiert war keiner dieser Aristokraten.

Neben dem Herzog von Coburg nutzten der Kaisersohn August Wilhelm von Preußen, Prinz Max Egon zu Hohenlohe-Langenburg, Prinzessin Stéphanie zu Hohenlohe-Waldenburg-Schillingsfürst und Prinz Philipp von Hessen das mit ihren Adelstiteln verbundene Ansehen, um im Ausland prominente Persönlichkeiten aus Wirtschaft, Kultur und Politik zu treffen; bisweilen im Auftrag Hitlers und anderer NS-Größen, manchmal auch in vorauseilendem Gehorsam horchten sie diese aus und versuchten, sie zu beeinflussen.[160] Über die Äußerungen und Reaktionen ihrer oft ahnungs- und arglosen Gesprächspartner verfassten sie zahlreiche geheime Berichte und schickten sie direkt an die »Kanzlei des Führers«.[161] Das nationalsozialistische Regime nahm das internationale Engagement dieser Mitglieder der in der Weimarer Republik etwas überholten »besseren« adligen Gesellschaft gern entgegen, verhieß politische und gesellschaftliche Karrieren und zahlte nicht zuletzt reichhaltige Spesen und hohe Belohnungen.[162]

Fragt man nach weiteren Motivationen dieser Scheindiplomaten, ihre »guten Namen« für das Regime einzusetzen, ist auch der Druck nicht zu unterschätzen, den die Ideologie der nationalsozialistischen »Volksgemeinschaft« im Sinne einer dem »Führer« hörigen »moralisch freigesetzten Leistungsgesellschaft« aufbaute:[163] Wollte man dazugehören – was ratsam war, um sich nicht Benachteiligungen oder gar Verfolgung auszusetzen –, dann musste man sich entsprechend für die »Volksgemeinschaft« einsetzen, und zwar an dem Platz, an dem man am besten wirken konnte.[164] Diese »Logik der Leistung«[165] in ihrer perfiden Mixtur aus Erwartungen und Angst spornte ungemein an. Sie machte Vertreter des deutschen Hochadels zu loyalen und devoten »Parvenüs und Profiteuren«[166] eines Herrschaftssystems von Emporkömmlingen, die sich von den ihnen nun regelrecht aufgedrängten, geheimnisumwitterten, international und diplomatisch relevanten kulturellen Fertigkeiten der Aristokratie bereitwillig unterstützen ließen.

Hitler gab diesen Meistern des mondänen, weltläufigen und emporgehobenen Lebens die Möglichkeit, vieles wieder auszuüben, was sie in der Weimarer Republik *ad acta* legen oder zumindest einschränken mussten. Jetzt konnten sie auf der diplomatischen Bühne wieder ungebremst zeigen, zu was sie bei Kamingesprächen, Champagnerempfängen oder Jagdgesellschaften fähig waren: Beflissen zog man die besten Roben für Hitler an – nicht zuletzt, um auch weiterhin im Geschäft bleiben zu können. So strebten diese »Damen und Herren von Welt«[167] durchweg danach, auch künftig unentbehrlich zu sein und ihre Kenntnisse der Etikette zu beweisen, die den vielen unkultivierten Emporkömmlingen aus der nationalsozialistischen Führungsriege schlichtweg fehlten. Vom »Mob« der Hitler-Schergen distanzierten sie sich oftmals, um vor einem internationalen Publikum glaubhaft zu sein: Sie standen für beste

Herkunft, für die Wurzeln der deutschen »Zivilisation«, für Maßhalten in Moral und Werten und hatten auf den ersten Blick rein gar nichts mit brandschatzenden Schlägerbanden gemein. Ihr Auftreten wirkte seriös und glaubhaft, selbst wenn sie den Nationalsozialismus über alle Maßen priesen und dessen Untaten dreist leugneten oder beschönigten.

So kann man das Handeln dieser Aristokraten mit Pierre Bourdieu gesprochen als ein kontinuierliches Austarieren von Distinktion und Zugehörigkeit bezeichnen:[168] Sie konnten sich in einem Atemzug von der alltäglichen Gewalt und den Rüpeleien des Regimes distanzieren und sich gleichzeitig hinter »den Führer« und die angeblich höheren Ziele der Bewegung stellen. Die »feinen Unterschiede« zu den gemeinen Nazis oder eben die Feststellung, dass man Hitlers angeblich höchst moralische Visionen ausdrücklich teilte, wurden je nach dem, wie es die Lage gerade zu erfordern schien, ins Spiel gebracht. »Mondänes« Handeln bedeutete mehr als – mit den treffenden Worten Fabrice d'Almeidas gesprochen – »sanftes Säuseln, mehr als das Klirren von Champagnergläsern bei Abendrobe und Smoking«:[169] Es bedeutete, an Macht teilzuhaben, ihre Vorteile zu genießen und sich ein »höheres« Ziel für Deutschland und seinen Adel vorzugaukeln.

Der Herzog von Coburg war in dieser Riege – nach allem, was man heute wissen kann – der wichtigste, beflissenste und auch mächtigste Scheindiplomat für Hitler: Einzig er hatte bis 1945 den Status eines »Repräsentanten der Reichsregierung im Ausland« inne. In der Zeit des Dritten Reiches unternahm er 39 dienstliche Auslandsreisen, darunter im Jahr 1934 und 1940 jeweils mehrmonatige Weltreisen. Bis Kriegsbeginn war Carl Eduard mindestens elfmal in nationalsozialistischer Mission in Großbritannien. 1934, 1937, 1941 und 1943 bereiste er die neutrale Schweiz, 1937, 1940 und 1941 Frankreich. 1940 hielt er sich im Generalgouvernement auf, 1942 und 1944 im Protektorat Böhmen und Mähren.

Diese Reisen waren Ausdruck einer Fülle von außenpolitisch brisanten Ämtern, die sich gegenseitig ergänzten: Als Präsident der Deutsch-Englischen Gesellschaft (DEG) seit 1935, der deutschen Frontkämpferverbände seit 1936 und des Internationalen Ausschusses ehemaliger Frontkämpfer (CIF) seit 1938 galt er als Gewährsmann für Hitlers angeblichen Friedenswillen.

Seit seiner Ernennung zum Präsidenten des DRK im Dezember 1933 konnte er Bedenken aus dem Ausland über deutsche Konzentrationslager zerstreuen und beim Internationalen Komitee des Roten Kreuzes (IKRK) in Genf beruhigend wirken; damit kaschierte er – wie noch genauer zu zeigen ist – auch die Verstrickung des DRK in den Krankenmord und Holocaust. Dass eine international so bekannte und vernetzte Persönlichkeit wie der Herzog von Coburg seit 1935 Obergruppenführer des NSKK war, ließ Gerüchte, dass das Kraftfahrkorps maßgeblich bei der Verfolgung, Deportation und Ermordung der Juden in Polen und der Sowjetunion mitwirke, wenig glaubwürdig erscheinen.[170]

Bei anderen adligen Scheindiplomaten war das »mondäne Bankett« für Hitler meist nur indirekt mit den nationalsozialistischen Massenmorden verknüpft. Bei Carl Eduard hörte das Champagnertrinken keineswegs auf, wenn das Blutvergießen begann.[171] Er plauderte, feierte, leugnete und pries Hitler auch dann noch, als bereits Zehntausende von Insassen von Heil- und Pflegeanstalten ermordet worden waren und die Deportation der Juden in die Vernichtungslager längst angelaufen war. Obgleich im In- und Ausland die Gräueltaten der Nationalsozialisten in weiten Teilen bekannt waren, setzte sich der Herzog von Coburg nach wie vor als Fürsprecher und Gewährsmann für Hitler ein. Er beteuerte, beschönigte und verbürgte sich und half so maßgeblich mit, die Verbrechen des Dritten Reiches zu vertuschen oder zu verharmlosen.

Dem Enkel der Queen Victoria und dem Schwiegervater des Thronfolgers im neutralen Schweden traute man schlichtweg nicht zu, dass er in Hitlers Diensten wider besseres Wissens skrupellos Friedenswillen und Einvernehmen suggerierte und Argwohn gegenüber dem NS-Regime abwiegelte. Man ging überdies davon aus, dass er wohlinformiert auch über geheime Untaten sein müsste – als persönlicher »Freund« und Vertrauter Hitlers. Seine hochadlige Herkunft half ihm, Zugang in den Buckingham-Palast, ins Weiße Haus oder auch in den japanischen Kaiserpalast zu erhalten.

Die Motive des Coburger Herzogs für sein Handeln im Dritten Reich wurden bereits benannt: Zweifellos kamen auch in Bezug auf sein außenpolitisches Engagement die Gier nach Bedeutung und politisch relevanten Aufgaben, materielle Motive und eine uneingeschränkte Loyalität gegenüber Hitler zusammen.

Was ihn am »meisten freue«, so schrieb Carl Eduard am 2. März 1939 an seine Schwester Alice Athlone in London, sei, dass seine »Hilfe« immer noch gebraucht werde – obwohl sie »dieser Tage« ständig sagen würden, dass »nun die Jungen regieren müssen«.[172] Auch konnte der Herzog von Coburg als Gegenleistung für sein Engagement Mitarbeitern, die ihm treu gedient hatten, zu lukrativen und einflussreichen Ämtern verhelfen.[173] Und nicht zuletzt lockten der luxuriöse Lebensstil und das Geld: Die Spesenrechnungen für die Auslandsreisen Carl Eduards für Luxushotels, Dienstwagen und -kleidung sowie glamouröse Empfänge waren enorm und überstiegen bei weitem sein eigenes Budget.[174] Auch gelang es ihm, sein durch Enteignungsgesetze und Sondersteuern immer wieder bedrohtes Vermögen aus Immobilien-, Kunst-, Land-, Forst- und Geldbesitz über die geschickte Konstruktion von Stiftungen steuergünstig zu sichern; hierbei erhielt er Unterstützung aus Hitlers Reichskanzlei.[175] Regelmäßig bezog Carl Eduard aus der »Kanzlei des Führers« eine stattliche Summe; noch im April 1945 erhielt er seine monatliche Gratifikation in Höhe von 4000 Reichsmark.[176]

Im Folgenden soll es bei der Schilderung der Auslandsmissionen des Coburger Herzogs allerdings weniger um jene recht offenkundigen Handlungsantriebe gehen, sondern um die – meist symbolisch hoch aufgeladenen – Formen von Carl Eduards diplomatischem Handeln. Auch sein »Mitmachen«[177] bei der Durchsetzung von Hitlers außenpolitischen Zielen und Interessen war – wie es für die adlige Scheindiplomatie allgemein gilt – geprägt von demonstrativer Distanz und gleichzeitig betonter Zugehörigkeit zum NS-Regime. In manchen Situationen stellte er in geradezu schamloser Weise seine Weltläufigkeit und Mondänität, seine »edle« Herkunft und internationalen Beziehungen zur Schau, um sowohl gegenüber seinen ausländischen Gesprächspartnern als auch für die NS-Elite glaubhaft zu wirken. Wegschauen, Leugnen und Betrügen waren Bestandteile dieser Inszenierungen: Ob er sich als »guter Freund des Führers« ausgab, der bestens informiert sei, oder als »nodding mandarin« (nickender Mandarin),[178] der letztlich nicht genau Bescheid wisse, hing von den Weisungen und Befehlen aus der »Kanzlei des Führers« ebenso ab wie von seinen Gesprächspartnern, den tagespolitischen Entwicklungen und nicht zuletzt davon, was für ihn persönlich die größten Vorteile brachte. Selbst Hitler wurde mindestens einmal – wie noch genauer zu zeigen sein wird – von Carl Eduard betrogen.

Bis zur Ernennung Ribbentrops zum Außenminister 1938[179] unterstützte Carl Eduard vor allem dessen »Dienststelle«; er blieb Ribbentrop persönlich zugeordnet, als dieser das Auswärtige Amt übernahm.[180] Hier spiegelte sich die Außenpolitik Hitlers, der auf ihm treu ergebene nationalsozialistische Funktionseliten zurückgriff, die in der Regel eigenständig und am Auswärtigen Amt vorbei handeln sollten.

Hitlers Außenpolitik 1933–1939: Die Verschleierung von Kriegswillen und Expansionsplänen

Zwischen 1933 und 1939 setzte Hitler außenpolitisch zunächst auf die Verschleierung seiner aggressiven Expansions- und Lebensraumplanungen sowie seines Willens zum Krieg. Anfangs unterschieden sich seine offiziellen außenpolitischen Vorstellungen kaum von denen nahezu aller Parteien der Weimarer Republik, die ebenso die Revision des Versailler Vertrags von 1919 und die Wiederherstellung der deutschen Großmachtposition mit friedlichen Mitteln der Diplomatie propagierten.[181]

In seiner ersten größeren Reichstagsrede zu den außenpolitischen Ambitionen des Dritten Reiches am 17. Mai 1933 erklärte Hitler, dass der Nationalsozialismus einzig und allein dem Frieden verpflichtet sei. Man werde Verhandlungen anstreben, um eine Revision des Versailler Vertrags zu erreichen.[182] Als Zeichen für Hitlers Friedenswillen konnten auch die Verlängerung des Freundschaftsvertrags mit der UdSSR im Mai 1933 und die Unterzeichnung eines Nichtangriffspaktes mit Polen im Januar 1934 ausgelegt werden.[183]

Ein Hinweis auf das wahre Gesicht der nationalsozialistischen Außenpolitik war allerdings schon der Austritt Deutschlands aus dem Völkerbund im Oktober 1933, der eine deutliche Absage an die transnationale Gemeinschaft mit ihren Vertragsregelungen darstellte. Die Wiedereinführung der Wehrpflicht in Deutschland im März 1935 und die Besetzung der entmilitarisierten Rheinlandzone ein Jahr später waren unübersehbare Brüche internationaler Verträge und zeigten an, dass es Hitler vor allem um Aufrüstung und die Vorbereitung des Krieges ging.

Bei der Ernennung des Herzogs von Coburg zum »Repräsentanten der Reichsregierung« 1934 war der NS-Führungsriege noch nicht klar, dass das Auswärtige Amt letztendlich diese Mischung aus Verschleierung, Friedensbeteuerungen und kaum noch verdeckter Kriegsvorbereitung mittragen würde.[184] Hitler selbst waren die deutschen Diplomaten zutiefst suspekt – vor allem auch der Reichsaußenminister Konstantin von Neurath, ein Günstling Hindenburgs, der 1932 in von Papens »Kabinett der Barone« berufen worden war. Im Januar 1933 war die Hälfte der führenden Diplomaten adlig; sie galten als Vertreter eines konservativen Monarchismus und als wenig loyal dem NS-Regime gegenüber.[185] Von ihnen war eigensinniges und allzu selbstbewusstes Handeln gegenüber dem Regime zu erwarten. Erst im Laufe der Jahre sollte sich zeigen, dass die scheinbar »unpolitische Beamtenmentalität, in der Pflichtbewusstsein, Zuverlässigkeit, Effizienz und Staatstreue zählten«, ebenso wie die aus »dem Kaiserreich tradierte Anpassungs- und Unterordnungsbereitschaft« Verhaltensweisen waren, die dazu führten, dass die meisten Beamten im Auswärtigen Amt dem nationalsozialistischen Staat durchaus ergeben waren.[186]

Zunächst versuchte Hitler daher noch eine vom Auswärtigen Amt unabhängige Außenpolitik zu betreiben, wofür ihm drei Institutionen zur Verfügung standen: Bereits ab 1931 kümmerte sich die Auslandsorganisation der NSDAP unter Hans Nieland und ab 1933 Ernst Wilhelm Bohle um Werbung für die Partei unter allen Deutschen im Ausland.[187] Im April 1933 entstand dann das Außenpolitische Amt der NSDAP unter Hitlers Chefideologen Rosenberg, das vor allem propagandistische und kulturpolitische Aufgaben bearbeitete und ab 1940 den Kunstraub in ganz Europa organisieren sollte.[188]

Die eigentliche Ersatzdiplomatie für das Auswärtige Amt jedoch wurde seit April 1934 vom Außenpolitischen Amt für Sonderfragen betrieben, das nach seinem Chef, dem SS-Standartenführer Ribbentrop, zunächst »Büro Ribbentrop« und später »Dienststelle Ribbentrop« genannt wurde.[189] Mit bis zu 150 Mitarbeitern, vor allem gescheiterten Geschäftsleuten und Parteikarrieristen der NSDAP, betrieb Ribbentrops »Dienststelle«

eine auf Hitlers Wünsche abgestellte Diplomatie parallel zum Auswärtigen Amt – eine Diplomatie des Taktierens, Hinhaltens, der Beschwichtigung und Beruhigung, die Widerstände gegen die Wiederbewaffnung der Wehrmacht, die Remilitarisierung des Rheinlandes und schlussendlich gegen die gewaltsame Expansion des Deutschen Reiches gar nicht erst aufkommen lassen sollte.

Hierbei visierte Hitler zunächst England an, das Bündnispartner für das Deutsche Reich werden sollte.[190] Anfang der 1930er Jahre war dieser Gedanke nicht völlig absurd. Die britische Regierung hatte teilweise sogar Verständnis für die deutsche Wiederaufrüstung, die Einführung der Wehrpflicht und den Einmarsch ins Rheinland gezeigt. Sie verfolgte mit der sogenannten »Appeasement-Politik« einen strikten Kurs der Konflikt- und Kriegsvermeidung.[191] Es schien eine ganze Zeit so, als wäre London bereit, immer größere Zugeständnisse an Berlin zu machen und selbst einen Angriff auf Polen oder Frankreich hinzunehmen. Außerdem waren Mitte der 1930er Jahre weite Kreise der englischen adligen und bürgerlichen High Society, bis hin zu Mitgliedern der königlichen Familie, dem Nationalsozialismus nicht abgeneigt.[192]

Wenngleich britische Faschisten um Oswald Mosley sich zunächst vor allem an Mussolini orientierten,[193] verfügte Hitler über Informationen, wonach zahlreiche einflussreiche britische Aristokraten und bürgerliche Prominente durchaus auch mit den Nationalsozialisten sympathisierten;[194] vor allem der Kronprinz galt als regelrechter Anhänger Hitlers.[195] Ein Bündnis mit England war somit nicht völlig unwahrscheinlich.

4
Ribbentrops Gehilfe in London

Für entsprechende Sondierungen und Werbung für den Nationalsozialismus in der Londoner Gesellschaft konnten sich Hitler und Ribbentrop keinen Besseren als den Herzog von Coburg vorstellen. Er war nicht nur mit der königlichen Familie verwandt, sondern verfügte als einstiger Eton-Schüler über beste Kontakte zu einflussreichen Politikern und der aristokratischen Elite. Auch für Ribbentrop war er kein Unbekannter. Man hatte sich seit den frühen 1920er Jahren immer wieder im Nationalen Klub Berlin und bei einer ganzen Reihe von Empfängen getroffen. Ribbentrop verkehrte wie der Coburger Herzog regelmäßig in der »besseren« Gesellschaft in Berlin.[196]

Nicht nur in dieser Hinsicht gab es einige Gemeinsamkeiten: Ribbentrop und Carl Eduard verband auch, dass sie von Hitler persönlich stark beeindruckt und fasziniert waren.[197] Beide hatten in ihrer Jugend tiefgreifende Ortswechsel erlebt und schließlich Halt im Deutschnationalismus gesucht und gefunden.[198] Beide schätzten geschliffene Umgangsformen, einen gehobenen Lebensstil und Macht; sie trieb der Ehrgeiz, politisch bedeutsam zu sein, und sie litten beide an Minderwertigkeitskomplexen – Carl Eduard aufgrund seiner Absetzung als regierender Bundesfürst und Ribbentrop, weil er aus einer wenig begüterten Familie stammte und erst durch Heirat mit der Erbin der Sektkellerei Henkell aufgestiegen war. Beide waren von Geltungssucht regelrecht besessen.[199]

Im Gegensatz zu den meisten Nationalsozialisten hegte Ribbentrop eine große Affinität zu Aristokraten. 1925 hatte er eine entfernte adlige Verwandte bezahlt, um sich von ihr adoptieren zu lassen und fortan ein »von« vor seinen Namen setzen zu können.[200] Allein schon aufgrund seiner Verwandtschaft mit Königshäusern in Europa hatte der Herzog von Coburg für Ribbentrop eine große Anziehungskraft.

Der Türöffner in die Londoner Upper Class

Ende Mai 1934 führten Ribbentrop und Carl Eduard erste Gespräche über eine mögliche Zusammenarbeit; nach zwei weiteren Treffen Anfang Juli und August reisten sie am 23. August 1934 erstmals gemeinsam nach London. Zweck der Reise war, Ribbentrop mit Carl Eduards Schwester Alice Athlone und ihrem Ehemann Alexander, dem Bruder der Queen Mary, zusammenzubringen.[201] Das seit ihrer Kindheit enge Verhältnis zwischen Alice und Carl Eduard war nie abgebrochen. Alice hatte sich immer als eine Unterstützerin ihres ein Jahr jüngeren Bruders und besonders seiner Belange in Deutschland gesehen. Nun sollte diese Beziehung eine besondere Bedeutung bekommen. Die Athlones gehörten nicht nur zur königlichen Familie, sondern hatten auch wichtige innen- und außenpolitische Aufgaben. Zwischen 1924 und 1931 hatte das Paar in Südafrika gelebt, wo Alexander Generalgouverneur gewesen war. Nach ihrer Rückkehr übernahmen die Athlones immer wieder Repräsentationsaufgaben für das Königshaus; besonders Alice stand öfter im Rampenlicht und gehörte zweifellos zur Prominenz der britischen Hocharistokratie.[202]

Alice stellte ihrem Bruder ihre hochherrschaftliche Wohnung im Uhrturm-Flügel des Londoner Kensington-Palastes zur Verfügung, die ein geradezu idealer Ort für diplomatische Treffen war. Es gab einige elegant eingerichtete Räume, in die man sich zu Unterredungen zurückziehen konnte. Die Fenster des Apartments gingen auf Palace Green hinaus, wo zahlreiche Botschaften lagen. Man befand sich dort gewissermaßen am Puls des diplomatischen Establishments.

Dort wie auch auf dem ansehnlichen Landschloss der Athlones, Brantridge Park in West Sussex, fanden zwischen 1934 und 1939 unter Carl Eduards Ägide zahlreiche Begegnungen mit britischen Aristokraten und hochkarätigen Politikern statt.[203] Häufig war Ribbentrop mit von der Partie.[204] Die Spesen übernahm Alice, da ihr Bruder vom NS-Regime bisweilen recht knapp mit Devisen ausgestattet wurde.[205]

In ihren Memoiren behauptete Alice später, sie, ihr Ehemann und auch ihr Bruder hätten das unaufhörliche Gerede Ribbentrops über das »neue Deutschland« als »widerwärtig« empfunden.[206] Tatsächlich allerdings erwiesen sich die Athlones als die wichtigsten Türöffner für Ribbentrop hinein in die Salons der britischen High Society: Als Ribbentrop im November 1934 erneut nach London reiste – nun kam er ohne den Herzog von Coburg –, hatte er durch Alice und ihren Ehemann Zugang zu so einflussreichen Persönlichkeiten wie dem Staatssekretär für Auswärtige Angelegenheiten Austen Chamberlain, dem Vorsitzenden der Abrüstungskonferenz von Genf 1932 Arthur Henderson und dem Schriftsteller George Bernard Shaw, dessen Wort in der britischen Presse hochgeschätzt wurde.[207] Auch gelang es Ribbentrop, durch die Vermittlung der Athlones vom Erzbischof von Canterbury Cosmo Gordon Lang empfangen zu werden, der den größten moralischen Einfluss auf König Georg V. hatte. Und schlussendlich arrangierten Alice und ihr Ehemann ein Treffen mit dem Lordsiegelbewahrer Anthony Eden, den Ribbentrop mit allen erdenklichen Überredungskünsten gegen Frankreich aufzuhetzen und für die deutsche Aufrüstung einzunehmen versuchte.[208] Alle diese Treffen wurden ohne Zutun der deutschen Botschaft und am Auswärtigen Amt vorbei arrangiert – meist auch ohne deren Wissen. Die Athlones und Carl Eduard agierten äußerst diskret. Wenn sie auf den Umgang mit Ribbentrop und all die konspirativen Treffen angesprochen wurden, behaupteten sie, das alles habe rein »privaten« Charakter.[209]

Ribbentrop prahlte währenddessen gegenüber Hitler mit seinen neuen einflussreichen Kontakten, die ihm der Herzog von Coburg sowie dessen Schwester und Schwager eröffneten. Er berichtete von großen »Sympathien für Deutschland«, besonders in der königlichen Familie, deren Einfluss in England viel stärker sei, als man im Allgemeinen annehme.[210] Auch der Lordsiegelbewahrer Eden stimme mit den »großen Linien« der deutschen Außenpolitik voll und ganz überein; sicherlich könne man die Briten bald als Bündnispartner gewinnen.[211]

Das Londoner Außenministerium schätzte den Fortgang der Verhandlungen wesentlich skeptischer ein.[212] Eden suchte im Anschluss an sein Treffen mit Ribbentrop gar den in London äußerst beliebten deutschen Botschafter Leopold von Hoesch[213] auf und erkundigte sich, wie es denn sein könne, dass ein nicht akkreditierter Diplomat solche fordernden und impertinenten Gespräche im Namen der deutschen Reichsregierung führe; man könne sich nur wundern, wie ungehobelt und anmaßend Ribbentrop auftrete.[214] Das Auswärtige Amt bewertete das, was es über die Verhandlungen von Hitlers »Sonderbotschafter« wusste, als »völligen Reinfall«.[215]

Für die »ordentlichen« Diplomaten kam es dann sehr überraschend, dass Ende März 1935 der britische Außenminister John Simon und Eden nach Berlin reisten, wo Hitler ihnen einen Flottenpakt vorschlug, der nur der erste Schritt eines weitergehenden Bündnisses sein sollte. Hitler gab vor, dass die Luftrüstung des Reiches bereits weit fortgeschritten sei. Schließlich willigten Simon und Eden in Verhandlungen mit dem Deutschen Reich ein.[216] Wenige Tage später jedoch sah es wieder so aus, als rücke jegliches Bündnis mit England in weite Ferne. Im April 1935 schloss sich England Frankreich und Italien bei der sogenannten Erklärung von Stresa an, die Sanktionen für das Deutsche Reich vorsah, sollte Hitler weiterhin die Bestimmungen des Versailler Vertrages brechen.[217]

Nunmehr drängte Hitler Ribbentrop, den Flottenvertrag

schleunigst unter Dach und Fach zu bringen. Die Zusammenarbeit mit dem Herzog von Coburg intensivierte sich: Allein in der ersten Jahreshälfte 1935 traf Carl Eduard Ribbentrop dreimal.[218] Am 2. Juni 1935 kamen beide gemeinsam in London an, wo nach zähen Verhandlungen am 18. Juni das deutsch-britische Flottenabkommen geschlossen wurde, das als Zustimmung der Briten zur deutschen Aufrüstung ausgelegt werden konnte.[219] Hitler sprach angeblich vom »glücklichsten Tag seines Lebens«[220] und bezeichnete Ribbentrop als den »größten« Diplomaten seit Otto von Bismarck.[221]

Die englische Königsfamilie und Hitler

Carl Eduard gab sich hingegen über den schleppenden Fortgang der Verhandlungen empört. Der Presseoffizier der deutschen Botschaft in London beschrieb in seinen Erinnerungen eine Unterhaltung mit dem Herzog von Coburg und zitierte ihn: »Will man uns in Deutschland jetzt daran hindern, uns unsere selbstverständlichen Rechte zurückzunehmen, die England jedem Negerstamm zugesteht?«[222] Vor allem habe Carl Eduard die Unterstützung durch seine Verwandten aus der königlichen Familie vermisst. Georg V. gebe sich nur »seinen privaten Neigungen« hin und lasse »darüber Politik Politik« sein.[223] Dabei sei es doch die »historische Pflicht« des Königs und seiner Familie, sich für Deutschland einzusetzen: Ob denn das Haus Windsor vergessen habe, dass es »deutschen Ursprungs« sei. Seine »höchstselige Großmutter Victoria« – so der Herzog weiter – habe doch überhaupt erst das »Empire der Hilfe Bismarcks zu verdanken« gehabt.[224]

Hesse war bekannt dafür, dass er ein Zuträger Ribbentrops und auch Hitlers in der deutschen Botschaft war.[225] Carl Eduard konnte davon ausgehen, dass er beide von dem Gespräch informieren und Ribbentrop in der immer wieder vom Coburger Herzog geschürten Vorstellung bestärken würde, dass die Haltung der königlichen Familie zu Hitler für die britische Politik sehr maßgeblich sei.

Tatsächlich war die königliche Familie in ihren Ansichten zum Nationalsozialismus gespalten. Georg V. und Mary waren eher Gegner der Nationalsozialisten, ebenso wie ihre Söhne und Schwiegertöchter – mit Ausnahme des Prinzen von Wales. Es konnte durchaus vorkommen, dass der König öffentlich Hitler, Göring und Goebbels als »grauenhafte Gefährten« bezeichnete.[226] Seit 1933 wurde der Buckingham-Palast durch den britischen Botschafter Eric Phipps aus Berlin darüber informiert, wie rasant sich Hitler-Fanatismus, Antisemitismus und Gewalt in Deutschland ausbreiteten.[227] Im April 1934 bestellte Georg V. den deutschen Botschafter Hoesch ein und forderte ihn auf, doch endlich Hitlers zerstörerische Außenpolitik zu erkennen; es sei unübersehbar, dass die Provokation der deutschen Wiederaufrüstung Europa erneut in einen Krieg stürzen werde.[228]

Ein Fauxpas Ribbentrops am 6. Juni 1935 sorgte überdies für Irritationen: Bei der traditionellen Parade zum 70. Geburtstag des Königs hatten sich er und sein Gefolge neben den offiziell akkreditierten Diplomaten auf der Terrasse der deutschen Botschaft an der Mall versammelt. In dem Moment, als der König vorbeiritt, erhob Ribbentrop weithin sichtbar die Hand zum Hitlergruß. Die britische Presse bezeichnete das als nationale Beleidigung und forderte die Regierung auf, die Verhandlungen mit den Deutschen endlich abzubrechen.[229] Als schließlich im Oktober 1935 Italien in Abessinien einmarschierte und Hitler Mussolini deckte, erklärte Georg V. öffentlich seine Sorge, dass erneut ein Weltkrieg bevorstehe, in den auch Großbritannien hineingezogen werden könne.[230]

Bei alledem behauptete der Herzog von Coburg, dass die Stimmung in der königlichen Familie politisch sehr bedeutend sei, und verwies gleichsam auf seine exklusiven Beziehungen in den Buckingham-Palast. Tatsächlich hatten Georg V. und Mary – trotz aller öffentlich bekundeten Abneigung gegen den Nationalsozialismus – niemals den Kontakt zu Carl Eduard abgebrochen. Wenngleich sie dem Prinzen von Wales 1932 verboten hatten, an der Coburger Prinzenhochzeit teilzunehmen und sich dort zwischen SS und SA zu zeigen,[231] luden sie Carl Eduard und Viktoria Adelheid alljährlich im Januar auf das Schloss Sandringham ein.[232] Ribbentrop und Hitler glaubten offensichtlich, wenn es überhaupt jemandem gelänge, den König von England umzustimmen und von der angeblichen Friedensliebe Hitlers zu überzeugen, sei dies der Herzog von Coburg.

Fort Belvedere, 21. Januar 1936: Der unzuverlässige Zuträger

Ende Januar 1936 schickte Carl Eduard einen an Hitler und Ribbentrop persönlich adressierten »streng vertraulichen« Bericht,[233] der wie kein anderes überliefertes Dokument Aufschluss darüber gibt, wie der Herzog von Coburg zu seinen diplomatischen Missionen stand und was er sich davon versprach: Immer wieder werden hier Anspielungen auf die eigene Bedeutung in Hitlers Diensten mit uneingeschränkten Loyalitätsbekundungen gegenüber dem »Führer« verbunden. Gleich nach der Ankunft in London – so ist hier zu lesen – habe Carl Eduard in Schloss Sandringham angerufen und angefragt, ob der König bald nach London zurückkommen werde. Der König sei über den Anruf seines deutschen Cousins »erfreut« gewesen, habe aber gesagt, dass er bis Februar auf seinem Landsitz bleibe. Carl Eduard solle doch zu ihm herauskommen, da »ihn einige Vorgänge in Deutschland interessierten«.[234]

Es kam allerdings nicht mehr zu einer Begegnung. Am 20. Januar 1936 starb der König. Carl Eduard berichtete weiter, gemäß des »vom Führer erteilten Auftrages« habe er bereits einen Tag nach dem Ableben Georgs V. ein Gespräch mit dem neuen König Edward VIII. geführt, das tatsächlich – vermutlich auf dessen privatem Anwesen Fort Belvedere – stattfand. Man habe sich »wie früher in familiärer Offenheit mit Pfeife am Kamin« unterhalten.[235]

Es folgten zwei weitere Gespräche: eines am Rande eines Kondolenzbesuches bei Queen Mary und eines während eines Empfangs im Buckingham-Palast.[236] Diese ausführlichen Unterredungen waren in der Tat Carl Eduards exklusiven Verbindungen in die königliche Familie und vor allem zu ihrem neuen Oberhaupt Edward VIII. geschuldet, der seit seiner frühesten Jugend seinem Großonkel in Deutschland besonders nahe stand.[237] Ribbentrop selbst sollte hingegen nur zweimal kurz Gelegenheit haben, mit Edward VIII. zu sprechen – im Juni 1935 und im März 1936; und auch hier hielt der König die Themen auf einer sehr allgemeinen und oberflächlichen Ebene.[238]

Der Herzog von Coburg wusste nun zu berichten, dass dem neuen König ein enges Bündnis zwischen England und Deutschland sehr wichtig sei. Nur so könne man den »europäischen Frieden auf Dauer« sichern. Der Völkerbund sei hingegen eine »Farce«. Man müsse die Angelegenheit ganz anders in die Hand nehmen. Ribbentrop habe seine Sache sehr gut gemacht, Deutschland und England näher zusammenzubringen.[239]

Schließlich habe Carl Eduard den König gefragt, ob er meine, dass eine Aussprache zwischen dem britischen Premierminister Stanley Baldwin und Hitler über den Ausbau des Bündnisses wünschenswert sei.[240] Daraufhin habe Edward VIII. geantwortet: »Wer ist hier König? Baldwin oder ich? Ich selbst habe den Wunsch, Hitler zu sprechen, und werde dies hier und in Deutschland durchführen. Sage ihm das bitte.«[241]

Der König habe Carl Eduard gebeten, ihn doch öfter zu besuchen, »um vertrauliche Dinge auf diesem Wege zu klären«.[242] Er könne bezeugen, so schloss der Herzog seinen Bericht, dass Edward VIII. die »Regierungsgeschäfte nun auf sich konzentrieren« wolle. Das sei in der konstitutionellen Monarchie Großbritanniens ja nicht ganz leicht. Doch könne es in der aktuellen politischen Lage auch gelingen.[243] Auf jeden Fall habe der König den »ehrlichen Willen«, Deutschland und England zusammenzubringen, und werde auch versuchen, dies politisch in die Tat umzusetzen. Wann immer Hitler Carl Eduard brauche, werde er mit dem König sprechen.[244]

Bereits bei der Veröffentlichung des Geheimberichts 1962 in London[245] wurden Zweifel an seiner Glaubwürdigkeit laut; es schien unwahrscheinlich, dass Edward VIII. so wenig Bewusstsein von der konstitutionellen Beschränkung seiner Stellung hatte und sich zu solch irrwitzig utopisch-revolutionären Äußerungen hatte hinreißen lassen. Die *Times* schrieb, dass die Aufzeichnungen des Herzogs von Coburg die Erwartungen der deutschen Reichsregierung bedienten und es sich hier eher um die phantasiereiche Ausgeburt eines hoffärtigen Dieners Hitlers handele.[246] Der Labour-Abgeordnete und Schriftsteller Harold Nicolson fand deftigere Worte: Carl Eduard sei »ein furchtbarer Snob« gewesen, der vor allem sehr bemüht gewesen sei, »Hitler mit seinen hochkarätigen Verbindungen zu beeindrucken«.[247] Auch der abgedankte König selbst erklärte aus Paris, dass die Unterlagen einen generell »falschen Eindruck vermitteln« würden; sie seien »absurd« und völlig »übertrieben«.[248]

Vergleicht man die Notizen des Herzogs von Coburg in seinem Taschenkalender, an die er sich anderweitig als Gedankenstütze recht sklavisch hielt, mit diesem Bericht, dann finden sich hier in der Tat keinerlei entsprechende Äußerungen des britischen Königs.[249]

So ist durchaus davon auszugehen, dass Carl Eduard Hitler gegenüber in diesem Bericht maßlos übertrieb, Edward VIII. falsch zitierte, seine politische Bedeutung und seinen Willen überzeichnete, um sich selbst weiterhin als exklusiven Zuträger der Worte des Königs ins Spiel zu bringen. Seinem Taschenkalender vertraute er jedenfalls an, endlich könne er sich in Bezug auf die englische Königsfamilie wieder »ganz als zugehörig« sehen. Der neue König habe mit ihm »viel wärmer« gesprochen als sein Vater.[250]

Das Handeln von Aristokraten für Hitler ist auch als eine »subtile Form der Selbstaufgabe« beschrieben worden, in der sich das Streben nach Macht und Bedeutung in Grenzen hielt und man sich recht rasch mit vergleichsweise kleinen Belohnungen abspeisen ließ.[251] Der Herzog von Coburg aber setzte offenbar auf mehr. Er tat alles – bis zur Fälschung von Berichten –, um sich für das Regime unentbehrlich zu machen.

Hitler und Ribbentrop schenkten Carl Eduards Aussagen offensichtlich uneingeschränkt Glauben, hielten sie ihn doch für einen treu ergebenen wirklichen Insider.[252] Bestätigt und bekräftigt durch den Herzog von Coburg schätzte Ribbentrop die – an sich sehr beschränkte – politische Rolle des englischen Königs fälschlicherweise als überaus wichtig ein. In einer fatalen Verkennung der britischen konstitutionellen Monarchie ging er davon aus, dass Edward VIII. – wenn er nur wolle – seinem Premierminister auch ein Bündnis mit Deutschland diktieren könne.[253]

Die hohe Kunst der Diplomatie: Aushorchen bei Kerzenschein

Carl Eduard nutzte indes die Tage, in denen er im Januar 1936 in London auf die Beerdigung Georgs V. wartete, um nahezu alle einflussreichen Männer im Umkreis des neuen Königs in die Wohnung seiner Schwester im Kensington-Palast einladen zu lassen. Dort befragte er sie dann zu ihrer Haltung gegenüber Deutschland, um die Gespräche anschließend haarklein Hitler und Ribbentrop zu berichten.[254]

So bedeutende Männer wie der gerade ernannte Außenminister Anthony Eden, der Kriegsminister Duff Cooper und der Finanzminister Neville Chamberlain folgten den Einladungen von Alice Athlone. Der Teil des Abends, in dem die politische Unterredung geführt werden sollte, fand dann immer unter vier Augen mit Carl Eduard statt. Seinen Berichten fügte der

Herzog von Coburg eine kurze Charakterstudie über seinen jeweiligen Gesprächspartner bei – nicht ohne auch hier zu betonen, er habe besonderen Zugang zu den betreffenden Personen, denn er kenne sie seit Jahren, bisweilen schon von Kindesbeinen an. Dass er manche von ihnen seit Jahrzehnten nicht mehr gesehen geschweige denn gesprochen hatte und dass erst die Athlones die entsprechenden Verbindungen herstellten, erwähnte er freilich nicht.[255]

Eden, Cooper und Chamberlain, so berichtete der Herzog, seien anfangs reserviert gewesen, dann allerdings merklich aufgetaut. Mit Chamberlain habe das Gespräch den günstigsten Verlauf genommen. Er habe sogar den »starken Wunsch« geäußert, »den Führer selbst einmal sprechen zu können«. Ab und an ließen sich die Herren auch zu politisch verwertbaren Äußerungen hinreißen: So habe Eden Carl Eduard anvertraut, Frankreich sei diplomatisch »unzuverlässig«; Mussolinis Innenpolitik könne man nur loben. Cooper sei allerdings äußerst misstrauisch Deutschland gegenüber; er sei daher »mit größter Vorsicht anzufassen«. Chamberlain habe die französischen Interventionen gegen die deutsche Wiederaufrüstung abgetan als »Angstpsychose vor Deutschland«.

Der Kriegsminister Cooper – laut dem Herzog von Coburg der am wenigsten zugängliche seiner Gesprächspartner – wunderte sich über die scheinbar improvisierte, etwas chaotische und regelrecht intime Atmosphäre, die während des Gesprächs mit Carl Eduard geherrscht habe. Er bezeichnete besagten Abend in seinem Tagebuch als »düstere kleine Party« wie in einem typisch »deutschen bürgerlichen Haushalt«. Er sei nach dem Dinner »taktvoll alleingelassen« worden mit dem Herzog von Coburg, der ihm von der gegenwärtigen Lage in Deutschland und Hitlers Friedenswillen erzählt habe. Mitten im Gespräch sei dann die Herzogin zurückgekommen mit ein paar »Mustern abscheulicher Trauerschleifen« in der Hand, um Carl Eduard zu fragen, was man denn nun für den Kranz zur Beerdigung des Königs wählen solle. Mit einer »Flut gemurmelter deutscher Flüche« habe er sie aus dem Zimmer geworfen.[256]

Ob nun ein etwas chaotisch anmutender Zufall oder eine sorgsame Inszenierung: Hier wie auch zu anderen Anlässen schufen Alice, Carl Eduard und seine Ehefrau eine entspannte, geradezu intime Atmosphäre, die vor allem vorgaukelte, dass man außer Freundlichkeit kaum weitere Zwecke mit den Einladungen verfolge. Die Gesprächspartner sahen sich geehrt und geschmeichelt, wenn sie Zeugen von Szenen privaten Familienlebens wurden, und plauderten dementsprechend entspannt vor sich hin. Vermutlich wären sie nicht im Traum darauf gekommen, dass nahezu jedes Wort an Hitler weitergegeben wurde.[257]

London, 28. Januar 1936: Die Bestattung Georgs V. und der Herzog in Wehrmachtsuniform

Am 28. Januar 1936, einem regnerischen Dienstag, folgte Carl Eduard schließlich hinter der Gruppe der amtierenden Monarchen Europas oder ihren Söhnen der Lafette mit dem Sarg Georgs V., der von der Westminister Hall, wo der König aufgebahrt worden war, bis zum Bahnhof Paddington gebracht wurde. Von dort sollte es weitergehen nach Windsor, wo die Bestattung des Königs in der St.-Georgs-Kapelle angesetzt war. Nun zeigte der Herzog von Coburg als offizieller Abgesandter der deutschen Reichsregierung sein wahres Gesicht.[258] Er trug eine Wehrmachtsuniform mit Hakenkreuzbinde und Stahlhelm. Sehr wohl bedacht im Umgang mit öffentlichen Auftritten, Zeremoniell und Uniformen, hätte Carl Eduard der Weltöffentlichkeit kaum deutlicher demonstrieren können, auf welcher Seite er gesehen werden wollte. »Der düstere gebeugte Mann in Nazi-Uniform« – so das New Yorker *Time Magazine* – stand unübersehbar für das wiedererstarkte Deutschland und dessen

Wiederaufrüstung, gewissermaßen eine lebende Drohgebärde gegenüber England und der Welt.[259] Erinnerungsbücher für die Trauerfeierlichkeiten und den Regierungsantritt Edwards VIII. versuchten das Ärgernis um den deutschen Verwandten zum britischen Königshaus zu kaschieren; sie schnitten den Herzog von Coburg kurzerhand aus den Fotografien heraus oder erwähnten zumindest seinen Namen nicht.[260]

In London sprachen viele von einem »schrecklichen Omen« und äußerten die Befürchtung, dass eine Krise der britischen Monarchie heraufziehe. Man verband den Auftritt des Herzogs von Coburg mit einem Vorfall ein paar Tage zuvor: Beim Trauerzug hin zur Westminster Hall hatte sich das Malteserkreuz von der Staatskrone gelöst, die auf dem Sarg Georgs V. lag, und war in den Rinnstein gefallen.[261]

Abb. 18 Der Herzog von Coburg im Trauerzug Georgs V. am 28. 1. 1936

Für Hitler und Ribbentrop konnte die Tatsache, dass Carl Eduard offiziell bei einem der höchsten zeremoniellen Ereignisse des Vereinigten Königreiches in Wehrmachtsuniform erscheinen konnte, als erneuter Beweis gelten, über welch gute Beziehungen der Herzog von Coburg verfügte und wie gewogen ihm der neue König war. Carl Eduard wusste offensichtlich genau, wie weit er gehen konnte, und hatte es vermocht, Hitler-Deutschland in Großbritanniens Königsfamilie sichtbar zu machen. Ribbentrop sollte schließlich den Herzog von Coburg und seine Verbindungen mehr denn je brauchen, als er im August 1936 offiziell vom Auswärtigen Amt zum deutschen Botschafter in London akkreditiert wurde. Nun sollte Ribbentrop die britische Regierung endgültig zum Bündnis mit Deutschland bewegen. Dabei war er von vornherein alles andere als beliebt.

Der ungeschickte Botschafter und der Meister der Etikette

Bereits die Umstände von Ribbentrops Ernennung erregten Argwohn: Sein unter britischen Politikern jeglicher Richtung sehr beliebter Vorgänger Leopold von Hoesch war im April 1936 im Alter von nur 54 Jahren plötzlich an Herzversagen gestorben. Sofort kursierten Gerüchte in britischen Zeitungen, Hitler habe den Suizid des ihm wenig loyal erscheinenden Botschafters erzwungen oder ihn durch Agenten der Gestapo ermorden lassen.[262] Das war gar nicht so abwegig: Erst drei Monate vor Hoeschs Tod hatte der Herzog von Coburg an Hitler berichtet, Edward VIII. habe geäußert, Hoesch sei zwar ein »guter diplomatischer Vertreter des Deutschen Reiches«, aber auch ein »schlechter Vertreter des Dritten Reiches«.[263]

In London lösten Hoeschs Tod und Ribbentrops Nachfolge Bestürzung aus, zumal jedermann wusste, dass Ribbentrop nur aufgrund persönlicher Beziehungen zu Hitler auf diesen Posten gekommen war und niemals irgendeine Ausbildung im Auswärtigen Amt genossen hatte.[264] Ribbentrop hatte überdies fast die gesamte Belegschaft der Botschaft durch Mitarbeiter seiner Dienststelle ersetzt, die ebenfalls keine Ahnung von diplomatischen Angelegenheiten hatten.[265]

Das neureiche Botschafterehepaar ließ die deutsche Botschaft – ein denkmalgeschütztes Haus aus dem 18. Jahrhundert – von Albert Speer nach nationalsozialistischem Geschmack umgestalten und pflegte auch sonst einen »pompösen« Lebensstil, der allenthalben kritisiert wurde.[266] Nicht zuletzt ungeschickte Reden und die Angewohnheit, minutenlang die Hand zum Hitler-Gruß zu erheben, trugen Ribbentrop in der britischen Presse schon im Herbst 1936 den Spitznamen »Brickendrop« ein, nach der Redewendung »to drop a brick« – »sich taktlos benehmen«.[267]

Überdies verlor Ribbentrop knapp zwei Monate, nachdem er in London angekommen war, den verheißungsvollsten Kandidaten seiner deutsch-britischen Pläne: Am 11. Dezember 1936 dankte Edward VIII. ab, weil er nicht auf seine Ehe mit der bürgerlichen und zweifach geschiedenen Amerikanerin Wallis Simpson verzichten wollte; wahrscheinlich drängte die britische Regierung auch zu diesem Schritt aufgrund der allzu augenfälligen und selbstbewussten prodeutschen Haltung des Königs.[268] Für Ribbentrop endete damit seine – durch den Herzog von Coburg immer wieder bekräftigte – Illusion, einen wichtigen und mächtigen Fürsprecher für das deutsch-britische Bündnis zu haben. Carl Eduard schrieb an seine Schwester Alice, er habe niemals die Abdankung Edwards VIII. – dieses »Ende« – erwartet, habe er doch so viele Hoffnungen in den neuen König gesetzt. Das alles sei ein »schrecklicher Schock«.[269]

Der Nachfolger Edwards VIII., Georg VI.,[270] galt nach den Informationen der Botschaft als Hitler wenig zugewandt. Überdies wurde vermutet, er sei Freimaurer.[271] Wie aus Wut und Trotz ließ sich Ribbentrop – entgegen jeder protokollarischen Vorschrift und diplomatisch äußerst ungeschickt – dazu hinreißen, Georg VI. grundsätzlich mit »Heil Hitler« zu grüßen.[272] Wie um diesen und viele ähnliche Fehltritte Ribbentrops auszubügeln, traf der Herzog von Coburg den neuen König regelmäßig.[273]

Als sich Ende 1937 abzeichnete, dass keine Ausweitung des deutsch-britischen Flottenvertrags mehr zustande kommen würde, und Ribbentrop im Januar 1938 an Hitler schrieb, England sei nun der »gefährlichste Feind« Deutschlands,[274] wurde der unbeliebte Botschafter nach Berlin zurückberufen. Hitler verlegte sich nun auf den Plan, im Bündnis mit Japan und Italien alsbald das britische Weltreich zu zerstören.[275]

5
Ämter als Belohnung: Der Friedenslügner

Bereits seit Anfang Juni 1935 revanchierte sich Hitler immer wieder für die Dienste, die Carl Eduard ihm in London erwies, mit einer Reihe von Gunstbeweisen und schließlich der Verleihung von weiteren außenpolitisch höchst brisanten Ämtern. Am 6. Juni 1935 zeichnete Hitler den Herzog von Coburg mit dem hohen Parteiorden »Coburger Ehrenzeichen der NSDAP« aus, obwohl Carl Eduard nur Zaungast beim sogenannten »Marsch auf Coburg« im Oktober 1922 gewesen war.[276] Es folgten am 29. Juni 1935 ein Empfang im »Führerbau« in München[277] und schließlich im Dezember des gleichen Jahres die Ernennung des Coburger Herzogs zum Präsidenten der Deutsch-Englischen Gesellschaft (DEG). Im Oktober 1936 berief Hitler Carl Eduard überdies zum Präsidenten der Vereinigung Deutscher Frontkämpferverbände, einem von Ribbentrop gleichgeschalteten Konglomerat aller Verbände von »arischen« Veteranen, die an der Front des Ersten Weltkrieges gekämpft hatten.[278] Beide Institutionen sollten nach offizieller Verlautbarung der »Völkerverständigung« und der Erhaltung des Friedens in Europa dienen.[279]

In Wirklichkeit sollten sie im In- und vor allem Ausland die beschwichtigende und die Kriegsplanungen kaschierende Lüge verbreiten, Hitler setze alles daran, den Frieden in Europa zu erhalten. Die europäischen Mächte – und vor allem Großbritannien – sollten dazu gebracht werden, bei der Aufrüstung der deutschen Wehrmacht, der Rheinlandbesetzung 1936 und schlussendlich 1938 bei der Aufteilung der Tschechoslowakei, der Einverleibung des Sudetenlandes ins Deutsche Reich sowie beim »Anschluss« Österreichs stillzuhalten. Hier sollte der Herzog von Coburg wieder eine tragende Rolle spielen.

Goebbels' Handlanger in der Deutsch-Englischen Gesellschaft

Die DEG diente nach offiziellen Verlautbarungen der Nationalsozialisten einzig der »deutsch-britischen Völkerverständigung«.[280] Ribbentrop hatte sie als Schwesterorganisation zur britischen Anglo-German-Fellowship (AGF) gegründet, welcher der konservative Politiker und Unterstützer der Appeasement-Politik Wilfried Ashley, Lord Mount Temple, vorstand.[281]

Der Berufung des Herzogs von Coburg zum Präsidenten der DEG waren zwei international hochsensible Ereignisse vorangegangen, in denen Carl Eduard einmal mehr sein diplomatisches Geschick und seine Loyalität zum Regime unter Beweis stellte: Im Februar 1935 war er zur Eröffnung des Deutsch-Polnischen Instituts eingeladen worden, einer durch das Reichspropagandaministerium Goebbels' inszenierten Farce, die – wie schon vorher die deutsch-polnische Nichtangriffserklärung und ein Abkommen zur Zusammenarbeit im kulturellen Bereich 1934 – der Welt suggerieren sollte, dass das Deutsche Reich freundschaftliche Beziehungen zum polnischen Nachbarn anstrebe.[282] Zum festlichen Eröffnungskonzert des Instituts saß Carl Eduard denn auch in der ersten Reihe zwischen dem polnischen Botschafter Józef Lipski und Goebbels; weitere Ehrengäste waren Göring und die Boulevardschauspielerin Emmy Sonnemann, Görings spätere Ehefrau.[283]

Hinter den Kulissen teilten die von Goebbels ausgewählten Mitarbeiter des Instituts die Vorstellung, »dass das deutsche ›Herrenvolk‹ sich kraft seiner ›kulturellen Überlegenheit‹ und nach dem Prinzip der natürlichen Auslese erweisen und sich die ihm zustehende Vorherrschaft gegenüber den ›schwächeren‹ Polen verschaffen werde«[284] und dass sich das durch die Arbeit am deutsch-polnischen Kulturaustausch bald herauskristallisieren werde.

Wie schon so oft fragte der Herzog von Coburg auch bezüglich des Deutsch-Polnischen Instituts nicht nach Hintergründen, sondern ließ sich bereitwillig bei öffentlichen Auftritten instrumentalisieren. Hitler wurde einmal wieder bewiesen, dass mit Carl Eduard eine Außenpolitik in seinem Sinne betrieben werden konnte.

Im Dezember 1935 hatte außerdem ein Auslandsagent der Gestapo an die »Kanzlei des Führers« einen geheimen Bericht über das geschickte Taktieren Carl Eduards bei einem Treffen der AGF in London geschrieben. Hier wurde ganz eindeutig bestätigt, dass man mit dem Herzog von Coburg einen Mann mit den denkbar besten Verbindungen in England gewinne. Er habe sich auf dem Empfang sehr gewandt und mit »großer Um-

Abb. 19 Festkonzert anlässlich der Eröffnung des Deutsch-Polnischen Instituts, von links Józef Lipski, Carl Eduard und Goebbels, 26.2.1935

sicht und Rücksicht auf britische Sitten« bewegt und wirke generell »sehr anziehend auf Mitglieder der englischen Gesellschaft«.[285]

Es gab somit gute Gründe, den Herzog von Coburg ein paar Tage später zum Präsidenten der DEG zu berufen. Ausgestattet mit einem reichhaltigen Budget aus Goebbels' Ministerium und der Kanzlei des Führers, veranstaltete Carl Eduard bis zum Kriegsbeginn rauschende Feste, zu denen prominente Briten eingeladen wurden. Im Gegenzug fuhren er und sein Gefolge auf Staatskosten nach London.[286]

Zu den Veranstaltungen der DEG wurden zeitweise bis zu 700 ständige Mitglieder und Gäste erwartet. Bei den Vorträgen, Konzerten und Festempfängen wurden hochrangige Vertreter der deutschen Wirtschaft wie Kurt Elfe von der AEG, Albert Freiherr Dufour von Féronce und Karl Lindemann von der Dresdner Bank, Emil Helfferich von Esso oder Georg von Schnitzler und Max Ilgner von der IG Farben mit ausgewählten Briten zusammengebracht. Häufig war Goebbels selbst anwesend, der Ehrenmitglied der DEG war.[287] In Großbritannien wurde die »lange Liste wichtiger Namen« unter den Mitgliedern gelobt; man glaubte den Beteuerungen des Herzogs von Coburg, dass man für eine Mitgliedschaft auf keinen Fall ein Unterstützer der Nationalsozialisten sein müsse.[288]

Das eigentliche Ziel der DEG war allerdings, Bedenken einflussreicher Briten gegenüber der Gewalt gegen Andersdenkende und Juden im Dritten Reich zu zerstreuen. Carl Eduard wurde nicht müde zu betonen, dass er einerseits Brite und noch dazu Mitglied der britischen Königsfamilie sei sowie andererseits ein »persönlicher Freund Hitlers«. Man könne ihm daher vertrauen. Überdies würden ihm England wie Deutschland am Herzen liegen.[289] So kam es bei den Veranstaltungen der DEG auch vor, dass sich – geduldet durch den Herzog von Coburg – Mitarbeiter der Gestapo und des Reichspropagandaministeriums inkognito unter die Gäste mischten, um dann gezielt Befürchtungen über den Antisemitismus in Deutschland und Hitlers »Judenpolitik« zu zerstreuen.

Im September 1935 war der Antisemitismus im Deutschen Reich durch die Nürnberger »Rassengesetze« auf eine scheinrechtliche Grundlage gestellt worden,[290] ein deutliches Zeichen, dass die Gewalt des Regimes gegen Juden keine vorübergehende Angelegenheit war. Viele Briten fürchteten nun – mit Recht – noch mehr um das Wohlergehen ihrer jüdischen Geschäftspartner im Reich. Wie ernst es mit der Verfolgung der Juden im Deutschen Reich stand, entging freilich auch dem Herzog von Coburg nicht. Er beeilte sich, für seine Familie »Ariernachweise« beizubringen.[291] Auf den Empfängen der DEG verbreitete er hingegen vor der geladenen britischen Prominenz aus Politik, Wirtschaft und Kultur, dass man den Nürnberger Gesetzen und auch dem Antisemitismus keine so große Bedeutung beimessen solle.[292]

Als besonders nützlich erwies sich Carl Eduards langjährige Bekanntschaft mit Nevile Henderson, der 1937 britischer Botschafter in Berlin wurde. Man hatte zusammen in Bonn studiert[293] und sich bei Empfängen der AGF immer wieder gesprochen. Gleich nach der Ernennung zum Botschafter wurde auch Henderson Ehrenmitglied in der DEG. Am 5. Februar 1939 – ein halbes Jahr vor dem Überfall der deutschen Wehrmacht auf Polen – lud der Herzog von Coburg Henderson zum Jahresfest der DEG ins »Haus der Flieger« an der Berliner Prinz-Albrecht-Straße ein. Henderson kam zu Kerzenschein, Kammermusik, Champagner und exquisiten Speisen; auf mehreren Fotografien des Propagandaministeriums ist er mit Carl Eduard in angeregter Unterhaltung zu sehen.

Ein paar Tage nach dem Empfang schrieb Henderson an das Londoner Außenministerium, um Chamberlain zu beschwören, weiterhin an der »Appeasement-Politik« gegenüber Deutschland festzuhalten: Er sei nach wie vor überzeugt, dass Hitler »mehr und mehr friedlich« werde, wenn man ihn nur richtig behandele. Wenn man allerdings mit ihm umspringe wie mit einem

»tollwütigen verrückten Hund«, dann werde er sich dadurch »unwiderruflich in dergleichen verwandeln«.[294] In seinen Memoiren beschrieb Henderson schließlich, wie er auf den Banketten der DEG mit hochrangigen, freundlichen und glaubhaften Na-

Abb. 20 Jahresfest der Deutsch-Englischen Gesellschaft im Haus der Flieger: Herzog Carl Eduard von Coburg und der britische Botschafter Henderson, Februar 1939

tionalsozialisten zusammengebracht wurde und so zu zahlreichen Fehleinschätzungen gelangte; bald habe man ihn sogar in der Londoner Presse als »Nazi-Botschafter« beschimpft.[295]

Die Mitarbeiter der Dienststelle Ribbentrop waren mit den Aktivitäten des Herzogs von Coburg in der DEG vollends zufrieden. Er habe seinen Status als »Mitglied der königlichen Familie« in England weidlich ausgenutzt und einflussreiche englische Freunde überzeugen können, Hitler zu unterstützen.[296]

Der Frontkämpfer, der nie einer war

Auch als Ribbentrop am 15. Oktober 1936 die Gleichschaltung der deutschen Frontkämpferverbände zum Abschluss brachte, dachte er an den Herzog von Coburg. Mit der Bildung der Vereinigung Deutscher Frontkämpferverbände wurde Carl Eduard deren Präsident, obwohl er nie an einer Front gekämpft hatte. Um den Schein zu wahren, ließ Ribbentrop eigens den Lebenslauf des Coburger Herzogs manipulieren.[297]

Die NS-Propaganda behauptete, die Weimarer Republik habe es nicht verstanden, das moralisch-gesellschaftliche Potential der Frontkämpfer zu nutzen; sie habe durch die Feier von nationalen Heldengedenktagen die »Kluft zwischen ehemaligen Gegnern« sogar noch verstärkt; damit solle nun Schluss sein. Fortan solle die »große Bedeutung der Frontkämpfer für die Erhaltung des Friedens« in Europa genutzt werden.[298] Die Frontkämpfer würden die »Schrecken des Krieges« aus eigener Erfahrung kennen; sie stünden für die Überzeugung, dass »alles getan« werden müsse, um einen neuen Krieg zu verhindern, der eine »Katastrophe für Europa« wäre. Und nicht zuletzt würden Frontkämpfer über alle Grenzen hinweg den »Gegner achten, der ebenso wie man selbst sein Leben für sein Land« eingesetzt hatte. Carl Eduard teilte diese verlogene Rhetorik voll und ganz: Anlässlich seiner Ernennung beteuerte er Hitler in einem Telegramm seine »dankbare Treue«. Wie »der Führer« glaube er fest an »die Verbundenheit des Geistes der Front über alle Gräben hinweg als die beste Waffe im Kampf um einen wahrhaften und würdigen Frieden in der Welt«.[299] Dabei – so betonten die NS-Propaganda und der Herzog von Coburg immer wieder – sei die Vereinigung Deutscher Frontkämpferverbände über jede Politik erhaben und auf keinen Fall ein »politisches Instrument«.[300]

Hinter diesen schönen Worten stand ein auf Effizienz ausgerichtetes Propaganda- und Spionagenetzwerk, das die traditionellen Werte von Kriegsveteranen schlichtweg missbrauchte: Auf internationalen Treffen der Frontkämpfer sollten der angebliche Friedenswille Hitlers verkündet und Informationen gesammelt werden, welche Bündnispartner man im Ausland für die Durchsetzung von Hitlers aggressiven, auf Krieg ausgerichteten außenpolitischen Zielen einspannen könne. Über das vermeintliche Ansehen der Frontkämpfer in ihren Ländern und ihrer jeweiligen gesellschaftlichen Vernetzung sollte dann innenpolitisch Druck auf die Regierungen ausgeübt werden.[301] Entsprechend ließ die »Dienststelle« alle Äußerungen zu Frontkämpferverbänden und dem Deutschen Reich durch die Gestapo überwachen und auswerten. Man schien mit dem Ergebnis durchaus zufrieden zu sein.[302]

Ribbentrop versprach sich über den Herzog von Coburg eine weitere Annäherung an dessen Großneffen, König Edward VIII., von dem er sich ja erhoffte, dass er sich für ein Bündnis zwischen England und Deutschland einsetzen würde.[303] Als Prinz von Wales war der König Schirmherr der Britischen Legion der Frontkämpfer gewesen. Hier hatte er im Juni eine flammende Rede gehalten und gesagt, Großbritannien dürfe nie wieder Krieg mit Deutschland führen. Ribbentrop legte diese Äußerung als klares Bekenntnis zum Nationalsozialismus aus.[304] Möglicherweise sogar durch den Herzog von Coburg im Auftrag Ribbentrops überredet, ergriff der Prinz von Wales im Herbst 1935 die Initiative, die deutschen und britischen Frontkämpferverbände miteinander in Austausch zu bringen: Eine britische

Frontkämpfer-Delegation wurde nach Berlin entsandt. Der Gegenbesuch fand im März 1936 statt. Carl Eduard erschien offiziell in Ribbentrops Begleitung.[305] Im Juni des gleichen Jahres hatte der Herzog von Coburg dann einmal mehr bewiesen, wie gut er in London aufgenommen wurde: Eingeladen zur alljährlichen Konferenz der britischen Frontkämpfer in Buxton, sei er dort – so berichtete die britische Presse – »jubelnd« empfangen worden. Sogleich habe er erklärt, dass der größte Wunsch »seines Führers« der nach Frieden sei.[306]

Um die Friedenspropaganda für Hitler auch in anderen Ländern als in England kontrollieren zu können, forcierte Ribbentrop für November 1936 die Gründung des Ständigen Internationalen Frontkämpferkomitees (CIF) in Rom, bei dem die Verbände aus dem Deutschen Reich mit denen der anderen europäischen Länder verbunden wurden.[307] Offiziell ging die Gründung des CIF auf die Initiative des italienischen Faschisten Carlo Delcroix und auf Mussolini zurück,[308] wiederum alte Bekannte des Herzogs von Coburg aus den 1920er Jahren und der Zeit seines Engagements in der Gesellschaft zum Studium des Faschismus.

Ribbentrops Einflussnahme ist allerdings schon aus der Gründungserklärung des CIF deutlich herauszulesen: Fast deckungsgleich mit den Verlautbarungen zur Gleichschaltung der deutschen Frontkämpferverbände ist hier in einer Mischung aus geradezu blauäugiger Hybris, Selbstüberschätzung und Arroganz zu lesen, dass die »moralische Kraft der Frontkämpfer« für den Erhalt des Friedens in Europa wirken könne, denn sie sei beispielhaft für »Mut, Opferbereitschaft und Ehre«.[309] Der Form halber wurde die Präsidentschaft des CIF zunächst Decroix angetragen, der ein wirklicher Frontkämpfer und seit dem Krieg blind war.[310] Sein Stellvertreter wurde der Herzog von Coburg, der bald Decroix ersetzen sollte.[311]

Ribbentrop erreichte, dass der erste internationale Kongress des CIF in Berlin stattfand. Carl Eduard trat als Gastgeber für über 50 Delegierte aus 14 Ländern auf,[312] die nun mit »Friedenspropaganda« in Hitlers Sinne überzogen wurden. Mit dem Herzog von Coburg als Vermittler und Gewährsmann sollten zu jener Zeit besonders virulente Zweifel am angeblich friedlichen, den Krieg verhindernden Zweck der deutschen Aufrüstung zerstreut werden. Im Ausland standen die deutsche Luftwaffe und ihr Ausbau als Gefahr für den Frieden im Fokus. In der Tat wurde sie unter Göring zur stärksten Macht in Europa. So empfing denn auch Göring am 15. Februar 1937 die Delegierten im Berliner Reichsluftfahrtministerium, um in einer perfiden Mischung aus Abschreckung und Abwiegelung die Stärke und Bedeutung der deutschen Luftwaffe hervorzuheben und gleichzeitig zu betonen, sie diene nur der Bewahrung des Friedens.[313] Am Abend des 16. Februar schließlich bestieg Carl Eduard am Berliner Anhalter Bahnhof mit den Tagungsteilnehmern einen luxuriösen Sonderzug. Über Nacht ging es nach Berchtesgaden.

Berchtesgaden, 17. Februar 1937: Beeindrucken, beruhigen und Hitlers Friedenslügen

Am frühen Morgen des 17. Februar 1937 kamen die Tagungsteilnehmer des CIF in den tiefverschneiten Berchtesgadener Alpen an. Nach einer bayerischen Folkloreveranstaltung mit zünftiger Musik und Tanz folgte der »Höhepunkt« der Reise: Hitlers Audienz im Berghof auf dem Obersalzberg.[314] Carl Eduard vermerkte über die Begegnung in seinem Taschenkalender schlicht: »Führer fabelhaft gesprochen!«[315] Einer der Teilnehmer veröffentlichte nach Kriegsbeginn in der französischen Zeitschrift *Figaro* Notizen, die er zu diesem Nachmittag im Berghof angefertigt hatte. Während der nächtlichen Anreise hätten die Frontkämpfer noch viele Witze über die ständige Betonung des Friedenswillens im nationalsozialistischen Deutschland gemacht; keiner habe ernsthaft geglaubt, dass ein baldiger Krieg wirklich vermieden werden könne.[316]

Davon abgesehen liest sich jedoch das meiste, was über den dreistündigen Empfang bei Hitler berichtetet wurde, geradezu als Paradebeispiel jener Sakralisierung von Macht, die Eric Michaud und George Mosse als Kernstruktur nationalsozialistischer Inszenierungen beschrieben haben – den Entwurf einer einnehmenden politischen Religion, die »den Führer« schlussendlich als »Schöpfer der Gesellschaft« glaubhaft machte.[317] Mit Hilfe von Tätern der zweiten Reihe – wie Carl Eduard – konnten Lügen zu vermeintlichen Wahrheiten werden. Seine Begleitung war es, die den ästhetisierten Kosmos des Empfangs auf dem Berghof erst zu voller Wirkung brachte und auch die ursprünglich recht reservierten Frontkämpfer aus Belgien, Frankreich, England oder Polen beeindruckte. Es seien – so ist in besagtem Zeitungsbericht zu lesen – in der Tat »feierliche Augenblicke« in der großen Halle des Berghofs gewesen, inmitten der Gobelins, der »schönen Möbel und bequemen Sessel« und mit der »zauberhaften Aussicht auf die Alpen«. Auch die »großen Kerle von der SS«, getarnt als Bedienstete in »schwarzen langen Hosen und kleinen Jacketts«, welche die Frontkämpfer »überwachten«, seien sehr imposant gewesen.[318]

Hitler selbst wird als freundlicher und umgänglicher Herr geschildert. Er habe geäußert, ein jeder solle sein Haus als das seinige betrachten. Niemand solle sich »genieren«, Fragen zu stellen. Er werde dann wie ein »Kamerad offen und ohne Umstände« antworten. Dann habe er betont, die Garantie für den Frieden sei, dass alle seine Mitarbeiter mit einer Ausnahme[319] ehemalige Frontkämpfer seien. Er selbst habe über 50 Monate den Krieg erlebt und »all die Zeit über im Schmutz und Blut gelebt«. Er kenne die »Schrecken und die Not«. Daher überlege er »zehntausend Mal, ehe er eine neue Sintflut« auslöse. Er wolle nur »innere und äußere Ruhe für sein Land«. Er sei »kein Diktator, sondern Deutschlands Vernunft« – eines Deutschland, das nur in »Ehre und Gleichheit zu leben wünsche«.[320]

Was auch immer von diesem in Zeiten der Kriegspropaganda

veröffentlichten Bericht zu halten ist, er fängt sehr gut und durchaus glaubhaft die Atmosphäre bei der Stippvisite des Herzogs von Coburg und der ehemaligen Frontkämpfer aus ganz Europa an diesem Wintertag im Februar 1937 auf dem Obersalzberg ein: die perfide Kombination zwischen Eindruck heischendem Luxus, vorgeblich freundschaftlicher Nähe und der gebetsmühlenartigen Wiederholung von Hitlers Friedenswillen – alles Elemente, welche die diplomatischen Missionen Carl Eduards im Dritten Reich bis zum Kriegsbeginn prägten.

Den spektakulärsten Auftritt in Sachen Friedensdiplomatie hatte Carl Eduard im März 1938 in Rom. Um hier auch entsprechend rangdekoriert als Gewährsmann Hitlers in Erscheinung treten zu können, war ihm ein paar Wochen vorher das Recht verliehen worden, eine Generalsuniform der Wehrmacht zu tragen.[321]

Rom, 18./19. März 1938: Friedensdiplomatie als Siegeszug

Am 18. März 1938 traf der Herzog von Coburg mit Gefolge in Rom ein. Am Tag darauf hatte er im Quirinal eine Audienz bei König Victor Emmanuel III.[322] Die Frontkämpfer in Carl Eduards Begleitung stellten sich im Hof des Palastes zum Spalier auf. Schließlich legte Carl Eduard am Grabmal des unbekannten Soldaten einen Kranz nieder. Dann ging es weiter zu Mussolini und danach zum italienischen Außenminister Galleazzo Ciano. Am folgenden Tag marschierten Mussolini, Ciano und Carl Eduard gemeinsam am »Forum Mussolini« ein.[323] Unzählige Fotografien gingen um die Welt, die Carl Eduard an der Seite Mussolinis und seines machtvollen Außenministers zeigten.

Bereits die Presseberichterstattung über diese beiden Tage im März 1938 lässt darauf schließen, dass es sich bei jenem Romaufenthalt Carl Eduards nicht nur um eine seiner wiederkehrenden zahlreichen Veranstaltungen als Präsident der deutschen Frontkämpfer und Friedenspropagandist Hitlers handelte. Die Sprache, die man in der gleichgeschalteten Presse nun fand, war eine gänzlich andere. So vermeldete der *Völkische Beobachter* triumphierend: Der Coburger Herzog finde »im Lande Mussolinis eine Aufnahme, die an Herzlichkeit und Begeisterung kaum überboten werden« könne.[324]

Mit dem Ritualtheoretiker David Kertzer könnte man sagen: Durch die pompös-martialische Choreographie der militärischen Paraden während des Besuchs des Herzogs bei Mussolini und die weiteren öffentlichen Auftritte wurde die »Achse Berlin–Rom« als Gemeinschaft zweier kriegsbereiter Diktaturen ganz bewusst zur Schau gestellt und demaskiert. Was sich nun den Augen der Betrachter bot, hatte mit Friedensdiplomatie nichts mehr zu tun, sondern war eine abschreckende Machtdemonstration voller militärischem Gepränge.[325] Nun erschloss sich der tiefere Sinn von Mussolinis Bezeichnung seines Bündnisses mit Hitler im Oktober 1936 als »Achse, um die herum alle

Abb. 21 Mussolini in Begleitung des Grafen Ciano und des Herzogs von Coburg, Rom, 19.3.1938

jene europäischen Staaten sich bewegen können, die den Willen zur Zusammenarbeit und zum Frieden besitzen«.[326] »Frieden« – wie er von Carl Eduard immer wieder in Hitlers Sinne propagiert wurde – hieß, die Vorherrschaft des Deutschen Reiches und Italiens in Europa anzuerkennen. Alles andere bedeutete Krieg.

Bereits im Verlauf des Jahres 1936 hatte sich für Hitler abgezeichnet, dass seinen außenpolitischen Interessen durch eine Annäherung an Italien besser gedient wäre als durch ein Bündnis mit England.[327] Bis zum Auftritt des Herzogs von Coburg in Rom 1938 hatte sich die Allianz zwischen Rom und Berlin zu einem Pakt von »zwei militaristischen Diktaturen faschistischen Typs« entwickelt, »die es auf die Dominanz in Mittel- und Südeuropa anlegten«.[328]

Hitler ließ Mussolini zum Entsetzen der britischen Führungselite, die den Frieden in Europa gefährdet sah, beim Krieg gegen Abessinien 1935/36 gewähren, wobei es sich in der Tat um ein »Experimentierfeld« der Gewalt handelte, die ab 1939 Europa überziehen sollte.[329] Deutsche und italienische Truppen beteiligten sich 1937 gemeinsam am Spanischen Bürgerkrieg auf der Seite Francos.[330] Im November 1937 trat Mussolini dem ein Jahr vorher zwischen dem Deutschen Reich und Japan geschlossenen Antikominternpakt bei, der sich gegen die »kommunistische Zersetzung« durch die Sowjetunion richtete.[331] Bereits seit dem Sommer 1936 hatte Mussolinis Außenministerium die Regierung Österreichs ermutigt, ein weitreichendes Abkommen mit dem Deutschen Reich zu unterzeichnen; obwohl die Unabhängigkeit Österreichs noch anerkannt wurde, war das Land künftig von Deutschland wirtschaftlich wie außenpolitisch völlig abhängig.[332]

Am 12. März 1938, wenige Tage vor Carl Eduards Reise nach Rom, war die Wehrmacht in Österreich einmarschiert. Dabei handelte es sich um eine erste große Zerreißprobe der »Achse Berlin–Rom«. Viele Österreicher hatten auf eine Intervention

Italiens gehofft. Mussolini hatte sich allerdings hinter Hitler gestellt und den Einmarsch in Österreich gedeckt und geduldet.[333] Bereits am Tag darauf wurde das Gesetz über die »Wiedervereinigung Österreichs mit dem Deutschen Reich« vereinbart und von der Regierung Seyß-Inquart in Wien beschlossen. Ab diesem Zeitpunkt war der »Anschluss« Österreichs an das Deutsche Reich juristisch vollzogen. Am 15. März ließ sich Hitler auf dem Balkon der Hofburg am Wiener Heldenplatz von Tausenden bejubeln. Sofort brach die Gewalt gegen die Wiener Juden los. Hunderte jüdischer Mitbürger wurden gezwungen, in sogenannten »Reibpartien« auf Knien die Straßen Wiens zu »putzen«.[334]

Carl Eduard verfolgte den »Anschluss« Österreichs zu Hause auf der Veste Coburg am Radio – er war recht fieberhaft dabei, sicherlich auch aufgrund seiner umfänglichen Besitzungen in der künftigen »Ostmark«: In seinem Taschenkalender schrieb er über die »erschütternde Rede« eines sichtlich »bewegten Führers« und die »unbeschreibliche Begeisterung« auf dem Heldenplatz.[335]

Seinen eigenen Triumphzug zelebrierte er dann ein paar Tage später in Rom.[336] Hier war nun unübersehbar, dass er sich bei den Auftritten der deutschen Frontkämpfer nicht einmal mehr um Friedenspropaganda bemühte. Mit der Zementierung der »Achse Berlin–Rom« hatte der Präsident des CIF Delcroix nun ausgedient, denn er war gegenüber einem Bündnis Mussolinis und Hitlers immer kritisch eingestellt gewesen.

Im Mai 1938 wurde er durch den Herzog von Coburg ersetzt.[337] Delcroix erhielt die Stellung eines Ehrenpräsidenten. Wie berauscht von diesem ersten und einzigen internationalen Posten, den Carl Eduard mit Ribbentrops und Hitlers Hilfe erreicht hatte, schrieb er an Delcroix: Er werde künftig die Amtsgeschäfte allein führen. Das stehe ihm als Herzog und als Präsident der Vereinigten Deutschen Frontkämpfer schließlich zu; im Übrigen sei er ja auch mit dem italienischen Königshaus verwandt.[338] Von den englischen Frontkämpfern sei hierzu kein Widerspruch zu erwarten; mit den Franzosen habe er bereits ausgemacht, dass sie den geschäftsführenden Vizepräsidenten stellen sollten.[339] An Ribbentrop – nunmehr Außenminister – telegrafierte der Herzog von Coburg, dass er »auch dieses Amt« in der von ihm »in den vergangenen Jahren immer dankbar empfundenen Zusammenarbeit« führen werde.[340] Hitler gegenüber erklärte er, dass er als Präsident des CIF selbstverständlich ganz im Sinne »des Führers« handeln werde.[341]

Die Übernahme der Präsidentschaft des CIF durch Carl Eduard bedeutete somit die europaweite nationalsozialistische Gleichschaltung nahezu aller nationalen Frontkämpferverbände – auch des polnischen oder französischen. Für alle Reisen nach Brüssel, Rom, Budapest, Prag, Paris oder Warschau, die Carl Eduard bis zum Beginn des Krieges als Präsident des CIF unternehmen sollte, bewilligte nun Ribbentrops Auswärtiges Amt die nötigen Spesen.[342]

London, 22. September 1938: Der Weg zum Münchner Abkommen

Im September 1938 führte schließlich eine außenpolitisch höchst brisante Mission Carl Eduard erneut nach London. Hitlers Ziel, die Tschechoslowakei zu zerschlagen und das Sudetenland in das Deutsche Reich einzugliedern, war zu dieser Zeit für die meisten Regierungen in Europa kein Geheimnis mehr. Der englische Premierminister traf Hitler zweimal, um den Krieg abzuwenden – am 15. September auf dem Berghof und vom 22. bis 24. September in Bad Godesberg. Dort spitzte sich die Lage zu: Chamberlain unterrichtete Hitler von der Zustimmung Englands, Frankreichs und der Tschechoslowakei zur Abtretung des Sudetenlandes. Die Unabhängigkeit der Tschechoslowakei müsse allerdings gewährleistet bleiben. Hitler lehnte ab. Daraufhin sagte Großbritannien Frankreich die Unterstützung bei einem kriegerischen Konflikt mit Deutschland zu. Frankreich leitete eine Teilmobilmachung in die Wege; es schien, als sei der Ausbruch des Krieges nicht mehr abzuwenden.[343]

Pünktlich am 22. September 1938 – dem Tag des Treffens zwischen Hitler und Chamberlain in Bad Godesberg – traf Carl Eduard in London ein. Er meldete sich sofort nach seiner Ankunft in der deutschen Botschaft; daraufhin fuhr er in den Buckingham-Palast zu König Georg VI. und kehrte erneut in die Botschaft zurück,[344] um schließlich an dem größten Empfang teilzunehmen, den britische und deutsche Frontkämpfer jemals veranstaltet hatten:[345] Der Herzog von Coburg hatte mehr als 800 deutsche Veteranen mobilisiert, die ihn begleiteten und sich nun mit – weit weniger – britischen Frontkämpfern in der Westminster Hall zum Tee trafen, dort, wo zwei Jahre vorher der verstorbene König Georg V. aufgebahrt worden war. Carl Eduard verkündete nun an diesem für die Briten symbolbesetzten Ort den Versammelten, er und die Frontkämpfer seien nach England gekommen als »Botschafter des Willens für Frieden einer großen und starken Nation«.[346] Am Tag darauf unternahm man gemeinsam eine Fahrt auf der Themse: Beim Einzug der deutschen Frontkämpfer spielte eine Kapelle die britische Nationalhymne. Der Herzog von Coburg hob seine Hand zum Hitler-Gruß, die deutschen Frontkämpfer folgten ihm nach.[347] Man zeigte nun ganz unverblümt, dass man vorbehaltlos hinter Hitler und seinen Expansionsplänen stand.

Ribbentrop scheint Carl Eduard dieser Tage zu jedem Schritt genaue Anweisungen gegeben zu haben, wie er sich zu verhalten hatte. Insgesamt fünfmal hielt der Herzog von Coburg in jenen Tagen Rücksprache mit der deutschen Botschaft in London.[348] Wie auch immer die tatsächlichen Einflüsse des Coburger Herzogs in London zu bewerten sind: Bei einem Lunch im Buckingham-Palast am 25. September – wenige Tage nach Carl Eduards Audienz beim König – besprachen Georg VI. und Chamberlain jedenfalls, dass Großbritannien auf Hitlers Forderungen eingehen sollte, um den Krieg zu vermeiden.[349] Durch die Münchner Konferenz am 29. und 30. September 1938 und das dort geschlossene Abkommen konnte der Krieg schließlich noch hinausgeschoben werden: Der französische Premier Édouard Daladier, Chamberlain, Mussolini und Hitler besiegelten hier allerdings das Ende der ČSR. Das Sudetenland wurde von deutschen Truppen besetzt, das Olsagebiet von polnischen.[350] Chamberlain war nicht zuletzt vom britischen Botschafter in Berlin, Henderson, zur Unterzeichnung gedrängt worden[351] – Carl Eduards altem Studienfreund aus Bonner Zeiten, den er in der DEG immer wieder von Hitler zu überzeugen versucht hatte.

Am 15./16. März 1939 marschierten deutsche Truppen in das nach dem Münchner Abkommen verbliebene restliche Staatsgebiet der Tschecho-Slowakischen Republik ein; das deutsche Protektorat Böhmen und Mähren wurde errichtet. Dieser eindeutige Bruch des Münchner Abkommens bedeutete das Ende der britischen Appeasement-Politik[352] und das der Englandmissionen des Herzogs von Coburg.

Die letzte größere Reise in Sachen Frontkämpferpropaganda im Februar 1939 unternahm er denn auch nach Polen. Hier trat Carl Eduard nun als Präsident der internationalen Frontkämpfer Seite an Seite mit der SS auf. Niemand glaubte mehr, dass das CIF noch eine politisch unabhängige transnationale Institution zur Friedenswahrung war. Nun ging es um deutliche Provokationen auf dem Weg in den Krieg mit Polen.

Warschau, 22. Februar 1939: Provozieren auf dem Weg in den Krieg

Am Morgen des 22. Februar 1939 kam Carl Eduard in Begleitung des ehemaligen ersten NS-Oberbürgermeisters von Coburg, Schwede, nun Gauleiter von Pommern, und des SS-Hauptsturmführers Fritz Tiepelmann am Warschauer Bahnhof an.

Beide waren ihm vermutlich von Ribbentrop an die Seite gestellt worden.[353] Man folgte einer offiziellen Einladung des Präsidenten der polnischen Frontkämpfer Róman Gorecki. Neben den polnischen Gastgebern waren der deutsche Botschafter Hans-Adolf von Moltke und dessen Mitarbeiter erschienen. Als Carl Eduard den Bahnhof verließ, hatte eine Ehrenkompanie deutscher SS Aufstellung genommen. Zu den Klängen des »Horst-Wessel-Lieds« schritt der Herzog von Coburg die Kompanie ab.[354]

Immer wieder hatten deutsche Nationalsozialisten in den Wochen zuvor ähnliche Spektakel auf polnischem Boden aufgeführt, um Proteste und Ausschreitungen gegenüber deutschen Einrichtungen in Polen zu provozieren. Diese dienten dann schlussendlich dazu, die Lüge zu untermauern, das Deutsche Reich habe sich gegen Polen verteidigt. Wenngleich umstritten ist, wann genau sich Hitler endgültig für den Angriff auf Polen entschied,[355] spricht doch vieles dafür, dass er diesen schon lange vor der offiziellen Kündigung des deutsch-polnischen Nichtangriffspaktes am 28. April 1939 erwogen und entsprechende Vorkehrungen getroffen hatte.

Seit Oktober 1938 forderte Ribbentrop vom polnischen Botschafter in Deutschland, Józef Lipski, dass der unter dem Mandat des Völkerbunds stehende Freistaat Danzig an Deutschland zurückgegeben werden solle, was freilich für die polnische Regierung unannehmbar war. Ribbentrop drohte Lipski und dem polnischen Außenminister Józef Beck indirekt mit Krieg, machte er doch die Verlängerung des deutsch-polnischen Nichtangriffspaktes und die Garantie der polnischen Staatsgrenze vom Anschluss Danzigs an das Deutsche Reich abhängig.[356] Lipski lehnte schlussendlich ab,[357] woraufhin Hitler dem Oberkommando der Wehrmacht befahl, einen Plan zur militärischen Besetzung des Danziger Freistaates auszuarbeiten.[358] Anfang Januar 1939 reiste Beck nach Berchtesgaden, traf Hitler und kehrte im Bewusstsein nach Warschau zurück, dass das Deutsche Reich unausweichlich Polen zu einem »Vasallenstaat« machen wolle.[359]

Für Ende Januar war der Besuch des Herzogs von Coburg bei den polnischen Frontkämpferverbänden angesetzt, der allerdings verschoben wurde, weil Ribbentrop zunächst selbst nach Warschau reiste: Erneut forderte Ribbentrop Danzig für das Deutsche Reich.[360]

Schließlich schritt am 22. Februar der Herzog von Coburg gehorsam die Formation der SS in Polen ab, zweifellos wohlwissend, dass damit weitere Proteste gegen Deutsche angestachelt werden sollten. In der Tat kam es schon am Nachmittag nach Carl Eduards Ankunft in Warschau zu Massenschlägereien zwischen deutschen und polnischen Studenten in Danzig. Der Herzog von Coburg befand sich zu dieser Zeit in einer Audienz beim polnischen Staatspräsidenten Ignacy Mościcki und bekundete offiziell seine Bestürzung über die Gewalttaten.[361] Als er schließlich am darauffolgenden Tag nach Krakau weitergereist war und auf dem Königsschloss Wawel mit polnischen »Frontkämpferkameraden« bei Tee und Kuchen saß, brachen antideutsche Proteste in Warschau los.[362] Vor der deutschen Botschaft waren hunderte Demonstranten aufgezogen, warfen Steine und skandierten »Nieder mit Hitler«, »Nieder mit der prodeutschen Politik« oder »Raus mit den deutschen Hunden«.[363] Auch diese Ereignisse nutzte Ribbentrop später, um den Überfall auf Polen als Verteidigung auszulegen.[364]

Am Tag des Einmarsches der deutschen Wehrmacht in Polen am 1. September 1939 schrieb für die polnischen Frontkämpfer der Publizist Kazimierz Smogorzewski an Carl Eduard: Nun habe Hitler seine »Maske« abgelegt; endlich habe er »seinen Krieg«. Schon lange sei ja klar gewesen, dass die Verlautbarungen der deutschen Frontkämpfer nur Lügen waren. Seitdem die Deutschen das CIF übernommen hätten, sei auch dieses nur noch ein »Werkzeug der Zwietracht und des politischen Machtstrebens« Hitlers gewesen.[365]

Erstaunlicherweise ächtete niemand öffentlich den Herzog von Coburg, der an der Spitze dieses die Kriegsplanungen Hitlers verschleiernden »Werkzeugs« gestanden hatte. Er konnte noch lange nach Ende des Krieges die Mär aufrechterhalten, alles versucht zu haben, das friedliche und humanitäre Miteinander der Menschen zu bewahren. Diese Lüge pflegte er auch in seinem international angesehensten und wichtigsten Amt: dem des Präsidenten des DRK.

6
Schweigen, dulden, beruhigen: Der Präsident des DRK

Das DRK war Anfang 1933 mit über 1,5 Millionen Mitgliedern die größte und mächtigste soziale Institution im Deutschen Reich; es betrieb fast 8000 Rotkreuzvereine und beschäftigte Hunderttausende von Laien, Krankenschwestern und Ärzten, die allesamt hervorragend ausgebildet und ausgerüstet waren.[366] Die deutsche Wohlfahrtsarbeit, Krankenversorgung und Katastrophenhilfe lagen fast ausschließlich in den Händen des DRK. Innerhalb kurzer Zeit wurde 1933 aus einer humanitären Organisation ein nationalsozialistisches Sanitätskorps. Dabei durchlief das DRK einen Prozess der Gleichschaltung, der durchaus von seinen Mitgliedern getragen und befürwortet wurde. So haben neuere Untersuchungen gezeigt, dass viele Funktionsträger des DRK bereits Anfang der 1930er Jahre dem Nationalsozialismus zuneigten und die angeblichen Leistungen Hitlers in der Sozialpolitik bewunderten.[367] Die meisten »Rotkreuzler« waren ohnehin auch in der HJ, im BDM, in der SA oder auch der SS engagiert.[368] So war das DRK wie viele andere im Nationalsozialismus gleichgeschaltete Institutionen gekennzeichnet durch ein »Wechselspiel zwischen Anpassungsdruck, vorauseilendem Gehorsam, Opportunismus, wohl nur ein ganz klein wenig hinhaltendem Widerstand« und »weit verbreiteter echter Begeisterung« für Hitler und die Bewegung.[369]

Bereits im Herbst 1933 war die Gleichschaltung des DRK weitgehend abgeschlossen.[370] Sie vollzog sich unter dem Präsidenten Joachim von Winterfeldt-Menkin, der seit 1921 amtierte und ein konservativ-monarchistischer Jurist war, aber kein ausgesprochener Kritiker oder gar Gegner des Nationalsozialismus.[371]

Aufseiten des Reichsministers des Innern führte der Mediziner Paul Hocheisen seit Mai 1933 mit Winterfeldt-Menkin Verhandlungen um eine neue Satzung des DRK nach nationalsozialistischen Grundsätzen. Hocheisen war seit August 1929 Mitglied der NSDAP und seit 1930 der SA. Als SA-Reichsarzt war er dafür zuständig, ein Gesundheits- und Sanitätswesen innerhalb der SA zu organisieren. Im November 1932 wurde er Chef des Sanitätswesens der SA, im April des gleichen Jahres SA-Obergruppenführer.[372]

Bereits am 12. Mai 1933 erklärte Winterfeldt-Menkin, dass er im Namen aller Mitglieder des DRK »die unbedingte Bereitschaft« bestätigen könne, sich Hitlers »Führung zu unterstellen« und ihm »zu folgen«.[373] Am 29. November des gleichen Jahres verabschiedete das DRK schließlich eine künftig gültige Satzung, die eine Organisation nach dem »Führerprinzip« vorsah und die nationalsozialistische Gleichschaltung letztendlich abschloss:[374] Bisher hatte die Mitgliederversammlung als höchstes Organ gewirkt.[375] Nunmehr sollte der Präsident allein der »Führer« des DRK sein. Das DRK konnte diesen »Führer« vorschlagen; er wurde allerdings nur nach Zustimmung des Reichsministers des Innern durch den Reichspräsidenten berufen.[376]

Der Präsident des DRK war nun allein verantwortlich für die Durchsetzung des »Führerprinzips« auf allen Ebenen, die Ausrichtung der Schwerpunkte des DRK in der Vorbereitung auf den Kriegsfall und nicht zuletzt das Einschwören aller Mitglieder auf die unbedingte »Treue« zu Hitler.[377] Die vorrangige Aufgabe des DRK sollte jetzt – wie es hieß – im »Amtlichen Sanitätsdienst des Heeres im Kriege, bei öffentlichen Notständen und inneren Unruhen« liegen.[378] Die in einer außerordentlichen Mitgliederversammlung im Juni 1933 noch betonte Wohlfahrtspflege, die für das DRK eine große Rolle gespielt hatte, war nur noch nachgeordnet und sollte sich nun auf die »Kriegswohlfahrtspflege« beschränken.[379]

Am 1. Juni 1933 gab das DRK überdies mit Bezug auf das »Gesetz über die Wiederherstellung des Berufsbeamtentums« vom 7. April 1933 bekannt, dass alle »Nichtarier« aus Funktionsstellen des DRK entlassen würden. Weiter hieß es: »Auch in den Sanitätskolonnen und Schwesternschaften dürfen keine Juden, Jüdinnen und Judenstämmlinge sein. Zu den Lehrkursen dürfen Juden nicht zugelassen werden.«[380]

Durch die neue Satzung des DRK und die Einführung des »Arierparagraphen« war nun festgeschrieben, was Hocheisen schon am 9. Juni 1933 im *Völkischen Beobachter* angekündigt hatte: Dass nämlich das DRK bezüglich seiner Organisation, seiner äußeren Form und Beziehungen zu anderen NS-Einrichtungen bis hin zu seinen Mitgliedern »im Sinne des heutigen Staates« umgeformt und »mit nationalsozialistischer Gesinnung« durchdrungen werde.[381]

Die Gleichschaltung des DRK und seine antisemitische Personalpolitik wurden im Ausland genauso mit Argwohn verfolgt wie die Gewaltexzesse bei Hitlers Regierungsübernahme und die Einrichtung deutscher Konzentrationslager. In den Niederlanden, in Dänemark, dann auch in Großbritannien und den USA berichteten Tageszeitungen regelmäßig über die Verschleppungen, die ungezügelte Brutalität der SA und SS sowie die verheerenden Bedingungen der »Schutzhaft«; man äußerte die Sorge, dass mit der nationalsozialistischen Umformung des DRK nun auch eine letzte Bastion humanitärer Intervention und völkerrechtlicher Schranken im Deutschen Reich ausgelöscht werde.[382] Kritiker aus dem Ausland trauten dem DRK – mit Recht – nicht zu, für die Versorgung der Gegner des Regimes, die Opfer von Gewaltverbrechen der SA und SS waren bzw. in Konzentrationslager eingewiesen wurden, angemessen einzutreten. In vielen Ländern entstanden Hilfskomitees, die Nahrungsmittel, Medikamente und Kleidung sammelten, die dann – unter Umgehung des DRK – direkt an die Verwaltung der Konzentrationslager geschickt wurden, um – so die irrige Hoffnung der Spender – von dort an die »Schutzhäftlinge« verteilt zu werden.[383]

Mit diesen Spenden waren meist kritische Nachfragen verbunden sowie die Aufforderung, humanitäre Visitationen aus dem Ausland in den Konzentrationslagern selbst zuzulassen. Am massivsten trat hier Prinz Carl von Schweden auf, der Präsident des Schwedischen Roten Kreuzes.[384] Er löste eine ganze Lawine kritischer Nachfragen und Interventionen aus dem Ausland bezüglich des DRK aus. Und in diesem Zusammenhang sollte wiederum der Herzog von Coburg ins Spiel kommen.

Prinz Carl von Schweden und das Internationale Komitee vom Roten Kreuz

Im August 1933 fragte der Präsident des Schwedischen Roten Kreuzes Prinz Carl von Schweden bei seinem Amtskollegen Winterfeldt-Menkin in Deutschland an, ob es möglich sei, alsbald die deutschen Konzentrationslager zu besuchen, über die man so viel höre. Winterfeldt-Menkin leitete das Schreiben an das Auswärtige Amt weiter. Neurath selbst nahm sich der Angelegenheit an und schrieb an den Innenminister Wilhelm Frick,[385] dem formell die Konzentrationslager zugeordnet waren, die Angelegenheit sei außenpolitisch höchst brisant; man müsse in irgendeiner Weise reagieren.[386]

Carl von Schweden hegte von vornherein Zweifel daran, dass das DRK in irgendeiner Weise hilfreich für sein Anliegen sein könnte. Er schickte daher eine Durchschrift seines Schreibens an Max Huber, den Präsidenten des Internationalen Komitee vom Roten Kreuz (IKRK) in Genf, der vorher als Präsident des Internationalen Gerichtshofes in Den Haag tätig gewesen war und daher als besonders verantwortungsvoller, umsichtiger und in humanitären Angelegenheiten versierter Mann galt.[387]

Das IKRK war ein privater Verein gutsituierter Schweizer Bürger, die sich durchaus als weltweite Hüter des humanitären Völkerrechts begriffen. Die Mitglieder des IKRK luden regelmäßig zu Konferenzen nach Genf und drangen auf den Abschluss internationaler Abkommen – wie im Juli 1929 auf die sogenannte Genfer Konvention zur Verbesserung der Lage von Verwundeten und Kranken im Kriegsfall.

Carl von Schweden schrieb an den IKRK-Präsidenten, er habe das DRK daran erinnert, dass es im »Interesse Deutschlands« selbst liege, nicht international in Verdacht zu geraten, die Zustände in den Konzentrationslagern zu verschleiern. Das DRK solle seine »Rechte und Pflichten« gegenüber der SA, SS, Reichsregierung und auch gegenüber der Weltgemeinschaft wahrnehmen.[388] Indirekt enthielt der Brief die Aufforderung, dass die Herren in Genf einen Vorstoß in Deutschland unternehmen sollten.

Bereits einige Wochen vor Prinz Carls Intervention war der Schweizer Diplomat Carl Jakob Burckhardt[389] an Huber herangetreten. Er hatte angeboten, nach Berlin zu reisen, um das DRK aufzufordern, dass es die Konzentrationslager zumindest regelmäßig visitiere.[390] Huber war also bereits mit dem Thema beschäftigt.

Er selber war eng bekannt mit Paul Draudt, dem damaligen Vizepräsidenten und Leiter des Auslandsdienstes des DRK. Draudt hatte die Liga der Rotkreuzgesellschaften 1919 in Paris mitgegründet und war auch deren Vizepräsident. Überdies hatte er mit Huber an der Internationalen Föderation der Rotkreuz- und Halbmondgesellschaften gearbeitet und mit ihm zusammen die Satzung der 1928 konstituierten Dachorganisation des IKRK und der Internationalen Föderation verfasst, des Internationalen Roten Kreuzes. Immer wieder leistete Draudt Unterstützung beim Aufbau neuer nationaler Gesellschaften und organisierte Hilfsmissionen nach Naturkatastrophen oder Epidemien.[391] Kurzum: Huber war mit Draudt gut bekannt, schätzte ihn und vertraute ihm.

Sein Vertrauen sah Huber auch dadurch gerechtfertigt, dass Draudt selber ihm von dem Schreiben Prinz Carls an das DRK erzählt und ihn unterrichtet hatte, dass es den Präsidenten des DRK in »arge Verlegenheit« bringe. Denn einerseits wolle und müsse Winterfeldt-Menkin nun handeln, andererseits müsse er aber auch mit den Nationalsozialisten taktisch klug und vorsichtig umgehen.[392]

Huber brachte schließlich Ende September 1933 die Angelegenheit auf die Tagesordnung einer Sitzung des IKRK in Genf. Hier sagte er: Man lebe nun einmal in einer Zeit, die für die »Grundidee des Roten Kreuzes« – den Schutz der Menschenrechte – »wenig günstig« sei. Auch stünde das DRK wie »viele nationale Rotkreuzgesellschaften in einem engeren Verhältnis zur Regierung, als dies wünschenswert« sei. Man solle dem DRK zunächst etwas Zeit in der heiklen und sensiblen Angelegenheit der deutschen Konzentrationslager lassen. Auch müsse man bedenken – so kolportierte Huber letztlich die NS-Propaganda –, dass es einige Häftlinge gebe, »die in diese Lager gebracht wurden, um sie vor den Massen zu schützen, die sie lynchen wollten«.[393] Nach einer durchaus kritischen Debatte gaben die Mitglieder des Komitees Huber schließlich freie Hand.

Dieser schrieb daraufhin an Carl von Schweden: Auch das IKRK habe »in der Tat einige meist anonyme oder aus unbekannter Quelle stammende Mitteilungen erhalten über angeblich unmenschliche Behandlungen« in den deutschen Konzentrationslagern. Das Komitee habe daher beschlossen, dem DRK den »lebhaften Wunsch« zu übermitteln, sich »tatkräftig vom humanitären Standpunkt um das Los der politischen Häftlinge zu kümmern und auf diese Weise die Besorgnisse zu zerstreuen«.[394]

Mit Rückendeckung durch das IKRK ließ sich Winterfeldt-Menkin schließlich vom Innenministerium ein mit Unwahrheiten und Lügen gespicktes Antwortschreiben an Prinz Carl diktieren. Er behauptete, das DRK habe »Zutritt zu allen Konzentrationslagern« erhalten.[395] Man habe sich überall von vorbildlichen Verhältnissen entsprechend der »Grundsätze des modernen Strafvollzuges« überzeugen können; »Unterbringung und Verköstigung« seien gut, und es seien hinreichend »moderne Lazarette« vorhanden. Man könne sogar sagen, so schloss Winterfeldt-Menkin sein Schreiben: »Für die Masse der aus proletarischem Milieu stammenden Personen dürfte rein materiell der ihnen gebotene Lebensstandard sogar höher sein, als sie ihn im Privatleben gewohnt waren.«[396]

Carl von Schweden dürften die dreisten, die Opfer des Regimes regelrecht verhöhnenden Lügen in diesem Schreiben nicht entgangen sein. Er schrieb postwendend zurück, er würde dieses Dokument gerne veröffentlichen lassen, damit die Welt Bescheid wisse. Außerdem könne sich wohl nun das Schwedische Rote Kreuz selbst einen Eindruck verschaffen, da Deutschland ja nichts zu verbergen habe.[397] Winterfeldt-Menkin antwortete, ein solcher Besuch sei grundsätzlich möglich. Die SS würde die »Betreuung« übernehmen und entsprechende Lager auswählen.[398] Das entsprach freilich nicht den Bedingungen für eine objektive Untersuchung aus dem Ausland. Der Prinz lehnte ab und ließ Pressemeldungen veröffentlichen, dass die Zustände in den deutschen Lagern offensichtlich so unmenschlich und untragbar seien, dass sie nicht vorgezeigt werden könnten.[399]

Spätestens zu diesem Zeitpunkt war zu erwarten, dass weitere ausländische Rotkreuzgesellschaften auf eine Visitation der Konzentrationslager drängen würden. Das nationalsozialistische Regime sah sich nach einem neuen Präsidenten des DRK um, der dieser Lage gewachsen wäre. Gebraucht wurde vor allem ein Mann mit besten Verbindungen zum europäischen Hochadel. Denn nahezu allen für das Deutsche Reich zu jener Zeit relevanten Rotkreuzgesellschaften standen Aristokraten vor: Außer in Schweden Prinz Carl, amtierte in Italien der Herzog von Aosta, in Großbritannien der Herzog von York, der 1936 König Georg VI. werden sollte, und in Japan Fürst Iyesato Tokugawa.

Der neue Präsident des DRK

Schon seit Mai 1933 zeichnete sich ab, dass die Tage von Winterfeldt-Menkin als »Führer« des nationalsozialistischen DRK gezählt waren. Einige Machtrangeleien mit Hocheisen hatten dazu geführt, dass ihm – trotz aller Loyalitätsbekundungen – die Gunst des Regimes kontinuierlich entzogen wurde. Im September 1933 verfügte das Auswärtige Amt bereits über Informationen, denen zufolge Frick nach einem Nachfolger für das Amt des Präsidenten des DRK suchte.[400] Zunächst hatte das Innenministerium dafür August Wilhelm von Preußen ins Auge gefasst, der allerdings ablehnte.[401] Nun plante Frick, Hocheisen zum Präsidenten ernennen zu lassen. Hindenburg konnte sich allerdings mit einem Reichsarzt der SA an der Spitze des DRK nicht anfreunden.[402] Auch Draudt wandte ein, dass Hocheisen zu wenig »Verständnis für die internationale Bedeutung« des DRK und für die »außenpolitische« Wirkung seiner nationalsozialistischen Umstrukturierung gezeigt habe.[403]

Ende Oktober 1933 fiel schließlich die Wahl auf den Herzog von Coburg, der auch das Auswärtige Amt auf eine Anfrage des Reichsinnenministeriums hin noch am gleichen Tag zustimmte.[404] Carl Eduard nahm das Angebot unverzüglich an. Am 1. Dezember 1933 wurde er von Hindenburg zum Präsidenten des DRK ernannt.[405] Winterfeldt-Menkin erklärte das Ende seiner Präsidentschaft als »Zeitenwende«, die verlange, dass nun an die Spitze des DRK ein Mann trete, »der seit Jahren an der Seite des Führers gestanden« habe.[406]

In der Tat war Carl Eduard ein paar Tage nach seiner Ernennung persönlich in die Reichskanzlei zu einem Gespräch mit Hitler eingeladen worden.[407] Zu seinem Stellvertreter wurde Hocheisen ernannt, mit dem sich der Herzog von Coburg allerdings bald erbitterte Machtkämpfe lieferte.

Ohne Macht und politisch bedeutungslos?

Unmittelbar nach seiner Ernennung erklärte der Herzog von Coburg in einer Konferenz mit Beamten des Auswärtigen Amtes, dass er alle auswärtigen Angelegenheiten des DRK »selbst übernehmen« werde. Dabei verwies er auf sein in der Satzung des DRK verbrieftes Recht, seinem Stellvertreter bestimmte Bereiche vorzuenthalten. Inhaltlich begründete er die Maßnahme mit seinen guten internationalen Verbindungen, gerade auch zu den adligen Präsidenten ausländischer Rotkreuzvereinigungen, die in der Tat zu einem hohen Anteil mit ihm verwandt waren.[408]

Der Plan war es, eine »Auswärtige Abteilung« unter der Führung des Herzogs von Coburg einzurichten und Draudt als Bevollmächtigten einzusetzen.[409] Dieser hatte sich ja als guter Bekannter Hubers beim IKRK bereits als hilfreich erwiesen, wenn es darum ging, im Sinne des Regimes zu agieren. Tatsächlich erreichte Carl Eduard beim Reichsaußenminister Neurath zum 1. Januar 1934 die Einrichtung eines »Auslandsdienstes« mit Draudt als Leiter.[410]

Mit diesem Ressortvorbehalt wollte der Herzog nicht zuletzt seinen Stellvertreter Hocheisen aus den Auslandskontakten des DRK heraushalten, da auch er der Ansicht war, dass Hocheisen wenig versiert in den hochsensiblen diplomatischen Angelegenheiten sei, die Carl Eduard auf sich zukommen sah.[411] Im Verlauf des Frühjahrs 1934 kristallisierte sich allerdings immer mehr heraus, dass sich Hocheisen eine – wie auch immer geartete – Einschränkung seines Handlungsspielraums durch den Herzog von Coburg keinesfalls bieten lassen würde.

Am 14. Mai 1934 initiierte Hocheisen eine Ressortbesprechung im Reichsinnenministerium, an der im DRK äußerst einflussreiche Personen teilnahmen:[412] Vor dem Leiter des Amtes für Volksgesundheit im Reichsministerium des Innern, Arthur Julius Gütt, dem Reichsführer der NS-Wohlfahrt Erich Hilgenfeldt, der Reichsfrauenführerin Gertrud Scholtz-Klink und dem Reichsärzteführer Gerhard Wagner machte Hocheisen Stimmung gegen den Herzog von Coburg. Wagner stellte sich gegen seinen alten Kameraden aus der Kampfzeit der Freikorps und Volksgenossen der SA und erklärte – aus welchen Gründen auch immer –, dass Carl Eduard eine »eindeutige nationalsozialistische Führung« des DRK nicht sicherstelle.[413] Gemeinsam beschloss man, eine Entscheidungsvorlage an den Reichsinnenminister Frick zu richten, die vorsah, dass Hocheisen geschäftsführender Präsident werden und der Herzog von Coburg sich auf eine »rein repräsentative Rolle« beschränken solle.[414] Carl Eduard, der wahrscheinlich über die Vorgänge hinter seinem Rücken gut informiert war, stellte daraufhin am 28. Mai in seiner Ansprache zur Eröffnung des Präsidialtages des DRK seine nationalsozialistische Gesinnung explizit heraus.[415]

Dennoch drohte Frick Carl Eduard indirekt damit, dass mit ihm an der Spitze dem DRK die Gunst Hitlers entzogen würde: Er ließ kurzerhand ein Grußwort Hitlers abändern, das anlässlich des Rotkreuztages 1934 zum siebzigjährigen Bestehen des DRK in einer Radioansprache verlesen wurde. War hier in einem ersten Entwurf die Rede davon, dass dem DRK das »Vertrauen des Führers« gehöre, hieß es nun, dass Hitler »überzeugt sei«, dass das DRK »auch weiterhin die ihm zugewiesenen Aufgaben in Treue gegen Volk und Reich erfüllen« werde.[416]

Carl Eduard ließ sich allerdings nicht einschüchtern, sondern beschwerte sich Anfang Juni abermals bei Frick über Alleingänge und Fehlinformationen Hocheisens.[417] Frick antwortete mit einer erneuten Warnung, dass der Herzog von Coburg sich künftig besser zurückhalten sollte.[418] Indessen versuchte Carl Eduard, die Ressortbereiche zwischen Hocheisen und ihm durch eine neue Präsidialordnung erneut zu teilen. Hocheisen reagierte empört darüber, dass er nun »weiterhin ausgeschaltet werden sollte«.[419] Der Herzog von Coburg entgegnete, dass es ihm als Präsidenten des DRK wohl nur »schwer zugemutet«

werden könne, nicht mehr als einen »nodding mandarin« (einen nickenden Mandarin) abzugeben.[420]

Was daraufhin geschah, ist immer wieder als Entmachtung des Herzogs von Coburg in seiner Funktion als Präsident des DRK beschrieben worden.[421] In der Tat beschlossen die Reichskanzlei und das Innenministerium, dass künftig sämtliche Schreiben Carl Eduards über Hocheisens Schreibtisch laufen sollten und seiner Gegenzeichnung bedurften. Wann immer möglich, sollte das DRK in Hocheisens statt in Carl Eduards Namen auftreten.[422] Auf den ersten Blick kann man tatsächlich davon ausgehen, dass dieser Erlass Carl Eduard letztlich jeden Handlungsspielraum nahm. Das Auswärtige Amt äußerte sein »lebhaftes Befremden«; Draudt drohte mit Rücktritt.[423] Carl Eduard selbst allerdings erklärte sich mit allen Änderungen ohne Widerrede einverstanden.[424] Das war eine bemerkenswerte Reaktion von einem Mann, der sonst immer sehr auf seinen Vorteil und Einfluss bedacht war.

Sie lässt sich vermutlich damit erklären, dass er über die wahren Hintergründe seiner formellen Entmachtung informiert und mit diesen voll und ganz einverstanden war. Im März 1934 hatte sich der Herzog von Coburg mit Hitler, Lammers und Röhm besprochen, im Mai mit Himmler und Ribbentrop, im Juni erneut mit Hitler, im Juli und August mit Ribbentrop und Göring[425] – der Terminkalender eines »nodding mandarin«, der Stück für Stück in die politische Bedeutungslosigkeit versetzt wurde, sieht zweifellos anders aus.

In Wahrheit bereitete das nationalsozialistische Regime Carl Eduard auf seine künftige außenpolitische Rolle als Präsident des DRK vor, bei deren Ausübung es ihm nur zugutekommen würde, wenn er für die Vorgänge im DRK nicht unmittelbar verantwortlich gemacht werden konnte. Daraus erklärt sich auch ein Schreiben von Heß an das Reichsinnenministerium vom 27. Juni 1934: Es bezog sich auf Hitlers Weisung, es sei »unbedingt notwendig«, dass vor allem das Ausland vom Übergang der geschäftsführenden Verantwortlichkeiten im DRK von Carl

Eduard auf Hocheisen informiert werde.[426] Die Planungen für die erste Weltreise des Herzogs von Coburg zwischen August und Dezember 1934 liefen auf Hochtouren. Und so verkündete auch er weisungsgemäß allen ausländischen Rotkreuzverbänden, dass die Geschäftsführung des DRK von Hocheisen übernommen worden sei,[427] was er bei der Internationalen Rotkreuzkonferenz in Tokio im Oktober 1934 noch einmal gegenüber der Weltöffentlichkeit erklärte.[428]

Mit dieser ausdrücklichen »Absetzung« Carl Eduards als geschäftsführendem Präsidenten ebneten Ribbentrop und Hitler ihm also den Weg, um im Rahmen des DRK als Auslandsrepräsentant des Deutschen Reiches in das auf diplomatische Wirkung bedachte Spiel zwischen Distanzierung und Zugehörigkeit zum Regime einzusteigen. Einerseits voll und ganz Hitler verbunden, andererseits nicht persönlich verantwortlich für die Entscheidungen des DRK und doch Präsident desselben – diese changierende Stellung eröffnete zweifellos diplomatische Handlungsspielräume. Er konnte je nachdem verbindlich und glaubhaft als Vertreter des humanitären DRK auftreten – oder sich aus der Affäre ziehen, sobald er auf die Gräuel des Regimes und die mangelnde Fürsorge des DRK angesprochen und eine Stellungnahme von ihm verlangt wurde.

Diese außenpolitische Kulisse entsprach keineswegs der Wirklichkeit im inneren Machtgefüge des DRK: Es war weiterhin ausschließlich Carl Eduard, der Urkunden und Ernennungen unterschrieb, wie beispielsweise nach dem Tod Hindenburgs im August 1934 die Bitte an Hitler, dass dieser die Schirmherrschaft des DRK übernehme.[429]

An der Bedeutung des Herzogs von Coburg als Präsident des DRK sollte sich auch nicht viel ändern, nachdem Hocheisen von Frick im Dezember 1936 zum Ausscheiden aus dem Präsidium des DRK gedrängt worden war und seinen Platz zum 1. Januar 1937 für den SS-Reichsarzt und -Obergruppenführer Ernst Robert Grawitz hatte räumen müssen.[430] Bis zum Ende des Krieges nahm Carl Eduard entscheidende diplomatische Aufgaben im Rahmen der Außenbeziehungen des DRK in Hitlers Diensten wahr. 1934 hatte Carl Eduard allerdings vor allem mit den anhaltenden Anfragen aus dem Ausland zur Besichtigung der Konzentrationslager zu tun. Und bei dieser Aufgabe sollte ihm die ausgeklügelte außenpolitische Konstruktion seiner scheinbaren Entmachtung nützlich sein.

Er selbst besuchte höchstwahrscheinlich nie eines der Lager, um sich vor Ort ein Bild von den Zuständen zu machen. Da die Geschäftsführung des DRK nun in Hocheisens Händen lag, konnte Carl Eduard auf diesen verweisen. Als »guter Freund« Hitlers und ausgestattet mit glänzenden internationalen Verbindungen war er allerdings hervorragend geeignet, das Interesse an den Konzentrationslagern abzuwehren. Und das kam zu dieser Zeit außer aus Schweden vor allem aus England und hier sogar aus dem Umfeld eines besonders nahen Verwandten des Herzogs von Coburg.

Die britische Aristokratie und die deutschen Konzentrationslager

Im März 1934 schrieb die deutsche Botschaft in London an das Auswärtige Amt: Ein gewisser Fitzroy Fyers habe angekündigt, er werde nach Deutschland reisen und ein paar »prominente Repräsentanten des Neuen Deutschlands« treffen. Dabei wolle er sich auch mit der »gegenwärtigen Lage bezüglich der jüdischen Frage« befassen und ein »Arbeitslager« nahe Berlin besuchen.[431] Fyers war der Adjutant von Prinz Arthur, Duke of Connaught, dem letzten noch lebenden Sohn Queen Victorias und damit ein Onkel des Herzogs von Coburg. Wie der britische Kronprinz war Arthur Carl Eduard eng verbunden – möglicherweise auch aus einem schlechten Gewissen heraus, denn er hatte seinerzeit für sich und seinen Sohn die Erbnachfolge im Herzogtum Sachsen-Coburg und Gotha ausgeschlagen und damit indirekt seinen jungen Neffen nach Deutschland geschickt, wo er schließlich zum Nationalsozialisten und Schergen Hitlers wurde. Jedenfalls war der greise Prinz noch 1932 persönlich zur Hochzeit von Carl Eduards Tochter Sibylla mit dem Sohn des schwedischen Kronprinzen gefahren und hatte sich anschließend überschwänglich für die Feierlichkeiten bedankt.[432]

Der Wunsch Fyers, ein deutsches Konzentrationslager zu besichtigen, sollte sich nicht erfüllen. Ob nun Telegramme und Briefe gewechselt oder Telefongespräche geführt wurden, oder ob Carl Eduard einen Aufenthalt in England im August 1934 nutzte,[433] um mit Prinz Arthur zu sprechen: Fyers kam nie wieder auf sein Ansinnen zurück. Allerdings wurde er 1936 mit Rosenberg zusammengebracht, der ihn über die angeblichen Wohltaten des Nationalsozialismus unterrichtete.[434]

Vermutlich war es ebenso der Einflussnahme des Herzogs von Coburg geschuldet, dass das Interesse britischer Aristokraten an den Zuständen in Deutschland und den dortigen Konzentrationslagern künftig nur noch wenig zielgerichtet und nachdrücklich war. Diejenigen, die überhaupt Anfragen schickten, betonten ihren Wunsch nach Objektivität – nicht ohne einen gewissen Unterton der Bewunderung für das nationalsozialistische Regime. So schrieben im November 1934 die beiden schottischen Brüder James und Ronald Graham aus dem Herzogshaus von Montrose, sie wollten ein »Licht der Wahrheit« auf das werfen, was sie immer wieder Schreckliches über die deutschen Lager in der Presse lesen würden. Durch den Besuch eines »Arbeits- und eines Konzentrationslagers« wollten sie sich einen eigenen Eindruck davon machen, wie die Nationalsozialisten die »Reinheit und Kraft der deutschen Rasse« gewährleisten wollten. Die Sympathie für Hitler, die viele britische Aristokraten hegten, spricht auch aus diesem Schreiben.[435] Im Juli 1935 besuchten Vertreter der Britischen Legion und Frontkämpfer das Konzentrationslager Dachau. Man ließ sich bereitwillig blenden und berichtete an das britische Außenministerium, dass man sich hätte »überzeugen« können, dass jeder SS-Mann in Dachau sich »bemühe, jedem einzelnen Häftling zu helfen, das Beste aus sich und den Umständen zu machen«.[436] Es ist wahrscheinlich, dass Carl Eduard bei diesem Besuch und dem anschließenden Bericht seine Hände im Spiel hatte. Der Britischen Legion stand sein Großcousin und Vertrauter vor, der Kronprinz, der Hitler schätzte. Das Britische Rote Kreuz, dem mit dem Herzog von York ein Großneffe Carl Eduards vorstand, unternahm von vornherein keinen kritischen Vorstoß in Hinblick auf die deutschen Konzentrationslager.

Das IKRK in Genf hielt sich ebenfalls zurück, was der Herzog von Coburg selbst eindeutig seinem Wirken zuschrieb. Nach der Rückkehr von seinem Antrittsbesuch aus Genf im Mai 1934 brüstete er sich gegenüber dem Reichsaußenminister Neurath, dass er Gespräche in »vertrauensvoller Offenheit« habe führen können. Viele der ihm »erwiesenen Aufmerksamkeiten« seien ein Beweis für die außergewöhnliche Stellung, die das DRK bei den Mitgliedern des IKRK einnehme.[437] Tatsächlich hatte der Leiter des DRK-Auslandsamtes Draudt es mit Unterstützung des Herzogs von Coburg verstanden, dass die Anfrage des Prinzen Carl von Schweden zur Besichtigung der Konzentrationslager und die Beschwerde beim IKRK, die dieser eingelegt hatte, *ad acta* gelegt wurden. Eher der Form halber erkundigte das IKRK sich in der Folge ab und an nach den Konzentrationslagern. Erst als Draudt – ungeschickterweise – im März 1935 auf eine solche Anfrage lapidar antwortete, die Häftlingszahlen nähmen kontinuierlich ab, und im Übrigen sei das DRK gerne bereit, irgendwelche Anfragen an die zuständigen Behörden weiterzuleiten, sah man sich in Genf unter Zugzwang. Jetzt drang das IKRK auf eine offizielle Visitation der Lager. Himmler erlaubte daraufhin, dass Dachau besucht werden dürfe.[438]

Es war allerdings hinlänglich bekannt, dass Dachau immer wieder als »Musterlager« vorgezeigt wurde und dass dort aus- und inländische Journalisten oder Veteranenverbände – wie auch die Britische Legion – unter Aufsicht der SS und der Vorspiegelung falscher Tatsachen herumgeführt wurden.[439] Damit konnte sich das IKRK nicht zufriedengeben und schickte einen Gesandten nach Berlin, der darüber verhandeln sollte, ob Lager nach eigener Auswahl des IKRK und ohne Aufsicht durch die SS besichtigt werden könnten.

Die Leitung der Mission sollte Carl Jakob Burckhardt übernehmen, jener Basler Diplomat, der seit 1933 Mitglied des Komitees war. Burckhardt teilte die defensiv-abwartende und vorsichtige Haltung seiner Genfer Mitstreiter. Er war diplomatisch äußerst versiert und verfügte über hervorragende Verbindungen ins Deutsche Reich bis hinein in die nationalsozialistischen Führungszirkel. Auch hegte er durchaus Verständnis für antisemitische Positionen und Maßnahmen.[440] Als der mit ihm befreundete österreichische Diplomat Leopold Ferdinand von Andrian-Werburg ihn vor den Nationalsozialisten gewarnt hatte, hatte Burckhardt ihm im Juni 1933 geschrieben: Die Juden treffe selbst »eine Schuld«; vieles an ihnen sei »unsittlich und verderbt«, was ein »gesundes Volk« bekämpfen müsse.[441] Dass Burckhardt mit solchen antisemitischen Äußerungen kaum hinterm Berg hielt, bestärkte das IKRK in der Annahme, er werde bezüglich der »Judenfrage« in den Konzentrationslagern keine Scherereien verursachen. Damit war er genau der Richtige für diese Aufgabe, denn in Genf wollte man zu diesem Thema auf keinen Fall Position beziehen.[442]

Berlin, 16. Oktober 1935: Ein Abendessen mit Heydrich

Als Burckhardt Mitte Oktober 1935 zu seiner Mission in Berlin ankam, wurde ihm – so schrieb er in seinen rückblickend verfassten Memoiren[443] – seitens des DRK ein Programm für den Besuch der Lager Dachau und Lichtenburg bei Prettin im Bezirk Torgau vorgelegt. Es war vorgesehen, dass er mit einzelnen

Häftlingen sprechen könne, allerdings nur in Gegenwart des Lagerkommandanten und eines begleitenden SS-Offiziers.[444]

Daraufhin habe er, so Burckhardt, dem Präsidenten des DRK Carl Eduard gegenüber erklärt, dass er die Inspektion von »vornherein für sinnlos« halte. Er habe daher verlangt, dass er kurz vor seinem Besuch selbst ein Lager benennen und dort Gespräche mit Häftlingen unter vier Augen führen dürfe.[445] Der Herzog von Coburg, der ihm gegenüber die Nationalsozialisten stets in den höchsten Tönen gepriesen habe,[446] habe mit »ausgesprochener Bestürzung« reagiert. Mit solch aussichtslosen Forderungen werde das IKRK jede »Aktionsmöglichkeit für den Ernstfall« verspielen.[447] Nach längerem Hin und Her schlug Carl Eduard vor, Reinhard Heydrich, der als Gestapo-Chef die Oberaufsicht über die Konzentrationslager innehatte, höchstpersönlich zu einem Abendessen einzuladen.[448] Burckhardt werde dann von Heydrich selbst die »unvermeidliche Ablehnung« bestätigt bekommen – und vielleicht auch eine »Begründung«.[449] Tatsächlich sollte Heydrich erscheinen – der Einfluss des Herzogs von Coburg reichte offenbar weit.

Die zweifellos literarisch überhöhten Szenen dieses Abends, die Burckhardt in seinen Erinnerungen heraufbeschwor, sind an apokalyptischer Düsternis kaum zu überbieten. Bei der Lektüre entsteht das Bild des Herzogs von Coburg in seinem Salon, wo er »erwartungsvoll, gespannt und gedrückt« bei gedämpftem Licht den hohen Gast erwartete. Die Flügeltüren seien aufgeflogen beim Auftritt Heydrichs in schwarzer SS-Uniform: »Zackig und wiederum weich und morbid betrat dieser berühmte Henker den Salon des Herzogs.« Nach dem Essen sei Burckhardt dann für ein Gespräch unter vier Augen mit Heydrich in das Arbeitszimmer des Herzogs gegangen. Wieder habe Carl Eduard mit »Schweigen, beflissenem Lächeln und Zur-Seite-Treten« reagiert. Wie ein »junger böser Gott« habe Heydrich kurzerhand erklärt, Himmler könne dem Ansinnen des IKRK nicht zustimmen.

Drei Tage nach dem Empfang bei Carl Eduard und einer erneuten Unterredung mit Heydrich gelang es Burckhardt dann doch, neben Dachau und Lichtenburg auf eigenen Wunsch auch Esterwegen zu besichtigen. Dort konnte er mit dem zu dieser Zeit wohl prominentesten KZ-Häftling sprechen, dem Journalisten und Pazifisten Carl von Ossietzky, dem 1936 rückwirkend für das Jahr 1935 der Friedensnobelpreis verliehen werden sollte. Für die Freilassung des infolge von Folter und Haft todkranken Ossietzky hatten sich das Tschechoslowakische Rote Kreuz und der englische Botschafter Eric Phipps eingesetzt. Burckhardt allerdings unternahm keine solche Intervention. Durch die berauschend-beruhigenden Begegnungen mit dem Herzog von Coburg und Heydrich in Berlin besänftigt und geblendet, schrieb er in einem geheimen Bericht an das IKRK: Ossietzkys Zustand sei zwar »hoffnungslos«. Doch insgesamt seien die Bedingungen in den Konzentrationslagern »nicht allzu scharf«.[450] Carl Eduard gegenüber attestierte Burckhardt wiederum, die Lager entsprächen »modernen« Haftbedingungen – und er bedankte sich herzlich für die Vermittlung der Gespräche mit Heydrich.[451]

Was auch immer der Herzog von Coburg zu diesem Zeitpunkt über die Konzentrationslager bereits gewusst haben mag: Er stellte nichts in Frage, sondern war beflissen darum bemüht, das IKRK zu beschwichtigen, was ihm erneut gelungen war. Ähnlich agierte er im Juli 1937, als er zu einem Besuch des IKRK in Genf weilte und auch nach Bern reiste, wo er den Schweizer Bundespräsidenten Giuseppe Motta traf,[452] was zu massiven Protesten in der linken Schweizer Presse führte. So schrieb die Basler *Freiheit*: Einmal mehr wolle der »Naziführer Herzog von Coburg« im »harmlosen Mäntelchen« des DRK-Präsidenten auf »lächerliche und naive Weise« die Schweizer hinters Licht führen.[453] Als »ganz üble Nummer« der deutschen »Nazi-Prominenz«, so war in der St. Gallener *Volksstimme* zu lesen, »verhöhne der sogenannte Herzog von Coburg« die »Opfer der Nazibarbarei«.[454]

Waren es nur Carl Eduards Charme und seine Gewandtheit, die dazu führten, dass die Mitglieder des IKRK und auch Motta taub gegenüber allen kritischen und warnenden Stimmen blieben? Es ist jedenfalls nach wie vor unklar, ob das IKRK unter Huber wirklich daran interessiert war, die Verhältnisse in den deutschen Konzentrationslagern ans Licht zu bringen.[455] Vielleicht war es auch ein willkommener Vorwand, das fehlende Interesse zu kaschieren, wenn man dem Herzog von Coburg als weltläufigem Gentleman vorgeblich glaubte. Wenn schon er als Vertrauter Hitlers furchtsam und vorsichtig gegenüber Heydrich agierte, dann war leicht davon auszugehen, dass Forderungen gegenüber der SS seitens des IKRK keinen Zweck hätten.

Als eine erneute Visitation von Dachau im August 1938 – diesmal durch den Delegierten Guillaume Favre – anstand, akzeptierte das IKRK denn auch ohne Widerstände, dass sich an seiner Seite der SS-Obergruppenführer und Reichsarzt Ernst Robert Grawitz befand, der mittlerweile Carl Eduards Stellvertreter im DRK geworden war. Es ist unbekannt, welches Schauspiel Favre letztendlich in Dachau vorgeführt wurde. In seinem Bericht an das IKRK ließ er sich jedenfalls zu der Äußerung hinreißen, im Lager herrsche überall »Ordnung, Sauberkeit und sogar eine gewisse Eleganz«.[456]

Aus allen diesen Ereignissen wird deutlich, welchen Einfluss Carl Eduard über die Jahre auf das IKRK in Genf hatte. Ein Grund dafür war die Reputation, die er während seiner ersten Weltreise 1934 erworben hatte, in deren Verlauf er von zahlreichen hochstehenden Persönlichkeiten empfangen wurde.

7
Die erste Weltreise 1934

Die erste Weltreise des Herzogs von Coburg dauerte vom 21. August bis zum 21. Dezember 1934. Die Route führte über London, Kanada, Washington D. C., Chicago und durch den Westen der USA bis nach San Francisco, dann nach Honolulu und schließlich nach Tokio zur Internationalen Rot-Kreuz-Konferenz. Im November ging es zurück nach Coburg über Peking, Shanghai, Singapur, Madras, Kairo und Genua. Auch diese Reise Carl Eduards im Auftrag Hitlers wurde durch das Auswärtige Amt und die Dienststelle Ribbentrop mit erheblichen finanziellen Mitteln unterstützt sowie gemeinsam mit Draudt von der Auslandsabteilung des DRK konzipiert und koordiniert.[457] Schon mit dieser ersten Weltreise – und es sollten viele andere Missionen folgen – war der Coburger Herzog aller Wahrscheinlichkeit nach der am weitesten gereiste Diplomat des Dritten Reiches.

Carl Eduard erstattete Hitler nach seiner Rückkehr persönlich Bericht.[458] Glaubt man dem, was über diesen »Fahrtbericht an den Führer« gesagt wurde, unterscheidet er sich nicht von ähnlichen Aufzeichnungen deutscher Diplomaten dieser Zeit: Antisemitismus, Rassismus, eine gebetsmühlenhafte Betonung der deutschen Sache und Treuebekundungen zu Hitler scheinen diesen Text ebenso geprägt zu haben wie die Briefe, die der Herzog an seine daheimgebliebene Frau schrieb.[459] So soll Carl Eduard Hitler informiert haben, dass er in den USA öfter auf die »Judenfrage« angesprochen worden sei; seine »Versuche, die deutsche Auffassung hierüber darzulegen«, hätten keinen Erfolg gehabt. Das »Judentum« habe in den USA »freie Hand, sich zu betätigen«, und nutze dies »weidlich aus«, ähnlich wie einst im Deutschen Reich.[460] Die Amerikaner selbst wiederum seien »ein Volk ohne Seele«. Es gebe in den USA zwar keine »Deutschenhetze«. Dem »Führer und der Bewegung« stünden die Amerikaner allerdings sehr reserviert gegenüber.[461] Die Japaner seien hingegen die »Preußen des Ostens«.[462] So legte Carl Eduard Hitler gegenüber seine Sicht der Dinge auf Land und Leute und die weltpolitische Lage dar – aus der Perspektive eines »nationalsozialistischen Kosmopoliten«, der glaubte, dass sein Urteil von Bedeutung sei.

Seiner Frau schrieb er, die Reise durch die USA sei ein »großer Erfolg« gewesen. »Persönlicher Kontakt« sei doch alles; dadurch lasse sich schnell jegliche Deutschland gegenüber kritische Propaganda in Luft auflösen.[463] Und auch in diesen Briefen wie in seinem Taschenkalender finden sich Bemerkungen in der typischen rassistischen Sprache des Regimes, wie über die angebliche »auffällige Rassenmischung« der Menschen beim Übertritt der Grenze von Kanada in die USA bei den Niagara-Fällen.[464] Auch vermerkte Carl Eduard: Die Japaner seien – im Gegensatz zu den Chinesen, wo »überall Verfall« herrsche – ein »vorwärtsstrebendes Volk«.[465]

Vor allem schwärmte der Herzog von Coburg privat allerdings von den beeindruckenden Naturschauspielen und Kunstwerken, die er zu sehen bekam.[466] Eine »Geisha-Party« fand er »vom Anfang bis Schluss entzückend«.[467]

Es scheint, als habe Carl Eduard diese Weltreise auf Staatskosten und den hier erfahrenen Luxus in vollen Zügen genossen.[468] Für ihn fügten sich schlichtweg einige Dinge gut zusammen: Einerseits hatte er den Auftrag, für Hitler und die Bewegung zu werben, und schien damit für das Regime auf der internationalen politischen Bühne wichtig zu sein. Er sollte die Auslandsorganisationen der NSDAP in den USA oder Shanghai und die deutschen Botschafter auf Linie bringen und einflussreiche Persönlichkeiten in den USA und Japan für das NS-Regime vereinnahmen. Zugleich konnte er so weit und luxuriös reisen wie nie vorher in seinem Leben – und sogar die japanische Kaiserfamilie treffen. Dafür gab er offensichtlich gerne seinen »guten Namen« und seine hochadlige Herkunft her und machte nach Kräften Werbung für Hitler.

In Berlin wartete man nur darauf, dass Carl Eduard im Ausland als »Seine Königliche Hoheit« öffentlich begrüßt wurde, als »Enkel der geliebten Königin Victoria«, der dann umherging und jedem beteuerte, wie eng er mit Hitler befreundet sei. Er könne daher aus nächster Nähe bestätigen, dass der »Führer« ein seriöser, umgänglicher und friedliebender Mensch sei.[469] Dergleichen zeigte Wirkung: Denn die Impertinenz und Gewalt, die Hitlers Regime von Emporkömmlingen kennzeichneten, traten weit in den Hintergrund, wenn dieser weltgewandte und seriöse Aristokrat sich für dieses Deutschland einsetzte.

Honolulu, 6. Oktober 1934: Der Menschenfreund

Einen der international wichtigsten Propagandaerfolge – durchaus mit den Treffen Hitlers mit dem Herzog von Windsor oder Chamberlain vergleichbar – erreichte die Dienststelle Ribbentrop bei dieser Weltreise Carl Eduards am 6. Oktober 1934 auf Honolulu. Hier kam es zu einer Zusammenkunft des Herzogs mit den beiden amerikanischen Rot-Kreuz-Delegierten John Barton Payne und Coleman Nevils von der Georgetown University, die wie Carl Eduard auf dem Weg nach Japan waren. Ein Foto ging um die Welt: Der Herzog von Coburg in weißem Zivilanzug und mit Zigarre in der Hand sitzt angeregt und entspannt plaudernd zwischen Nevils und Payne. Es hätten sich hier die »drei weltweit wichtigsten Menschenfreunde« getroffen, schrieben die Bild- und Presseagenturen.[470] Solche Nachrichten und Bilder waren in ihrer propagandistischen Wirkung für das Regime kaum zu unterschätzen.

Der eigentliche Anlass der Reise – die Internationale Rot-

Kreuz-Konferenz in Tokio – war schon für sich genommen ein Politikum. Seit 1931 hielten japanische Truppen die chinesische Provinz Mandschurei besetzt. Unter japanischem Druck hatten lokale Herrscher im Februar 1932 die Unabhängigkeit von China erklärt und den Marionettenstaat Mandschukuo errichtet, an den 1933 die chinesische Provinz Jehol angeschlossen wurde. In Mandschukuo wurde die Einführung des Japanischen als offizielle Sprache und des Shintoismus als Staatsreligion erzwungen. Der ehemalige chinesische Kaiser Pu Yi wurde zunächst zum Präsidenten, dann zum Kaiser von Mandschukuo ernannt.[471] Es war klar, dass Japan Mandschukuo als Sprungbrett für die Unterwerfung Gesamtchinas nutzen wollte. Daher war es unter amerikanischen Menschenrechtlern und im Völkerbund zu massiven Protesten gekommen. Somit war Tokio als

Abb. 22 Rote-Kreuz-Führer in Honolulu, Oktober 1934: Herzog Carl Eduard zwischen dem Leiter des Amerikanischen Roten Kreuzes Payne (rechts) und dem Delegierten der Georgetown University Nevils (links)

Ort für eine Internationale Rot-Kreuz-Konferenz gleichermaßen wichtig wie umstritten. Carl Eduard und sein Stab sowie Burckhardt vom IKRK hatten nun die Aufgabe, zwischen Amerikanern und Japanern zu vermitteln. Zumindest sollte eine weltweit anerkannte Rot-Kreuz-Konvention zum Schutz der Zivilbevölkerung geschlossen werden, die zunächst vor allem den Einwohnern von Mandschukuo zugutekommen sollte.[472] Die Konvention scheiterte, doch Carl Eduard nutzte seinen Aufenthalt, um Tuchfühlung mit der in Japan politisch einflussreichen kaiserlichen Familie und den Spitzen der japanischen Armee aufzunehmen. Denn Japan war als möglicher Bündnispartner für Deutschland durchaus attraktiv.

Hitler hatte die Invasion in der Mandschurei als Signal aufgenommen, dass Japan alsbald die stärkste Macht in Ostasien werden könnte. Hitlers Auslands-Pressechef Ernst Hanfstaengl behauptete in seinen Memoiren, Hitler habe bereits Mitte der 1920er Jahre gesagt, dass das Deutsche Reich »allein im Bündnis mit dem fleißigen, soldatisch empfindenden und rassisch unverdorbenen Volk der Japaner, das ebenso wie das deutsche Volk ›ohne Raum‹« sei und »gegen den Bolschewismus« kämpfe, eine »neue Zukunft« haben könne.[473] Im Herbst 1933 beauftragte Hitler den deutschen Botschafter in Tokio Herbert von Dirksen, der japanischen Regierung anzubieten, das Deutsche Reich werde Mandschukuo anerkennen, wenn ihm wirtschaftliche Vorteile daraus erwüchsen.[474] Spätestens Anfang 1934 erhielt Ribbentrop den Auftrag, Kontakte zur japanischen Regierung aufzubauen, um über ein etwaiges Bündnis zu verhandeln.[475]

Hieraus erklärt sich, dass der Herzog von Coburg in Tokio emsig daranging, Kontakte zur kaiserlichen Familie zu knüpfen. Man konnte sich in Berlin ausrechnen, dass nur ein Hocharistokrat imstande wäre, ohne viel Mühen im Kaiserpalast empfangen zu werden. Und dies gelang Carl Eduard tatsächlich.

Japans Kaiserhaus und Hitler

Auf der Generalversammlung des Japanischen Roten Kreuzes am 16. Oktober 1934 traf er dessen Präsidenten Iyesato Tokugawa, einen Bruder des einflussreichen Haushofmeisters Yoshihiro Tokugawa.[476] Nach einigen weiteren Zusammentreffen mit dem Präsidenten des Japanischen Roten Kreuzes und schließlich einem Abendessen in dessen privatem Anwesen[477] hatte man sich offensichtlich ein hinreichendes Bild von Würde und Anstand des hohen Gastes aus Deutschland verschafft. Am 27. Oktober wurde Carl Eduard bei Hirohito zum Mittagessen eingeladen.[478]

Gewissermaßen als zustimmende Geste für die Invasion Japans in der Mandschurei besuchte Carl Eduard daraufhin Anfang November Mandschukuo und ließ sich die japanischen »Errungenschaften« beim Aufbau von Infrastruktur und Wirtschaft vorführen.[479] Mit dem Japanaufenthalt des Herzogs von Coburg 1934 und den Begegnungen mit der kaiserlichen Familie wurden zweifellos die diplomatischen Bemühungen Ribbentrops, erste Verbindungen zu Japan herzustellen, maßgeblich flankiert und das spätere Bündnis ins Rollen gebracht. Carl Eduard wurde in Japan mit Ehrengeschenken als Zeichen des Vertrauens und der Verbundenheit bedacht. Bald sandten der Kaiser und hochadlige Fürsten solche Gaben auch an Hitler.[480]

Am 25. November 1936 unterzeichneten der japanische Botschafter in Deutschland Mushanokoji Kintomo und Joachim von Ribbentrop eine völkerrechtliche Vereinbarung, die den gemeinsamen Kampf gegen die Kommunistische Internationale durch den Austausch von (meist geheimdienstlichen) Informationen vorsah. In geheimen zusätzlichen Abkommen versicherte man sich gegenseitig, die Interessen des anderen zu wahren, sollte die Sowjetunion das Deutsche Reich oder Japan angreifen. Auch vereinbarte man, dass man keine politischen Vereinbarungen mit der Sowjetunion abschließen werde. Deutschland erkannte Mandschukuo völkerrechtlich an.[481]

1937 wurde schließlich der jüngere Bruder des Kaisers, Prinz Yashuhito Chichibu, auf eine Europareise geschickt und kam dabei im September auch nach Nürnberg, um am Reichsparteitag teilzunehmen.[482] Hier traf er vermutlich den Herzog von Coburg wieder,[483] bevor er bei einem Essen auf der Nürnberger Burg mit Hitler über den Fortgang der deutsch-japanischen Beziehungen sprach.[484] Trotz einiger Zweifel an der Persönlichkeit Hitlers riet er seinem Bruder Hirohito 1938 und erneut 1939 zu einem Militärbündnis mit Deutschland gegen Großbritannien und die USA.[485]

Das Deutsche Reich und Japan, die beide aus dem Völkerbund ausgetreten waren, wurden so zu Partnern im Kampf gegen den Kommunismus. Japan sah sich zudem in der Annexion der Mandschurei bestätigt und fand Rückhalt gegenüber der sich verstärkenden chinesisch-sowjetischen Zusammenarbeit, mit der die beiden Mächte die japanische Machtausdehnung in Ostasien eindämmen wollten. Und so war auch eine als humanitäre Hilfsaktion für Opfer der japanischen Invasion getarnte China-Expedition des DRK im Juli 1936 in Wirklichkeit eine Solidaritäts- und Freundschaftsmission nach Japan, bei der sich die Deutschen in der »allgemeinen freundschaftlichen Gesinnung« und »überaus herzlichen Begeisterung« sonnten, die ihnen die Japaner entgegenbrachten, wie es in einem Bericht des DRK an das Auswärtige Amt hieß.[486]

8
Die SS und das DRK: Ausplünderung und Krankenmord

Im Dezember 1936 ernannte Frick den SS-Obergruppenführer Grawitz zum stellvertretenden Präsidenten und Ende 1937 zum Geschäftsführer des DRK.[487] Carl Eduard führte ihn ohne Zögern in sein Amt ein. Die fatale Verquickung von Ämtern, deren Fäden bei Grawitz zusammenliefen, war allerdings auch für den Herzog von Coburg unübersehbar: Grawitz war bereits im Juni 1935 von Himmler zum Reichsarzt der SS ernannt worden,[488] ein Amt, das er bei seiner Berufung zum stellvertretenden Präsidenten des DRK zunächst aufgab, zum 1. April 1937 jedoch wieder aufnahm.[489] Mit dieser Doppelfunktion hatte Grawitz letztlich die Gewalt über alle medizinischen und hygienischen Belange in den Konzentrationslagern inne.[490] In seiner Verantwortung lag damit auch die Überwachung der zwangsweisen Sterilisation von mehreren hundert Konzentrationslagerhäftlingen nach dem »Gesetz zur Verhütung erbkranken Nachwuchses«.[491] Als »Reichsarzt der SS« koordinierte Grawitz überdies alle Anträge und Anforderungen für pseudomedizinische Menschenversuche; bisweilen ließ er selbst solche inhumanen und meist tödlichen Experimente durchführen.[492] Auch hatte er Einfluss auf die kontinuierliche Verschlechterung der Lebensbedingungen in den Konzentrationslagern, die zunehmend auf eine schleichende Ermordung der Häftlinge ausgelegt war.[493]

Schon bei seiner Amtseinführung 1937 als stellvertretender DRK-Präsident erklärte Grawitz, dass man sich nun im DRK auf den Krieg vorbereite und schon jetzt »zu jedem Einsatz bereit« sei.[494] Im Januar 1938 reiste er persönlich nach Genf, um dem Präsidenten des IKRK Huber das »neue DRK im autoritären Staat«

vorzustellen.[495] Dort erklärte er unverbrämt und frei heraus, dass er die »ideellen Antriebsmomente« der Arbeit des DRK nicht etwa in »Liebe, Humanität, Karitas oder Barmherzigkeit« verankert sehe.[496] Er sprach stattdessen von der »inneren Quelle« des Handelns aller DRK-Mitarbeiter, die alle ein »ausgeprägtes Ehrgefühl« hätten und haben müssten, eine »soldatische Anständigkeit, Ritterlichkeit der Kämpfer und zuletzt und zutiefst eine sittliche Verantwortlichkeit vor einer höheren Macht« – ein »Gottesbewusstsein«.[497] Huber stimmte dieser kruden Betonung des SS-Ehrenkodexes ohne Widerstände zu, hob die »selbstlose Tat« aller Rotkreuzgesellschaften hervor und betonte, dass es den Nationen selbst obliege, wie sie ihr Rotes Kreuz ausgestalteten.[498]

Zum 1. März 1937 unterschrieb der Herzog von Coburg auch die Berufung des SS-Verwaltungschefs Oswald Pohl in den Präsidialrat des DRK.[499] Pohl war Verwaltungschef aller Konzentrationslager und behielt diese Position auch künftig bei.[500] Nun sollte er zusätzlich Schatzmeister des DRK werden und damit die Kontrolle über beträchtliche Finanzflüsse aus Straßensammlungen und Spenden erhalten, die er später in Millionenhöhe an die SS umleitete.[501]

Mit der Besetzung wichtiger Schlüsselstellungen im DRK durch die SS galt in der Organisation fortan eine vorbehaltlose eugenisch-ausmerzende nationalsozialistische Rassenideologie: Hilfe, Fürsorge und Pflege sollten ausschließlich dem grundsätzlich »gesunden Volkskörper« zukommen – somit den Ariern, die sich produktiv in die »Volksgemeinschaft« einbringen konnten. Alle »Feinde der arischen Rasse«, ob sie nun Juden, Slawen, chronisch krank, behindert oder politische Gegner waren, galten nicht nur als »minderwertig«, sondern auch – je nachdem – als »entbehrlich«, »nutzlos« und »schädlich«.[502]

Als oberster »Führer« des DRK setzte Carl Eduard immer wieder diese menschenverachtende Ideologie in Szene und leistete bei seinen Rundreisen und Auftritten seinen Beitrag, alle Mitarbeiter vom Arzt bis hin zur Krankenschwester auf die SS-Ideologie einzuschwören. Bei den obligatorischen Paraden ließ sich Carl Eduard – wie beispielsweise 1942 in Prag im Protektorat Böhmen und Mähren – von den Mitgliedern einer nach rassistischen Grundsätzen durchgeformten militärischen Organisation mit Hitler-Gruß huldigen. Seine leutselige Art, Prominenz und scheinbare Integrität konnten dabei helfen, dass auch noch die letzten Skrupel und Zweifel im alltäglichen Handeln der Mitarbeiter einer längst nicht mehr humanitären Institution über Bord geworfen wurden.

Bei der praktischen Umsetzung der »rassischen Prinzipien« – bei Menschenversuchen in Konzentrationslagern, dem Mord an Kranken und Behinderten und schließlich auch dem Holocaust – operierte man freilich im Verborgenen. So war Grawitz sehr wohl darauf bedacht, dass der »gute Ruf« des DRK im Ausland und vor allem beim IKRK in Genf nicht geschädigt werde. Der internationale Schutz der DRK-Einrichtungen müsste gewahrt bleiben, so betonte er 1939. Man dürfe sich nicht offiziell an Maßnahmen beteiligen, die »außerhalb der in der interna-

Abb. 23 Herzog Carl Eduard als Präsident des DRK in Prag 1942

tionalen Konvention festgelegten Richtlinien« lägen.[503] Das hieß allerdings keinesfalls, dass das DRK nicht an der Ermordung Hunderttausender Kranker und Behinderter beteiligt war und dass der Präsident des DRK Carl Eduard hiervon nichts wusste.

Die Präsidenten des DRK und die Ermordung der Kranken und Behinderten

Im Sommer 1939 soll Grawitz ganz offen vor Ärzten und Schwestern der SS und des DRK erklärt haben, dass er bereit sei, Rotkreuzpersonal für die später als »Aktion T4« getarnte Ermordung von Patienten deutscher Psychiatrien und Heilanstalten abzustellen. Er sei sich bewusst, dass die Tötung von Patienten »keine angenehme Aufgabe« sei. Er wolle sich von »Unannehmlichkeiten« nicht ausschließen und stehe daher zur Verfügung, »die Tötung des ersten Geisteskranken selbst durchzuführen«.[504]

Wenngleich es aufgrund der Verschleierungstaktik der SS im DRK heute nicht mehr möglich ist, eine systematische Beteiligung des DRK am Krankenmord nachzuweisen, sollte man sich nicht nur auf einzelne Fälle konzentrieren, in denen die Beteiligung des Fuhrparks oder Personals bei der Überführung in die Tötungsanstalten nachgewiesen werden kann, wie es auch in der neueren Forschung noch immer üblich ist.[505] Vielmehr ist angesichts der personellen Verflechtung von SS und DRK im ärztlichen Bereich und der Kontrolle seitens der SS über Geldmittel, Immobilien, Kraftfahrzeuge, Instrumente, Medikamente und Nahrungsmittel des DRK von einer durchaus zentralen Beteiligung des DRK am Konzentrationslagersystem und am Krankenmord auszugehen.

Der Erste, der einen Massenmord an Patienten von Heil- und Pflegeanstalten verantwortete, war allerdings nicht Grawitz, sondern ein alter Bekannter Carl Eduards: Der einstige Oberbürgermeister von Coburg Schwede war mittlerweile zum Gauleiter von Pommern aufgestiegen. Die früheren Differenzen des

Herzogs mit dem Emporkömmling in der NSDAP waren vergessen. Immer wieder trafen sich die beiden Coburger in Berlin, um in Erinnerungen zu schwelgen, zu feiern oder sich über Hitler auszutauschen, den Schwede ebenso wie Carl Eduard über alle Maßen verehrte.[506]

Unmittelbar zum Kriegsbeginn schlossen Himmler und Schwede eine Vereinbarung, welche die Übergabe der staatlichen Krankenanstalten in Pommern an die SS vorsah. Ein Großteil der Patienten sollte im Zuge dessen schlichtweg ermordet werden. Die Opfer aus Pommern wurden nach Neustadt in West-Preußen transportiert, wo sie in einem nahegelegenen Wald von einem SS-Kommando unter der Führung des Sturmbannführers Kurt Eichmann erschossen wurden.[507] Politische Häftlinge aus Stutthof[508] in der Nähe von Danzig hatten große Gräben ausgehoben, die nun als Massengräber dienten. In zwei Mordaktionen im Oktober und November 1939 wurden insgesamt 3500 Menschen ermordet.[509]

Schwede war auch gemeinsam mit Albert Forster und Arthur Greiser an der ersten Ermordung psychisch Kranker in einer Gaskammer im Oktober 1939 im Fort VII in Posen beteiligt. Die Gauleiter hatten sich an Himmler gewandt, der nach der Genehmigung durch Hitler Personal aus der SS für jene erste »Probevergasung« zur Verfügung stellte, wobei bis zu 400 Kranke ermordet wurden.[510] Schwede war damit als Weggefährte des Herzogs von Coburg ein maßgeblicher Initiator der auch ideologisch begründeten »rassenpolitischen Flurbereinigung« durch Krankenmorde.[511]

Wie andere Täter der zweiten Reihe war Carl Eduard in seinen persönlichen Aufzeichnungen sehr vorsichtig. Kein verräterisches Wort findet sich in seinem Taschenkalender über seine zweifellos vorhandenen Kenntnisse bezüglich der Ausplünderung des DRK durch die SS, der Verstrickung in Menschenversuche und des Krankenmordes. In der deutschen Gesellschaft war weithin bekannt, dass seit Herbst 1939 Kranke und Behinderte ermordet wurden.[512] Und so scheint es sehr unwahrscheinlich, dass gerade der Präsident des DRK und Vertraute Schwedes erst 1941 von den Krankenmorden erfahren hatte, nachdem eine »Nichte von ihm vergast worden war« – so Carl Eduards Verwaltungschef Voigts in einem Spruchkammerverfahren 1950.[513] Es war wohl eher ein Ausdruck der Konformität Carl Eduards mit dem Regime und des Gehorsams, mit dem er Hitler folgte, dass er »Erzählungen über die Vergasung Irrer« immer »mit Entrüstung zurückgewiesen« hatte, wie seine Ehefrau in einer eidesstattlichen Versicherung im August 1946 aussagte.[514]

Aus Carl Eduards Taschenkalender lässt sich immerhin entnehmen, dass er sich zwischen Januar 1937 bis zum Kriegsbeginn und der Aufnahme der Ermordung von Patienten der Heil- und Pflegeanstalten im September 1939 nahezu monatlich mit Grawitz traf, um sich »Vortrag« über die Entwicklungen im DRK halten zu lassen.[515] Ob diese Begegnungen im Herbst 1939 eingestellt wurden oder ob der Herzog von Coburg lediglich unterließ, sie zu vermerken, weil er sehr wohl wusste, wie eng Grawitz in das Mordprogramm eingebunden war, bleibt freilich ungeklärt. Nachweislich verhandelte Carl Eduard wieder 1941 mit Grawitz über Organisationsfragen des DRK.[516] Als Präsidenten des DRK empfingen der Herzog von Coburg und Grawitz 1943 auch Burckhardt, der im Auftrag des IKRK erneut von Genf nach Berlin gereist war, um diesmal über die Behandlung von Kriegsgefangenen in deutschem Gewahrsam zu konferieren.[517] Zu diesem Zeitpunkt waren die Mordaktionen an Kranken und Behinderten im Deutschen Reich schon lange kein Geheimnis mehr und – wie gesagt – zweifellos auch zum Präsidenten des DRK durchgedrungen. Carl Eduard ließ sich hiervon allerdings keineswegs abhalten, sich mit einem der führenden Männer bei der Organisation der »Euthanasie« einmütig gegenüber dem IKRK zu präsentieren.

Das Reichspropagandaministerium ging davon aus, dass vor allem auch im Ausland bereits seit Frühjahr 1940 der Krankenmord in nationalsozialistischen Heil- und Pflegeanstalten weithin bekannt war.[518] Goebbels ordnete an, dass künftig die angeblich humanitäre Arbeit des DRK in der Propaganda stärker betont werden sollte.[519] Bereits seit 1938 hatte Grawitz daran gearbeitet, dass die Ausrichtung des DRK als nationalsozialistisches Sanitätskorps im Ausland kaschiert wurde. Der Auslandsdienst des DRK war an Georg Hartmann übergeben worden, der nun wieder stärker die humanitären Anliegen des DRK propagierte und explizit vermied, die militaristisch-rassistische SS-Sprache zu gebrauchen, die das DRK schon lange durchsetzte.[520] Er reiste vierteljährlich nach Genf zum IKRK und schien dort durchaus erfolgreich gewesen zu sein.[521]

Hartmann regte auch propagandistisch zu nutzende Hilfsaktionen in Krisengebieten an, wie beispielsweise nach einem Erdbeben in der Türkei Anfang 1940. Ribbentrops Auswärtiges Amt war allerdings mit dem Effekt dieser Hilfsmaßnahme alles andere als zufrieden. Türkische Zeitungen hatten die Hilfssendungen per Flugzeug als reine Propaganda bezeichnet und zogen Parallelen von den Rotkreuzmaschinen zu den Bombern mit Hakenkreuzen, die polnische Städte dem Erdboden gleichgemacht hatten.[522] Es war also an der Zeit, dass der Herzog von Coburg sich wieder im Gewand des Menschenfreundes an Hitlers Seite auf eine Goodwilltour um die Welt begab.

9
Die zweite Weltreise 1940

Anfang 1940 erhielt Carl Eduard einen neuen Diplomatenpass. Die Aufenthalts- und Durchreisevisa für seine Weltreise sollten über 20 Seiten umfassen. Diesmal führte die Reiseroute von Berlin über Posen, Warschau, Brest und Smolensk nach Moskau.

Von dort ging es mit der transsibirischen Eisenbahn weiter bis nach Hsinking, der Hauptstadt von Mandschuko. Am 21. Februar wurde die Reise per Schiff in Richtung San Francisco fortgesetzt, wo Carl Eduard am 7. März ankam. Mit dem Zug ging es nun über Chicago nach Washington D. C., wo es dem Herzog von Coburg gelang, am 18. März von Präsident Franklin D. Roose-

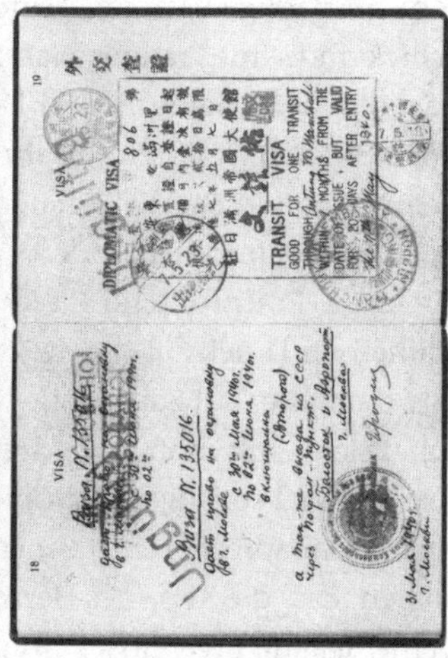

Abb. 24 Deckblatt und Seiten des Diplomatenpasses Carl Eduards von 1940

velt im Weißen Haus empfangen zu werden. Es folgte eine schier endlose Reihe von Teepartys, Dinner-Runden und Bällen in New York und Umgebung, bis Carl Eduard schließlich am 13. April die USA von Los Angeles aus per Schiff Richtung Japan verließ. Dort wurde er am 30. April von Kaiser Hirohito empfangen. Mitte Mai ging die Reise zurück Richtung Europa wieder über Mandschukuo nach Moskau, wo am 31. Mai ein Gespräch zwischen Carl Eduard und dem russischen Außenminister Wjatscheslaw Molotow stattfand.

Die Spesen wurden – wie schon 1934 – durch das Auswärtige Amt getragen.[523] Ribbentrop gab auch die Weisung aus, die Reise des Herzogs solle ausdrücklich als »unpolitisch« bezeichnet werden; daran habe sich auch Carl Eduard selbst zu halten.[524] In Wirklichkeit allerdings hatte auch diese zweite Weltreise des Herzogs von Coburg höchst brisante politische Hintergründe: In den USA versuchte Carl Eduard die Vorstellung zu zerstreuen, »dass das nationalsozialistische Deutschland für humanitäre Dinge nichts übrig« habe.[525] Wieder einmal sollte er, gestützt auf seinen »guten« hochadligen Namen, seinen Charme, sein Verhandlungsgeschick und seine Freundschaft zu Hitler, vor aller Welt beteuern, dass die Menschenrechte im Deutschen Reich und nun auch in den besetzten Gebieten gewahrt blieben. Berichte über den Krankenmord und über die Untaten in Polen sollte er vergessen machen und damit nicht zuletzt die USA von einem Kriegsbeitritt abhalten. Entsprechend dieser brisanten Ziele übte Ribbentrop immensen Druck auf die deutsche Botschaft und die Konsulate aus, damit sie Carl Eduard alle Gelegenheit verschafften, »freundschaftlich« mit hohen Vertretern des Amerikanischen Roten Kreuzes und sonstigen Persönlichkeiten der USA aus Wirtschaft und Politik sprechen zu können. Alle Mitarbeiter hatten dafür zu sorgen, dass die Reise des Herzogs von Coburg »gut verläuft und befriedigende Ergebnisse« bringe.[526] In Japan wiederum ging es um die Beseitigung ernsthafter diplomatischer Krisen und um den Grundstein für künftige Bündnisverhandlungen.

Washington D. C., 18. März 1940: Die große Lüge im Weißen Haus

Am 18. März wurde der Herzog von Coburg gemeinsam mit dem Präsidenten des Amerikanischen Roten Kreuzes Davis für 20 Minuten in den Privaträumen des Präsidenten Roosevelt im Weißen Haus empfangen. Roosevelt war schwer an Grippe erkrankt. Dennoch hatte er sich entschlossen, den berühmten Abgesandten Hitlers zu sprechen. Carl Eduard notierte zufrieden in seinem Terminkalender: »Eine Persönlichkeit, sehr sympathisch.«[527] Vor allem befragte ihn Roosevelt zu den »Gesundheitsverhältnissen in den besetzten polnischen Gebieten«,[528] woraufhin der Herzog von Coburg beteuerte, er könne sich verbürgen, dass das Leben in Polen wieder nahezu »normal« sei.[529] Ob nun Roosevelt dem netten weißhaarigen Mann mit den guten Manieren glaubte oder nicht: Er verabschiedete Carl Eduard mit den Worten, er sei sicher, dass seine Reise »sehr viel Gutes bewirke«.[530]

Der Besuch im Weißen Haus und die Lüge zum Leben in Polen unter der deutschen Besatzung wurden vom Stab des Herzogs von Coburg in der Presse immer wieder verbreitet. Dabei wurde auch betont, welch bedeutende Rolle das DRK hierbei spiele: »Still und emsig«, so sagte Carl Eduard beispielsweise bei einem Empfang in Los Angeles, »ohne jegliche Siegesfanfaren« habe sich das DRK darangemacht, das Gesundheitswesen und die Ernährungslage der Polen wieder im selben Umfang aufzubauen, den sie in Friedenszeiten hatten. Und selbstverständlich kümmere sich das DRK genauso um die Polen und sogar die Juden wie um die eigenen Leute – wenn nicht gar mehr.[531]

Dass solche Aussagen ein Forum fanden und der Herzog von Coburg selbst im Weißen Haus empfangen wurde, kam einem Wunder gleich und war zweifellos seiner Herkunft, seiner vermuteten Stellung als Gewährsmann Hitlers und nicht zuletzt seinem diplomatischen Geschick geschuldet. Die deutsche Botschaft in Washington hatte ursprünglich mit »erheblichen Schwierigkeiten« gerechnet.[532] Im abgekühlten Klima, das seit dem Überfall auf Polen in den USA gegenüber Deutschland herrschte, erwartete man »Angriffe und Kritik« gegen den »propagandistischen Charakter« der Reise.[533] Denn – so schrieb die Botschaft – es sei wohl kaum vermeidbar, dass die Reise des Herzogs von Coburg als eine »politische Mission Hitlers« ausgelegt werde.[534] Zur Verschleierung dieser »Propaganda« sollte Carl Eduard sich ständig mit »möglichst vielen Vertretern des Amerikanischen Roten Kreuzes« umgeben.[535] Das Amerikanische Rote Kreuz erklärte allerdings, es habe gar keine Einladung an den Herzog von Coburg ausgesprochen, und gegenwärtig komme sein Besuch nicht gelegen.[536]

In der Tat wurde Carl Eduard ab und an »mit kühler Zurückhaltung« empfangen.[537] Einige Veranstaltungen mussten abgesagt werden, weil die geladenen Gäste nahezu vollzählig nicht erschienen.[538] Bei jeder Gelegenheit versuchte auch das Amerikanische Rote Kreuz, den Besuch des Herzogs zu »sabotieren«.[539]

Zudem gab es in Chicago vor dem Hotel des Herzogs von Coburg Proteste von Exilpolen mit Transparenten, die den Besuch des Präsidenten des DRK in den USA als »Lügenpropaganda« anprangerten. Sie skandierten, der Herzog von Coburg solle zurück nach Deutschland »abhauen« und Hitler sagen, dass der für alles, was er den »friedliebenden Polen« angetan habe, bezahlen müsse. Carl Eduard kommentierte dies umgehend vor der Presse als »Dreistigkeit« und »dumme, schändliche Lügen«.[540] Einige Journalisten, wie die New Yorker Kolumnistin Boake Carter und ihre Washingtoner Kollegin Helen Essary, schrieben bissige Kommentare: Carter bezichtigte den Präsidenten des DRK des »Missbrauches seines so international bedeutsamen Amtes« für »reine Propaganda«.[541] Essary schrieb, es sei offensichtlich, dass Hitler Carl Eduard aufgrund seiner Titel und Herkunft als Gesandten ausgesucht habe. Der »Enkel der Queen Victoria«, ein »kleiner und sanfter Gentleman«, sei in seiner »bescheidenen und gutmütigen Art« eine »gute Besetzung für Hitlers Zwecke«.[542] Weit deftigere Worte fand die *San Francisco News*, die von »Hitlers Freund« als einem »kleinen verflixten Kerl mit Führerbärtchen« berichtete. In seinem »abgehackten britischen Akzent« weiche er allen unliebsamen Fragen geschickt aus.[543]

Solche Kritik war allerdings selten, was nicht zuletzt den altbewährten Rollen geschuldet war, zwischen denen Carl Eduard auch 1940 in den USA hin- und herwechseln konnte. So trat er als »Victoria's Grandson«[544] und Bruder von »Kanadas First Lady« auf (Athlone war mittlerweile als Gouverneur nach Kanada entsandt worden)[545] oder eben als »enger Freund des Führers«,[546] dem man unbedingt Glauben schenken konnte, wenn es um die Vorstellungen Hitlers ging. Viele amerikanische Zeitungen priesen den Herzog von Coburg als »liebenswürdigen und intelligenten Zeitgenossen«, der in London und Paris genauso zu Hause sei wie in Berlin und ebenso kosmopolitisch sei wie das Rote Kreuz selbst.[547]

Im Duktus eines »wahren Menschenfreundes« willigte Carl Eduard am 15. März – nach Rücksprache mit Ribbentrop – in eine Vereinbarung mit dem Amerikanischen Roten Kreuz über die Verteilung von amerikanischen Nahrungs- und Sachmittelspenden durch das DRK im besetzten Polen ein.[548] Das konnte zunächst den Eindruck erwecken, als gestehe man dadurch indirekt ein, dass das DRK doch nicht genügend für die Polen unternehme, und es bedeutete zudem durchaus unliebsame Arbeit für das DRK. Letztendlich aber eröffnete diese Vereinbarung – wie noch genauer zu zeigen sein wird – ungeahnt reichhaltige Möglichkeiten zur Plünderung der Hilfssendungen durch die SS.[549] Doch davon ahnten Davis und das Amerikanische Rote Kreuz noch nichts – angesichts des freundlichen, verbindlichen und seriösen Mannes, mit dem sie verhandelten.

Die deutsche Botschaft in Washington D. C. und das Auswärtige Amt verbuchten die Reise als »ganz großen Erfolg«.[550] Endlich sei Deutschland wieder »zu einem Gesprächsthema« in den USA geworden. Und es sei der »amerikanischen Öffentlichkeit« gezeigt worden, dass das Deutsche Reich »nicht von aller Welt abgeschnitten« sei, sondern durchaus Kontakte zu hochgestellten und einflussreichen Kreisen in den USA aufrechterhalten oder knüpfen könne.[551] Zu verdanken habe man dies dem »geschickten und überzeugenden Auftreten« Carl Eduards.[552] »Unermüdlich« habe er für die »Sache des Führers« zur Verfügung gestanden. Und durch »sein liebenswürdiges Auftreten« habe er überall einen »nachhaltigen Eindruck hinterlassen«.[553] Es scheint, als hätte der Herzog von Coburg in den Augen des Regimes seine Sache wieder einmal sehr gut gemacht.

Er selbst war regelrecht berauscht vom Jubel und Applaus, der ihn meist umgab, und versandte Dankesschreiben an die deutschen Dienststellen[554] sowie Fotografien mit Autogramm an seine amerikanischen Gesprächspartner[555] – eine typische monarchische Geste, die er in Jugendjahren von seinem Vetter Kaiser Wilhelm II. erlernt hatte.

Tokio, 30. April 1940: Hitlers Botschaft an Hirohito

Am 13. April ging es von Los Angeles per Schiff wieder nach Japan, wo Carl Eduard – nach geduldigem Warten – schließlich am 30. April 1940 von Kaiser Hirohito empfangen wurde.[556] Offizieller Anlass waren Glückwünsche zum 2600-jährigen Bestehen des japanischen Kaiserhauses. Eine Einladung durch Japan hatte es hierfür allerdings nicht gegeben, denn um die diplomatischen Beziehungen zwischen dem Deutschen Reich und Japan stand es – gelinde gesagt – nicht zum Besten.

Das deutsch-japanische Verhältnis war seit August 1939 durch den deutsch-sowjetischen Nichtangriffspakt schwer gestört – um nicht zu sagen zerstört. Der Pakt garantierte dem Deutschen Reich die sowjetische Neutralität bei einer kriegerischen Auseinandersetzung mit Polen und den Westmächten. Damit war das Bündnis mit Japan gegen die Kommunistische Internationale vom November 1936 *de facto* gebrochen worden. Die japanische Regierung protestierte und legte die seit 1938 laufenden Verhandlungen über eine militärische Zusammenarbeit mit dem Deutschen Reich auf Eis.[557]

Als Carl Eduard am 25. April in Yokohama eintraf, wurde er zunächst von einem Ministerialdirektor des japanischen Außenministeriums und lokalen Würdenträgern empfangen. Das deutsche Empfangskomitee, das aus dem Stab der Botschaft, dem Ortsgruppenleiter der japanischen NSDAP-Auslandsorganisation, Vertretern der Hitlerjugend und der Deutschen Gemeinde in Tokio bestand, war eindeutig in der Überzahl. Von der kaiserlichen Familie war niemand erschienen, ein kaum falsch zu verstehendes Zeichen der diplomatischen Krise.[558]

Obwohl er angemeldet war, hatte Carl Eduard sich in die Besuchslisten des Kaiserhauses einzutragen. Danach konnte er erste Gespräche mit dem Ministerpräsidenten sowie dem Außenminister und dem Kriegsminister führen.[559] Es folgte an Schreinen des Kaiserhauses und der Armee eine »mit großer Aufmerksamkeit der japanischen Öffentlichkeit« verfolgte Totenehrung. Erst nachdem der Herzog von Coburg sich vor den Überresten japanischer Kriegshelden verneigt und Kränze des Deutschen Reiches niedergelegt hatte, wurde er von Prinz Chichibu eingeladen.[560] Darüber jedoch, ob er mit dem Kaiser würde sprechen können, ließ man Carl Eduard noch weitere zwei Tage im Unklaren.

Schließlich wurde er am Morgen des sechsten Tages seines Aufenthalts in Tokio von Hirohito und Generalfeldmarschall Prinz Kann'in Kotohito empfangen.[561] Bei der Audienz überreichte der Herzog von Coburg dem Kaiser in einer »reich verzierten Kassette« ein Handschreiben Hitlers.[562] Hirohito übermittelte Carl Eduard eine Dankesbotschaft an Hitler und revanchierte sich, indem er dem Herzog hohe japanische Orden verlieh.[563] Auf den anschließenden Empfängen schwor man sich bei Tischreden auf das »gegenseitige Verständnis des deutschen und japanischen Volkes ein«, das »tief in ihrer jeweiligen alten Kultur« begründet sei. Man teile schließlich den »tapferen Soldatengeist und die heiße Vaterlandsliebe«. Daher würden auch die freundschaftlichen Beziehungen künftig fortbestehen.[564] Was auch immer das Handschreiben Hitlers enthalten haben mag, das Carl Eduard in einem Kästchen verschlossen bei dieser Audienz überreichte: Es scheint die diplomatischen Spannungen beseitigt zu haben.

Die Verbrechen von Mandschukuo

Der Preis, der für die Wiederaufnahme der Verhandlungen an Japan gezahlt wurde, bestand freilich nicht nur aus Warten, Ehrbezeugungen und einem Handschreiben Hitlers. Wie schon 1934, so hatte Carl Eduard wieder einen Aufenthalt in der von China annektierten Mandschurei zu absolvieren. Diesmal sogar zweimal. Bereits am 14. Februar – während seiner Hinreise in die USA – hatte der Herzog von Coburg die Hauptstadt von Mandschukuo besucht.[565] Hier wurde er durch den Präsidenten des Roten Kreuzes von Mandschukuo empfangen und – verfolgt von einem regelrechten Presseaufgebot – durch karitative Einrichtungen und Krankenhäuser geführt – als ob man den Präsidenten des DRK und die Weltöffentlichkeit davon überzeugen wollte, dass in der besetzten Mandschurei die Menschenrechte eingehalten würden und das Japanische Rote Kreuz alles unternehme, um die chinesische Bevölkerung gut zu versorgen. Das war der wohl einzige Fall, in dem ein Vertreter des nationalsozialistischen Deutschlands vom Ausland für die Verdeckung humanitärer Verbrechen instrumentalisiert wurde.

Fünf Autostunden nordöstlich von Hsinking in Harbin betrieb seit Ende der 1930er Jahre die sogenannte Einheit 731 ihre Forschungseinrichtungen. Vergleichbar mit den Menschenversuchen in deutschen Konzentrationslagern, die unter Grawitz auch mit Beteiligung des DRK durchgeführt wurden, erprobte die japanische Armee in dieser geheimen Einrichtung biologische und chemische Waffen. Auch wurden Unterkühlungs- und Unterdruckexperimente ähnlich denen im Konzentrationslager Dachau durchgeführt. Wenige Monate nach dem Besuch Carl Eduards – im Oktober 1940 – lief eine Reihe von mindestens sechs Feldversuchen an, bei denen ganze Landstriche mit Milzbrand- und Pesterregern verseucht wurden, wobei mindestens 2000 Menschen umkamen. Insgesamt ermordete die Einheit 731 in Mandschukuo bis 1945 mindestens 3500 koreanische und chinesische Zivilisten bei den Versuchsreihen; nach Beginn des Krieges kamen noch mehrere Hundert sowjetische, russische und britische Kriegsgefangene hinzu.[566]

Die deutsche Botschaft, das Auswärtige Amt und sehr wahrscheinlich auch der Herzog von Coburg wussten vermutlich nichts von den streng geheimen verbrecherischen Aktivitäten der Japaner in Mandschukuo. Allein in den USA waren Nachrichten durchgesickert. Doch wurden diese nun als Gerüchte abgetan, da sich ja mit Carl Eduard ein »unabhängiger« Rotkreuzpräsident über die Zustände vor Ort informiert hatte.[567]

Ein paar Tage nach diesem ersten Aufenthalt des Herzogs von Coburg in Hsinking ließ sich die japanische Regierung auf erste zaghafte Gespräche über das deutsche Bündnis mit der UdSSR ein, wie das Deutsche Nachrichtenbüro erleichtert vermeldete.[568] Bei seinem zweiten Aufenthalt in Mandschukuo 1940 wurde Carl Eduard schließlich – erneut unter Beteiligung der Presse – von Pu Yi empfangen, dem in China abgesetzten und von der japanischen Regierung in Mandschukuo installierten Kaiser.[569] Es gab wohl kaum eine wirkungsvollere Inszenierung, um den Marionettenmonarchen und das japanische Unrechtsregime zu sanktionieren, als dieses Treffen mit einem Enkel Queen Victorias.[570]

Von Mandschukuo aus fuhr Carl Eduard nach Moskau, wo er

am 31. Mai 1940 ein Gespräch mit Außenminister Molotow führte.[571] Vermutlich hatte er auch hier sein Verhandlungsgeschick zu beweisen, um nun Irritationen mit dem sowjetischen Bündnispartner beizulegen. Denn französische Zeitungen und auch die *New York Times* hatten die Meldung verbreitet, dass der Herzog von Coburg nach Japan fahre, um »in wichtiger Mission« das deutsch-japanische Bündnis gegen die kommunistische Internationale wieder zu festigen.[572] Das musste natürlich beim neuen Bündnispartner in Moskau zu kritischen Nachfragen führen.

Insgesamt kann man davon ausgehen, dass die Reise des Herzogs von Coburg nach Japan 1940 und der Empfang bei Kaiser Hirohito eine durchaus wichtige Grundlage für die deutsch-japanischen Bündnisverhältnisse bis zum Ende des Krieges legten. Ihm war es gelungen, die diplomatische Krise zwischen dem Deutschen Reich und Japan zu beenden und die freundschaftlichen Beziehungen, die er im Kaiserhaus schon 1934 gestiftet hatte, wiederaufleben zu lassen. Entsprechend wurde Carl Eduard am 20. Juli die seltene Gunst zuteil, fast eine ganze Stunde mit Hitler unter vier Augen in der Berliner Reichskanzlei zu sprechen und ihm über die Ergebnisse seiner Reise zu berichten.[573]

Knapp zwei Monate später – am 27. September 1940 – schlossen das Deutsche Reich, Italien und Japan den Dreimächtepakt.[574] Am 22. Juni 1941 überfiel die deutsche Wehrmacht die Sowjetunion. Am 7. Dezember 1941 bombardierten japanische Marineluftstreitkräfte die Pazifikflotte der USA bei Pearl Harbor auf der Hawaii-Insel Oahu. Am Tag darauf traten die USA in den Krieg ein. Am 11. Dezember erklärte Hitler den USA den Krieg.

10
Der Herzog von Coburg und der Holocaust

Im Generalgouvernement

Im Oktober 1940 reiste Carl Eduard in das Generalgouvernement Polen. Auf dem Programm standen »eine Besichtigungsfahrt« und die »Anerkennung der Arbeit des DRK«.[575] Dort wie in den übrigen von der Wehrmacht besetzten Ländern Europas waren »Beauftragte des Roten Kreuzes« eingesetzt worden. Sie regelten die Zusammenarbeit mit der Wehrmacht und betrieben Erholungs- oder Versorgungseinrichtungen für deutsche Soldaten. Überdies waren sie für die Kontakte mit den Rotkreuzgesellschaften der besetzten Länder zuständig.[576] Diese »Zusammenarbeit« war durchdrungen von der Rassenideologie der SS, denn die Landesführer des DRK wurden in der Regel durch Inhaber hoher SS-Ränge besetzt, die besonders versiert in der »Erb- und Rasseforschung« waren.[577] Entsprechend war das Verhalten des DRK gegenüber dem Polnischen Roten Kreuz von Arroganz, Missachtung, Unterdrückung und Gewalt geprägt.[578]

Insgesamt bestand die zentrale Funktion des DRK in den besetzten Ländern Osteuropas darin, die nationalsozialistische Rassenideologie in die Praxis umzusetzen. Durch »Sauberkeitsaktionen« sollten die Gesundheit der Arier im besetzten Polen gesichert und alle Gefährdungen »ausgemerzt« werden. Dabei sollten sukzessive ethisch-moralische Schranken bei DRK-Krankenschwestern und Ärzten sowie jedes als »Sentimentalität« verunglimpfte Mitleid abgebaut werden. Welche Geisteshaltung hiermit verbunden sein konnte, zeigen besonders deutlich die Aufzeichnungen Margarete Himmlers, der Ehefrau des

Reichsführers SS, die gleichzeitig DRK-Führerin war, über eine Inspektionsreise im Generalgouvernement im Dezember 1940: »Dieses Judenpack, die Pollacken, die meisten sehen gar nicht wie Menschen aus, u. der unbeschreibliche Dreck. Es ist eine unerhörte Aufgabe, dort Ordnung zu schaffen.«[579]

Während seiner Reise ins Generalgouvernement holten den Herzog von Coburg die Vereinbarungen ein, die er ein paar Monate zuvor mit dem Präsidenten des Amerikanischen Roten Kreuzes über die Verteilung von amerikanischen Spenden geschlossen hatte: Unmittelbar nach diesen Absprachen waren erste Sachmittelspenden von Quäkern eingetroffen, die nun – wie ausgemacht – durch das DRK als Treuhänder der notleidenden polnischen Bevölkerung zur Verfügung gestellt werden sollten.[580] Die Vertreter des DRK redeten sich diese lästige Aufgabe schön und sprachen darüber, dass man mit dieser an sich »unnötigen Maßnahme« ja auch einen Aufruhr der hungernden Polen oder den Übergriff von Seuchen nach Deutschland verhindern könne.[581]

Währenddessen versuchten im DRK tätige SS-Männer immer wieder, Hilfsgüter zugunsten der Wehrmacht und der SS umzulenken. Die Führer des Polnischen Roten Kreuzes, die Einspruch einlegten, wurden massiv bedroht und attackiert. So wurde der polnische Präsident des Hilfsausschusses Graf Adam Feliks Ronikier abgesetzt, während der Vizepräsident des Polnischen Roten Kreuzes Janusz Radziwill Hals über Kopf in die Schweiz floh. Damit entging er einem ähnlichen Schicksal wie die Vertreterin des Polnischen Roten Kreuzes im Hilfsausschuss, Pauline von Lubienska, die von der SS in ein Konzentrationslager eingeliefert wurde.[582] Die Dienststelle des Herzogs von Coburg hatte alle Hände voll zu tun, um das Amerikanische Rote Kreuz schlussendlich zu einem Abschlussbericht zu bewegen, in dem es – entgegen der tatsächlichen Umstände – hieß, das DRK habe »bei der Verteilung der Spenden absolut ordnungsgemäß« gehandelt – und zwar auch gegenüber der jüdischen Bevölkerung.[583]

Während Carl Eduards Aufenthalt im Generalgouvernement wurde debattiert, das Polnische Rote Kreuz nach Abschluss der Verteilung der Hilfsgüter aufzulösen oder unter die Aufsicht des DRK zu stellen.[584] In einem solchen Fall wären massive Widerstände aus dem Ausland und vor allem aus den – noch neutralen – USA zu erwarten gewesen.[585] So war es keineswegs einem Anflug von Menschlichkeit und Mitleid geschuldet, als der Herzog von Coburg sich schließlich bei Grawitz dafür aussprach, dass das Polnische Rote Kreuz im Hinblick auf »internationale Rückwirkungen zumindest zunächst« nicht aufgelöst werden solle.[586]

Anders als immer wieder im Ausland vermittelt wurde,[587] zeigte Carl Eduard nur wenig Interesse für die notleidende Bevölkerung. Anstatt sich über (letztlich kaum vorhandene) Hilfsmaßnahmen des DRK zu vergewissern, ließ er sich von den einzelnen Gouverneuren bewirten und »überzeugte« sich bei Paraden und Aufmärschen von der Arbeit des DRK. Über das von den deutschen Bombenangriffen stark zerstörte Warschau ging es nach Lublin und Radom, wo die deutschen Besatzer bereits konkret über die Deportation und Ermordung der jüdischen Bevölkerung nachdachten. Bei einem Frühstück »im engeren Kreis« in Hans Franks Landschloss Kressendorf versicherten der Generalgouverneur und der Herzog von Coburg einander, wie sehr sie mit den »Leistungen« des DRK in Polen zufrieden seien. Abends besuchten sie gemeinsam das feierliche Eröffnungskonzert der Krakauer Philharmonie.[588]

Die Verbrechen aus der zweiten Reihe: Wegschauen, leugnen und unterlassene Hilfeleistungen

Die Reise des Coburger Herzogs ins Generalgouvernement war nicht nur hinsichtlich der Verteilung der amerikanischen Hilfsgüter und der Konflikte mit dem Polnischen Roten Kreuz wohlterminiert. Frank hatte auf eine allgemein beruhigende Wirkung gebaut, als er den Präsidenten des DRK gerade zu der Zeit kommen ließ, in der die Grundlagen für die Deportation und Ermordung aller Juden im Generalgouvernement gelegt wurden: Am 2. Oktober 1940 war an alle jüdischen Einwohner von Warschau der Befehl ergangen, innerhalb von sechs Wochen in ein festgelegtes Gebiet westlich des Stadtzentrums umzusiedeln. Vier Wochen nach der Abreise Carl Eduards aus Polen – in der Nacht vom 15. auf den 16. November – wurde mit der Abriegelung des Ghettos begonnen.[589]

Ab Sommer 1942 lief schließlich die »Aktion Reinhard« an – so benannt nach Reinhard Heydrich, den Carl Eduard 1935 empfangen hatte. Die systematische Ermordung aller Juden und Roma des Generalgouvernements war beschlossene Sache, und die Transporte in die Vernichtungslager Belzec, Treblinka und Sobibor begannen.[590]

Es ist unwahrscheinlich, dass der Herzog von Coburg bei seiner Rundreise durch das Generalgouvernement nichts von den Vorgängen um ihn herum mitbekam, mit denen die »Lösung der Judenfrage« vorbereitet wurde. Misshandlungen an Juden waren auch im Herbst 1940 im besetzten Polen unübersehbar. Seit Mai 1940 lebten um die 160000 Juden unter menschenunwürdigen Bedingungen im Ghetto zu Łódź eingeschlossen.[591] Er schien sich schlichtweg nicht hierfür zu interessieren. So störte er sich auch nicht daran, dass mit ihm gemeinsam ein Hauptprotagonist des Holocaust und Massenmörder an der Spitze des DRK stand: Denn als Reichsarzt SS war Grawitz auch verantwortlich für die Selektion der Häftlinge in den Vernichtungslagern, bei der entschieden wurde, wer nach der Ankunft noch ein paar Wochen weiterleben und wer sofort ins Gas zu gehen hatte. Außerdem oblag Grawitz die Aufsicht über die »ärztliche Überwachung« der Massenmorde in den Vernichtungslagern durch die Ärzte des SS-Sanitätswesens, die oft das Abzeichen des DRK trugen.[592]

Wie viele seiner Zeitgenossen hinterließ Carl Eduard keinerlei

Hinweise, die auf Kenntnisse über den Holocaust schließen lassen. Nach 1945 behauptete er standhaft, nichts von der Ermordung der Juden gewusst zu haben. Spätestens seit 1942 war es allerdings überall im Reich ein »offenes Geheimnis«, dass die Juden im Osten »vernichtet« wurden.[593] Das kann auch dem Herzog von Coburg – zumal als Präsident des DRK – nicht entgangen sein. Jedenfalls nutzte er seine Bekanntschaft mit Hitler, Grawitz, Himmler und Heydrich nie, um der Angelegenheit auf den Grund zu gehen oder Juden vor der Deportation zu retten. Ebenso legte er das Amt des Präsidenten des DRK nie ab – einer Organisation, die zunehmend zur Mordmaschine verkam und von der Entrechtung und Enteignung der Juden enorm profitierte. Wenn Carl Eduard auch nur einmal einen Blick in die Kassenbücher Pohls geworfen hat, muss er darüber informiert gewesen sein, dass die Dienststellen des DRK unmittelbar Bestände aus dem Hab und Gut der Deportierten erhielten. Überall im Reich beschlagnahmte die Gestapo aus dem Gepäck der Juden vor dem Abtransport Medikamente, Lebensmittel und Kleidung und reichte sie an das DRK weiter.[594]

Anfragen des IKRK zu den Deportationen beantwortete das DRK unter Carl Eduard lapidar mit dem Satz: »Auskünfte über Nichtarier aus den besetzten Gebieten können nicht gegeben werden.« Das IKRK solle außerdem künftig von solchen Anfragen absehen.[595]

Wann immer jemand sich auf der Suche nach Hilfe an den Herzog von Coburg selbst wandte, schritt dieser den üblichen Dienstweg ein und denunzierte die Betreffenden beim Gestapo-Chef Heydrich. Nur ein heute noch bekannter Fall von vermutlich hunderten ähnlichen Vorgängen ist derjenige von Martha Liebermann, der Witwe des bekannten Berliner Malers. Für sie hatte sich Ende März 1942 Prinz Eugen von Schweden, der Bruder des schwedischen Königs, bei seinem einflussreichen Verwandten Carl Eduard eingesetzt: Er bat den Herzog von Coburg, für Martha Lieberman eine Ausreisegenehmigung in die USA zu erwirken. Carl Eduard leitete die Anfrage kurzerhand an Heydrich weiter und unternahm keine Schritte, um Martha Liebermann zu retten. Als diese ein knappes Jahr später – mittlerweile 85 Jahre alt – die Aufforderung erhielt, sich zu einem Sammeltransport nach Auschwitz einzufinden, vergiftete sie sich.[596]

Seit dem Winter 1944/45 setzte sich das Schwedische Rote Kreuz – vehementer als jemals das IKRK – für die Rettung von Konzentrationslagerinsassen ein und führte dabei direkt Verhandlungen mit Himmler. Carl Eduard war hierbei nicht eingeschaltet.[597] Als schließlich Graf Folke Bernadotte mit dem Reichsführer SS über weitere Freilassungen verhandelte, zeigte der Herzog von Coburg keine Initiative, was durchaus nahegelegen hätte; denn auch Folke Bernadotte war als Neffe des schwedischen Königs Gustav V. mit Carl Eduard eng verwandt.[598] Zudem war der Herzog von Coburg zu dieser Zeit immer wieder in Stockholm und sprach mit dem schwedischen König, wobei er ihn darin bestärkte, seinen Einfluss geltend zu machen, damit Schweden neutral bleibe.[599] Der Erfolg, den Folke Bernadotte und Prinz Carl schließlich erzielten – es konnten durch die »Aktion der weißen Busse« mindestens 15 000 polnische und westeuropäische Häftlinge gerettet werden, darunter viele Juden –, wurde jedenfalls in keiner Weise durch das DRK oder seinen Präsidenten Carl Eduard herbeigeführt.[600]

Grawitz nahm sich Anfang 1945 das Leben. Der Herzog von Coburg hingegen soll auf Drängen Ribbentrops Ende März 1945 den Vorsitz eines »Komitees zum Schutze des europäischen Menschentums« übernommen haben, das mit den Westalliierten noch vor Kriegsende Verhandlungen führen sollte, um die »Lebensbedingungen des deutschen Volkes unter alliierter Besetzung so erträglich wie möglich zu gestalten«.[601] Nach wie vor baute Ribbentrop darauf, die Aura der Herkunft und den Namen des DRK-Präsidenten nutzen zu können. Und vermutlich wäre wie eh und je der Herzog von Coburg bereitgestanden. Dieses Amt sollte Carl Eduard allerdings nicht mehr ausüben können.

Schluss

Als die Offiziere der US-Armee Friedman und Roberts am 11. April 1945 mit dem Herzog von Coburg sprachen, mussten sie sich aus dem Munde des Präsidenten des DRK und Inhabers vieler anderer Ämter anhören, dass es »Zeit gewesen sei, die Juden zu beseitigen«. Und er beteuerte, dass er jederzeit zur Verfügung stehe, nun die Regierung Deutschlands zu übernehmen. Nach diesem Gespräch geschah für einige Wochen nichts.[1]

Anfang Mai sandten Friedman und Roberts ihren ausführlichen Bericht an ihre Stabsstellen. Erst am 6. Juni 1945 wurde Carl Eduard vom Counterintelligence Corps (CIC), der Militärstrafverfolgungsbehörde der US-Militärregierung, festgenommen und zunächst nach Bayreuth in ein Übergangslager gebracht.[2] Die Veste Coburg und das Schloss Callenberg wurden beschlagnahmt. Der Grund für die Festnahme war der Rang Carl Eduards als SA-Obergruppenführer – keineswegs aber die Verbrechen, die unter seiner Präsidentschaft beim DRK stattgefunden hatten, die Lügen und Beschönigungen, die er bei seinen Missionen für das Dritte Reich verbreitet oder die Tatsache, dass er maßgeblich Hitler zur Macht verholfen hatte.[3]

Es war eine Ironie des Schicksals, dass das Lager, in das man Carl Eduard brachte, von den Amerikanern in den ehemaligen Heil- und Pflegeanstalten Wendelhöfen eingerichtet worden war. Von dort waren von November 1940 bis Juni 1941 fast 100 Patienten im Rahmen des nationalsozialistischen Euthanasieprogramms abtransportiert und ermordet worden.[4] Von Bayreuth wurde der Herzog von Coburg in das berüchtigte Internierungslager Moosburg verlegt, ein ehemaliges Kriegsgefangenenlager, in dem scharfe Bedingungen herrschen. Viele einstige Konzentrationslagerhäftlinge waren dort als Wachen eingesetzt.[5] Nachdem er dort einige Monate täglich zum Appell angetreten war, gelangte Carl Eduard schließlich in das Militärkrankenhaus Mergentheim und dann in das Militärlazarett nach Karlsruhe.[6]

Ende November 1945 war es schließlich auch der *New York Times* eine Meldung wert, dass der »Enkel der Queen Victoria«, der 1940 sogar Präsident Roosevelt getroffen hatte, von den Amerikanern inhaftiert worden war und auf einen Prozess – möglicherweise sogar vor einem Internationalen Militärgerichtshof – warte.[7] Anschließend kam der Herzog von Coburg in das Internierungslager Ludwigsburg, wo auch der Sohn Wilhelms II. und SA-Obergruppenführer August Wilhelm von Preußen inhaftiert war.[8]

Alice Athlone setzte sich vehement für die Freilassung ihres Bruders ein. Ende Mai 1946 ließ sie eine ganze Reihe ihr bekannter Offiziere an Brian Robertson schreiben, den stellvertretenden Militärgouverneur für die britisch besetzte Zone.[9] Im August 1946 wandte sie sich dann selbst an Robertson, der lange in Südafrika gelebt hatte und Alice von ihrer Zeit als First Lady dort kannte. Der Herzog von Coburg sei ein alter und kranker Mann. Man solle ihn doch wenigstens nach Schweden entlassen, wo sich seine Tochter sicherlich um ihn kümmern würde.[10]

Die Briten waren sich bewusst, dass die Lagerhaft des Herzogs von Coburg eine delikate Angelegenheit war. Da er ein enger Verwandter der königlichen Familie war, würde ein langwieriger Prozess auch in England »unliebsame Aufmerksamkeit« erregen.[11]

Robertson leitete die Angelegenheit an seinen Amtskollegen in der amerikanischen Zone weiter, General Lucius D. Clay, der allerdings hart blieb und lediglich eine medizinische Untersuchung des Herzogs von Coburg anordnete.[12] Bereits im Dezember 1946 wurde Carl Eduard dann doch entlassen. Er bezog mit seiner Frau zunächst eine bescheidene Beamtenwohnung am Fuß von Schloss Callenberg.

Im Januar 1948 liefen die Prozesse gegen den Herzog von Coburg vor der Spruchkammer an, die am 6. Juni 1950 vor der Berufungskammer München, Außensenat Nürnberg, mit der Einstufung als Mitläufer und Minderbelasteter endeten. Carl Eduard hatte 5000 DM zu zahlen. Seine diplomatischen Reisen – so die Richter – habe der Herzog von Coburg »lediglich im Interesse humanitärer Bestrebungen« unternommen.[13]

Durch eine Vielzahl von Verbindungen und Persilscheinen war die Berufung der Hauptkammer Ansbach vom 25. März 1949 abgelehnt worden, die gegen die Einstufung Carl Eduards als Minderbelasteter Einspruch eingelegt hatte. Die Begründung für diese letztlich abgelehnte Berufung deckt sich wie kaum ein anderes Dokument mit dem, was in diesem Buch erzählt wurde: Viele Coburger seien auf ihrem Weg zu Hitler »ihrem Herzog« gefolgt, weshalb die ehemalige Residenzstadt Carl Eduards auch zu der frühesten Hochburg der Nationalsozialisten geworden sei. Durch Treffen mit Hitler und die vom Coburger Herzog »geduldete Propaganda mit seinem Namen« sei Hitler »gesellschaftsfähig« geworden. Dabei sei es Carl Eduard im Zuge der Judenverfolgung und des Angriffskrieges recht schnell klargeworden, dass es sich bei Hitler nicht um einen »deutschen Messias«, sondern um einen »pathologischen Verbrecher gigantischen Ausmaßes handelte«.[14]

1950 fanden Carl Eduard und Viktoria Adelheid allmählich wieder zu ihrem gewohnten Lebensstil zurück. Ein paar Wochen verbrachten sie zur Erholung auf Schloss Seeleiten in der Nähe von Murnau am Staffelsee, wo Hitler und Goebbels in den 1930er Jahren zu Gast gewesen waren.[15] Im Frühsommer 1951 konnten der Herzog von Coburg und seine Ehefrau in eine luxuriöse Villa zurückkehren. Am 19. Juli 1953 wurde Carl Eduard 69 Jahre alt. Die Coburger *Neue Presse* berichtete, er habe sich einen Film zur Krönung Queen Elizabeths II. im Kino angesehen und die Stadtkapelle zum Geburtstagsständchen empfangen.[16]

Schwer an Krebs erkrankt, starb der letzte Coburger Herzog am 6. März 1954. Angeblich soll er kurz vor seinem Tod seinem Sohn Friedrich Josias gegenüber beteuert haben, es wäre niemand anders als Queen Victoria selbst gewesen, die ihn immer ermahnt hätte, ein »guter Deutscher« zu sein.[17]

Viktoria Adelheid teilte den Tod ihres Mannes – »Onkel Charly« – der in ganz Europa weitverzweigten adligen Verwandtschaft telegraphisch mit. Die Königin der Niederlande Juliana, der König von Norwegen Haakon, der Chef des Hauses Preußen Louis Ferdinand und viele mehr schickten Blumen und bekundeten warmherzig und sehr persönlich ihr Beileid. Aus dem britischen Königshaus kam keinerlei Reaktion.[18] Bei der Trauerfeier am 10. März hielt der evangelisch-lutherische Dekan Curt Weiß, der schon im Nationalsozialismus Kirchenrat gewesen war, die Ansprache und sagte: Der Herzog von Coburg sei in »seinem guten Glauben, seinem aufrechten und edlen Sinn und seiner unerschütterlichen Treue missbraucht und schließlich im Stich gelassen« worden. Man dürfe gar nicht erwähnen, »welche Schmach und Demütigung Seine Königliche Hoheit, schon ein schwerkranker Mann, nach dem Zusammenbruch durch die brutale und rücksichtslose Siegermacht zu erdulden hatte«. Im Coburger Land möge das Gedächtnis an den letzten Herzog von Sachsen-Coburg und Gotha »immer in Ehren gehalten werden«.[19]

Fast alle öffentlichen Gebäude in Coburg hatten am Tag der Trauerfeier im herzoglichen Mausoleum ihre Fahnen auf halbmast gesetzt. Nur der Landrat verweigerte Carl Eduard diese letzte Ehre, worauf er beim Regierungspräsidium in Bayreuth angezeigt[20] und von einem Landtagsabgeordneten zur Rechenschaft gezogen wurde.[21] Viktoria Adelheid zeigte sich dankbar, dass man dieser »Taktlosigkeit« nachgegangen war.[22]

Sie wurde in den folgenden Wochen regelrecht überschüttet

mit Anteilsbekundungen. Darunter waren auch die Schreiben altgedienter Nationalsozialisten, die ihre Sicht der Dinge noch einmal von sich gaben. So schrieb Georg Hartmann, der unter der Vizepräsidentschaft von Grawitz den Ruf des DRK im Ausland zu retten versucht und an der Verdeckung der Beteiligung des DRK an Verbrechen des Regimes mitgewirkt hatte:[23] Er habe mit dem Herzog von Coburg in den »grundsätzlichen Auffassungen der Humanitätspflichten« des DRK immer übereingestimmt.[24]

Georg von Schnitzler, Vorstandsmitglied der I. G. Farben, der wegen Kriegsverbrechen bei der Ausbeutung französischer und polnischer Chemiebetriebe verurteilt worden war,[25] schrieb von der Milde Carl Eduards und »dem gütigen Lächeln«, mit dem er das »Leiden« seiner letzten »schicksalsvollen Jahre« ertragen hätte.[26]

Der Mann, auf den sich diese Äußerungen bezogen und der unter der Anteilnahme von zahlreichen Schaulustigen schließlich am 12. Oktober 1954 auf dem Privatfriedhof der Familie im Wald bei Schloss Callenberg begraben wurde, war im Kreis der deutschen Adligen nicht der vehementeste Verfechter Hitlers.[27] Sein Großcousin August Wilhelm beispielsweise rührte viel früher und lauter als Carl Eduard die Werbetrommel für den Nationalsozialismus.[28] Der Herzog von Coburg war jedoch der Einzige der ehemals regierenden Bundesfürsten, der sich vorbehaltlos und bis 1945 hinter Hitler stellte. Auch andere Adlige nutzten ihre internationalen Beziehungen und ihre Reputation, um für die Nationalsozialisten zu vermitteln, zu lügen und zu spionieren.[29] Keiner von ihnen allerdings reiste im Auftrag des Dritten Reiches zweimal um die Welt, und keiner hatte so wichtige und zahlreiche Ämter inne wie der Herzog von Coburg.

Abschließend soll hier noch einmal die Frage aufgeworfen werden, was Carl Eduard dazu trieb, das zu tun, was er tat. Die Liste biographischer Prägungen, die man in Rechnung stellen könnte, ist lang und würde wohl von jedem Psychiater als ideal für die Ausbildung einer gespaltenen Persönlichkeit mit narzisstischen Zügen angesehen werden – einer Persönlichkeit, die auf Gedeih und Verderb gefallen und teilhaben wollte. Da waren die Kindheit ohne Vater, die überbehütende Mutter und Schwester, eine auf Pflichterfüllung pochende strenge Großmutter. Da waren biographische Brüche und Ortswechsel zwischen England und Deutschland, der Druck, möglichst rasch ein »guter deutscher Fürst« zu werden, und der kaiserliche Vetter, der mit Gewalt und Demütigungen nicht geizte. Da waren deutsche Kadettenanstalt und Studentenverbindung und immer wieder geradezu schizoide Loyalitätskonflikte zwischen den vertrauten nahen Verwandten in Großbritannien und der eigenen Rolle als deutscher Bundesfürst im Ersten Weltkrieg. Dieser Krieg brachte schließlich erste Erfahrungen von rohester Gewalt, Rassismus und Antisemitismus. Früh körperlich hinfällig, empfand der Herzog von Coburg wahrscheinlich schon zu jener Zeit das Gefühl, nicht genügen zu können. Traumatisch muss der Verlust der immer wieder eingeübten Rolle als deutscher Monarch 1918 und der Einzug eines großen Teils des Familienvermögens gewesen sein. Es ist wahrscheinlich, dass Carl Eduard sich von den »Neuen Rechten« und schließlich von Hitler die Wiederherstellung der Monarchie und die Absicherung seines Vermögens versprochen hatte – oder zumindest eine eigene politische Bedeutsamkeit. Das Leben, das ihm schließlich die zahlreichen Ämter im Dritten Reich ermöglichten, glich stark jenem, das Carl Eduard 1918 verloren hatte, oder übertraf es sogar. Der Zugang zu den innersten Zirkeln um Hitler und zum »Führer« selbst, Geld, glänzende gesellschaftliche Ereignisse und nicht zuletzt die zahlreichen Reisen eröffneten dem Herzog ein Dasein, das sogar das eines regierenden Bundesfürsten übertraf – ein Leben wie im Rausch von Pflichterfüllung, Macht und Luxus, das Anlass bot, um jeden Preis daran festzuhalten – mit Werbung für Hitler, lügen und wegschauen bis hin zur Duldung und Verdeckung von Massenmorden.

Eine solche psychobiographische Perspektive, die Prägungen seit Kindheit und Jugend einbezieht,[30] lässt erahnen, wie Zwang, Angst, Indoktrinierung, das Bemühen, »oben zu bleiben«, und wohl auch innere Heimatlosigkeit und Einsamkeit viele Menschen – so auch den Coburger Herzog – im »Zeitalter der Extreme« radikalisiert haben könnten.[31] Generationen von Psychiatern, Psychoanalytikern, Soziologen und nicht zuletzt Historikern haben sich intensiv mit den Biographien von Hitler, Heß, Göring, Goebbels und anderen zentralen Protagonisten des Nationalsozialismus beschäftigt, um Erklärungen zu finden für Rassismus, Antisemitismus, Vernichtungswillen, überbordende Gewalt, abgründige Menschenfeindlichkeit, ungebremste Habgier und hemmungslosen Opportunismus.[32] Carl Eduard war kein Haupttäter. Männer wie er waren Täter der zweiten Reihe. Sie halfen mit, eine Politik zu kaschieren, die sich ganz unverhohlen aggressiver Expansion, Rassismus und Antisemitismus verschrieb – und letztlich zum Tod von Millionen Menschen führte.

Bei aller biographischer Prägung sollte man allerdings bedenken, dass es beim Handeln im Nationalsozialismus immer auch einen freien Willen gab, selbst wenn er noch so sehr von Angst und Schrecken, von Gier und Opportunismus durchdrungen war. Carl Eduard hätte deutlich mehr Möglichkeiten als andere Täter der zweiten Reihe gehabt, seinen Willen durchzusetzen oder sich zumindest aus dem Dritten Reich zurückzuziehen. Aufgrund seiner Prominenz und europaweit verzweigten Verwandtschaft – vor allem im neutralen Schweden – hätte er wohl kaum etwas zu befürchten gehabt, wenn er sich dem Regime verweigert oder seine Ämter niedergelegt hätte. Sein Wille war es aber, an Hitler und am Dritten Reich festzuhalten, bis beide untergegangen waren. Dass er selbst bei den Entnazifizierungsverfahren äußerst glimpflich davonkam, verdankte er wiederum seinen Verbindungen in die großen europäischen Herrscherhäuser. Diese Beziehungen erwiesen sich als überaus zählebig und belastbar. Auch nachdem die monströse Dimension der Schrecken des nationalsozialistischen Regimes mehr und mehr bekannt wurde, konnte er sich auf seine Schwester Alice in London verlassen, die ihm schon beim Knüpfen der Verbindungen für Ribbentrop geholfen hatte. Ähnlich steht es mit der schwedischen Königsfamilie, die – trotz einiger Initiativen ihrer Mitglieder, den Opfern des nationalsozialistischen Regimes zu helfen – zur Zeit des Dritten Reiches letztlich nie eine klare Position gegen Hitler und seine Verbrechen bezog, sicher auch aus Rücksicht auf Carl Eduard. Damit steht die Geschichte des Herzogs von Coburg auch für die transnationalen Verstrickungen europäischer Adliger mit dem Nationalsozialismus und seinen Verbrechen.

Anhang

Anmerkungen

Einleitung

1 Vgl. Narr, Coburg 1945; Habel, Die lange »Stunde Null«.
2 Vgl. Sandner, Das Haus Sachsen-Coburg und Gotha.
3 Karl Eduard von Sachsen-Coburg-Gotha. Bunte Bühne für die Wehrmacht, 17. April 1945, in: Heym, Reden, S. 332f., hier S. 332.
4 Vgl. ebd., S. 333.
5 Die biographischen Daten finden sich in der NSDAP-Akte: BA Berlin-Lichterfelde (BDC), PA: Karl Eduard Herzog v. Sachsen-Coburg und Gotha (1884–1954). Vgl. Facius, Karl Eduard; Malinowski, Vom König, S. 449f.
6 NA Washington D.C. RG 226055, Intl. Reports »Regular Series«, Entry 16 Box 1484 1901141817, Geheimer Bericht Paul J. Friedman und Robert H. Roberts aus der Psychological Warfare Division Intelligence Section vom 1. 5. 1945 an die Supreme Headquarters Allied Expeditionary Force. Ich verdanke den Hinweis auf diesen Bericht Prinz Andreas von Coburg und Erbprinz Hubertus von Coburg, die mir freundlicherweise eine Ablichtung zur Verfügung gestellt haben.
7 HA SCG Coburg, Bodo Voigts, Bericht über den 11. April 1945, undatiert, zitiert nach: Bachmann, Vorwort, S. 4.
8 Buchenwald wurde am 11. April 1945 um ca. 14.45 Uhr befreit, somit ungefähr zur gleichen Uhrzeit, zu der die Wagenkolonne der US-Armee in Coburg die Veste erreichte. Gedenkstätte Buchenwald (Hrsg.), Konzentrationslager, S. 232.
9 Amerikanisches Kriegsinformationsamt im Auftrag des Oberbefehlshabers der Alliierten Streitkräfte (Hrsg.), KZ, S. 29–31.
10 Vgl. Morgenbrod/Merkenich, Das Deutsche Rote Kreuz; Wicke, SS und DRK; Biege, Helfer unter Hitler; Seithe/Hagemann, Das Deutsche Rote Kreuz.
11 Vgl. Poguntke, Gleichgeschaltet, S. 84ff. Zu Conti allgemein: Leyh, »Gesundheitsführung«.
12 Grüneisen, Das Deutsche Rote Kreuz, S. 190. Zu Grawitz: Wicke, SS und DRK; Eckart, SS-Obergruppenführer; Hahn, Grawitz.

13 BNA London-Kew HW 1/3709, Funkspruchfragment vom 8.4.1945 Nr. CX/MSS/C. 475.

14 BA Berlin-Lichterfelde (BDC), PA: Karl Eduard Herzog v. Sachsen-Coburg-Gotha.

15 Vgl. bspw. Schmidt-Pauli, Herzog Carl Eduard, S. 12.

16 Horkenbach, Das Deutsche Reich, S. 197.

17 BA Berlin-Lichterfelde (BDC), PA: Karl Eduard Herzog v. Sachsen-Coburg-Gotha. August Wilhelm von Preußen trat beispielsweise schon im April 1930 in die NSDAP ein: Machtan, Der Kaisersohn. Vgl. zu deutschen Adligen in der NSDAP, der SA und SS als Überblick: Malinowski, Vom König, S. 553ff.; ders./Reichardt, Die Reihen, S. 123.

18 BA Berlin-Lichterfelde (BDC), PA: Karl Eduard Herzog v. Sachsen-Coburg-Gotha.

19 Ebd.

20 Ebd.

21 Hochstetter, Motorisierung; Seidler, Das Nationalsozialistische Kraftfahrkorps.

22 Vgl. Heilmann, Aus dem Kriegstagebuch.

23 Vgl. hierzu deutlich: Kehrberg, Das Nationalsozialistische Fliegerkorps.

24 Ebd.

25 Hachtmann, Wissenschaftsmanagement, S. 512f.

26 Vierhaus, Die Kaiser-Wilhelm-Gesellschaft.

27 Maier, Forschung; Schieder, Der militärisch-industriell-wissenschaftliche Komplex; Schmaltz, Kampfstoff-Forschung. Zur Verstrickung in die NS-Rassenforschung und die Untersuchung von menschlichen Überresten aus der sogenannten »Euthanasie«, die von Ärzten bzw. Pflegern des DRK entnommen und bereitgestellt wurden: Schmuhl, Grenzüberschreitungen; Kröner, Von der Rassenhygiene; Klee, »Euthanasie«, S. 228.

28 Sachse (Hrsg.), Die Verbindung.

29 Feldkamp/Dresler (Hrsg.), 120 Jahre Wanderer.

30 Benz/Distel, Der Ort des Terrors, S. 273.

31 Feldman, Die Allianz, S. 329. Vgl. zum Engagement Carl Eduards im Deutschen Ring auch *Vorwärts* vom 22. 1. 1933, S. 2.

32 James, Die Deutsche Bank.

33 Herbst/Weihe/Krause, Die Commerzbank, S. 272.

34 Münzel, Die jüdischen Mitglieder, S. 221.

35 Hinweise bei: Süss, Die Privatversicherung S. 74; Historischer Verein für das Fürstentum Liechtenstein (Hrsg.), Untersuchungen, S. 126.

Zur Münchner Rückversicherung und der Allianz-Versicherung: Feldman, Die Allianz, S. 337.

36 Vgl. Malinowski, Vom König, S. 553 ff.; ders./Reichardt, Die Reihen, S. 123. Vgl. zum Konzept der »Volksgemeinschaft«: Wildt, Die Ungleichheit.

37 Zur Biographie: Bloch, Ribbentrop; Conze/Frei/Hayes/Zimmermann, Das Amt, S. 123 ff.; Michalka, Ribbentrop.

38 Vgl. nach wie vor grundlegend: Henke, England. Vgl. eher kulturhistorisch: Strobl, The Germanic Isle, S. 96–130.

39 Cannadine, The Decline.

40 Vgl. Urbach, Age; Pugh, ›Hurrah for the Blackshirts!‹

41 Ebd., S. 235–260.

42 BA Berlin-Lichterfelde (BDC), PA: Karl Eduard Herzog v. Sachsen-Coburg und Gotha (1884–1954).

43 Ritter, Die erste Deutsch-Englische Gesellschaf; Schädlich, Appeaser; Waddington, ›An idyllic and unruffled atmosphere‹.

44 Ray, Annäherung.

45 BA Berlin-Lichterfelde R 8034-III/68, ad 54 Artikel in der *Deutschen Allgemeinen-Zeitung* Nr. 495 vom 21. 10. 1936.

46 Eine Übersicht findet sich in: Sandner, Hitlers Herzog, S. 495.

47 Ebd.

48 Vgl. hierzu einführend: Koop, Hitlers fünfte Kolonne.

49 Bureau of Information of the League of Red Cross Societies (Hrsg.), The Red Cross World, S. 160.

50 Dokumente über die Reise in: PA AA Berlin R 42991 und 42992.

51 Zur zeitgenössischen Deutung: Schneider-Kynast, Drei Mächte-Pakt. Vgl. Michalka, Ribbentrop, S. 296 f.

52 Auch der Legationssekretär Friedrich Franz Erbherzog von Mecklenburg wurde aus dem Auswärtigen Amt nicht entlassen, obwohl er ein Neffe der Königin von Dänemark war. Conze/Frei/Hayes/Zimmermann, Das Amt, S. 315.

53 Ueberschär/Vogel, Dienen, S. 109, 247.

54 NA Washington D.C. RG 226055, Intl. Reports »Regular Series«, Entry 16 Box 1484 1901141817, Geheimbericht Paul J. Friedman und Robert H. Roberts aus der Psychological Warfare Division Intelligence Section vom 1. 5. 1945 an die Supreme Headquarters Allied Expeditionary Force, S. 1 f.

55 Stadt Coburg (Hrsg.), Coburg, S. 124.

56 HA SCG Coburg, Bodo Voigts, Bericht über den 11. April 1945, undatiert, zitiert nach: Bachmann, Vorwort, S. 4.

57 Abbildung in: Weschenfelder, Veste, S. 124.

58 Ebd., S. 127 ff.

59 Abbildung in: Ebd., S. 129 und 131. Vgl. zur Würdigung der Coburger Lucretia: Friedländer/Rosenberg, Die Gemälde, S. 116.

60 Vgl. bspw. Donaldson, The Rapes of Lucretia.

61 Vgl. zur Einziehung der Vermögen im Gothaer Landesteil und der nur teilweisen Restitution 1925: StA Coburg LA A-Nachtrag 13178 Beschluss des Reichsgerichts über die Einziehung des Herzogl. Hausfideikommisses etc. von 1919 aus dem Jahr 1925. Vgl. zum Versuch, auch belgische Vermögenswerte zurückzuerhalten: BA Berlin-Lichterfelde R 43-II/1427, Hans Schack, Das Unrecht Belgiens an einer dt. Stiftung (= Niederfüllbacher Stiftung des Königs Leopold II.), Coburg 1940.

62 HA SCG Coburg, Bodo Voigts, Bericht über den 11. April 1945, undatiert, zitiert nach: Bachmann, Vorwort, S. 4.

63 Nahr, Coburg 1945, S. 23.

64 Die (teils im Original in indirekter Rede wiedergegebenen) Zitate hier und im Folgenden: Karl Eduard von Sachsen-Coburg-Gotha. Bunte Bühne für die Wehrmacht, 17. April 1945, in: Heym, Reden, S. 332 f.

65 NA Washington D.C. RG 226055, Intl. Reports »Regular Series«, Entry 16 Box 1484 1901141817, Vertraulicher Bericht Paul J. Friedman und Robert H. Roberts aus der Psychological Warfare Division Intelligence Section vom 1.5.1945 an die Supreme Headquarters Allied Expeditionary Force, S. 3. BNA London-Kew FO 371/64689, Abschrift des Geheimberichts Paul F. Friedman und Robert H. Roberts vom 20.8.1947.

66 Karl Eduard von Sachsen-Coburg-Gotha. Bunte Bühne für die Wehrmacht, 17. April 1945, in: Heym, Reden, S. 333.

67 NA Washington D.C. RG 226055, Intl. Reports »Regular Series«, Entry 16 Box 1484 1901141817, Vertraulicher Bericht Paul J. Friedman und Robert H. Roberts aus der Psychological Warfare Division Intelligence Section vom 1.5.1945 an die Supreme Headquarters Allied Expeditionary Force, S. 4.

68 Ebd.

69 BNA London-Kew FO 371/64689, Abschrift des Geheimberichts Paul F. Friedman und Robert H. Roberts vom 20.8.1947.

70 Vgl. Goeschel, Selbstmord, S. 230–255; Huber, Kind versprich, dass du dich erschießt.

71 So soll beispielsweise Göring nach seiner Festnahme anfangs geglaubt haben, die Amerikaner würden ihm die Regierungsbildung in Deutschland nach Hitlers Tod anvertrauen. Fraenkel/Manvell, Hermann Göring.

72 BNA London-Kew FO 371/64689, Abschrift des Geheimberichts Paul F. Friedman und Robert H. Roberts vom 20. 8. 1947.

73 Fröhlich (Hrsg.), Die Tagebücher, S. 104.

74 So beispielsweise durchgängig in: Schwede-Coburg, Kampf um Coburg.

75 Bella Fromm war eine akribische Chronistin einflussreicher Kreise zu Beginn des Nationalsozialismus. Fromm stammte aus dem mitteldeutschen großbürgerlichen Milieu, hatte daher Zugang zu allen elitären Zirkeln, war auf einem Gut in Mainfranken aufgewachsen und kannte Carl Eduard sicherlich schon vom Hörensagen. Sie arbeitete unter anderen für den Ullstein-Verlag und Berliner Gesellschaftsgazetten, bis sie aufgrund ihrer jüdischen Herkunft Berufsverbot erhielt und in die USA emigrierte. Dort veröffentlichte sie bereits 1942 Auszüge ihres Tagebuchs unter dem sprechenden Titel »Blood and Banquets«. Fromm, Blood. Vgl. zur Biographie Matzen, Bella Fromm.

76 Ebd.

77 *London Daily Express* vom 30. 10. 1962, zitiert nach: King, The Duchess, S. 148.

78 Ebd., S. 137.

79 Balser, Ost- und westliches Gelände, S. 132 und 143.

80 Burckhardt, Meine Danziger Mission, S. 54.

81 Zu den Zitaten hier und im Folgenden: StA Coburg Stadt S 1/II, Versicherung Carl J. Burckhardts an die Spruchkammer in Sachen Carl Eduard von Sachsen-Coburg und Gotha, undatiert, S. 3 f.

82 Favez, Warum, insb. S. 82 f.

83 So schrieb er beispielsweise in einem Brief von »einem bestimmten Aspekt des Judentums (...), den ein gesundes Volk bekämpfen« müsse. Zitiert in: *Freiburger Rundbrief*, S. 672.

84 Zur Biographie: Fischer, Der Physiker; Hoffmann, Max Planck.

85 StA Coburg Stadt S 1/II, Bescheinigung Max Plancks für Carl Eduard von Sachsen-Coburg und Gotha vom 28. 5. 1947.

86 Ebd.

87 Maier, Forschung; Schieder, Der militärisch-industriell-wissenschaftliche Komplex; Schmaltz, Kampfstoff-Forschung. Vgl. bspw. Schmuhl, Grenzüberschreitungen; Kröner: Von der Rassenhygiene; Klee, »Euthanasie«, S. 228; Sachse (Hrsg.), Die Verbindung.

88 StA Coburg Stadt 1/II, Schreiben Viktoria Adelheid an die Spruchkammer vom 17. 8. 1946, S. 3.

89 Ebd., Protokoll vom 2./6. 6. 1950 – BK I/4988/1949 – HK 128/49, Zeugenaussage von Bodo Voigts.

90 Klee, Persilscheine; Niethammer, Die Mitläuferfabrik, S. 614 ff.
91 Ebd., S. 613 ff.
92 BayHStA München MInn 71718, Bericht des Vorstandes des Bezirksamtes Coburg Ernst Fritsch an das Staatsministerium des Innern in München vom 15. 1. 1930, Schreiben des Stadtrates Otto Veye an den Staatsminister des Innern in München vom 16. 1. 1930. Vgl. Großmann, Milieubedingungen, S. 462.
93 StA Coburg Stadt S 1/I, Protokoll vom 2./6. 6. 1950 – BK I/4988/1949 – HK 128/49, Vorladung Ilse Klingler vom 10. 2. 1948.
94 Ebd.
95 Er hatte eine Sühneleistung von 5000 DM zu zahlen. Ebd., Protokoll vom 2./6. 6. 1950, Urteil Juni 1950 – BK I/4988/1949.
96 Niethammer, Die Mitläuferfabrik, S. 620.
97 Ebd.
98 StA Coburg LAA 13597 Schreiben Friedrich Josias von Sachsen-Coburg und Gotha an Rudolf Priesner vom 15. 2. 1978.
99 Priesner, Herzog Carl Eduard.
100 StA Coburg LAA 13597 Schreiben Friedrich Josias von Sachsen-Coburg und Gotha an Rudolf Priesner vom 15. 2. 1978, S. 1 f.
101 Ebd., S. 2 und 9.
102 Ebd., S. 5.
103 Ebd.
104 HA SCG Coburg, Friedrich Josias von Sachsen-Coburg und Gotha, Herzog Carl Eduard, Manuskript.
105 Sandner, Hitlers Herzog.
106 Urbach, Go Betweens, S. 165–214.
107 Vgl. Malinowski, Vom König.
108 Bspw. Lüdtke, Funktionseliten; Wildt, Generation des Unbedingten.
109 Hilberg, Täter.
110 Malinowski, Vom König.
111 D'Almeida, Hakenkreuz.
112 Bourdieu, Ökonomisches Kapital.
113 Ausnahmen sind die Arbeiten Urbach, Go Betweens; Schad, Stephanie von Hohenlohe. Studien zur Diplomatie des Nationalsozialismus klammern durch ihren Fokus auf das Auswärtige Amt themenbedingt nicht unmittelbar dem Amt angehörige »Botschafter« Hitlers, wie den Herzog von Coburg, aus: Conze/Frei/Hayes/Zimmermann, Das Amt.
114 Vgl. bspw. Wildt, Die Epochenzäsur; Schröder, Europa.
115 Browning, Ganz normale Männer; Goldhagen, Hitlers willige Voll-

strecker. Zur gegenwärtigen Forschungslage als Überblick: Bajohr, Täterforschung; Rosemann, Lebensfälle.

116 Vgl. de Certeau, Kunst.

117 Vgl. zu diesem Quellenproblem durchgängig: Ingrao, Hitlers Elite.

I Der Weg zu Hitler

1 BayHStA München MInn 81581, Bericht des Vorstandes des Bezirksamts Coburg an das Regierungspräsidium von Oberfranken in Bayreuth vom 12.1.1927, S. 1; *Coburger Tageblatt* vom 13.1.1927, S. 2f. Vgl. Bermbach, Chamberlain, S. 502–511.

2 Vgl. Mosse, Die Geschichte des Rassismus, S. 127. Zur Biographie: Field, Evangelist of Race; Large, Ein Spiegelbild; Bermbach, Chamberlain.

3 Hierunter versteht man bisweilen bereits im Kaiserreich entstandene rechtsradikale Gruppierungen, die sich meist in einem aggressiven Militarismus und Antisemitismus von Vertretern des politischen Konservativismus absetzten. Vgl. Schildt, Radikale Antworten.

4 BayHStA München MInn 81581, Bericht des Vorstandes des Bezirksamts Coburg an das Regierungspräsidium von Oberfranken in Bayreuth vom 12.1.1927, S. 2.

5 Schreiben des Reichskommissars für Überwachung der öffentlichen Ordnung an den Staatsgerichtshof zum Schutze der Republik vom 20.11.1922, zitiert nach: Lohalm, Völkischer Radikalismus, S. 11. Vgl. Breuer, Die Völkischen; Sauer, Freikorps. Der Deutsche Schutz- und Trutzbund war seit 1918 in Coburg besonders aktiv. Stadt A Coburg A 8375 Deutscher Schutz- und Trutzbund, Völkischer Block, diverse Korrespondenzen mit dem Coburger Stadtmagistrat seit 9.6.1918.

6 Vgl. Kershaw, Hitler 1889–1936, bes. S. 115, 179, 197. Früh war Chamberlain in nationalsozialistische Kulte einbezogen worden. So feierte der Ortsverein der NSDAP in Bayreuth am 14.9.1925 ausführlich den 70. Geburtstag Chamberlains, wobei es hieß, Hitler würde den »Geist der Werke Chamberlains in die Tat umsetzen«. Bay HStA München MInn 81580, Bericht der Kriminalabteilung des Polizeiamtes Bayreuth an das Staatsministerium des Innern München und den Stadtrat von Bayreuth vom 14.9.1925.

7 BayHStA München MInn 81581, Bericht des Vorstandes des Bezirksamts Coburg an das Regierungspräsidium von Oberfranken in Bayreuth vom 12.1.1927, S. 1f.

8 Hamann, Winifred Wagner, S. 69, 129, 152. Zur Biographie Ferdinands allgemein: Constant, Foxy Ferdinand.

9 Zur Biographie: Machtan, Der Kaisersohn.

10 Vgl. besonders zur Verbindung des Prinzen mit dem Nationalsozialismus: Klee, Das Kulturlexikon zum Dritten Reich, S. 261.

11 *Coburger Zeitung* vom 13. 1. 1927, S. 2; *Coburger Tageblatt* vom 13. 1. 1927, S. 2 f.

12 StA Bamberg Reg. v. Obfr. Präsid.Regist. K 3 1962 Wikingbund und Jungdo, Bericht des Coburger Bezirksamts an das Regierungspräsidium von Oberfranken vom 4. 5. 1925.

13 StA Coburg LA A-Nachtrag Herzog Carl Eduard von Sachsen-Coburg und Gotha (1884–1954), Personalia 13 188 Der Thronverzicht König Ferdinands von Bulgarien 1918, Briefwechsel und Telegramme über die Abdankung des Zaren und seine Übersiedlung nach Coburg vom 4. und 5. 10. 1918.

14 Maser, Die Frühgeschichte, S. 405.

15 Erdmann, Coburg, S. 94, 103, 91, 106, 105. Vgl. BayHStA München MInn 81 604, Bayerischer Landtag III. Tagung 1922/23, Beilage 2959, Vortrag der SPD-Fraktion vom 8. 11. 1922; ebd. 81 591, Verhalten der Nationalsozialisten am Deutschen Tag in Coburg, Schreiben Ernst Fritsch an das Staatsministerium des Inneren vom 6. 11. 1922 und an die Regierung von Oberfranken vom 7. 1. 1923; BA Berlin-Lichterfelde NS 26/515, Kampferinnerungen des Obersturmbannführers Anton Rossa, Neustadt/Coburg.

16 BayHStA München MInn 81 589 NSDAP Presse-Äußerungen, *Fränkische Tagespost* vom 17. 10. 1922, S. 1.

17 Ebd. *Münchner Post* vom 18. 10. 1922, S. 1 f. Vgl. *The Manchester Guardian* vom 13. 11. 1923, S. 12.

18 Vgl. Kershaw, Hitler 1889–1936, S. 227 f.; Schumann, Politische Gewalt, S. 203–210.

19 So der Führer des Schutz- und Trutzbundes Gertzlaff von Hertzberg rückblickend, zitiert nach: Lohalm, Völkischer Radikalismus, S. 28.

20 Gerzlaff von Hertzberg-Lottin im November 1922 an Heinrich Claß, zitiert nach: Krebs, Deutschvölkischer Schutz- und Trutzbund, S. 568.

21 Albrecht, Die Avantgarde, S. 83. BA Berlin-Lichterfelde NS 26, Nr. 2 263, Schreiben der NSDAP-Ortsgruppe an die Hauptgeschäftsstelle vom 5. und 27. 6. 1923; StadtA Coburg A 8373 Gründung einer Ortsgruppe der NSDAP 1923, Schreiben des Polizeiamtes Coburg an den Stadtkommissar von Coburg vom 2. 11. 1924.

22 Erdmann, Coburg, S. 119. Die NSDAP hatte in Oberfranken und ganz Bayern einen starken Zulauf zu verzeichnen. Siehe StA Bamberg K3/ Präs. Reg 857, Band 1, Politische Berichte der Polizeidirektion München, Bericht über den starken Zulauf der NSDAP in Coburg vom 24. 11. 1922; BayHStA München MInn 81 581, Bericht des Vorstandes des Bezirksamtes Coburg an das Regierungspräsidium von Oberfranken in Bayreuth vom 27. 1. 1926 über Mitgliederzuwachs in der NSDAP im Dezember 1925.

23 Schwede-Coburg, Kampf, S. 60, 62.

24 Hitler, Mein Kampf, S. 648–652. Vgl. Schwede-Coburg, Kampf, S. 39–50.

25 Zitiert nach: Asmalsky, Der Nationalsozialismus, S. 1.

26 Initiative Stadtmuseum e. V. (Hrsg.), »Voraus zur Unzeit«, S. 119–123.

27 Es ist auch möglich, dass Carl Eduard Hitler bereits am 8. Dezember 1921 das erste Mal bei seiner Ansprache vor dem Berliner Nationalklub gehört hatte. Carl Eduard war dort seit 1919 Mitglied und wohnte den Veranstaltungen regelmäßig bei. Feldbauer, Nationalklub, S. 341 f.; Holzbach, Das »System Hugenberg«, S. 138 ff.; Petzold, Die Demagogie, S. 124; Schulz, Der »Nationale Klub von 1919«.

28 Vgl. Erdmann, Coburg, S. 92–122.

29 8. Bamberger Jahrbuch 1935, Bamberg 1936, S. 11 ff.; Schramm, ›Im Zeichen des Hakenkreuzes‹.

30 BayHStA München MInn 81 581, Bericht des Vorstandes des Bezirksamts Coburg an das Regierungspräsidium von Oberfranken in Bayreuth vom 16. 3. 1927 über eine Rede Hitlers am Abend des 15. 3. 1927 in den Hofbräugaststätten Coburg.

31 BA Berlin-Lichterfelde (BDC), PA: Karl Eduard Herzog v. Sachsen-Coburg und Gotha (1884–1954).

32 Ebd.

33 Hitler, Mein Kampf, S. 256.

34 Schmidt-Pauli, Der Herzog. Vgl. Bracher, Die Auflösung, S. 360–367 und S. 404–409; Jones, The Harzburg Rally.

35 Malinowski, Vom König, S. 450.

36 Vgl. bspw. Bullock, Hitler, S. 185; Fest, Hitler, S. 425.

37 BA Berlin-Lichterfelde R 72/296, ad 244 Schreiben des Bundesführers des Stahlhelm Franz Seldte an Carl Eduard von Sachsen-Coburg und Gotha vom 1. 4. 1932. Auch der Kronprinz Wilhelm veröffentlichte einen solchen Aufruf in der *Schlesischen Zeitung* vom 3. 4. 1932, S. 1.

38 BA Berlin-Lichterfelde R 72/296, ad 246 Berliner Dienst seiner Königlichen Hoheit des Herzogs von Sachsen-Coburg und Gotha an den Bundesführer des Stahlhelm Franz Seldte vom 22. 4. 1932.

39 Ebd. (BDC), PA: Karl Eduard Herzog v. Sachsen-Coburg und Gotha (1884–1954).

40 Ebd. R 18 Reichsministerium des Inneren, Büro des Staatssekretärs, Telegramm Carl Eduard von Sachsen-Coburg und Gotha an Adolf Hitler vom 1. 11. 1932. Vgl. Horkenbach, Das Deutsche Reich, S. 97.

41 BA Berlin-Lichterfelde (BDC), PA: Karl Eduard Herzog v. Sachsen-Coburg und Gotha (1884–1954).

42 Vgl. Gennep, Übergangsriten, insb. S. 93–163; Ginzburg, Sacchegi rituali.

43 Vgl. Foucault, Überwachen, S. 40f. Vgl. Büschel, Untertanenliebe, S. 91–94, 119–123.

44 Vgl. Tenfelde, Zur historischen Ikonographie.

45 Die Mutter Kaiser Wilhelms II. war das älteste Kind von Queen Victoria und Prinz Albert und somit die Schwester von Carl Eduards Vater.

46 Malinowski, Vom König, S. 190.

47 ThStA Gotha, Herzogliches Staatsministerium 2-15-0183, Nr. 63, Festschrift zum Regierungsantritt Herzog Carl Eduards, S. 13.

48 Bajohr/Wildt, Einleitung, S. 9–11. Vgl. Wildt, Volksgemeinschaft, S. 9–25, sowie Lüdtke, Einleitung, S. 12–18.

49 Broszat, Die Struktur, S. 67.

50 Vgl. Walkenhorst, Nation, S. 21.

51 Vgl. bspw. ThStA Gotha, Herzogliches Staatsministerium 2-15-0183, Nr. 55.

52 Van der Kiste/Jordaan, Dearest Alfie, S. 154 ff.

53 Vgl. zur Biographie: Frankland, Withness. Vgl. ThStA Gotha, Herzogliches Staatsministerium 2-15-0183, Nr. 56, Beiakten, Schreiben Herzog Alfred an Queen Victoria vom 23. 3. 1899; ebd. Nr. 55, Erbverzicht Prinz Arthur von Connaught, Regierungsvorlage vom 28. Juni 1899, Bl. 55 Verkündung der Zustimmung durch den Landtag; *Die Grenzboten. Zeitschrift für Politik, Literatur und Kunst*, 58. Jg. Nr. 40, am 05. Oktober 1899. Vgl. HA SCG Coburg, Loc. A. No. 5 1899, Urkunde über den Verzicht des Herzogs von Connaught und dessen Sohn Arthur vom 24. 6. 1899.

54 *Coburger Tageblatt* vom 5. 8. 1900, S. 1.

55 *The Observer* vom 5. 8. 1900, S. 7; *The Manchester Guardian* vom 20. 7. 1905, S. 6.

56 Vgl. Paulmann, Pomp und Politik, S. 219–230.

57 Bspw. Stockhausen, Auf Immerwiedersehen, S. 177.

58 HA SCG Coburg, Friedrich Josias von Sachsen-Coburg und Gotha, Herzog Carl Eduard, Manuskript, S. 104.

59 Zur Biographie: Zeepvat, Queen Victoria's Youngest Son.

60 Ebd., S. 257.
61 Aronson, Princess Alice, S. 12.
62 Vgl. als Klassiker: Appadurai, Social Life.
63 So anlässlich der Taufe von Charles Edward in einem Brief an ihre Enkelin Prinzessin Victoria von Hessen. Zitiert in: Hough (Hrsg.), Queen Victoria, S. 45.
64 Aronson, Princess Alice, S. 37–43.
65 Ebd., S. 62f.
66 Armstrong, England; Rapaport, A Magnificent Obsession.
67 Athlone, For My Grandchildren, S. 71, 78.
68 Aronson, Princess Alice, S. 34.
69 Ebd., S. 54ff.
70 Aronson, Princess Alice, Abbildungen S. 2.
71 Vgl. bspw. zu diesem gängigen Genre der bürgerlichen und höfischen Jugenderziehung: Jooss, Lebende Bilder.
72 Bapaport, A Magnificant Obsession.
73 Aronson, Princess Alice, S. 51.
74 Maxwell, Sixty Years, S. 206.
75 Vgl. hierzu auch: Athlone, For My Grandchildren, S. 66.
76 Ebd., S. 62.
77 Aronson, Princess Alice, S. 12.
78 *The Manchester Guardian* 21. 2. 1905, S. 6.
79 Athlone, For My Grandchildren, S. 4.
80 RA Windsor Queen Victoria, The Journals of Queen Victoria, Eintrag vom 23. 6. 1899, zitiert nach: Aronson, Princess Alice, S. 61. Druck auf Helene übte auch der Duke of Connaught aus, der offensichtlich fürchtete, dass die Frage der Erbfolge in Sachsen-Coburg und Gotha auf ihn oder seinen Sohn zurückfallen würde, wenn Helene einer Übersiedlung ihres Sohnes nach Deutschland nicht zustimmen sollte. Vgl. Aston, The Duke, S. 219.
81 ThStA Gotha, Herzogliches Staatsministerium 2-15-0183, Nr. 54, Zusammenfassung eines Telegramms von Helene zu Waldeck und Pyrmont vom März 1899.
82 Ebd. Helene Herzogin von Albany an Herzog Alfred vom 11. 6. 1899.
83 Ebd. Zusammenfassung eines Telegramms von Helene von Waldeck und Pyrmont vom März 1899; HA SCG Coburg Loc. A. No. 5 1899, Schreiben Kaiser Wilhelms II. an Herzog Alfred vom 9. 7. 1899.
84 ThStA Gotha, Herzogl. Staatsministerium 2-15-0183, Nr. 54, Helene Herzogin von Albany an Herzog Alfred 11. 6. 1899 u. 22. 6. 1899. HA SCG Coburg Loc. A. No. 5 1899, Urkunde über den Erbverzicht des Herzogs von Connaught u. dessen Sohn vom 24. 6. 1899, Urkunde

über die Annahme dieses Verzichts Herzogin Helene von Albany u. Ernst von Hohenlohe-Langenburg vom 9. 8. 1899.

85 ThStA Gotha, Herzogliches Staatsministerium 2-15-0183, Nr. 54, Herzog Alfred an Helene Herzogin von Albany vom 15. 6. 1899. Der Konflikt um Carl Eduards Erziehung sollte bis zum Tod Alfreds nicht ausgeräumt werden. Athlone, For My Grandchildren, S. 90.

86 Die Ferien wurden allerdings oft in England und auf Schloss Claremont verbracht. *The Manchester Guardian* 1. 12. 1903, S. 6.

87 Telegramm Kaiser Wilhelm II. an Queen Victoria vom 9. 4. 1900, in: Murray (Hrsg.), The Letters, S. 384.

88 Vgl. Röhl, The Emperor's New Clothes, S. 39.

89 Zedlitz-Trützschler, Zwölf Jahre, S. 130.

90 Feuchtwanger, Englands deutsches Königshaus, S. 219.

91 Vgl. Wilhelm II. von Preußen, Aus meinem Leben 1859–1888, S. 65, 134 f.

92 Vgl. die entsprechenden Aufstellungen im Trauerzug in: *The Observer* vom 3. 2. 1901, S. 5; *The Manchester Guardian* vom 2. 2. 1901, S. 7; ebd. vom 4. 2. 1901, S. 9 und ebd. vom 8. 2. 1901, S. 5.

93 ThStA Gotha, Herzogliches Staatsministerium 2-15-0199, Nr. 122 *Gothaische Zeitung nebst Regierungs-Blatt für das Herzogtum Gotha*, 212. Jahrgang, Nr. 119 vom 23. 5. 1903.

94 Vgl. Sandner, Hitlers Herzog, S. 29 f.

95 Sondernummer des *Coburger Tageblattes* vom 11. 10. 1905, S. 1. Die britische Presse hob währenddessen die englische Verwandtschaft Carl Eduards hervor. Vgl. bspw. *The Manchester Guardian* vom 12. 10. 1905, S. 6; *The Observer* vom 1. 10. 1905, S. 6.

96 ThStA Gotha, Herzogliches Staatsministerium 2-15-0183, Nr. 63, Festschrift zum Regierungsantritt Herzog Carl Eduards, S. 18, S. 21.

97 ThStA Gotha, Obersthofmarschall Amt, 258 Programm Weihnachtsbescherung vom 11. 12. 1912 und die Einladung von »armen Frauen und Kindern«.

98 Ebd., Flügel-Adjutantur 38 Militär-Vereine und dergl. Bd. 3 1906–1918, Listen über diverse Mitgliedschaften und finanzielle Unterstützung; ebd. 39 Der Kriegs-Veteranen-Verband für Thüringen in Gotha 1907–1918, Jahresbericht des Kriegs-Veteranen-Vereins Gotha 1905 über Huldigungen beim Einzug des Herzogs und der Herzogin im November 1905, Mitgliedschaft und Beiträge Carl Eduards; ebd. 40 Der Deutsche Kriegerverband 1907–1914, Bericht über die Übernahme der Schirmherrschaft durch Herzog Carl Eduard 1911.

99 Ebd. Geheimes Kabinett, 56 Der Reichsverband gegen die Sozialdemokratie 1910–1918, Schreiben des Reichsverbandes vom 4. 11. 1910

an das Obersthofmarschall-Amt Gotha, Vermerke des Geheimen Kabinetts Gotha über den Beitritt Carl Eduards vom 10.12.1910 sowie Spenden und Jahresbeiträgen vom 20.11.1911.

100 Vgl. Geldermacher, Die Wachsenburg-Sammlungen.

101 Museum für Regionalgeschichte und Volkskunde Gotha (Hrsg.), »Welch herrliches Bild.«

102 Bildüberschrift aus einer nicht näher zu identifizierenden britischen Zeitschrift, zitiert nach: Geldermacher, Das Herzogspaar, S. 37.

103 ThStA Gotha, Geheimes Kabinett, 53, Listen und Berichte über Bekundungen der Anhänglichkeit von Untertanen 1901–1911.

104 Wiegand, Thron- und Erbfolgestreit, S. 50ff.

105 Vgl. bspw. ThStA Gotha, Obersthofmarschall Amt, 234, Bd. 4 1906–1907, Aufstellung des Gothaischen Hofmarschallamtes zu Reisen nach London vom März 1906.

106 Vgl. Ankündigung in *The Manchester Guardian* vom 7.6.1902, S. 10.

107 Ebd. vom 19.7.1905, S. 6.

108 ThStA Gotha, Herzogliches Staatsministerium 2-15-0199, Nr. 122, Schreiben des Auswärtigen Amtes vom 4.6.1914 und Antworttelegramm des herzoglichen Obersthofmarschallamtes.

109 Abgedruckt in: *The Times* 25.6.1914, S. 1.

110 Vgl. zu diesem Verband: Chickering, We Men.

111 Heinrich Claß veröffentlichte unter dem Pseudonym Heinrich Frymann. Frymann, Wenn ich Kaiser wär', S. 35.

112 Zitiert nach: Malinowski, Vom König, S. 185. Vgl. Lohalm, Völkischer Radikalismus, S. 40–56; Chickering, We Men, S. 287; Hagenlücke, Deutsche Vaterlandspartei, S. 36–39.

113 ThStA Gotha, Obersthofmarschall Amt, 236 Reisen Bd. 6 1908–1909, Schreiben des Obersthofmarschallamtes an die Kaiserliche Deutsche Botschaft in London vom 17.12.1908.

114 Ebd. 238 Reisen Bd. 8 1911–1912, Schreiben des Gothaer Obersthofmarschallamtes an den Reichskanzler von Bethmann Hollweg.

115 Vgl. Stockhausen, Auf Immerwiedersehen, S. 177.

116 Ebd., S. 176.

117 Ebd., S. 173, 176, 179.

118 Ebd., S. 174.

119 HA SCG Coburg, Abschrift eines Telegramms Carl Eduards von Sachsen-Coburg und Gotha an Kaiser Wilhelm II. am 1.8.1914.

120 StA Gotha, Herzogliches Staatsministerium 2-15-0199, Nr. 122, ad 143 Telegramm Carl Eduards vom 1.9.1914, *Extra-Blatt der Gothaischen Zeitung* vom 1.9.1914.

121 Ebd.

122 *Gothaer Zeitung* vom 9. 9. 1914, S. 1.
123 *Coburger Tageblatt* vom 7. 10. 1914, S. 1.
124 *Berliner Tageblatt* vom 6. 10. 1914, S. 2.
125 *Coburger Tageblatt* vom 10. 10. 1914, S. 1.
126 *Bonner Zeitung* vom 11. 11. 1914, S. 2.
127 Vgl. Stockhausen, Auf Immerwiedersehen, S. 223.
128 Carl Eduard wurde hier Mitglied des Stabes im 38. Infanterieregiment. HA SCG Coburg, Ernennungsurkunde, umdatiert.
129 Ebd., Schack, Aufzeichnungen. Vgl. ebd., Friedrich Josias von Sachsen-Coburg und Gotha, Herzog Carl Eduard, Manuskript, S. 104.
130 Ebd.
131 Hobsbawm, Das Zeitalter, S. 163.
132 Vgl. Evrard, Les Massacres.
133 Ebd., Hankel, Die Leipziger Prozesse; Horne/Kramer, Deutsche Kriegsgräuel 1914, S. 498–504.
134 HA SCG Coburg Schack, Aufzeichnungen; Friedrich Josias von Sachsen-Coburg und Gotha, Herzog Carl Eduard, Manuskript, S. 104.
135 Ebd.
136 Belgien wurde seit 1830 von der Dynastie von Sachsen-Coburg und Gotha regiert. Albert I. war der Enkel des ersten belgischen Königs Leopold I., der ein Bruder Prinz Alberts, des Großvaters Carl Eduards, gewesen war.
137 HA SCG Coburg Schack, Aufzeichnungen; Friedrich Josias von Sachsen-Coburg und Gotha, Herzog Carl Eduard, Manuskript, S. 104.
138 Ebd., S. 106.
139 Ebd., S. 111, 114.
140 Ebd., S. 109.
141 Ebd., S. 105, 109 f.
142 Ebd., S. 106.
143 Ebd., S. 110.
144 Ebd., S. 111,
145 Kessler, Festpredigt, S. 2.
146 HA SCG Coburg Schack, Aufzeichnungen; Friedrich Josias von Sachsen-Coburg und Gotha, Herzog Carl Eduard, Manuskript, S. 105.
147 HA SCG Coburg, Ernennungsurkunde Kaiser Wilhelms II. und Handschreiben an Carl Eduard vom 24. 12. 1914.
148 Ebd. Schack, Aufzeichnungen, Friedrich Josias von Sachsen-Coburg und Gotha, Herzog Carl Eduard, Manuskript, S. 109.
149 Vgl. zu diesem Verhalten von Adligen im kaiserlichen Heer generell: Malinowski, Vom König, S. 216.

150 Vgl. ebd., S. 81.
151 HA SCG Coburg, Akten des Herzoglich Coburg-Goth. Kabinetts in Coburg, ad 84 ff. Carl Eduard von Rüxleben an das Auswärtige Amt am 14. 6. 1915.
152 Zur Biographie: Constant, Foxy Ferdinand; Stadtmüller, Ferdinand.
153 ThStA Gotha, Obersthofmarschall Amt, 236 Reisen Bd. 6 1908–1909, Planungen des Oberhofmarschallamtes der Reise des Herzogspaars nach Sofia vom 13. 6.–9. 7. 1908; ebd., 238 Reisen Bd. 8 1911–1912, Planungen und Abrechnungen über eine Reise von Wien nach Sofia vom Februar 1912.
154 Vgl. Boeckh, Von den Balkankriegen 6, S. 195, 267.
155 ThStA Gotha Obersthofmarschall Amt 241 Reisen Bd. 12 1916–1917, Meldung an die Reise des Herzogs von Bulgarien durch das Gothaer Obersthofmarschallamt vom 1. 3. 1916 an den Generalfeldmarschall der preußischen Armee August von Mackensen.
156 Hohenborn, Briefe, S. 133 f.
157 Constant, Foxy Ferdinand, insb. S. 71 ff.
158 ThStA Gotha Geheimes Kabinett 45 Berichte über Veranstaltungen Bd. 6 1908–1911, Aufzeichnungen über den Ausbau Gothas als ein Zentrum des deutschen Luftschifffahrtsbaus vom November 1911. Vgl. Stasjulevicz, Gotha.
159 Zentral hierzu: Fischer, Griff. Zur an Fischers Thesen anschließenden Kontroverse: Große-Kracht, Die Fischer-Kontroverse. Neuerdings zu den Hintergründen des Ersten Weltkrieges auch: Clark, Die Schlafwandler.
160 ThStA Gotha, Flügel-Adjutantur, 41 Die Herzog-Karl-Eduard-Flieger-Schule 1914–1917, Schreiben der Flügel-Adjutantur an den Chef des Geheimen Kabinetts zu Berlin vom Dezember 1914, Antwortschreiben der Intendantur des XI. Armeekorps vom 30. 1. 1914, Schreiben des Gothaer Hofmarschallamtes an das Kriegsministerium Berlin vom 24. 2. 1914.
161 Cole, The Air Defence, S. 325 ff.; Fredette, The Sky, S. 135–166; Steel/Hart, Tumult.
162 Vickers, St. George's Chapel, S. 105.
163 *The Times* vom 7. 9. 1914, S. 2.
164 Vickers, St. George's Chapel, S. 105.
165 Broadland Archives, Schreiben Prinz Louis von Hessen an Lord Louis Mountbatten of Burma vom 19. 3. 1959, zitiert nach Vickers, St. Georg's Chapel, S. 105.
166 Schneider, Der englische Hosenbandorden.
167 Pogge von Strandmann, Nationalisierungsdruck, S. 85.

168 Wiegand, Thron- und Erbfolgestreit, S. 50ff.

169 Pogge von Strandmann, Nationalisierungsdruck, S. 85.

170 StA Gotha, Herzogliches Staatsministerium 2-15-0199, Mitteilung des Auswärtigen Amtes an das Staatsministerium in Gotha vom 23.1.1917.

171 StA Coburg, Amtsbücherei, Zf2, Landtagssitzung vom 10.3.1917, S. 204; *Coburger Tageblatt* vom 9.7.1917, S. 1.

172 Vgl. bspw. *The Manchester Guardian* vom 10.7.1917, S. 4.

173 Pogge von Strandmann, Nationalisierungsdruck, S. 89f.

174 *The Times* 18.7.1917, S. 1.

175 So beispielsweise Albrecht von Montgelas. Bocca, The Uneasy Heads, S. 170.

176 Malinowski, Vom König, S. 199.

177 Machtan, Die Abdankung.

178 Nur knapp ein Viertel der Einwohner zählte zur Arbeiterschaft. Es gab nur einen sehr geringen Anteil unter den Einwohnern von etwas mehr als einem Prozent, die mosaischen Glaubens waren.

179 Walker, German Hometowns.

180 Monograpien deutscher Städte, Bd. XXX: Coburg, Berlin 1929, S. 89.

181 *Coburger Volksblatt* vom 8.11.1918, S. 1.

182 Erdmann, Coburg, S. 5.

183 Quarck, Aus den letzten Zeiten, S. 22–40.

184 Westarp, Das Ende. Vgl. zur Aufnahme dieser »Kaiserflucht«: Malinowski, Vom König, S. 228–246.

185 Bspw. an ihre Tochter Viktoria Luise in Braunschweig am 11.11.1918, in: Viktoria Luise, Im Glanz, S. 368.

186 Haarmann, Das Haus Waldeck, S. 44f.

187 Quarck, Aus den letzten Zeiten, S. 22–31.

188 Ebd., S. 31

189 *Regierungsblatt für das Herzogtum Gotha,* Nr. 137 vom 16.11.1918, S. 567.

190 Damit gehörte Carl Eduard zum sehr kleinen Kreis der Bundesfürsten, die nie einen förmlichen Thronverzicht erklärten. Vgl. Petropoulos, Royals.

191 Schmeling, Josias, S. 32. Veröffentlichung in: *Coburger Tageblatt* vom 15.11.1918, S. 1. Vergleichbar war diese Erklärung mit der am 13.11.1918 veröffentlichten »Anifer Erklärung« Ludwigs III. von Bayern: Machtan, Die Abdankung, S. 255f.

192 Rürup, Probleme, S. 34. Vgl. Malinowski, Vom König, S. 209f.

193 Das Grundeigentum des Coburger Herzogs verminderte sich durch den Vertrag von rund 7300 ha auf 533 ha. Für den Übergang der Naturkunde- und Kunstsammlungen sowie des Landestheaters, der

Ehrenburg, der Veste Coburg und weiterer Immobilien wurden 1,5 Millionen Reichsmark als Entschädigung gezahlt. Erdmann, Coburg, S. 22 f. Vgl. Quarck, Aus den letzten Tagen, insb. S. 52–82.

194 Weschenfelder, Veste Coburg, S. 118–126; Klar, »… Denkmal Deutscher Geschichte«; Ebhardt, Deutsche Burgen, S. 90 ff.; Doering, Die Wiederherstellung. StA Coburg, Coburger Landesstiftung 516 Der Umbau der Veste Coburg, 594, 630; ebd. LA A-Nachtrag 13455 Der Umbau der Veste Coburg 1912–1918; Archiv der Deutschen Burgenvereinigung Braubach, Maschinenschriftliches Skript: Bodo Ebhardt, Nachrichten über die Bauarbeiten auf der Veste Coburg von 1897 bzw. 1908 und 1922, zitiert nach: Klar, »… Denkmal Deutscher Geschichte«.

195 Vor allem der *Berliner Lokalanzeiger* fragte kritisch nach, ob es aus konservatorischen wie wirtschaftlichen Gründen angeraten wäre, eine so große Burg zum »Wohnschloss« eines Monarchen umzubauen: *Berliner Lokalanzeiger* vom 5. 12. 1908, o. S.

196 Weschenfelder, Veste, S. 126–131; Fischer, Bodo Ebhardt, S. 84 f.

197 Vgl. Malinowski, Vom König, S. 59.

198 Ebd., S. 254, 289.

199 Simmel, Exkurs über den Adel, S. 550.

200 Berghaus, Etwas vom Luxus.

201 Vgl. zur Jagd als adliges Privileg schlechthin: Theilemann, Adel, S. 17–52.

202 Vgl. Nilius, Die Hornstube.

203 HA SCG Coburg, Prinz Friedrich Josias, Herzog Carl Eduard, Manuskript, S. 148.

204 Malinowski, Vom König, S. 91 ff.

205 Alexander Klar, »… Denkmal Deutscher Geschichte«, S. 114.

206 Malinowski, Vom König zum Führer, S. 91–103.

207 Vgl. Bourdieu, Die feinen Unterschiede, S. 17–27.

208 Malinowski, Vom König, S. 91.

209 Zum Terminus und seinem Gebrauch nach 1918: Schreiner, »Wann kommt der Retter Deutschlands?«.

210 Ebhardt, Die Burgen Italiens, S. 5 f., 83.

211 Weber, Wahlrecht, insb. S. 258–266.

212 Ebd., S. 260. Hervorhebungen im Original.

213 Hagen, Adel verpflichtet.

214 Vgl. Münchhausen, Adel.

215 Vgl. Jahnke, Edgar Julius Jung. Jung wurde 1934 ermordet. Bis zu seinem Tod setzte er Hoffnungen in monarchistische Strömungen unter den radikalen Rechten. Vgl. Jung, Adel.

216 Jung, Die Herrschaft, S. 346.

217 Ebd., S. 324–332. Vgl. ders., Falsches und echtes Führertum.

218 Ders., Herrschaft, S. 101–105, 168–173.

219 Michels, Probleme, S. 144.

220 Steinbömer, Oberschicht.

221 Gleichen, Adel.

222 Malinowski, Vom König, S. 344.

223 Gleichen, Adel, S. 134.

224 Malinowski, Vom König, S. 115.

225 Link, Burgen.

226 Vgl. auch: Heller, Die Bedeutung.

227 Link, Burgen, S. 176 f.

228 Ebhardt, Die Burgen Italiens, S. 5 f. und 83.

229 *Völkischer Beobachter* vom 16. 10. 1922, S. 1. Dass sich durch die Umbauten Ebhardts auf der Veste Coburg kaum noch »Uraltes« finden ließ, blieb freilich unerwähnt, ebenso dass die Nationalsozialisten bei ihrer Feier zwischen Gerüsten und Bretterzäunen standen. Die Arbeiten waren noch im vollen Gange.

230 Ebhardt, Deutsche Burgen, S. 94.

231 StA Bamberg Reg. v. Obfr. Präsid.Regist. K 3 1962 Wikingbund und Jungdo, Bericht des Coburger Bezirksamts an das Regierungspräsidium von Oberfranken vom 4. 5. 1925; StA Coburg LAA 13 586 Durchschlag eines Briefes Herzog Carl Eduards über die Beeinflussung der Rechtsparteien zugunsten der deutschen Fürsten vom 18. 3. 1926. Vorher hatten allerdings auch schon »völkische Heimatfeste« in der Halle stattgefunden: StadtA Coburg 6534 Veranstaltung von Coburger Heimatfesten 1910–1924, Programm über einen Festkommers und ein »Weihespiel« auf der Veste Coburg vom 14. 6. 1924.

232 StA Bamberg Reg. v. Obfr. Präsid. Regist. K 3 1962 Wikingbund und Jungdo, *Coburger Volksblatt* 24. 8. 1925.

233 Asmalsky, Der Nationalsozialismus, S. 4.

234 HA SCG Coburg, Prinz Friedrich Josias, Herzog Carl Eduard, Manuskript, S. 125 f.

235 Vgl. Theweleit, Männerphantasien, S. 66–76.

236 Vgl hierzu und zum Folgenden: Krüger, Die Brigade Ehrhardt; Schulze, Freikorps; Sprenger, Landsknechte.

237 Vgl. Mommsen, Aufstieg, S. 110; Kolb, Die Weimarer Republik, S. 40 f.

238 Vgl. zu den Ereignissen detailliert: Erger, Der Kapp-Lüttwitz-Putsch; Könnemann/Schulze (Hrsg.), Der Kapp-Lüttwitz-Ludendorff-Putsch; Möllers, »Reichswehr schießt nicht auf Reichswehr!«.

239 Vgl. Norden, Fälscher, S. 46. StA Coburg LAA 13 597, Schreiben Friedrich Josias von Sachsen-Coburg und Gotha an Rudolf Priesner vom 15. 2. 1978, S. 5.
240 Vgl. zum ähnlichen Handeln anderer Adliger: Malinowski, Vom König, S. 214.
241 Höhne, Der Orden, S. 22 ff.
242 Vgl. Malinowski, Vom König, S. 238.
243 Ebd., S. 244 f.
244 StA Coburg LAA 13 597 Schreiben Friedrich Josias von Sachsen-Coburg und Gotha an Rudolf Priesner vom 15. 2. 1978, S. 5.
245 Vgl. ähnlich zu preußisch-adligen Offizieren: Funck, Schock und Chance, S. 148.
246 Schumann, Einheitssehnsucht.
247 Eley, Conservatives, S. 51.
248 BA Berlin-Lichterfelde Reichskommissar für Überwachung der öffentlichen Ordnung 67 179/330 Organisation Consul, Mitgliederlisten 1922.
249 Vgl. Sabrow, Der Rathenaumord.
250 Gebhardt, Der Fall.
251 StA Bamberg Reg. v. Obfr. Präsid.Regist. K 3 1962 Wikingbund und Jungdo, Bericht des Bezirksamts Staffelstein an das Regierungspräsidium von Oberfranken vom 18. 8. 1924.
252 Vgl. zum »Jungdeutschen Orden« in seiner Frühzeit: Wolf, Die Entstehung; Ganyard, Artur Mahraun S. 105–140. Beide Studien weisen allerdings apologetische Züge auf und stilisieren den »Jungdeutschen Orden« bisweilen als eine Art Opposition zum Nationalsozialismus.
253 StA Bamberg Reg. v. Obfr. Präsid.Regist. K 3 1962 Wikingbund und Jungdo, Bericht des Bezirksamts Staffelstein an das Regierungspräsidium von Oberfranken vom 18. 8. 1924.
254 Vgl. bspw. *Der Vorwärts* vom 6. 11. 1923.
255 Zu den Vorgängen, in denen allerdings Prinz Leopold nicht erwähnt wird: StA Bamberg K3/Präs. Reg Nr. 1964 Grenzschutz Nord Lageberichte, Berichte des Regierungspräsidiums Bayreuth vom 5., 6., 7. und 8. 11. 1923; ebd. Reg. v. Obfr. Präsid.Regist. K 3 1962 Wikingbund und Jungdo, Bericht des Bezirksamts Staffelstein an das Regierungspräsidium von Oberfranken vom 18. 8. 1924; BayHStA München Generalstaatskommissar, Schreiben der Ordensleitung an den Generalstaatskommissar über die Ballei Franken mit Sitz in Coburg vom 9. 1. 1924.
256 StA Bamberg Reg. v. Obfr. Präsid.Regist. K 3 1962 Wikingbund und Jungdo, *Coburger Tageblatt* 16. 5. 1925, Bericht des Vorstandes des Be-

zirksamts Coburg vom 9.6.1925 und 15.6.1925; BayHStA München, Generalstaatskommissar 32 Grenzschutz, Berichte des Regierungs-Präsidiums Oberfranken an den Generalstaatskommissar von Bayern vom 5. und 8.11.1923.

257 Finker, Bund Wiking.

258 StA Bamberg Reg. v. Obfr. Präsid.Regist. K 3 1962 Wikingbund und Jungdo, Berichte des Coburger Bezirksamtes an das Regierungspräsidium von Oberfranken vom 4.5.1925, 6.6.1925 und 24.8.1925.

259 Campbell, The SA Generals, S. 202.

260 StA Bamberg Reg. v. Obfr. Präsid.Regist. K 3 1962 Wikingbund und Jungdo, Abschrift aus der Broschüre des Wikingbundes, S. 8 f.

261 Leyh, »Gesundheitsführung«.

262 Berghahn, Der Stahlhelm.

263 Ebd.

264 Wehler, Deutsche Gesellschaftsgeschichte, Bd. 4, S. 390 f.

265 Einführend zu diesen völkischen Verbänden: Schumann, Politische Gewalt; Berghahn, Der Stahlhelm; Finger, Bund Wiking.

266 Boseckert, »... damit Coburg schöner wird«?, S. 117 f.

267 Stadt Coburg (Hrsg.), Coburg, S. 124.

268 Horkenbach, Das Deutsche Reich, S. 97. Vgl. BA Berlin-Lichterfelde R 72/296 Stahlhelm Bund der Frontsoldaten, Reichspräsidentenwahl 1932, ad 244 Schreiben des Bundesführers des Stahlhelm Franz Seldte an Carl Eduard von Sachsen-Coburg und Gotha vom 1.4.1932.

269 Bergmann, Die innenpolitische Entwicklung, S. 347. Dort ist ein Schreiben des Thüringischen Finanzministeriums vom 11. Januar 1925 an den Reichsminister des Innern zitiert, betreffend der vermögensrechtlichen Auseinandersetzung mit den vormals regierenden Fürstenhäusern und dem Haus Sachsen-Coburg und Gotha.

270 Vgl. Stentzel, Zum Verhältnis; Jung, Direkte Demokratie.

271 Ders., Volksgesetzgebung, S. 234.

272 Papen, Rede vor der Genossenschaft Katholischer Edelleute Bayerns am 12.8.1922, zitiert nach: Malinowski, Vom König, S. 61.

273 Bergmann, Die innenpolitische Entwicklung, S. 347.

274 Jung, Volksgesetzgebung, S. 234.

275 Stentzel, Zum Verhältnis, hier S. 278 ff.

276 BA Berlin-Lichterfelde R 8034 II 1092A Staatsleben der Bundesstaaten Herzogtum Sachsen-Coburg-Gotha, Landtagswahlen und Parlamentsverhandlungen, *Vorwärts* vom 11.9.1925. Zur konservativen und gemäßigten Kritik an der Entschädigung: Ebd. *Kreuz-Zeitung* Nr. 284 vom 20.6.1925, S. 1, *Hannoverscher Kurier* 347 vom 25.7.1925.

277 Ebd. *Rote Fahne* 239 vom 26. 10. 1926.

278 StA Coburg LAA 13586 Durchschlag eines Briefes Herzog Carl Eduards über die Beeinflussung der Rechtsparteien zugunsten der deutschen Fürsten vom 18. 3. 1926.

279 Kershaw, Hitler 1889–1939, S. 353.

280 8. Bamberger Jahrbuch 1935, Bamberg 1936, S. 11 ff.

281 Ebd.

282 Adolf Hitler, 14. Februar 1926, Rede auf NSDAP-Führertagung, Dok. 101, in: Vollnhals (Hrsg.), Hitler, S. 294 ff., hier S. 296. Vgl. Malinowski, Vom König, S. 536; Ullrich, Adolf Hitler, S. 223.

283 Kershaw, Hitler 1889–1939, S. 353; Longerich, Goebbels, S. 80 f.

284 Deuerlein (Hrsg.), Der Aufstieg, S. 256.

285 Zitat Alois Fürst von Löwenstein am 15. 6. 1926, nach: Malinowski, Vom König, S. 416.

286 Abramowski, Einleitung, S. XXIV.

287 Longerich, Deutschland 1918–1933, S. 240.

288 Jung, Volksgesetzgebung, S. 557 f.

289 BA Berlin-Lichterfelde R 8034 II 1092A Staatsleben der Bundesstaaten Herzogtum Sachsen-Coburg-Gotha, Landtagswahlen und Parlamentsverhandlungen, *Berliner Tageblatt* 590 v. 28. 12. 1922; StA Bamberg K3/Präs. Reg 857a, Band I Politische Berichte des Staats-Polizeiamts Nürnberg Fürth ab März 1922, Nr. 5024, Bericht vom 22. 12. 1922, S. 6, Aufruf zu einer Volksbefragung vom 15. 12. 1922, S. 4.

290 Vgl. bspw. Oltmann, Seine Königliche Hoheit, S. 74.

291 Klee, Personenlexikon, S. 649; Turner, Otto Wagener, S. 250 f.

292 Turner Jr. (Hrsg.), Hitler aus nächster Nähe, S. 86 f.

293 Preußen, »Gott«, S. 89, 309.

294 Turner Jr. (Hrsg.), Hitler aus nächster Nähe, S. 90.

295 Jens Flemming, »Führersammlung«; Malinowski, Vom König, S. 443.

296 Junack, Adolf Friedrich Herzog zu Mecklenburg; Malinowski, Vom König, S. 441 ff., 447.

II Hitler zu Diensten

1 Stonus, »Do ut des«; Foucault, Omnes. Siehe auch Büschel, Untertanenliebe, S. 96, 310 ff., 327 ff., 351.

2 StA Coburg LA A-Nachtrag 13184, Schreiben Otto Schmidt an Carl Eduard vom 9. 9. 1935.

3 Ebd.

4 Vgl. Appadurai, The Social Life.

5 Inachin, Der Gau Pommern; BayHStA München MInn 80470, Stadt-

rat Coburg an das Staatsministerium des Innern München vom 26.5.1933.

6 Nolzen, Schwede-Coburg.

7 StA Coburg LA A-Nachtrag 13184, Protokoll der Festsitzung vom 9.6.1935, Durchschrift, S. 1.

8 Ebd., S. 3f., Zitat aus dem Beschluss zur Verleihung der Ehrenbürgerwürde an Carl Eduard von Sachsen-Coburg und Gotha vom 30.9.1933.

9 Zu den Zitaten hier und im Folgenden: Ebd. Protokoll der Festsitzung am 9.6.1935, S. 4f.

10 Am 23. Juni 1929 lag der Anteil aller Wählerstimmen in Coburg für die NSDAP bei 43,1%, womit die absolute Mehrheit im Stadtrat erreicht war. StA Bamberg K3/Präs. Reg 857a, Band VI, Lagebericht der Polizeidirektion Nürnberg-Fürth vom 9.7.1929, S. 5.

11 Vgl. Asmalsky, Der Nationalsozialismus; Hayward/Morris, The First Nazi Town; Initiative Stadtmuseum e.V. (Hrsg.), Voraus zur Unzeit; Rainer Hambrecht, Zwischen Bayern und Thüringen; Albrecht, Die Avantgarde.

12 Erdmann, Coburg, S. 94, 103, 91, 106, 105. Vgl. Kershaw, Hitler 1889–1936, S. 227f.; Schumann, Politische Gewalt, S. 203–210.

13 BayHStA München MInn 81589, *Münchner Bauern-Zeitung* Nr. 217 vom 18.10.1922, S. 1f.; StA Bamberg K3/Präs. Reg 857a, Band I, Nr. 4408, Polizeibericht vom 8.11.1922, S. 11f.

14 Schwede-Coburg, Kampf um Coburg; *Coburger National-Zeitung* vom 18./19.1.1936, S. 1.

15 Ebd.

16 StadtA Coburg A 8368, Band II., Rundschreiben des Staatsministeriums des Inneren an die Vorstände der Bezirkspolizeibehörden vom 17.5.1927.

17 BayHStA München MInn 81581, *Kreisanzeiger der Dorfzeitung für Stadt und Kreuz Sonneberg und Coburg* Nr. 262 vom 6.11.1928; StA Bamberg K3/Präs. Reg 857a, Band VII, Lagebericht Nr. 183/II/30 vom 18.12.1930, S. 10.

18 BayHStA München MInn 71718, Bericht des Vorstandes des Bezirksamtes Coburg an das Innenministerium in München vom 15.1.1930.

19 Ebd., Bericht des Vorstandes Coburg an das Innenministerium in München vom 25.1.1930.

20 BayHStA München MInn 71718, Oberstaatsanwaltschaft Coburg an das Bamberger Oberlandesgericht vom 15.8.1931 sowie Bericht der Polizeidirektion Nürnberg-Fürth vom 31.1.1930.

21 StA Bamberg Reg. von Oberfranken K 4/1967, Dienstaufsichts-

beschwerde des Centralvereins deutscher Staatsbürger jüdischen Glaubens Landesverband Bayern an die Kreisregierung von Oberfranken Kammer des Innern Bayreuth vom 30.1.1931 mit Zitaten des Coburger Stadtrats. Bereits im Juni 1931 hatte der Stadtrat anlässlich der 600-Jahr-Feier Coburgs verlauten lassen: »Mögen der deutschen Stadt Coburg recht bald und recht viele deutsche Städte folgen, damit aus ihnen durch sie aus Deutschland wieder werde, was einst war: ein trutziges Bollwerk deutschen Lebenswillens, eine reiche Stätte deutschen Gewerbefleißes, eine stolze Hochburg deutscher Sitte und Art.« StadtA Coburg 6552, Entschließung des Stadtrats vom 18.1.1931; ebd. 6522, Stadtratsprotokoll vom 14.6.1931; *Coburger Nationalzeitung* vom 15.6.1931, S. 1 und vom 18./19.1.1936, S. 1.

22 StA Bamberg Reg. von Oberfranken K3/857a, Band VIII, Bericht vom 24.10.1931, S. 16.

23 Ebd. K3/1713, Ruhestandsversetzungen von Mitgliedern des Coburger Stadtrats 1931.

24 Ebd., K 3 857a IX, Lagebericht 204/II/32, S. 10; ebd., K 3 1690 Haushaltsvorausschläge der Stadt Coburg für 1932/33, *Coburger Nationalzeitung* vom 15.6.1932.

25 Vgl. Initiative Stadtmuseum, »Voraus«, S. 92; StadtA Coburg 6494, Protokoll vom Hitler-Tag am 16.10.1932.

26 Asmalsky, Der Nationalsozialismus, S. 4. Bei der Reichspräsidentenwahl erhielt Hitler in Coburg 48,5 % aller Stimmen (reichsweiter Durchschnitt am 13. März 30,2 % und am 10. April 1932 36,7 %). Bei der im Juli 1932 folgenden Reichstagswahl stimmten die Coburger mit 58,6 % für die NSDAP (reichsweiter Durchschnitt 34,7 %). Winkler, Weimar, S. 445; Falter, Die Wahlen, S. 22.

27 Vgl. hierzu und zum Folgenden: Fromm, Die Coburger Juden. Hierzu auch der Centralverein für Juden in Deutschland: *C. V. Zeitung* vom 25.1.1929, S. 1.

28 Kershaw, Antisemitismus, S. 294. Vgl. StadtA Coburg A 8374, Abdruck von Polizeiberichten im sozialdemokratischen *Volksblatt* vom 7.7.1922, 11.7.1922, Beschwerde der Vereinigten Sozialdemokratischen Partei an den Stadtrat von Coburg vom 4.7.1923, Polizeibericht vom 14.10.1923.

29 BayHStA München MInn 71 718, Bericht des Coburger Stadtrats Otto Veye an das Münchner Innenministerium vom 16.1.1930.

30 Ebd. 81 581, Bericht des Vorstandes des Bezirksamtes Coburg an das Regierungspräsidium von Oberfranken in Bayreuth vom 30.4.1926, 29.9.1927 und 4.10.1917, *Völkischer Beobachter* vom 8.10.1927, S. 1.

31 StA Bamberg Reg. von Oberfranken K 3 1707, Sicherheitszustand in Coburg, Bericht der Regierung von Oberfranken Bayreuth an das Staatsministerium des Innern München vom 29. 7. 1931, Vorstand des Bezirksamtes Coburg an das Staatsministerium des Innern München 18. 9. 1931 und an die Regierung von Oberfranken Bayreuth am 4. 6. 1932, Oberstaatsanwaltlicher Bericht an den Generalstaatsanwalt des Oberlandesgerichts in Bamberg vom 15. 8. 1931; ebd. K3/1708, Disziplinarverfahren gegen Gemeindebeamte u. Bedienteste der Stadt Coburg 1925–1931; ebd. K 3/1710, Bd. II, Disziplinarverfahren gegen Gemeindebeamte u. Bedienstete der Stadt Coburg 1931 ff.

32 BayHStA MInn München 71 718, Bericht des Coburger Stadtrats Otto Veye an das Münchner Innenministerium vom 16. 1. 1930.

33 Nerdinger (Hrsg.), München, S. 38.

34 Betroffen waren auch Mitglieder der Bayerischen Volkspartei, der Bayerischen Königspartei, Führer des Reichsbanners und der Eisernen Front sowie parteilose Personen, die man für Gegner der NSDAP hielt. StA Coburg Handakten Staatsanwaltschaft 81, Prozess gegen Franz Schwede, Werner Faber, Emil Musow und andere, Anklageschrift vom 15. 7. 1950, S. 7 f.

35 Insgesamt 31 der »Schutzhäftlinge« wurden im April 1933 nach Dachau überstellt. StadtA Coburg A 8483 NSDAP 1933–1953, Bericht an die US-Militärregierung vom 23. 4. 1945.

36 StA Coburg Handakten Staatsanwaltschaft 81, Prozess gegen Franz Schwede, Werner Faber, Emil Musow und andere, Anklageschrift vom 15. 7. 1950, S. 9–11, 24; ebd. Staatsanwaltschaft 901, Strafsache Schwede und andere, diverse Zeugenaussagen vom April 1949; ebd. 904, Mitschriften der Vernehmungen vom 11. 9. 1950; ebd. 904, Zeugenlisten; ebd., 905, Mitschrift der Hauptverhandlung 29. 1. 1951 ff., insb. S. 22 f., 81; ebd., 906, medizinische Gutachten ehemaliger »Schutzhäftlinge«; StadtA Coburg A 8483 NSDAP 1933–1953, Bericht an die US-Militärregierung vom 23. 5. 1945, diverse Zeugenaussagen vom Dezember 1947 bis April 1950.

37 StA Coburg Staatsanwaltschaft 902, Strafsache Schwede, Franz und andere, Vernehmungsniederschrift vom 7. 1. 1950.

38 Ebd., Zeugenaussage vom 3. 4. 1950.

39 Ebd. 81, Anklageschrift vom 15. 7. 1950, S. 9–11, 24; ebd. 901, Strafsache Schwede, Franz und andere, diverse Zeugenaussagen vom April 1949.

40 Ebd. 900, Auszüge aus Anklageschrift vom 15. 7. 1950 und diverse Zeugenaussagen, S. 3; ebd. 907, Abschrift des Urteils, Vollstreckungs- und Gnadenakten, Landgerichtsgutachten vom 31. 5. 1952; ebd.,

908, Akten des Landgerichts Coburg betr. Strafsache Schwede, Franz und andere, Gnadenfragen, Strafminderung und Amnestie 1952.

41 Fromm, Die Coburger Juden, S. 70–76.

42 Vgl. beispielsweise: Fröhlich, Die Tagebücher, Teil II, Bd. 8, S. 250.

43 Vgl. Initiative Stadtmuseum, »Voraus«, S. 92; StadtA Coburg 6494, Protokoll Hitler-Tag am 16. 10. 1932.

44 Zu Berichten über Besuche Hitlers in Coburg: BA Berlin-Lichterfelde NS 12/134, Pressearchiv der NSDAP, bspw. *Völkischer Beobachter* vom 17. 10. 1937, S. 1.

45 StA Coburg Stadt S 1/II, Urteil der Berufungskammer München, Außensenat Nürnberg vom 6. 6. 1950.

46 Ebd. und I, Beglaubigte Abschrift der Wiederaufnahme des Berufungsverfahrens gegen Carl Eduard von Sachsen-Coburg Gotha durch das Münchner Landgericht am 3. 2. 1950, S. 1.

47 Schwede, Kampf, S. 17.

48 *C. V.-Zeitung* vom 25. 1. 1929, S. 1.

49 Vgl. Hambrecht, Zwischen Bayern und Thüringen.

50 BayHStA München, MInn 81 591, Verhalten der Nationalsozialisten am Deutschen Tag in Coburg; *Heimatland*, Dritte Oktoberausgabe, Folge 43, 1922.

51 *Coburger Nationalzeitung* vom 22. 6. 1932, S. 1.

52 StA Bamberg Regierung von Oberfranken Rep. K 3 857a Lagebericht 204/II/32, S. 10; *Coburger Nationalzeitung* vom 15. 6. 1932, S. 1.

53 Franger, Die Reichsschule.

54 StA Bamberg K3/Präs. Reg 857, Band VI, Bericht vom 22. 2. 1932, S. 5.

55 BA Berlin-Lichterfelde R 8034 II a, *Vossische Zeitung* 188 vom 19. 4. 1930, o. S., *Bamberger Tageblatt* vom 19. 4. 1930, o. S., *Vossische Zeitung* 191 vom 21. 4. 1932, o. S.

56 BayHStA München MInn 80 470, Schreiben der Polizeidirektion Augsburg an das Staatsministerium des Innern München vom 18. 3. 1932, Anklage der Staatsanwaltschaft für den Landgerichtsbezirk Augsburg vom 27. 6. 1932 gegen Schwede.

57 Ebd. Hans Frank an den Stadtrat von Coburg, undatiert.

58 Fromm, Die Coburger Juden, S. 47 f., 61–68, 78, 88 f.

59 Kalter, Éva; Axmann, Neustadt.

60 Vgl. zum Ablauf der Feierlichkeiten das Erinnerungsalbum: Prins Gustaf.

61 BA Berlin-Lichterfelde R 43-1/2205, Schreiben Bülow an Planck vom 21. 9. 1932, S. 1. Vgl. Alm, För prinsessan.

62 BA Berlin-Lichterfelde R 43-1/2205, Schreiben Bülow an Planck vom 21. 9. 1932, S. 1.

63 Ebd. Schreiben Neurath an Bülow vom September 1932.

64 Hierüber berichteten auch britische Zeitungen ausführlich: *The Times* vom 21. 10. 1932, S. 12; *The Manchester Guardian* vom 9. 9. 1932, S. 9.

65 Vgl. Initiative Stadtmuseum, »Voraus«, S. 92; StadtA Coburg 6494, Protokoll Hitler-Tag am 16. 10. 1932.

66 BA Berlin-Lichterfelde R 43-1/2205, Schreiben Bülow an Planck vom 26. 9. 1932, S. 2.

67 Ebd. Presseanfragen der *New York Times* und anderer Zeitungen vom Sommer 1932. Zur Berichterstattung: *New York Times* vom 21. 10. 1932, S. 5.

68 StA Coburg LAA 13582, Die Hochzeit zwischen Prinzessin Sibylla von Sachsen-Coburg und Gotha und Prinz Gustav Adolf von Schweden 1932 (Zeitungsausschnitte), *Coburger Zeitung* vom 18. 1. 1932, S. 2.

69 BA Berlin-Lichterfelde R 43-1/2205, Schreiben Bülow an Planck vom 21. 9. 1932, S. 1 f.

70 Vgl. Schüllerqvist, Från kosackval.

71 Vgl. die eher unkritische Biographie: Lundgren, Sibylla, S. 132–147.

72 Vgl. Kvist, A Study, S. 200; Levine, From Indifference, S. 91–112.

73 BA Berlin-Lichterfelde R 43-1/2205, Schreiben Bülow an Planck vom 21. 9. 1932, S. 1 f.

74 Carlsson, Gustav V, S. 84 ff.

75 Seit 1930 führte Wied intensive Gespräche mit Göring über seine künftigen Möglichkeiten, diplomatisch in Schweden für Hitler zu arbeiten. Nachdem er im Januar 1932 in die NSDAP eingetreten und Hitler schließlich an die Macht gelangt war, wurde Wied von 1933 bis 1944 Gesandter des Deutschen Reiches in Schweden. Wied, der auch mit Neurath gut bekannt war, übte seinen Einfluss in Hitlers Sinne im Auswärtigen Amt aus ebenso wie in der schwedischen Königsfamilie, zu der sich seine familiären Kontakte nach 1933 sogar intensivierten. 1944 erhielt Wied von Hitler für seine Verdienste die immense Summe von 250000 Reichsmark. Auswärtiges Amt, Historischer Dienst (Hrsg.), Biographisches Handbuch, Band 5, S. 271 f.; Ueberschär/Vogel, Dienen, S. 184; Roth, Hitlers Brückenkopf, S. 55 f.

76 Petropoulos, Royals and the Reich, S. 205.

77 Hierzu und zu den folgenden Zitaten: BA Berlin-Lichterfelde R 43-1/2205, Schreiben Bülow an Planck vom 21. 9. 1932, S. 2 ff.

78 Vgl. zum Überblick: Hörster-Philipps, Konservative Politik.

79 Heyde, Das Ende, S. 408–444; Roth, Franz von Papen.

80 Haar, Historiker, S. 113.

81 Leopold, Alfred Hugenberg; Wernecke/Heller, Der vergessene Führer.
82 BayHStA München MInn 71718, Schreiben des Vorstandes des Coburger Bezirksamtes Ernst Fritsch an den Regierungspräsidenten von Oberfranken in Bayreuth vom 10. 9. 1932.
83 BA Berlin-Lichterfelde R 43-1/2205, Schreiben Marcel von Schack an Bülow vom 29. 9. 1932, S. 1 f.
84 HA SCG Coburg, Rangordnung der Fürstlichkeiten, die an den Hochzeitsfeierlichkeiten am 19. Oktober 1932 teilnehmen.
85 Vgl. BA Berlin-Lichterfelde R 43-1/2205, Schreiben Marcel von Schack an Bülow vom 29. 9. 1932, S. 1 f.
86 Ziegler, King Edward VIII., S. 207 ff.
87 Rose, King George V., S. 388.
88 HA SCG Coburg, Rangordnung der Fürstlichkeiten, die an den Hochzeitsfeierlichkeiten am 19. Oktober 1932 teilnehmen.
89 Nach 1939 entwickelte sich Rupprecht allerdings zu einem entschiedenen Gegner Hitlers, ging nach Italien ins Exil und in den Untergrund. Er unterhielt Kontakte zu Widerstandskreisen. Seine Familie wurde in Dachau und Flossenbürg interniert. Weiß, Kronprinz Rupprecht.
90 *Deutsche Illustrierte* 44 (1932), S. 2.
91 StA Bamberg Regierung von Oberfranken Rep. K 3 1690, Haushaltsvorausschläge der Stadt Coburg für 1932/33; *Der Vorwärts* vom 22. 10. 1932; *Coburger Volkszeitung* vom 30. 10. 1932.
92 *Chicago Tribune* vom 17. 10. 1932, S. 4.s
93 *Svenska Dagblatt* vom 21. 10. 1932, S. 1.
94 *Manchester Guardian* vom 20. 10. 1932, S. 8 u. 13; ebd. vom 21. 10. 1932, S. 10; *The Observer* vom 25. 9. 1932, S. 14.
95 Ebd. vom 19. 10. 1932, S. 4; ebd. vom 9. 9. 1932, S. 9.
96 HA SCG Coburg, Anfragen und Einladungen zur kirchlichen Hochzeit von Prinzessin Sibylla 1932.
97 Ebd., Anfragen aus Schweden vom August 1932.
98 Vgl. Urbach, Go Betweens, S. 178.
99 BA Berlin-Lichterfelde NS 22/262, Schreiben Josef Grohé an Rudolf Heß vom 13. 4. 1933. Vgl. hierzu auch: Dornheim, Die Thüringer Fürstenhäuser, S. 269–292, hier S. 274 ff.
100 BA Berlin-Lichterfelde NS 22/262, Schreiben Josef Grohé an Rudolf Heß vom 13. 4. 1933.
101 Der Verfasser war vermutlich Johannes Erasmus Freiherr von Malsen-Ponickau. Vgl. Dornheim, Die Thüringer Fürstenhäuser, S. 275.
102 BA Berlin-Lichterfelde NS 22/262, Schreiben an Buch vom 9. 5. 1933.
103 Zur Biographie: Lilla u. a. (Hrsg.), Statisten, S. 68 f.

104 BA Berlin-Lichterfelde NS 22/262, Schreiben an Buch vom 9. 5. 1933.

105 Eine Ernennung Carl Eduards zum Statthalter erfolgte freilich nicht. Für diese von Hitler selbst so genannten »Vizekönige des Reiches« griff er nur auf bereits langgediente und bewährte Gauleiter der NSDAP zurück. Broszat, Der Staat Hitlers, S. 146 f., 150, 154.

106 HA SCG Coburg, Aufstellung der Verleihungen des Herzoglich-Sachsen-Ernestischen Hausordens und der Carl-Eduard-Medaille 1919–1935.

107 Vg. Dornheim, Die Thüringer Fürstenhäuser, S. 276 ff.

108 Stockhorst, Fünftausend Köpfe, S. 82, 375, 446 f., Broszat, Der Staat Hitlers, S. 390 ff.

109 BA Berlin-Lichterfelde NS 10/54 Bl. 71 ff., Schreiben aus der Dienststelle Bormann mit einer Anordnung von Hess vom 7. 2. 1936, Schreiben Brückner an Bormann vom 11. 2. 1936 und Schreiben Bormanns an Brückner vom 20. 2. 1936.

110 Ebd., Schreiben Bormanns an Brückner vom 20. 2. 1936.

111 HA SCG Coburg, Taschenkalender Herzog Carl Eduard 1932 bis 1940.

112 De Certeau, Kunst des Handelns.

113 Vgl. Stonus, »Do ut des«. Zur Reziprozität des Schenkens: Mauss, Die Gabe, S. 4 f.

114 Vgl. Fröhlich (Hrsg.), Die Tagebücher, Teil I und II; Rosenberg, Die Tagebücher; Präg/Jakobmeyer, Das Diensttagebuch.

115 Matthäus/Bajohr, Einleitung, S. 16–28

116 Vgl. Bloch, Die SA; Mau, Die »Zweite Revolution«. Dass Carl Eduard selbst auf der Liste der zu Verhaftenden stand und nur das Eingreifen Görings dies verhindert hätte, wie sein Generalbevollmächtigter Voigts im März und August 1949 bei Spruchkammerverfahren gegen den Herzog von Coburg aussagte, ist wohl zu bezweifeln und eher der Strategie Voigts' zuzuschreiben, seinen Dienstherrn zu entlasten. StA Coburg Stadt S 1/II, Voigts' Zeugenaussagen vor der Hauptkammer Ansbach vom 1. 3. und 2. 8. 1949.

117 Matthäus/Bajohr, Einleitung, S. 16–28.

118 Moors/Peiffer, Heinrich Himmlers Taschenkalender; Witte u. a. (Hrsg.), Der Dienstkalender.

119 HA SCG Coburg, Taschenkalender Herzog Carl Eduard 1934, Eintragung 5. 1. 1934.

120 Ebd. 1935, Einträge 13. bis 16. 9. 1935.

121 Ebd. 1933, Eintrag vom 6. 12. 1933; ebd. 1935, Eintragung vom 16. 9. 1935.

122 Ebd. 1936, Eintrag vom 4.2.1936.

123 Ebd., Einträge vom 28.3.1936; ebd. 1937, Einträge vom 30.1.1937 und vom 7.2.1937; ebd. 1938 zu Hitlers Einzug in Wien und der dortigen »unbeschreiblichen Begeisterung« und Hitlers Reden in Rom am 18.3., in Königsberg am 25.3., am 28.3. in Berlin und am 2.4. in München mit entsprechenden Einträgen unter denselben Daten.

124 Ebd., Eintrag vom 30.1.1939.

125 HA SCG Coburg, Taschenkalender Herzog Carl Eduard 1939, Eintrag vom 29. Januar 1939.

126 Quinn, The Swastika; Weeber, Das Hakenkreuz.

127 Greg, On the Meaning.

128 HA SCG Coburg, Taschenkalender Herzog Carl Eduard 1934, letzte Seite.

129 Ebd. 1943, Eintrag vom 26.11.1943.

130 Ebd. 1934, S. 3.

131 BA Berlin-Lichterfelde BDC PKC, Personalblatt Ferdinand-Ernst Nord. Das Engagement Nords für den Herzog von Coburg, sein früher Eintritt in die NSDAP und sein intensives Wirken für den Nationalsozialismus schadeten keineswegs seiner Karriere nach 1945. So war Nord von 1949–1965 Hauptgeschäftsführer des Stifterverbandes für die Deutsche Wissenschaft. In den 1960er und 1970er Jahren wurde er überhäuft mit Ehrungen, wie einem Doktor honoris causa in Humanmedizin der Universität Düsseldorf, dem Großen Verdienstkreuz der Bundesrepublik Deutschland, dem Österreichischen Ehrenzeichen für Kunst und Wissenschaft 1. Kl. und der Leibniz-Medaille der Akademie für Wissenschaft und Literatur zu Mainz. Weisel, F.E.N.

132 HA SCG Coburg, Taschenkalender Herzog Carl Eduard 1939, S. 3. Das Reichssicherheitshauptamt lag in der Prinz-Albrecht-Straße 8, die »persönliche Adjutantur des Führers« zunächst in der Reichskanzlei in der Wilhelmstraße, dann im Park der neuen Reichskanzlei ebendort. Rürup (Hrsg.), Topographie; Tuchel/Schattenfroh, Zentrale des Terrors; Kahlenberg, Bestand NS 10, S. 3f.

133 HA SCG Coburg, Taschenkalender Herzog Carl Eduard 1932, Einträge vom 17.2., 18.2., 22.11., 23.11. und 24.11.1932.

134 Almeida, Hakenkreuz, S. 83.

135 HA SCG Coburg, Taschenkalender Herzog Carl Eduard 1936, Eintrag vom 2.8.1936.

136 Schmeling, Josias.

137 McDonogh, Otto Horcher.

138 Zu den Begegnungen in Reinhardsbrunn bspw. HAA SCG Coburg,

Taschenkalender Herzog Carl Eduard 1934, Einträge vom 28.5. und 24.6.1934; ebd. 1937, Einträge vom 6.8. und 15.8.1937.

139 Zum Berliner Nationalen Klub: Feldbauer, Nationalklub; Malinowski, Vom König, S. 448 ff.; Schulz, Der »Nationale Klub von 1919«.

140 Zu Hugenberg: Leopold, Alfred Hugenberg; Guratzsch, Macht; Holzbach, Das »System Hugenberg«.

141 Holzbach, Das »System Hugenberg«, S. 139.

142 BA Koblenz Rep 18 5330, Nationaler Klub, Carl Eduard, Herzog v. Sachsen-Coburg und Gotha, Ernennung zum Präsidenten.

143 Ebd., Nationaler Klub, Carl Eduard, Herzog v. Sachsen-Coburg und Gotha, Antrittsrede vom 5.9.1932, *Mitteilungsblätter des Nationalen Klubs* 4 (1932), S. 1.

144 Ebd.

145 Zitiert nach: Malinowski, Vom König, S. 450.

146 Ebd. 5332, Nationaler Klub Berlin, Denkschrift des Herzogs Carl Eduard von Sachsen-Coburg und Gotha vom Dezember 1933.

147 Ebd. 5331, Nationaler Klub Berlin Abschlussbilanz für das Jahr 1932.

148 Ebd. 5333, Liste des Vorstandes des Nationalen Klubs Berlin.

149 Ebd. Schreiben Carl Eduard an Hans Pfundtner vom 17.2.1934.

150 Klee, Das Personenlexikon, S. 460.

151 Pabst hatte sich im Januar 1919 an der Niederschlagung des Spartakusaufstandes beteiligt. Ihm persönlich wurde die Ermordung von Rosa Luxemburg und Karl Liebknecht zur Last gelegt, die er ohne Gerichtsurteil hatte erschießen lassen. Gemeinsam mit Carl Eduards Vertrauten Ehrhardt hatte er sich 1920 am rechtsextremen Kapp-Putsch beteiligt. 1923 lernte er Göring kennen und befasste sich seit dieser Zeit mit dem italienischen Faschismus. Wichmann, Waldemar; ders., Die Gesellschaft.

152 HS SCG Coburg, Taschenkalender Herzog Carl Eduard 1933, Eintrag vom 27.4.1933; ebd. 1936, Eintrag vom 5.11.1936.

153 Vgl. bspw. Binzer, Faszismus; ders., Deutscher Faschismus?.

154 Kopper, Hjalmar Schacht.

155 BA Berlin-Lichterfelde R 72/296, ad 246 Berliner Dienst seiner Königlichen Hoheit des Herzogs von Sachsen-Coburg und Gotha an den Bundesführer des Stahlhelm Franz Seldte vom 22.4.1932.

156 Ebd. R 82/38, ad 7 Carl Eduard an Röhm, Seldte und andere Verbandsführer vom 8.4.1933.

157 Die letzten Reste des Stahlhelm wurden 1935 durch Hitler aufgelöst. Vgl. Berghahn, Der Stahlhelm.

158 Hachtmann, Seldte.

159 BA Berlin-Lichterfelde (BDC), PA: Karl Eduard Herzog v. Sachsen-Coburg und Gotha (1884–1954)

160 Vgl. Urbach, Go; Petropoulos, Royals; Schad, Hitlers Spionin.

161 August Wilhelm von Preußen traf im März 1939 über mehrere Stunden den belgischen König Leopold III. in Brüssel. Maximilian Egon Prinz zu Hohenlohe-Langenburg gab sich während der Sudetenkrise 1938 und auch nach Beginn des Krieges als Friedensvermittler aus. Zwischen 1939 und 1945 war er im Auftrag von Göring und Himmler unterwegs und traf unter anderem Papst Pius XII. und Winston Churchill. Prinzessin Stéphanie zu Hohenlohe-Waldenburg-Schillingsfürst, die aus einer gutbürgerlichen jüdischen Familie stammte, stieg erst durch ihre Ehe mit dem Prinzen Friedrich Franz zu Hohenlohe-Waldenburg-Schillingsfürst 1914 in den Adel auf. Ungeachtet ihrer Scheidung 1920 trat Stéphanie weiterhin als Adlige auf und knüpfte bald Kontakte in die nationalsozialistische Führungsriege. Hitler zeichnete sie 1938 mit dem Goldenen Ehrenzeichen der NSDAP aus und ernannte sie zur »Ehrenarierin«. In Hitlers und Görings Auftrag warb Stéphanie in Großbritannien für die Nationalsozialisten. Sie pflegte enge Kontakte mit Harold Harmsworth – Lord Rothermere, einem Zeitungsmagnaten, sowie mit dem exponiertesten Vertreter der britischen Appeasement-Politik Edward Linley Wood – Lord Halifax, der zeitweise britischer Botschafter in Washington war. 1940 ging Stéphanie in nationalsozialistischer Mission in die USA und wurde dort schließlich als deutsche Spionin interniert. Philipp Prinz und Landgraf von Hessen bahnte als Schwiegersohn des italienischen Königs in den 1930er Jahren Kontakte zu Mussolini an, der sich den Nationalsozialisten gegenüber anfangs eher skeptisch-zurückhaltend gab. Vgl. Vyšný, The Runciman Mission, S. 62, S. 116 ff.; Urbach, Go-Betweens; Schad, Hitlers Spionin; Petropoulos, Royals.

162 Vgl. Ueberschär/Vogel, Dienen.

163 Broszat, Zur Struktur der NS-Massenbewegung. Vgl. Bajohr/Wildt, Einleitung, S. 8.

164 Vgl. Nolzen, Inklusion.

165 Vgl. Ehrenberg, Le culte.

166 Bajohr, Parvenüs.

167 D'Almeida, Hakenkreuz, S. 16.

168 Bourdieu, Die feinen Unterschiede.

169 D'Almeida, Hakenkreuz, S. 16.

170 Hochstetter, Motorisierung, S. 460–469.

171 Vgl. D'Almeida, Hakenkreuz, S. 24 f.

172 RA Windsor AV / FF 31, Carl Eduard an Alice Athlone am 2. 3. 1939. Ganz konkret lockte eine repräsentative Rolle bei den Olympischen Spielen in Berlin 1936, dem gesellschaftlichen Großereignis des Dritten Reiches schlechthin. Und in der Tat gelang es Carl Eduard, als Belohnung für seine Dienste gemeinsam mit Hitlers engstem Kreis bei der Eröffnungsfeier im Berliner Olympiastadion aufzutreten. Vgl. *The Observer* vom 2. 8. 1936, S. 9.

173 So wurde Carl Eduards Burghauptmann Nord Mitglied des Olympia-Ausschusses für die Berliner Sommerspiele 1936 und schließlich Referent zur besonderen Verwendung an der Botschaft. BA Berlin-Lichterfelde, BDC, PKC Ferdinand-Ernst Nord.

174 Allein der USA-Aufenthalt bei der zweiten Weltreise des Herzogs von Coburg wurde mit 15 000 US-Dollar budgetiert. PA AA Berlin, Büro Herzog von Coburg, Rechnung für seinen Aufenthalt in den USA, Telegramm Auswärtiges Amt an die deutsche Botschaft in Washington vom 4. 4. 1940. Vgl. zu den Kosten von Reisen im Jahr 1938: PA AA Berlin R 66 989 Kult. Pol. II, Permanente Internationale Kommission der Frontkämpfer, P 201 Präsident, P 202 General-Sekretär, Internes Schreiben des AA an die Hauptverwaltung des AA vom 9. 7. 1938. Ein eigener Dienstwagen zählte zu den begehrtesten Utensilien des nationalsozialistischen Leistungskults: D'Almeida, Hakenkreuz, S. 173.

175 Die Exekution des Gesetzes zum »Erlöschen der Familienfideikommisse und sonstiger gebundener Vermögen« vom 6. Juli 1938 sollte ihn entsprechend nicht berühren. Wie wohl kein anderer Aristokrat, erhielt Carl Eduard vom Chef der Reichskanzlei Hans Heinrich Lammers höchstpersönlich alle nur erdenklichen Hinweise, wie er sein Vermögen ohne Einbußen zusammenhalten könne. 1938 wurden am Rande des Reichsparteitages in Nürnberg entsprechende Gespräche geführt. Im November 1940 gab Lammers zu Protokoll, man könne in Anbetracht der »Verdienste des Herzogs um die nationalsozialistische Bewegung« alles so belassen wie bisher. BA Berlin-Lichterfelde Vgl. HA SCG Coburg, Museumspfleger des Landes Thüringen, Gutachten über die Schlösser Callenberg und Reinhardsbrunn vom 28. 3. 1936 und vom 6. 10. 1938. Denkschrift betreffend die Bestandteile des Herzoglich-Sachsen-Coburg-Gothaischen Vermögens und die Fragen ihrer zukünftigen Gestaltung auf Grund des Reichsgesetzes vom 6. Juli 1938 über das Erlöschen der Familien-Fideikommisse und sonstiger gebundener Vermögen.

176 Ueberschär/Vogel, Dienen, S. 247.

177 Vgl. zu diesem Ansatz: Lüdtke, Einleitung.

178 Das Wort gebrauchte Carl Eduard in einem Schreiben an seinen Stellvertreter im DRK im Juli 1934: BA Berlin-Lichterfelde R 43 II/744, ad 213 Carl Eduard an Hocheisen vom 7. 7. 1934.

179 Zur Biographie: Bloch, Ribbentrop; Conze/Frei/Hayes/Zimmermann, Das Amt, S. 123 ff.; Michalka, Ribbentrop.

180 PA AA Berlin, Büro Herzog von Coburg, Rechnung für seinen Aufenthalt in den USA, Telegramm Auswärtiges Amt an die deutsche Botschaft in Washington vom 4. 4. 1940. Vgl. zu den Kosten von Reisen im Jahr 1938: ebd. R 66989 Kult. Pol. II, Permanente Internationale Kommission der Frontkämpfer, P 201 Präsident, P 202 General Sekretär, H. Internes Schreiben des Auswärtigen Amtes vom 9. 7. 1938

181 Konzise Überblicke bieten: Thamer, Verführung, S. 523–606; Evans, Das Dritte Reich, Bd. 2/II, S. 741–804; Recker, Die Außenpolitik.

182 Domarus, Hitler, Teil 1, S. 280–279.

183 Brechtken, Die nationalsozialistische Herrschaft, S. 122; Gasiorowski, The German-Polish Non-aggression Pact; Schramm, Der Kurswechsel.

184 Heineman, Hitler's First Foreign Minister; Lüdicke, Constantin von Neurath.

185 Conze/Frei/Hayes/Zimmermann, Das Amt, S. 35–41.

186 Ebd., S. 88 f.

187 De Jong, Die deutsche fünfte Kolonne; Koop, Hitlers fünfte Kolonne; McKale, The Swastika.

188 Bollmus, Das Amt.

189 Luther, Volkstumspolitik, S. 126.

190 Vgl. nach wie vor grundlegend: Henke, England. Vgl. eher kulturhistorisch: Strobl, The Germanic Isle, S. 96–130.

191 McDonough, Neville Chamberlain; ders., Hitler; Schmidt, England; Neville, Hitler.

192 Vgl. bspw. Kershaw, Making Friends, S. 25–64; Petropoulos, Royals, S. 200 ff.; Urbach, Age of No Extremes; Thurlow, Facism, S. 30–156; Clemens, Herr Hitler, insb. S. 252–356; Stone, Responses; Linehan, British Fascism; Bauerkämper, Die ›radikale Rechte‹, S. 159–191; Pugh, ›Hurrah for the Blackshirts‹; Griffiths, Fellow Travellers; Kennedy, The Pre-war Right.

193 Pugh, Hurrah.

194 Vgl. bspw. Kershaw, Making Friends, S. 25–64; Urbach, Age of No Extremes.

195 Ziegler, King Edward VIII., S. 207 ff.

196 Bloch, Ribbentrop, S. 21.

197 Schmidt, Statist, S. 312; Wiedemann, Der Mann, S. 145. Für den fran-

zösischen Botschafter in Berlin André Francois-Poncet galt er als »vollendeter Höfling« Hitlers, der niemals »seinem Gebieter« widersprach, niemals einen Einwand erhob und systematisch die Ansichten seines »Führers« teilte. Ribbentrop sei »hitlerischer als Hitler« gewesen. Francois-Poncet, Botschafter, S. 335.

198 Ribbentrop war in Metz aufgewachsen, das seinerzeit zum deutschen Reichsland Elsass-Lothringen gehörte, und dann in die Schweiz in ein Eliteinternat und schließlich nach England sowie Kanada übergesiedelt. Wie bei Carl Eduard beendete der Erste Weltkrieg dieses kosmopolitische Dasein. Ribbentrop meldete sich als Freiwilliger und entwickelte sich zunehmend zum Nationalisten und Antisemiten. Bloch, Ribbentrop, S. 1–21.

199 Ebd.

200 Ebd., S. 17 ff.

201 HA SCG Coburg, Taschenkalender Herzog Carl Eduard 1934, Einträge vom 29. 5. 1934, 4. 7., 10. 8. und 23. 8.

202 Urbach, Age of No Extremes, S. 64 ff.

203 RA Windsor AECA/ACA/10, Carl Eduard an Alice Athlone vom 15. 4. 1936, 24. 1. 1937 und 3. 3. 1939.

204 Michael Bloch, Ribbentrop, London 1988, S. 63 ff.; Urbach, Age of No Extremes, S. 53–71, hier S. 64 ff.

205 RA Windsor AECA/ACA/10 und AV /FF 31, Carl Eduard an Alice Athlone vom 15. 4. 1936, 24. 1. 1937 und 3. 3. 1939. Der Herzog von Coburg revanchierte sich zu Alices Entzücken mit einer äußerst kostspieligen Porzellanfigur der Manufaktur Allach. Dabei hielt er keineswegs damit hinter dem Berg, dass Allach von der SS im Konzentrationslager Dachau betrieben wurde und dass der horrende Preis für solchen Nippes dem kontinuierlichen Ausbau der Terrororganisation zugutekam – er sprach freilich von den »Waisen und Witwen der SS«. Vgl. Huber, Die Porzellanmanufaktur; Knoll, Die Porzellanmanufaktur.

206 Athlone, For My Grandchildren, S. 223. Vgl. auch zur falschen Behauptung, dass Alice nichts von dem Engagement ihres Bruders für Hitler gewusst habe: Aronson, Princess Alice, S. 182.

207 Bloch, Ribbentrop, S. 63 ff.

208 Ebd., S. 63.

209 So ein Gespräch zwischen dem Herzog von Coburg und dem Botschaftsmitarbeiter Otto Christian von Bismarck im Sommer 1934. Urbach, Go-Betweens, S. 186.

210 Louis P. Lorchner Collection, Hoover Library, Stanford, Kalifornien, Acc. No. XXX031, Bericht Ribbentrops an Hitler vom 17. 11. 1934.

211 Documents on German Foreign Policy, Bd. C/III, Nr. 333.
212 Documents on British Foreign Policy, Bd. 2/XII, Nr. 181.
213 Verschau, Leopold von Hoesch, S. 36.
214 Documents on British Foreign Policy, Bd. 2/XII, Nr. 193, 197.
215 Neurath an Hitler vom 17. 11. 1934, zitiert nach: Heinemann, Hitler's First Foreign Minister, S. 130.
216 Thorpe, Eden, Kapitel 6.
217 Wolz, Die Rheinlandkrise.
218 HA SCG Coburg, Taschenkalender Herzog Carl Eduard 1935, S. 1 und Einträge vom 28. 1., 3. 2. und 20. 2. 1935.
219 Man einigte sich darauf, dass die deutsche Überseeflotte 35 Prozent der britischen umfassen dürfe; das Reich sollte an diese Vereinbarung auch gebunden sein, wenn dritte Mächte auf See aufrüsten würden. London interpretierte den Schritt als Rüstungskontrolle in Deutschland. Haraszti, Treaty-breakers; Wiggershaus, Der deutsch-englische Flottenvertrag.
220 So jedenfalls Ribbentrops Memoiren: Ribbentrop, Zwischen London und Moskau, S. 63 f. Vgl. Ingrim, Hitlers glücklichster Tag, S. 151.
221 Ebd.
222 Hesse, Das Vorspiel, S. 28.
223 Ebd.
224 Ebd.
225 Hesse blieb bis zum Abbruch der diplomatischen Beziehungen zwischen England und Deutschland 1939 Pressebeirat der deutschen Botschaft und Leiter des Deutschen Nachrichtenbüros (DNB). Vgl. Hitler und England.
226 So der ehemalige österreichische Botschafter in London Albert Mensdorff-Pouilly-Dietrichstein, der ein enger Vertrauter der englischen Königsfamilie und erster Delegierter des Völkerbundes war. Österreichisches Staatsarchiv Wien AT-OeStA/HHStA SB Nl Mensdorff, Notiz vom 31. 10. 1935.
227 Schreiben Phipps an den König vom 2. 1. 1935, zitiert nach: Rose, King George V., S. 388.
228 Memorandum über das Gespräch des Königs mit dem deutschen Botschafter vom 24. 4. 1934, in: Nicholson, Diaries, S. 521 f.
229 Pulitz, The Pulitz Dossier, S. 102–106; Schwarz, This Man Ribbentrop, S. 102 f.; Bloch, Ribbentrop, S. 70.
230 Stevenson, A Diary, S. 309.
231 Vgl. Rose, King George V., S. 388.
232 Urbach, Go Betweens, S. 183.
233 54827E 383 057–78, Aufzeichnungen Carl Eduard von Sachsen-

Coburg und Gotha vom Januar 1936 an Hitler, Durchschrift des Stabsleiters des Coburger Herzogs Ferdinand-Ernst Nord mit Begleitschreiben vom 9.5.1936 an Erich Gritzbach, Privatsekretär Görings, in: Akten zur deutschen Auswärtigen Politik, Serie C, Bd. IV, 2, S. 1039–1049.

234 Ebd., S. 1039.

235 Ebd., S. 1040.

236 Ebd. Zu diesem Gespräch auch: Allen, The Crown, S. 50f.; Pugh, »Hurrah«, S. 247; Ziegler, Edward VIII., S. 267.

237 1912 hatte der Prince of Wales eine Deutschlandreise unternommen, die immer wieder auch als Initialzündung für seine germanophilen Tendenzen beschrieben wurde, und war bei dieser Gelegenheit ein paar Tage bei Carl Eduard und Viktoria Adelheid in Gotha und Coburg zu Gast gewesen. King, The Duchess, S. 87.

238 Bloch, Ribbentrop, S. 106.

239 54827E 383 057–78, Aufzeichnungen Carl Eduard von Sachsen-Coburg und Gotha vom Januar 1936 an Hitler, Durchschrift des Stabsleiters des Coburger Herzogs Ferdinand-Ernst Nord mit Begleitschreiben vom 9.5.1936 an Erich Gritzbach, Privatsekretär Görings, in: Akten zur deutschen Auswärtigen Politik, Serie C, Band IV, S. 1041.

240 Ebd.

241 Ebd.

242 Ebd., S. 1042.

243 Ebd., S. 1041.

244 54827E 383 057–78, Aufzeichnungen Carl Eduard von Sachsen-Coburg und Gotha vom Januar 1936 an Hitler, Durchschrift des Stabsleiters des Coburger Herzogs Ferdinand-Ernst Nord mit Begleitschreiben vom 9.5.1936 an Erich Gritzbach, Privatsekretär Görings, in: Akten zur deutschen Auswärtigen Politik, Serie C, Band IV, 2., S. 1042.

245 Documents of German Foreign Policy, Series C., vol. IV, Nr. 532.

246 *The Times* 27.12.1962, S. 1, und 8.1.1963, S. 14. Vgl. *The Observer* vom 30.12.1962, S. 1, und S. 16; *The Guardian* vom 28.12.1962, S. 1f., und vom 29.12.1962, S. 1; *FAZ* vom 31.12.1962, S. 13; Allen, The Crown, S. 51; Ziegler, Edward VIII., S. 267; Blakeway, The Last Dance, S. 135.

247 Abgedruckt in: *London Daily Express* vom 30.10.1962, S. 3.

248 *The Guardian* vom 29.5.1972, S. 5.

249 HA SCG Coburg, Taschenkalender Herzog Carl Eduard 1936 vom 21.1.1936.

250 Ebd.

251 D'Almeida, Hakenkreuz, S. 333.

252 Jedenfalls lässt ein Tischgespräch Hitlers vom März 1942 darauf schließen, dass er Carl Eduard als sichere Quelle in Bezug auf die Haltung Edwards VIII. einschätzte. Picker, Hitlers Tischgespräche, S. 414.

253 PA AA Berlin R 102823, Bericht der deutschen Botschaft London vom 5. 1. 1937, S. 1. Vgl. Ribbentrop, Zwischen London und Moskau, S. 11 f., 61, 207; Bloch, Ribbentrop, S. 107. In der Tat sandte Edward VIII. nach dem Einmarsch der Wehrmacht im Rheinland im März 1936 eine Direktive an die Regierung, dass es keinesfalls »erlaubt sein dürfe«, dass über britische Interventionen sich »ernsthafte Komplikationen« mit Deutschland ergäben. Der Einfluss solcher Friedensbotschaften aus der königlichen Familie sollte allerdings nicht zu hoch eingeschätzt werden. Documents on German Foreign Policy Serie C, Bd. IV, Nr. 27. Vgl. Watt, How War Came, S. 37.

254 Hier hielt Carl Eduard sich dann recht sklavisch an das, was er auch in seinem Taschenkalender notiert hatte.

255 Zitate hier und im Folgenden: 54827E 383 057–78, Aufzeichnungen Carl Eduard von Sachsen-Coburg und Gotha vom Januar 1936 an Hitler, Durchschrift des Stabsleiters des Coburger Herzogs Ferdinand-Ernst Nord mit Begleitschreiben vom 9. 5. 1936 an Erich Gritzbach, Privatsekretär Görings, in: Akten zur deutschen Auswärtigen Politik, Serie C, Band IV, 2, S. 1039–1049, hier S. 1043 ff.

256 Norwich (Hrsg.), The Duff Cooper Diaries, S. 218.

257 In einem Brief an seine Schwester bedankte Carl Eduard sich im April 1936 für die »Gastfreundschaft«, die ihm und seinen »Gentlemen« auch in dem Landschloss der Athlones Brantrigde gewährt worden sei; das Anwesen sei ihm wie ein zweites Zuhause erschienen. RA Windsor ACA/10 Carl Eduard an Alice Athlone vom 15. 4. 1936. Am 7. März war die deutsche Wehrmacht im Rheinland einmarschiert. Vermutlich diente dieses Treffen in Brantridge zur Beschwichtigung britischer Politiker nach Hitlers Rheinlandbesetzung. Giro, Die Remilitarisierung.

258 Er wurde begleitet durch den deutschen Außenminister Neurath, der einst auch deutscher Botschafter in London gewesen war. *The Manchester Guardian* vom 23. 1. 1936, S. 12; *The Observer* vom 26. 1. 1936, S. 19.

259 Britton Hadden, *Time Magazine*, Bd. 27, New York 1936, S. 18.

260 So in: George V. and Edward VIII, S. 69; *The Sphere* vom 1. 2. 1936, S. 191.

261 Nicolson, Diaries, S. 403.

262 Verschau, Leopold von Hoesch; Bloch, Ribbentrop, S. 89 f.

263 54827E 383 057–78, Aufzeichnungen Carl Eduard von Sachsen-Coburg und Gotha vom Januar 1936 an Hitler, Durchschrift des Stabsleiters des Coburger Herzogs Ferdinand-Ernst Nord mit Begleitschreiben vom 9.5.1936 an Erich Gritzbach, Privatsekretär Görings, in: Akten zur deutschen Auswärtigen Politik, Serie C, Band IV, 2., S. 1041.

264 Bloch, Ribbentrop, S. 106 f.

265 Ebd., S. 107 ff.

266 Rees, The Nazis, S. 93; Bloch, Ribbentrop, S. 109.

267 Bloch, Ribbentrop, S. 109.

268 Ziegler, Edward VIII, Kapitel 16.

269 RA Windsor AECA/ACA/10 Carl Eduard an Alice Athlone 24.1.1937.

270 Zur Biographie: Bradford, George VI.

271 PA AA Berlin R 102823, Staatsoberhäupter und deren Familie 1936–1939, Bericht der deutschen Botschaft London vom 5.1.1937, S. 1 f.

272 Documents on British Foreign Policy, 1919–1939, Nr. 201 und 202.

273 Vgl. auch nach Ribbentrops Abberufung: HA SCG Coburg, Taschenkalender Herzog Carl Eduard 1938, Einträge 22.–24.9.1938.

274 Zitiert nach: Bloch, Ribbentrop, S. 148.

275 Bloch, Ribbentrop, S. 148; Michalka, From Anti-Comintern Pact, S. 271 ff.

276 *DRK-Rundschreiben* vom 6.6.1935, S. 1.

277 HA SCG Coburg, Taschenkalender Herzog Carl Eduard 1935, Eintrag vom 29.6.1935.

278 Ray, Annäherung.

279 Ritter, Die erste Deutsch-Englische Gesellschaft; Ray, Annäherung.

280 Ritter, Die erste Deutsch-Englische Gesellschaft, S. 811 ff.

281 Douglas-Hamilton, Ribbentrop and War; Waddington, ›An idyllic and unruffled atmosphere‹.

282 Vgl. Pryt, Befohlene Freundschaft. Hier werden allerdings die offiziellen Quellen teilweise naiv interpretiert, als hätte Hitler daran geglaubt, Polen mit friedlichen Mitteln an Deutschland binden zu können. Ebd., S. 146.

283 Carl Eduard war dann auch zu den opulenten Hochzeitsfeierlichkeiten des illustren Paares am 10. April 1935 in Berlin geladen: D'Almeida, Hakenkreuz, S. 81 ff.

284 Pryt, Befohlene Freundschaft, S. 230.

285 BA Berlin-Lichterfelde R 43 II 1434, Bericht vom 11.12.1935. Vgl. zu dieser Begegnung auch: *The Manchester Guardian* 29.11.1935, S. 10.

286 Vgl. *The Manchester Guardian* vom 13.1.1936, S. 12.

287 Ritter, Die erste Deutsch-Englische Gesellschaft; Schädlich, Appeaser.
288 *The Manchester Guardian* vom 29. 11. 1935, S. 10.
289 Vgl. bspw. so dann kolportiert in: *The Manchester Guardian* vom 18. 3. 1936, S. 11 und vom 2. 6. 1936, S. 12.
290 Essner, Die ›Nürnberger Gesetze‹; Dov Kulka, Die Nürnberger Rassengesetze.
291 StA Coburg LA A 13185, Ahnennachweise für die Prinzen Hubertus und Friedrich Josias von Sachsen-Coburg u. Gotha 1935/36, Beglaubigte Abschrift Einholung der Ahnennachweise 11. 12. 1935.
292 Ritter, Die erste Deutsch-Englische Gesellschaft.
293 Straub, Sir Neville Henderson, S. 15.
294 Zitiert nach: Parkinson, Peace, S. 103.
295 Henderson, Failure of a Mission, S. 19.
296 So ein Mitarbeiter Ribbentrops in einem Verhör der russischen Armee 1947: Khristoforow u. a. (Hrsg.), Rossiya. Vgl. Urbach, Go Betweens, S. 204.
297 Hier hieß es nun, Carl Eduard hätte 1914 bis 1918 an der West- und Ostfront gekämpft und sei außerdem nach wie vor Ritter des Hosenbandordens. PA AA Berlin R 66989, Lebenslauf Herzog von Coburg 1936. Es folgten mehrere Auftritte des Coburger Herzogs bei der britischen Legion, über die die Presse immer ausführlich berichtete. Bspw. *The Observer* vom 25. 10. 1936, S. 29.
298 Hier und im Folgenden: PA AA Berlin R 66989, H. G. Stahmer, Frontkämpferbesuche von Volk zu Volk als Mittel freundschaftlicher Annäherung und verständnisvoller Zusammenarbeit der Völker, 1938, S. 1.
299 Ebd., Telegramm Carl Eduard an Hitler vom 15. 10. 1936. Vgl. veröffentlicht in: *Deutsche Allgemeine Zeitung* vom 21. 10. 1936, S. 1.
300 PA AA Berlin R 66989, H. G. Stahmer, Frontkämpferbesuche von Volk zu Volk als Mittel freundschaftlicher Annäherung und verständnisvoller Zusammenarbeit der Völker, 1938, S. 1. Eine Rede Carl Eduards in diesem Sinne findet sich in: Ebd., Übersetzung des Protokolls der internationalen Zusammenkunft der Frontkämpfer in Rom am 6. 11. 1936, S. 4.
301 Vgl. Ray, Annäherung; Waddington: ›An idyllic and unruffled atmosphere‹.
302 Vgl. etwa die Zusammenstellung von Zuschriften überseeischer Kriegsteilnehmer an den Deutschen Kurzwellensender aus dem Jahr 1937 in: PA AA Berlin R 66989.
303 Edward VIII. dankte erst nach Einsetzung Carl Eduards als Präsident der deutschen Frontkämpferverbände am 11. 12. 1936 ab.

304 Bloch, Ribbentrop, S. 79.

305 *The Manchester Guardian* vom 18.3.1936, S. 11. Vgl. PA AA Berlin R 66989, H. G. Stahmer, Frontkämpferbesuche von Volk zu Volk als Mittel freundschaftlicher Annäherung und verständnisvoller Zusammenarbeit der Völker, 1938, S. 1.

306 *The Manchester Guardian* vom 2. 6. 1936, S. 12. Vgl. zu einem erneuten Treffen im Oktober 1936: *Berliner Börsen-Zeitung* vom 23. 10. 1936, S. 3.

307 Zum CIF: Eichenberg/Newman (Hrsg.), The Great War.

308 HA SCG Coburg, Taschenkalender Herzog Carl Eduard 1936, Eintrag vom 5. 11. 1936.

309 PA AA Berlin R 66989, Bericht über das ständige Internationale Frontkämpferkomitee (CIF), S. 1.

310 Vittoria, Carlo Delcroix.

311 Ebd.

312 PA AA Berlin R 66989, Bericht über das ständige Internationale Frontkämpferkomitee (CIF), S. 3.

313 HA SCG Coburg, Taschenkalender Herzog Carl Eduard 1937, Eintrag vom 15. 2. 1937.

314 Ebd. Prinz Friedrich Josias, Herzog Carl Eduard, Manuskript, S. 429.

315 HA SCG Coburg, Taschenkalender Herzog Carl Eduard 1937, Eintrag vom 17. 2. 1937.

316 PA AA Berlin R 66989, Übersetzung aus dem *Figaro* vom 5. 12. 1939, S. 1.

317 Michaud, Un art; Mosse, Die Nationalisierung, S. 240–250.

318 Ebd., S. 2.

319 Goebbels galt Hitler nicht als Frontkämpfer.

320 PA AA Berlin R 66989, Übersetzung aus dem *Figaro* vom 5. 12. 1939, S. 3.

321 BA Berlin-Lichterfelde R 43-II/886b, Dankestelegramm Carl Eduard an den Chef der Reichskanzlei Lammers vom 25. 1. 1938, Schreiben an Lammers im Auftrag Hitlers vom 17. 1. 1938.

322 Victor Emmanuel III. war zweifellos ein Instrument Mussolinis; von 1936 bis 1941 war er Kaiser von Äthiopien und von 1939 bis 1943 König von Albanien. Ähnlich wie der Coburger Herzog in Hitler und dem Nationalsozialismus sah Victor Emmanuel in Mussolini und der faschistischen Diktatur eine Möglichkeit, gegen Sozialismus und Anarchismus vorzugehen und zumindest teilweise an der Macht im Staat teilhaben zu können. Zur Biographie: Moal, Victor Emmanuel III.

323 HA SCG Coburg, Taschenkalender Herzog Carl Eduard 1938, Einträge 18.–19. 3. 1938.

324 *Völkischer Beobachter* vom 19. 3. 1938, S. 1.

325 Vgl. zur gemeinschaftsstiftenden Funktion politischer Rituale: Kertzer, Ritual, insb. S. 57 ff.

326 Zitiert in: Wiskemann, The Rome-Berlin Axis, S. 68.

327 Kershaw, Hitler 1936–1945, S. 59.

328 Ebd.

329 Mattioli, Experimentierfeld. Vgl. Künzi, Italien; Funke: Sanktionen.

330 Preston, Mussolini's Spanish Adventure; ders., Franco, S. 243 f.

331 Weinberg (Hrsg.), Dokumentation.

332 Geyl, Austria, S. 133 f.

333 Berger Waldenegg, Hitler.

334 Arnberger (Hrsg.), »Anschluß«; Schmidl, Der »Anschluß«.

335 HA SCG Coburg, Taschenkalender Herzog Carl Eduard 1938, Einträge 11.–14. 3. 1938. Vgl. Prinz Friedrich Josias, Herzog Carl Eduard, Manuskript, S. 151 f.

336 Verschiedentlich wurde kolportiert, der Herzog von Coburg habe Mussolini in Rom eine persönliche Dankesbotschaft überbracht, dass dieser beim Einmarsch der Wehrmacht in Österreich stillgehalten habe, was allerdings nicht nachweisbar ist. Urbach, Go Betweens, S. 207.

337 PA AA Berlin R 66989, Bericht über das ständige Internationale Frontkämpferkomitee (CIF), S. 3.

338 Marie José, die Tochter des belgischen Königs Leopold III., einem Großcousin Carl Eduards, war mit dem Erbprinzen von Italien verheiratet.

339 PA AA Berlin R 66989, Carl Eduard von Sachsen-Coburg und Gotha an Delcroix vom 25. 5. 1938. Vgl. Salvante, The Italian Associazone, S. 175.

340 PA AA Berlin R 66989, Carl Eduard Telegramm an Ribbentrop vom 25. 5. 1938.

341 Ebd. Carl Eduard Telegramm an Hitler vom 25. 5. 1938.

342 Ebd. Internes Schreiben des Auswärtigen Amtes vom 9. 7. 1938.

343 Vgl. Rönnefarth, Die Sudetenkrise.

344 HA SCG Coburg, Taschenkalender Herzog Carl Eduard 1938, Einträge 22.–24. 9. 1938.

345 Vgl. Barr, ›The Legion that Sailed‹.

346 *The Manchester Guardian* vom 23. 9. 1938, S. 3.

347 Ebd.

348 HA SCG Coburg, Taschenkalender Herzog Carl Eduard 1938, Einträge 22.–24. 9. 1938.

349 Bradford, George VI., S. 365.

350 Vgl. Rönnefarth, Die Sudetenkrise.

351 Neville, Hitler, S. 91–120. Vgl. Akten zur Deutschen Auswärtigen Politik, Die Nachwirkungen von München, S. 365.

352 Broszat, Die Reaktion.

353 BA Berlin-Lichterfelde R 43-II/428, Programmabschrift zur Reise des Herzogs von Coburg nach Warschau 22. 2.–24. 2. 1939.

354 *Deutsche Allgemeine Zeitung* vom 22. 2. 1939, S. 1.

355 Vgl. die Vorstellung, dass Hitler erst im Frühsommer 1939 den endgültigen Beschluss zum Überfall auf Polen gefällt habe: Michalka, Ribbentrop, S. 276; Kley, Hitler, S. 209 und 211; Graml, Europas Weg, S. 133–136.

356 Kley, Hitler, S. 204 ff.

357 Weinberg, Germany, S. 122.

358 Denne, Das Danzig-Problem, S. 142.

359 Kley, Hitler, S. 207 f.; Wojciechowski, Der historische Ort.

360 Denne, Das Danzig-Problem, 154.

361 BA Berlin-Lichterfelde R 43-II/428, Programmabschrift der Reise des Herzogs von Coburg nach Warschau 22. 2.–24. 2. 1939.

362 Ebd.

363 So im »Weißbuch« von Ribbentrops Auswärtigem Amt: Auswärtiges Amt, Weißbuch Nr. 2, Nr. 147; Graml, Europas Weg, S. 133–136.

364 Auswärtiges Amt, Weißbuch Nr. 2, Nr. 147.

365 PA AA Berlin R 66909, Bd. 1, Kazimierz Smogorzewski an Herzog Carl Eduard vom 1. 9. 1939.

366 Khan, Das Rote Kreuz, S. 78.

367 Seithe, Das Deutsche Rote; Khan, Das Rote Kreuz; Wicke, SS; Riesenberger, Das Deutsche Rote Kreuz; Morgenbrod/Merkenich, Das Deutsche Rote Kreuz.

368 Ebd., S. 111–119.

369 Khan, Das Rote Kreuz, S. 79.

370 Morgenbrod/Merkenich, Das Deutsche Rote Kreuz, S. 90 ff.

371 Klee, Das Personenlexikon, S. 679.

372 Seithe, Das Deutsche Rote Kreuz, S. 59 f.

373 Schreiben von Winterfeldt-Menkin an Hitler vom 12. 5. 1933, veröffentlicht in: *Blätter des Deutschen Roten Kreuzes* 12 (1933), S. 276.

374 BA Berlin-Hoppegarten DRK 726, Satzung des DRK vom 29. 1. 1933.

375 Seithe, Das Deutsche Rote Kreuz, S. 69.

376 BA Berlin-Hoppegarten DRK 726, Satzung des DRK vom 29. 1. 1933, § 7, Abs. 2.

377 Ebd., § 7, Abs. 1.

378 Ebd., § 2, Abs. 1.

379 Ebd., § 7.

380 Rundschreiben Nr. 244 des Präsidiums des DRK vom 1. 6. 1933, zitiert nach: Eger (Hrsg.), Sammlung, S. 333 ff. Einzige Ausnahme blieb die Einzelmitgliedschaft in »Rotkreuzvereinen«, die Juden weiter offenstehen sollte. Vgl. Morgenbrod/Merkenich, Das Deutsche Rote Kreuz, S. 89.

381 *Völkischer Beobachter* vom 9. 6. 1933, S. 3, abgedruckt in: Eger (Hrsg.), Sammlung, S. 386.

382 Auf diese Meldungen wird Bezug genommen in: PA AA Berlin R 98480, Runderlass an alle deutschen Missionen im Ausland vom 22. 7. 1933. Conze/Frei/Hayes/Zimmermann, Das Amt, S. 75.

383 Ebd., S. 74 f.

384 Ab 1942 beteiligte sich Prinz Carl schließlich an zahlreichen Rettungsaktionen für Juden aus dem besetzten Norwegen und anderen Ländern. Er war auch beteiligt an der sogenannten »Aktion der weißen Busse«, als in den letzten Kriegstagen dem schwedischen Roten Kreuz erlaubt wurde, aus deutschen Konzentrationslagern überlebende Juden nach Schweden zu bringen. Eine wie auch immer geartete Verbindung mit dem Herzog von Coburg ist – wie im Folgenden noch ausführlich gezeigt wird – nicht nachzuweisen. Vgl. Koblik, The Stones, S. 60; Lomfors, Blind Spot.

385 Günter Neliba, Wilhelm Frick, Der Legalist des Unrechtsstaates, Paderborn 1992.

386 PA AA Berlin R 98 460, Neurath an Frick vom 8. 9. 1933 und diverse Aktenvermerke.

387 Favez, Warum, S. 70.

388 Carl von Schweden an Huber vom 26. 9. 1933, zitiert nach: Favez, Warum, S. 70.

389 Burckhardt war bereits mehrfach für das IKRK tätig gewesen und verfügte überdies über sehr gute Kontakte ins Deutsche Reich. Zur Biographie: Stauffer, Carl J. Burckhardt.

390 Favez, Warum, S. 69.

391 Vgl. Schlögel, Geist, S. 275 f.

392 Favez, Warum, S. 70.

393 Huber Rede vor dem IKRK am 21. 9. 1933, zitiert nach: Favez, Warum, S. 71.

394 Huber an Carl von Schweden am 26. 9. 1933, zitiert nach: Favez, Warum, S. 72.

395 PA AA Berlin R 53 162, Winterfeldt-Menkin an Carl von Schweden vom 25. 10. 1933. In der Tat scheint das DRK 1933 einige Visitationen

in Besuchslager unternommen zu haben. So zeigte das DRK jedenfalls im November 1933 dem Auswärtigen Amt an, dass man mit dem Besuch der Konzentrationslager fortfahren werde. Ebd., Draudt an das Auswärtige Amt vom 1. 11. 1933.

396 Ebd., Winterfeldt-Menkin an Carl von Schweden vom 25. 10. 1933.

397 Ebd., Carl von Schweden an Winterfeldt-Menkin vom 25. 10. 1933.

398 Conze/Frei/Hayes/Zimmermann, Das Amt, S. 75.

399 Ebd.

400 Morgenbrod/Merkenich, Das Deutsche Rote Kreuz, S. 53.

401 Ebd.

402 PA AA Berlin R 53 162, Vermerke über eine Besprechung vom 9. 9. 1933.

403 Ebd.

404 PA AA Berlin R 53 132, Anfrage des Reichsministeriums des Inneren betreffend der Berufung Carl Eduards zum Präsidenten des DRK vom 1. 11. 1933 und Notiz des Auswärtigen Amtes vom gleichen Tag.

405 HA SCG Coburg, Taschenkalender Herzog Carl Eduard 1933, Eintrag vom 2. 12. 1933.

406 *Blätter des DRK* 12,11 und 12 (1933), S. 515.

407 HA SCG Coburg, Taschenkalender Herzog Carl Eduard 1933, Eintrag vom 6. 12. 1933.

408 PA AA Berlin R 53 162, Aufzeichnung eines Gesprächs zwischen Carl Eduard und Vertretern des Auswärtigen Amtes von Ernst Woermann vom 7. 12. 1933. Carl von Schweden war der Großonkel des Schwiegersohnes des Herzogs von Coburg, der Herzog von York sein Großneffe.

409 Ebd., Draudt an Carl Eduard vom 8. 12. 1933. Vgl. Morgenbrod/Merkenich, Das Deutsche Rote Kreuz, S. 56.

410 PA AA Berlin R 53 162, Carl Eduard an Neurath vom 15. 12. 1933, Entwurf einer Einrichtung eines »Amtes für auswärtige Angelegenheiten« im DRK vom 16. 12. 1933, Verfügung Carl Eduards über die Organisation des DRK-Auslandsdienstes vom 1. 1. 1934.

411 Er folgte hier Draudt, der immer wieder versucht hatte, Hocheisen von Einmischungen in die ausländischen Beziehungen des DRK abzuhalten. PA AA Berlin R 53 162, Gesprächsnotiz des Auswärtigen Amtes vom 9. 11. 1933.

412 BA Berlin-Lichterfelde R 43 II/744, Fol. 126 f. Vermerk über die Ressortbesprechung im Reichsministerium des Innern vom 15. 5. 1933. Vgl. Morgenbrod/Merkenich, Das Deutsche Rote Kreuz, S. 44, 57 f.

413 BA Berlin-Lichterfelde R 43 II/744, Fol. 126 f. Vermerk über die Ressortbesprechung im Reichsministerium des Innern vom 15. 5. 1933.

414 Ebd.

415 PA AA Berlin R 53163, Manuskript der Eröffnungsansprache Carl Eduards zur Präsidialtagung des DRK vom 28. 5. 1934.

416 BA Berlin-Lichterfelde R 43 II/744, ad 122 Frick an den stellvertretenden Chef der Reichskanzlei Richard Wienstein vom 2. 6. 1934; ebd., R 1501/126254, ad 144ff. und 161–165, Redemanuskript der Rundfunk-Ansprache mit Abänderungen.

417 Ebd., ad 166f. Telegramm Carl Eduard an den Ministerialrat im Innenministerium Fritz Rupperts vom 1. 6. 1934.

418 Ebd., ad 141 Schreiben Rupperts an Nord vom 2. 6. 1934.

419 Ebd., ad 212 Schreiben Hocheisen an Carl Eduard vom 4. 7. 1934.

420 Ebd., ad 213 Carl Eduard an Hocheisen vom 7. 7. 1934. Vgl. ebd., ad 36f. Schreiben Carl Eduard an Fritz Ruppert im Reichsinnenministerium vom 9. 7. 1934.

421 Morgenbrod/Merkenich, Das Deutsche Rote Kreuz, S. 57–61.

422 PA AA Berlin R 53237, Verfügung Fricks an Carl Eduard vom 9. 7. 1934.

423 Ebd., Aktenvermerk Auswärtiges Amt vom 13. 7. 1934.

424 Ebd., Carl Eduard an Frick vom 13. 7. 1934.

425 HA SCG Coburg, Taschenkalender Herzog Carl Eduard 1934, Einträge vom 28. 3., 29. 5., 18. und 29. Juli.

426 PA AA Berlin R 53238, Verfügung Heß an das Reichsinnenministerium vom 27. 6. 1934. Vgl. BA Berlin-Lichterfelde NS 6/217, ad 27f. Verfügung Heß vom 19. 7. 1934.

427 *Nachrichten des DRK* 10 (1934), S. 1; *Rettung und Hilfe* 18 vom 15. 9. 1934, S. 1.

428 Veröffentlicht in: Rundschreiben des DRK Nr. 339 vom 23. 7. 1934, in: *Nachrichten des DRK* 8 (1934), S. 67.

429 PA AA Berlin R 1501/126254, ad 287f. Carl Eduard an das Reichsministerium des Innern vom 17. 8. 1934, ad 38 Präsidialkanzlei an den Reichsinnenminister vom 28. 8. 1934.

430 Morgenbrod/Merkenich, Das Deutsche Rote Kreuz, S. 129; Hahn, Grawitz, S. 132ff.

431 Archiv der Otto-von-Bismarck-Stiftung, Bericht Otto von Bismarck an das Auswärtige Amt vom 16. 3. 1934, zitiert nach: Urbach, Go Betweens, S. 187.

432 HA SCG Coburg, Aufzeichnungen des Hofmarschalls zur Hochzeit Prinzessin Sibylla vom 12. 10. 1932, Prinz Arthur an Carl Eduard, undatiert.

433 HA SCG Coburg, Taschenkalender Herzog Carl Eduard 1934, Eintrag zum 23. 8. 1934.

434 Griffiths, Fellow Travelers, Kapitel 4.

435 PA AA Berlin R 77171, Ronald Graham an die deutsche Botschaft vom 11.11.1934.

436 BNA London-Kent, FO 371/18882, Bl. 386–90, Visit to Dachau, Bericht vom 31.12.1935, S. 390, zitiert nach: Wachsmann, KL, S. 153.

437 Ebd. R 53163, Carl Eduard an Neurath vom 18.5.1934.

438 Favez, Warum, S. 80.

439 Ebd., S. 81. Ähnlich verhielt es sich mit Theresienstadt. Himmler plante auch, das »Familienlager« in Auschwitz-Birkenau dem IKRK entsprechend vorzuführen. Wachsmann, KL, S. 358, 457.

440 Zur Biographie: Stauffer, Carl J. Burckhardt.

441 Zitiert nach: Thoma, Unklare Sicht.

442 Favez, Warum, S. 80.

443 Die Memoiren sind in vielerlei Hinsicht beschönigend, decken sich allerdings in diesen Passagen mit einem am 31. Oktober 1935 an das IKRK übermittelten Bericht. Vgl. Favez, Warum, S. 85. Der Bericht liegt in der Universitätsbibliothek Basel, Nachlass Burckhardt, B III 34, Teilabdruck in: Ebd., S. 535.

444 Burckhardt, Meine Danziger Mission, S. 54f.

445 Ebd.

446 Favez, Warum, S. 85.

447 Burckhardt, Meine Danziger Mission, S. 54f.

448 Wildt, Generation, S. 247. Zur Biographie: Gerwarth, Reinhard Heydrich.

449 Vgl. hierzu und zu den folgenden Zitaten: Burckhardt, Meine Danziger Mission, S. 54f.

450 Der Bericht liegt in der Universitätsbibliothek Basel, Nachlass Burckhardt, B III 34, Teilabdruck in: Favez, Warum, S. 536.

451 Ebd., S. 86,

452 PA AA Berlin R 42997, Rechtsabteilung Akten DRK Ausland 1937–1938, Bericht der Deutschen Gesandtschaft vom 5.7.1937.

453 *Freiheit* Nr. 154 vom 6.7.1937, S. 3.

454 *Volksstimme* Nr. 154 vom 8.7.1937, S. 2.

455 Favez meldet hierzu berechtigte Zweifel an: Favez, Warum, S. 69–108.

456 Bericht von Favre an das IKRK vom 19.8.1939, in: ebd., S. 537–541, hier S. 538.

457 PA AA Berlin R 53237, Aufstellungen über Mittel für internationale Verpflichtungen des DRK.

458 HA SCG Coburg, Taschenkalender Herzog Carl Eduard 1935, Eintrag vom 29.1.1935. Hier ist die Rede davon, dass Carl Eduard über drei Stunden an »dem Bericht für den Führer« gearbeitet habe. Ein »Fahrtbericht« wird erwähnt und zitiert in: Sandner, Hitlers Herzog,

S. 274, 276 und 478. Sandner gibt allerdings auch hier keine genaue Quelle an. Bei den Recherchen zu diesem Buch konnte dieser Bericht – auch im Hausarchiv der Familie Sachsen-Coburg und Gotha – nicht gefunden werden. Er wird daher im Folgenden keine zentrale Rolle spielen. Wenn zitiert wird, dann – mit aller gebotenen Vorsicht – nach Sandner.

459 Die Briefe Carl Eduards an seine Ehefrau von der Weltreise 1934 sind nicht mehr erhalten bzw. stehen im Archiv der Familie Sachsen-Coburg und Gotha nicht zur Verfügung. Sie werden daher nach dem biographischen Versuch seines Sohnes zitiert. Vgl. Prinz Friedrich Josias, Herzog Carl Eduard, Manuskript, S. 209–240.

460 Zitiert nach: Sandner, Hitlers Herzog, S. 268

461 Ebd., S. 275.

462 Ebd., S. 281.

463 Carl Eduard an Viktoria Adelheid vom 4. 10. 1934, zitiert nach: Prinz Friedrich Josias, Herzog Carl Eduard, Manuskript, S. 223.

464 HA SCG Coburg, Taschenkalender Herzog Carl Eduard 1934, Eintrag 1. 9. 1934.

465 Carl Eduard an Viktoria Adelheid vom 18. 11. 1934, zitiert nach: Ebd., S. 233.

466 HA SCG Coburg, Taschenkalender Herzog Carl Eduard 1934, Einträge 21., 22. und 27. 10. 1934.

467 Ebd., 27. 10. 1934.

468 Vgl. Friedrich Josias, Herzog Carl Eduard, Manuskript, S. 209–240.

469 StA Coburg LAA 13 600, Aufzeichnungen Kurt von Grolmann, 1934, S. 20. Grolmann bezog sich hier auf den Besuch der Weltausstellung in Chicago durch den Herzog von Coburg am 11. September 1934.

470 BA Koblenz Bildersammlung, Bild 183-2007-1022-502, Anhang.

471 Young, Japan's Total Empire.

472 Red Cross Society of Japan (Hrsg.), Resolution, S. 202–209 und 262–268.

473 Hanfstaengl, Zwischen Weißem und Braunem Haus, S. 168.

474 Mund (Hrsg.), Ostasien, S. 93 f.; Fox, Germany.

475 Hübner, Hitler, S. 37; Boyd, The Extraordinary Envoy, S. 34.

476 HA SCG Coburg, Taschenkalender Herzog Carl Eduard 1934, Eintrag vom 16. 10. 1934.

477 Ebd., Einträge vom 18. 10. und 23. 10. 1934.

478 Ebd., Eintrag vom 27. 10. 1934.

479 Ebd., Eintrag vom 2. 11. 1934.

480 PA AA Berlin R 104852, Bericht der deutschen Botschaft Tokio vom 25. 2. 1937, Zeitungsmeldung vom 10. 7. 1937.

481 Weinberg (Hrsg.), Dokumentation.

482 PA AA Berlin R 104852, Telegramm der deutschen Botschaft Tokio an das Auswärtige Amt vom 6.1.1937, Bericht der deutschen Botschaft an das Auswärtige Amt vom 6.2.1937, 9.3.1937 und vom 18.3.1937.

483 Vgl. HA SCG Coburg, Taschenkalender Herzog Carl Eduard 1937, Eintrag 12.9.1937 zum Reichsparteitag.

484 Vgl. die Edition der Memoiren der Ehefrau von Setsuko Chichibu »The Silver Drum«: Britton (Hrsg.), Prince, S. 143–147.

485 Ebd., S. 143.

486 PA AA Berlin R 104852, Rotes Kreuz 1937–1939, Erfahrungsbericht der China-Expedition des Deutschen Roten Kreuzes 1938 vom 25.7.1936.

487 Wicke, SS, S. 43. Vgl. Eckart, SS-Obergruppenführer; Hahn, Grawitz; Morgenbrod/Merkenich, Das Deutsche Rote Kreuz, S. 139 f.

488 BA Berlin-Lichterfelde BDC, PA: Ernst Robert Grawitz, Personalverfügung Nr. 10 und ebd. BDC, PA: Oswald Pohl, Personalverfügung Nr. 20 vom 1.6.1935.

489 Ebd., Ernst Robert Grawitz, Personalverfügung Nr. 5 vom 31.3.1937.

490 Wicke, SS, S. 39.

491 Tuchel, Konzentrationslager, S. 284.

492 BA Berlin-Lichterfelde BDC, PA: Ernst Robert Grawitz, Himmler an Grawitz vom 3.2.1941 und vom 30.9.1942, Zwischenbericht zu Versuchen mit biochemischen Mitteln vom 29.8.1942, Schreiben vom 22.11.1944 Grawitz an Himmler. Vgl. Wicke, SS, S. 42; Tuchel, Konzentrationslager, S. 284 f.; vgl. entsprechende Dokumente in: Mitscherlich/Mielke (Hrsg.), Medizin, S. 204 ff.; Leyendecker/Klapp, Deutsche Hepatitisforschung; vgl. Schmidt, Hitlers Arzt, S. 401–465; Wachsmann, KL, S. 442.

493 Tuchel, Konzentrationslager, S. 284 f.

494 Zitiert nach: Klee, Das Personenlexikon, S. 198.

495 PA AA Berlin R 42990, Grawitz an das Auswärtige Amt vom 14.2.1938.

496 Ebd. Vgl. Riesenberger, Das Deutsche Rote, S. 365.

497 Ebd.

498 Favez, Warum, S. 54 f.; Riesenberger, Das Deutsche Rote Kreuz, S. 369.

499 BA Berlin-Lichterfelde BDC, PA: Oswald Pohl, Bl. 849.

500 Allen, Oswald Pohl; Koch, Himmlers Graue Eminenz; Naasner (Hrsg.), SS-Wirtschaft; Schulte, Zwangsarbeit; Tuchel, Konzentrationslager, S. 274 ff.

501 Schulte, Zwangsarbeit.

502 Vgl. z. B. Hans Ehlich, »Die Behandlung fremden Volkstums« (1942),

abgedruckt in: Rössler/Schleiermacher (Hrsg.), Der »Generalplan Ost«, S. 48–52.

503 Zitiert nach Riesenberger, Das Deutsche Rote Kreuz, S. 322.

504 Zitiert nach: Ernst Klee, »Euthanasie«, S. 86.

505 Hahn, Grawitz, S. 294; Riesenberger, Das Deutsche Rote Kreuz, S. 362f.

506 HA SCG Coburg, Taschenkalender Herzog Carl Eduard 1939, Eintrag vom 7.2.1939.

507 Friedlander, The Origins, S. 136f.

508 Obwohl Stutthof wie ein Konzentrationslager organisiert war, erhielt es den Status erst 1942. Friedlander, The Nazi Concentration Camps, S. 43.

509 Ebd.

510 Rieß, Die Anfänge, S. 358.

511 Ders., Zentrale und dezentrale Radikalisierung, S. 139.

512 Klee, »Euthanasie«. Vgl. auch Aly, Die Belasteten.

513 StA Coburg Stadt S 1/I, Protokoll vom 2./6.6.1950 – BK I/4988/1949 – HK 128/49 Zeugenaussage von Bodo Voigts. Voigts nahm auch die Urne der in Hartheim ermordeten Prinzessin Maria entgegen und ließ sie auf Anordnung Carl Eduards in aller Stille in der Gruft der Coburger St.-Augustin-Kirche im Juli 1941 bei ihren nächsten Anverwandten bestatten. Vgl. Sandner, Hitlers Herzog, S. 378.

514 StA Coburg Stadt S 1/II, Viktoria Adelheid an die Spruchkammer vom 17.8.1946, S. 3.

515 HA SCG Coburg, Taschenkalender Herzog Carl Eduard 1937, Einträge vom 4.12.1937, 16.1.1937; 4.2.1937; ebd. Taschenkalender 1938, Eintrag vom 12.1.1938, und Taschenkalender 1939, Eintrag vom 11.9.1939.

516 Hierbei ging es um die Stellung und den Erhalt von DRK-Inspekteuren, über die das DRK Einfluss auf den Kriegssanitätsdienst ausüben konnte. Carl Eduard wollte einen gewissen Einfluss auf die Inspekteure behalten, was ihm allerdings nicht gelang. Hahn, Grawitz, S. 301. Vgl. auch zu einem erneuten Treffen mit Grawitz und Burckhardt im August 1941 in Berlin: PA AA Berlin R 42994, Pressemitteilung des Auswärtigen Amtes vom 11.8.1941.

517 Es ging um die sogenannte Handschellenaffäre. Deutsche Kriegsgefangene waren in Großbritannien gefesselt worden, worauf die Wehrmacht entsprechend mit englischen Gefangenen verfuhr. Ebd., S. 426.

518 Vgl. Boelcke, Kriegspropaganda, S. 710f.

519 Ebd.

520 Vgl. Morgenbrod/Merkenisch, Das Deutsche Rote Kreuz, S. 347.

521 PA AA Berlin R 42996, Hartmann an die Protokollabteilung des Auswärtigen Amtes vom 10. 8. 1943. Vgl. Favez, Warum, S. 119.

522 PA AA Berlin R 42991, Meldung des Deutschen Nachrichtenbüros vom 12. 1. 1940.

523 PA AA Berlin R 42991, Büro Herzog von Coburg, Rechnung für seinen Aufenthalt in den USA, unter anderem Zusammenstellung vom 25. 5. 1940.

524 Ebd. R 42992, Telegraphische Weisungen des Auswärtigen Amtes an die deutsche Botschaft in Washington D. C. vom 17. und 20. 2. 1940.

525 Ebd. R 42991 Schreiben des Ministerialrates Fritz Ruppert im Reichsinnenministerium an das Auswärtige Amt vom 23. 1. 1940. Dieses Schreiben bezog sich auf das zur Imagepflege publizierte Buch von Grüneisen »Das Deutsche Rote Kreuz«, trifft aber genauso auf die Hintergründe zu Carl Eduards zweiter Weltreise zu. Vgl. Grüneisen, Das Deutsche Rote Kreuz.

526 PA AA Berlin R 42991, Telegramm des Auswärtigen Amtes Berlin an die Deutsche Botschaft Washington D. C. vom 5. 1. 1940.

527 HA SCG Coburg, Taschenkalender Herzog Carl Eduard 1940, Eintrag vom 18. 3. 1940.

528 PA AA Berlin R 4299, Telegramm der Deutschen Botschaft Washington D. C. an das Auswärtige Amt vom 18. 3. 1940, S. 2.

529 Vgl. *New York Times* vom 19. 3. 1940, S. 9.

530 PA AA Berlin R 42991, Telegramm der Deutschen Botschaft Washington D. C. an das Auswärtige Amt vom 18. 3. 1940, S. 2.

531 Ebd. R 42992, *Los Angeles Herald* vom 5. 4. 1940, S. 2; *Los Angeles Times* vom 6. 4. 1940, S. 3.

532 PA AA Berlin R 42992, Bericht der deutschen Botschaft in Washington D. C. an das Auswärtige Amt vom 29. 2. 1940.

533 Ebd. R 42991, Telegramm der Deutschen Botschaft Washington D. C. an das Auswärtige Amt vom 12. 1. 1940.

534 Ebd., Bericht der deutschen Botschaft Washington D. C. über die Vorbereitung des Besuchs des Herzogs von Coburg an das Auswärtige Amt vom 29. 2. 1940, S. 2.

535 Ebd., Telegramm der Deutschen Botschaft Washington D. C. an das Auswärtige Amt vom 12. 1. 1940.

536 Ebd., Bericht der deutschen Botschaft in Washington D. C. an das Auswärtige Amt vom 29. 2. 1940; ebd. R 42992, Bericht der deutschen Botschaft Washington D. C. an das Auswärtige Amt vom 10. 5. 1940, S. 4.

537 Ebd., Telegramm der deutschen Botschaft in Washington D.C. an das Auswärtige Amt vom 18.3.1940.
538 Ebd., Bericht des deutschen Generalkonsulats Chicago an die deutsche Botschaft in Washington D.C. vom 7.5.1940.
539 Ebd., R 42991, Telegramm der deutschen Botschaft in Washington D.C. an das Auswärtige Amt vom 18.3.1940.
540 *Chicago Daily Times* vom 28.3.1940, S.2. PA AA Berlin R 42929, Bericht des Generalkonsulats Chicago an die deutsche Botschaft Washington D.C. vom 7.5.1940, S.4.
541 Ebd., Bericht des Generalkonsulats Chicago an die deutsche Botschaft Washington D.C. vom 7.5.1940, S.4.
542 PA AA Berlin R 42992, *Washington Times-Herald* vom 18.3.1940, S.3.
543 Ebd., *San Francisco News* vom 7.2.1949, S.3.
544 Ebd., bspw. *Paper for People who think* vom 6.3.1940, S.2.
545 Ebd., *Los Angeles Times* vom 14.4.1940, S.3.
546 PA AA Berlin R 42992, *Cleveland Press* vom 25.3.1940, S.2.
547 Ebd., *Washington Times Herald* vom 14.3.1940, S.5.
548 PA AA Berlin R 42991, Bericht an den Führungsstab des DRK vom 19.3.1940; ebd. R 42992, *Detroit News* vom 25.3.1940, S.2, 4. Vgl. zu diesem Treffen auch: *The New York Times* vom 16.3.1940, S.3.
549 *Das Deutsche Rote Kreuz* 4 (1940), S.6f. Vgl. Riesenberger, Das Deutsche Rote Kreuz, S.318.
550 PA AA Berlin R 42992, Bericht des deutschen Konsulats Los Angeles an die deutsche Botschaft Washington D.C. vom 10.4.1940.
551 Ebd., Deutsche Botschaft Washington D.C. an das Auswärtige Amt vom 10.5.1940, S.5.
552 Ebd., S.3.
553 Ebd., S.4.
554 Ebd., bspw. Carl Eduard an deutsche Botschaft Washington D.C. vom 11. April 1940.
555 Ebd., Bericht des deutschen Konsulats in Cleveland Ohio an das Auswärtige Amt vom 13.4.1940.
556 Ebd., Telegramm des deutschen Generalkonsulats San Francisco an das Auswärtige Amt vom 12.4.1940.
557 Koltermann, Der Untergang, S.11.
558 PA AA Berlin R 42992, Bericht der deutschen Botschaft Tokio an das Auswärtige Amt vom 18.5.1940, S.2.
559 Ebd.
560 Ebd.
561 Ebd., Telegramm der deutschen Botschaft Tokio an das Auswärtige Amt vom 8.5.1940, S.3.

562 Ebd., Telegramm der deutschen Botschaft Tokio an das Auswärtige Amt vom 30.4.1940, Meldung des Deutschen Nachrichtenbüros vom 20.4.1940.

563 Ebd., Telegramm der deutschen Botschaft Tokio an das Auswärtige Amt vom 8.5.1940, S. 2.

564 Ebd., S. 3.

565 Ebd., Telegramm des deutschen Generalkonsulats Hsinking an das Auswärige Amt vom 14.2.1940.

566 Williams/Wallace, Unit 731; Gold, Unit 731; Harris, Factories.

567 Ebd.

568 PA AA Berlin 42991, Meldung des Deutschen Nachrichtenbüros vom 22.2.1940.

569 Ebd., Telegramm der deutschen Botschaft Tokio an das Auswärtige Amt vom 8.5.1940, S. 3.

570 Ebd., Telegramm des deutschen Generalkonsulats Hsinking über die deutsche Botschaft Tokio an das Auswärtige Amt vom 8.5.1940, S. 3; Bericht des deutschen Generalkonsulats Hsinking am 18.5.1940.

571 PA AA Berlin R 42992, Aktennotiz Auswärtiges Amt vom 23.5.1940; ebd. Botschaft Moskau 554, Telegramm der Botschaft Moskau an das Auswärtige Amt vom 23.5.1940.

572 PA AA Berlin R 42991, Bericht des Deutschen Nachrichtenbüros vom 22.2.1940; *The New York Times* vom 27.4.1940, S. 4.

573 HA SCG Coburg, Taschenkalender Herzog Carl Eduard 1940, Eintrag vom 20.7.1940.

574 Klinkhammer/Guerrazzi/Schlemmer (Hrsg.), Die »Achse«.

575 BA Berlin-Lichterfelde R 8034-III/68, *Krakauer Zeitung* vom 15.10.1940.

576 Riesenberger, Das Deutsche Rote Kreuz, S. 333.

577 Bspw. leitete die Landesstelle im »Reichsgau Danzig-Westpreußen« der SS-Oberführer Erich Großmann, der gleichzeitig Direktor des Instituts für Erb- und Rasseforschung in Danzig war. *Das Deutsche Rote Kreuz* 3 (1939), S. 498 f.

578 Hahn, Grawitz, S. 295.

579 Eintrag vom 7.3.1940, zitiert nach: Longerich, Heinrich Himmler, S. 483. Vgl. Matthäus, »Es war sehr nett«, S. 89.

580 *Das Deutsche Rote Kreuz* 4 (1940), S. 6 f. Vgl. Riesenberger, Das Deutsche Rote Kreuz, S. 318.

581 Ebd., S. 318 f.

582 Ebd.

583 Heidtlass, Das DRK als Treuhänder; Arning, Die Tätigkeit.

584 BA Berlin-Lichterfelde BDC PA: Karl Eduard Herzog v. Sachsen-Coburg und Gotha, Bl. 2520, Carl Eduard an Grawitz vom 24. 10. 1940.

585 Hahn, Grawitz, S. 296.

586 BA Berlin-Lichterfelde BDC PA: Karl Eduard Herzog v. Sachsen-Coburg und Gotha, Bl. 2520, Schreiben Carl Eduard an Grawitz vom 24. 10. 1940. Künftig wurde dem Polnischen Roten Kreuz nur noch gestattet, Fürsorgedienste für polnische Kriegsgefangene zu übernehmen. Direkte Verbindungen mit dem Ausland wurden verboten. Vgl. Notizen in: ebd., Bl. 2474.

587 Zu Berichten über Carl Eduards Reise siehe BA Berlin-Lichterfelde R 8034-III/68, *Krakauer Zeitung* vom 15. 10. 1940.

588 Vgl. zur deutschen Besatzung Polens und zu Hans Frank: Schenk, Hans Frank. Zum Konzertbesuch siehe BA Berlin-Lichterfelde R 8034-III/68, *Krakauer Zeitung* vom 15. 10. 1940.

589 Roth/Löw, Das Warschauer Getto.

590 Musial (Hrsg.), ›Aktion Reinhardt‹.

591 Löw, Juden.

592 Vgl. Bromberger, Medizin, S. 219; Wachsman, KL, S. 311, 429, 439.

593 Stargardt, Der Deutsche Krieg, S. 306.

594 Ebd., S. 293.

595 Zitiert nach Favez, Warum, S. 181.

596 Vgl. Riesenberger, Das Deutsche Rote Kreuz, S. 335–338; Hahn, Grawitz, S. 298 f., Fußnote 399.

597 Jacobeit/Erpel (Hrsg.), »Ich grüße Euch als freier Mensch«, S. 95 f.

598 Hahn, Grawitz, S. 428.

599 Akten zur Deutschen Auswärtigen Politik, Serie E, Bd. 1, S. 526d, 205/143 222, Aufzeichnung des Staatssekretärs des Auswärtigen Amtes Freiherr von Weizsäcker vom 24. 2. 1942.

600 Persson, Rettung; Wrochem, Skandinavien.

601 Zitiert nach: Stauffer, »Sechs furchtbare Jahre …«, S. 350 f. und S. 486, Anm. 156.

Schluss

1 NA Washington D.C. RG 226 055, Intl. Reports »Regular Series«, Entry 16 Box 1484 1901141817, Vertraulicher Bericht Paul J. Friedman und Robert H. Roberts aus der Psychological Warfare Division Intelligence Section vom 1. 5. 1945 an die Supreme Headquarters Allied Expeditionary Force, S. 3.

2 BNA London-Kew FO 1030/302, Correspondence Regards Duke of

Saxe Coburg Gotha, Rechtsanwalt Walter Langer an Alice Athlone vom 19. Juli 1948.

3 Simpson, Blowback, S. 66–79.

4 Ettle/Rennelt, Die Heil- und Pflegeanstalt Bayreuth.

5 Horn, Die Internierungs- und Arbeitslager.

6 BNA London-Kew FO 1030/302, Correspondence Regards Duke of Saxe Coburg Gotha, Rechtsanwalt Walter Langer an Alice Athlone vom 19. Juli 1948.

7 *New York Times* vom 30. 11. 1945, S. 2.

8 Machtan, Der Kaisersohn, S. 380. Vgl. zu den durchaus scharfen Haftbedingungen in Ludwigsburg: Strauß, Zwischen Apathie und Selbstrechtfertigung

9 BNA London-Kew FO 1030/302, Correspondence Regards Duke of Saxe Coburg Gotha, Kopie eines Schreibens von Miles Graham an Robertson vom 28. 5. 1946.

10 Ebd., Alice Athlone an Brian Robertson vom 6. 8. 1946, S. 2f.

11 Ebd., Kopie eines Schreibens von Miles Graham an Robertson vom 28. 5. 1946.

12 Ebd., Lucius D. Clay an Brian Robertson vom 12. 9. 1946.

13 StA Co Stadt S 1/II, Urteil der Berufungskammer München, Außensenat Nürnberg vom 6. 6. 1950. Vgl. HA SCG Coburg, James Ulick Alexander an Alice Athlone vom 22. 6. 1949, Alice Athlone an Viktoria Adelheid vom 10. 11. 1950.

14 Ebd., Protokoll der öffentlichen Sitzung der Hauptkammer Ansbach – Aktenzeichen HK 128/49 H vom 1. 3. 1949, S. 8.

15 Sandner, Hitlers Herzog, S. 447.

16 *Neue Presse* vom 19. 7. 1953, S. 3.

17 Friedrich Josias, Biographie.

18 HA SCG Coburg, Ableben Carl Eduards, Beileidstelegramme.

19 Ebd., Abschrift, Ansprache Curt Weiß vom 10. 3. 1954.

20 Ebd., Ernst Riediger MdL an das Regierungspräsidium in Bayreuth vom 23. 3. 1954.

21 Ebd., Ernst Riediger MdL an Landrat Rudolf Kaemmerer vom 17. 3. 1954.

22 Ebd., Voigts an Ernst Riediger MdL vom 23. 3. 1954.

23 Vgl. Morgenbrod/Merkenich, Das Deutsche Rote Kreuz, S. 347.

24 HA SCG Coburg, Ableben Herzog Carl Eduard, Beileidsbekundungen, Hartmann an Viktoria Adelheid vom 9. 3. 1954.

25 Klee, Personenlexikon, S. 554.

26 HA SCG Coburg, Ableben Herzog Carl Eduard, Beileidsbekundungen, Schnitzler an Viktoria Adelheid vom 27. 3. 1954.

27 Malinowski, Vom König.
28 Machtan, Der Kaisersohn.
29 Urbach, Go Betweens.
30 Vgl. hier zum Klassiker: Erikson, Young Man.
31 Vgl. Büschel, ›Shrinking Psychohistory‹.
32 Vgl. bspw. als Zusammenfassung: Pick, The Pursuit.

Quellen und Literatur

Archivalien

Bundesarchiv (BA) Berlin-Hoppegarten
DRK 726

Bundesarchiv (BA) Berlin-Lichterfelde
Berlin Document Center (BDC)
PA: Karl Eduard Herzog v. Sachsen-Coburg und Gotha
PA: Ferdinand-Ernst Nord
PA: Ernst Robert Grawitz
PA: Oswald Pohl
Nationalsozialismus (NS)
6/217; 10/54; 12/134; 22/262; 26/263; 26/515
Reich (R)
18; 43-1/2205; 43-II/428; 43-II/744; R 43-II/886b; 43-II/1427, 43-II/1434; 67 179/330; 72/296; 82/38; 1501/126254; 8034 II 1092A; 8034-III/68

Bundesarchiv (BA) Koblenz
Rep. 18, 5330, 5331, 5332, 5333

Bayerisches Hauptstaatsarchiv (BayHStA) München
Generalstaatskommissar
32
Ministerium des Inneren (MInn)
71718, 80470, 81580, 81581, 81589, 81591, 81604

British National Archives (BNA) London-Kew
Foreign Office (FO)
1030/302; 371/64689
HW
1/3709, CX/MSS/C. 475

Hausarchiv der Stiftung Sachsen-Coburg und Gotha (HA SCG) Coburg*

** Die Bestände sind ab 1918 nicht verzeichnet und erschlossen und werden daher durch den Verfasser bezeichnet.*

Ableben Herzog Carl Eduard

Akten des Herzoglich Coburg-Goth. Kabinetts in Coburg 1914 ff.

Akten des Herzoglich Coburg-Goth. Kabinetts in Coburg Loc. A. No. 5 1899

Aufstellung der Verleihungen des Herzoglich-Sachsen-Ernestischen Hausordens und der Carl-Eduard-Medaille 1919–1935

Bodo Voigts, Bericht über den 11. April 1945

Diplomatenpass Herzog Carl Eduard 1940

Ernennungsurkunde Kaiser Wilhelms II. und Handschreiben an Carl Eduard von Sachsen-Coburg und Gotha vom 24. 12. 1914

Friedrich Josias von Sachsen-Coburg und Gotha, Biographie Carl Eduard von Sachsen-Coburg und Gotha (Masch.), undatiert

Hochzeit Prinzessin Sibylla, Anfragen Einladungen, Programm, Rangordnung

Korrespondenz mit Alice Athlone 1949 ff.

Marcel von Schack, Aufzeichnungen über die Frontbesuche mit Seiner Königlichen Hoheit dem Herzog Carl Eduard, o. J., o. S.

Personalausweis Herzog Carl Eduard 1920

Taschenkalender Herzog Carl Eduard 1933–1940

Hoover Library, Stanford, Kalifornien

Louis P. Lorchner Collection

Acc. No. XXX031

National Archives (NA) Washington D. C.

RG 226 055, Intl. Reports »Regular Series«, Entry 16 Box 1484 1901141817

Deputy Judge Advocate's Office 7708 War Crimes Group European Command APO 407, 1947

Österreichisches Staatsarchiv Wien

AT-OeStA/HHStA SB Nl Mensdorff

Politisches Archiv des Auswärtigen Amtes (PA AA) Berlin

Reich (R)

42929; 42990–42991; 42994; 42996–42997; 53132; 53162–53163; 53237–53238; 66909; 66989; 77171; 98460; 98480; 104852

Botschaft Moskau

554

Royal Archives (RA) Windsor

ACA/10; AECA/ACA/10; AV/FF 31

Staatsarchiv (StA) Bamberg

Regierung von Oberfranken (K3/Präs. Reg.)

857, Band I und VI; 857a, Band I; 857a, Band VI; 857a, Band VII; 857a, Band IX; 1690; 1707–1708; 1710; 1713; 1962; 1964

Staatsarchiv (StA) Coburg

Amtsbücherei

Zf2, Landtagssitzung vom 10. 3. 1917

Coburger Landesstiftung

516; 594; 630

LA A-Nachtrag Herzog Carl Eduard von Sachsen-Coburg und Gotha

13178; 13184–13185; 13188; 13455; 13582; 13586; 13597; 13600

Staatsanwaltschaft

81; 900–906

Stadt

S 1/I und II

Stadtarchiv (StadtA) Coburg

6494; 6522; 6534; 6552; A 8368; A 8373–8375; A 8483

Thüringisches Staatsarchiv (ThStA) Gotha

Flügel-Adjutantur

38–41

Geheimes Kabinett

45; 53; 55 f.

Herzogliches Staatsministerium

2-15-0183, 54–56; 2-15-0199, 122

Obersthofmarschall-Amt

234; 236; 238; 241; 258

Gedruckte Quellen

8. Bamberger Jahrbuch 1935, Bamberg 1936.

Abramowski, Günter, Einleitung, in: Akten der Reichskanzlei. Die Kabinette Marx III und IV. 17. Mai 1926 bis 29. Januar 1927, 29. Januar 1927 bis 29. Juni 1928. Bearb. von Günter Abramowski. Bd. 1. Mai 1926 bis Mai 1927. Dokumente Nr. 1 bis 242, München 1988, S. XVII–CII.

Akten zur Deutschen Auswärtigen Politik 1918–1945. Serie C: 1933–1927. Das Dritte Reich. Die ersten Jahre. Band IV, 2. 16. September 1935 bis 4. März 1936, Göttingen 1975.

Akten zur Deutschen Auswärtigen Politik 1918–1945, Serie D: 1937–1945. Die Nachwirkungen von München, Bd. IV, Oktober 1938– März 1939, Baden-Baden 1951.

Akten zur Deutschen Auswärtigen Politik 1918–1945, Serie E: 1941–1945. Bd. 1, 12. Dezember 1941 bis 28. Februar 1942, Göttingen 1969.

Amerikanisches Kriegsinformationsamt im Auftrag des Oberbefehlshabers der Alliierten Streitkräfte (Hrsg.), KZ. Bildbericht aus fünf Konzentrationslagern, o. O. 1945.

Arning, Oswald, Die Tätigkeit des Beauftragten des Deutschen Roten Kreuzes beim Generalgouverneur im Jahre 1940, in: *Jahrbuch des Deutschen Roten Kreuzes* 1941, S. 151–158.

Athlone, Princess Alice, Countess of, For My Grandchildren, London 1966.

Auswärtiges Amt, Weißbuch Nr. 2, Dokumente zur Vorgeschichte des Kriegs, Berlin 1939.

Balser, Marie, Ost- und westliches Gelände. Unser Leben in Ost und West den Enkeln erzählt, Gießen 1958.

Bamberger Tageblatt vom 19. 4. 1930.

Berghaus, Adolf, Etwas vom Luxus, in: *Deutsches Adelsblatt* 1890, S. 691 f.

Berliner Börsen-Zeitung 1936 vom 23. 10. 1936.

Berliner Lokalanzeiger vom 5. 12. 1908, o. S.

Berliner Tageblatt vom 6. 10. 1914, 28. 12. 1922.

Blätter des Deutschen Roten Kreuzes 11 und 12 (1933).

Britton, Dorothy (Hrsg.), Prince and Princess Chichibu. Two Lives Lived Above and Below the Clouds. Including a Complete Translation of Setsuko, Princess Chichibu's Memoir »The Silver Drum«, Folkestone (Kent) 2010.

Burckhardt, Carl J., Meine Danziger Mission 1937–1939, München 1980.

Bureau of Information of the League of Red Cross Societies (Hrsg.), The Red Cross World, Bd. 15, Genf 1934.

C. V. Zeitung vom 25. 1. 1929.

Chicago Daily Times vom 28. 3. 1940.

Chicago Tribune vom 17. 10. 1932.

Coburger Nationalzeitung vom 15. 6. 1932, 22. 6. 1932, 18./19. 1. 1936.

Coburger Tageblatt vom 5. 8. 1900, 11. 10. 1905, 7. 10. 1914, 10. 10. 1914, 9. 7. 1914, 15. 11. 1918, 16. 5. 1925, 13. 1. 1927.

Coburger Volksblatt vom 8. 11. 1918, 24. 8. 1925, 13. 1. 1927, 18. 1. 1932, 30. 10. 1932.

Coburger Zeitung vom 13. 1. 1927, 18. 1. 1932, 18. / 19. 1. 1936.

Das Deutsche Rote Kreuz 3 (1939), 4 (1940).

Deutsche Allgemeine Zeitung vom 21. 10. 1936, 22. 2. 1939.

Deutsche Illustrierte 44 (1932).

Documents on British Foreign Policy, 1918–1945, Bd. 2/XII: 1919–1939, London 1964.

Documents on German Foreign Policy 1918–1945, C/II, III und VI, London 1962 bzw. 1974.

Doering, Oscar, Die Wiederherstellung der Veste Coburg, Berlin 1924.

Domarus, Max, Hitler. Reden und Proklamationen 1932–1945. Kommentiert von einem deutschen Zeitgenossen. Teil 1: Triumph. Band 1: 1932–1934, Leonberg 1988.

DRK-Rundschreiben vom 6. 6. 1935.

Ebhardt, Bodo, Deutsche Burgen als Zeugen deutscher Geschichte, Berlin 1925.

Ders., Die Burgen Italiens, Bd. 1, Berlin 1909.

Eger, Erich (Hrsg.), Sammlung wichtiger Bestimmungen für die Geschäftsführung in den Männervereinen vom Roten Kreuz, Berlin 1935.

Evrard, Ernest, Les Massacres de Dinant, Imprimerie nationale L. Opdebeek, Anvers 1916.

Extra-Blatt der Gothaischen Zeitung vom 1. 9. 1914.

FAZ vom 31. 12. 1962.

François-Poncet, André, Botschafter in Berlin 1931–1938, Berlin 1962.

*Fränkische Tagespos*t vom 17. 10. 1922.

Freiheit vom 6. 7. 1937.

Fröhlich, Elke (Hrsg.), Die Tagebücher von Joseph Goebbels, Teil I: Aufzeichnungen 1923–1941, Teil II: Diktate 1942–1945, München 1994–2006.

Fromm, Bella, Als Hitler mir die Hand küsste, Reinbek 1997.

Dies., Blood and Banquets. A Berlin Social Diary, London, New York 1942.

Frymann, Heinrich, Wenn ich Kaiser wär'. Politische Notwendigkeiten und Wahrheiten, Leipzig 1912.

George V. and Edward VIII. A Royal Souvenir, London 1936.

Gleichen, Heinrich von, Adel – eine politische Forderung, in: *Preußische Jahrbücher* 2 (1924), S. 131–145.

Gold, Hal, Unit 731 Testimony, Tokyo 1996.

Gothaer Zeitung vom 9. 9. 1914, S. 1.

Greg, Robert Philips, On the Meaning and Origin of the Fylfot and Swastika, Westminster 1884.

Grüneisen, Felix, Das Deutsche Rote Kreuz in Vergangenheit und Gegenwart. Potsdam-Babelsberg 1939.

Hadden, Britton (Hrsg.), *Time Magazine*, Bd. 27, New York 1936.

Hagen, Wilhelm von, Adel verpflichtet, in: *Deutsches Adelsblatt* 1921, S. 37 f.

Hanfstaengl, Ernst, Zwischen Weißem und Braunem Haus. Memoiren eines politischen Außenseiters, München 1970.

Hannoverscher Kurier vom 25. 7. 1925.

Heidtlass, Willi, Das DRK als Treuhänder internationaler Hilfswerke im Generalgouvernement für die besetzten polnischen Gebiete, in: *Das Deutsche Rote Kreuz* 4,4 (1940), S. 6–8.

Heilmann, Dieter, Aus dem Kriegstagebuch des Diplomaten Otto Bräutigam, in: Götz Aly u. a. (Hrsg.), Biedermann und Schreibtischtäter. Materialien zur deutschen Täter-Biographie, Berlin 1987, S. 185.

Heimatland, Dritte Oktoberausgabe, Folge 43, 1922.

Heller, Hans, Die Bedeutung der deutschen Burgen für die Gegenwart, in: *Der Burgwart* 21 (1920), S. 11 ff.

Henderson, Nevile, Failure of a Mission. Berlin 1937–1939, London 1940.

Hesse, Fritz, Das Vorspiel zum Kriege. Englandberichte und Erlebnisse eines Tatzeugen 1935–1945, Starnberg 1979.

Heym, Stefan, Reden an den Feind, München 1986.

Hitler, Adolf, 14. Februar 1926, Rede auf NSDAP-Führertagung, Dok. 101, in: Clemens Vollnhals (Hrsg.), Hitler – Reden, Schriften, Anordnungen. Februar 1925 bis Januar 1933, Bd. I: Die Wiedergründung der NSDAP Februar 1925 – Juni 1926, München u. a. 1992, S. 294 ff.

Ders., Mein Kampf, München 1933 und 1943.

Horkenbach, Cuno, Das Deutsche Reich von 1918 bis heute. Mit sachlicher Unterstützung der Reichsbehörden, Berichtsheft, Bd. 3, Berlin 1933.

Hough, Richard (Hrsg.), Queen Victoria – Advice to a Granddaughter, London 1975.

Jacobeit, Siegrid/Simone Erpel (Hrsg.), »Ich grüße Euch als freier Mensch«. Quellenedition zur Befreiung des Frauen-Konzentrationslagers Ravensbrück, Berlin 1995.

Jung, Edgar Julius, Adel oder Elite?, in: *Europäische Revue* 9 (1922), S. 533 f.

Ders., Die Herrschaft der Minderwertigen, Berlin 1927.

Ders., Falsches und echtes Führertum, in: *Der Arbeitgeber* 22 (1927), S. 522 f.

Karl Eduard von Sachsen-Coburg-Gotha. Bunte Bühne für die Wehrmacht,

17. April 1945, in: Stefan Heym, Reden an den Feind, München 1986, S. 332 f.

Kehrberg, Arno, Das Nationalsozialistische Fliegerkorps. Die Vorschule der deutschen Flieger, Berlin 1942.

Kessler, Adolf, Festpredigt zur Feier des Kriegsgeburtstags seiner SKH des Herzogs Carl Eduard von Sachsen-Coburg und Gotha, Coburg 1915.

Khristoforow, Victor, u. a. (Hrsg.), Rossiya. XXVek. Dokumentz. Tainy diplomatii tret'ego reikha. Germanskie diplomaty, rukovoditeli zarubezhnykh voennykh missii, voennyi i politseiskie attashe v sovetskom plenu. Documenty iz sledstvennykh del 1944/45, Moskau 2011.

Kordt, Erich, Nicht aus den Akten, Stuttgart 1950.

Kreisanzeiger der Dorfzeitung für Stadt und Kreis Sonneberg und Coburg vom 6. 11. 1928.

Kreuz-Zeitung vom 20. 6. 1925.

London Daily Express vom 30. 10. 1962.

Matthäus, Jürgen, »Es war sehr nett«. Auszüge aus dem Tagebuch der Margarete Himmler, 1937–1945, in: *Werkstatt Geschichte* 25 (2000), S. 75–93.

Maxwell, Herbert, Sixty Years a Queen, London 1897.

Michels, Robert, Probleme der Sozialphilosophie, Leipzig 1914.

Mitscherlich, Alexander/Fred Mielke (Hrsg.), Medizin ohne Menschlichkeit. Dokumente des Nürnberger Ärzteprozesses, Frankfurt am Main 1960.

Mitteilungsblätter des Nationalen Klubs 4 (1932), S. 1.

Monograpien deutscher Städte, Bd. XXX: Coburg, Berlin 1929.

Münchhausen, Börries Freiherr von, Adel und Rasse, in: *Deutsches Adelsblatt* 42 (1924), S. 63 ff.

Münchner Post vom 18. 10. 1922.

Murray, John (Hrsg.), The Letters of Queen Victoria. A Selection of her Majesty's Correspondence and Journal between 1886–1901, London 1930.

Münchner Bauern-Zeitung Nr. 217 vom 18. 10. 1922.

Nachrichten des DRK 8 und 10 (1934).

Neue Presse vom 19. 7. 1953.

New York Times vom 21. 10. 1932, 19. 3. 1940, 30. 11. 1945.

Nicholson, Harold, Diaries and Letters, Bd. I: 1930–1939, London 1966.

Norwich, John (Hrsg.), The Duff Cooper Diaries 1915–1951, London 2005.

Picker, Henry, Hitlers Tischgespräche im Führerhauptquartier, Stuttgart 2003.

Präg, Werner/Wolfgang Jacobmeyer (Hrsg.), Das Diensttagebuch des deutschen Generalgouverneurs in Polen 1939–1945, Stuttgart 1975.

Preußen, Viktoria Luise von, Im Glanz der Kaiserzeit, Bildband, München 1982.

Preußen, Wilhelm II. von, Aus meinem Leben 1859–1888, Leipzig 1928.

Pulitz, Wolfgang zu, The Pulitz Dossier, London 1957.

Quarck, Albert (Hrsg.), Aus den letzten Zeiten des alten Herzogtums Coburg. Aus dem Nachlaß von Dr. Hermann Quarck, Coburg 1933.

Red Cross Society of Japan (Hrsg.), Resolution XXXIX. Quinzième Conférence internationale de la Croix-Rouge tenue à Tokyo du 20 au 29 octobre 1934, Compte rendu, Tokyo 1934.

Regierungsblatt für das Herzogtum Gotha, Nr. 137 vom 16. 11. 1918.

Rettung und Hilfe 18 vom 15. 9. 1934.

Ribbentrop, Joachim von, Zwischen London und Moskau. Erinnerungen und letzte Aufzeichnungen, hrsg. von Annelies von Ribbentrop, Leoni 1954.

Rosenberg, Alfred, Die Tagebücher von 1934 bis 1944, hrsg. und kommentiert von Jürgen Matthäus und Frank Bajohr, Frankfurt am Main 2015.

Rote Fahne vom 26. 10. 1926.

Schack, Hans, Das Unrecht Belgiens an einer dt. Stiftung (= Niederfüllbacher Stiftung des Königs Leopold II.), Coburg 1940.

Schlesische Zeitung vom 3. 4. 1932

Schmidt, Paul Otto, Statist auf diplomatischer Bühne 1923–1935. Erlebnisse des Chefdolmetschers im Auswärtigen Amt mit den Staatsmännern Europas, Bonn 1950.

Schmidt-Pauli, Edgar von, Der Herzog der Harzburger Front, Berlin 1933.

Ders., Herzog Carl Eduard von Sachsen-Coburg und Gotha, in: *Politik und Gesellschaft* 5,6 (1933), S. 11–14.

Schwarz, Paul, This Man Ribbentrop: His Life and Times, New York 1943.

Schwede-Coburg, Franz, Kampf um Coburg, München 1941.

Stadt Coburg (Hrsg.), Coburg (= Städte der Bayerischen Ostmark), Bayreuth 1938.

Steinbömer, Gustav, Oberschicht und Adel, in: *Gewissen* vom 22. 3. 1926, S. 7 f.

Stevenson, Frances (Hrsg.), Lloyd-George: A Diary, London 1971.

Stockhausen, Juliana von, Auf Immerwiedersehen. Begegnungen mit dem beginnenden Jahrhundert, Stuttgart 1977.

Süss, Theodor Ludwig, Die Privatversicherung im Kriege, Berlin 1940.

Svenska Dagblatt vom 21. 10. 1932, S. 1.

The Funeral of King George V. A Complete Pictorial Record, in: *The Sphere* vom 1. 2. 1936.

The Guardian vom 28. und 29. 12. 1962, 29. 5. 1972.

The Manchester Guardian vom 2. 2. 1901, 4. 2. 1901, 8. 2. 1901, 7. 6. 1902,

1.12.1903, 21.2.1905, 20.7.1905, 12.10.1905, 22.6.1911, 10.7.1917, 13.11.1923, 9.9.1932, 20. und 21.10.1932, 29.11.1935, 13.1.1936, 23.1.1936, 18.3.1936, 2.6.1936, 23.9.1938.

The Observer vom 5.8.1900, 3.2.1901, 1.10.1905, 9.9.1932, 25.9.1932, 19.10.1932, 26.1.1936, 2.8.1936, 30.12.1962.

The Times vom 25.6.1914, 7.9.1914, 18.7.1917, 21.10.1932, 27.12.1962, 8.1.1963.

Turner, Henry Ashby Jr. (Hrsg.), Hitler aus nächster Nähe. Aufzeichnungen eines Vertrauten 1929–1932, Berlin 1978.

Völkischer Beobachter vom 16.10.1922, 8.10.1927, 9.6.1933, 17.10.1937, 19.03.1938.

Volksstimme vom 8.7.1937.

Vorwärts vom 16.11.1923, 11.9.1925, 22.10.1932, 22.1.1933.

Vossische Zeitung vom 19.4.1930, 21.4.1932.

Weinberg, Gerhard L. (Hrsg.), Dokumentation. Die geheimen Abkommen zum Antikominternpakt, in: *Vierteljahrshefte für Zeitgeschichte* 2,2 (1954), S. 195 ff.

Westarp, Kuno Graf von, Das Ende der Monarchie am 9. November 1918. Abschließender Bericht nach den Aussagen der Beteiligten, hrsg. von Werner Conze, Berlin 1952.

Wiedemann, Fritz, Der Mann, der Feldherr werden wollte. Erlebnisse und Erfahrungen des Vorgesetzten Hitlers im 1. Weltkrieg und seines späteren persönlichen Adjutanten, Velbert 1964.

Wild von Hohenborn, Adolf, Briefe und Tagebuchaufzeichnungen des preußischen Generals als Kriegsminister und Truppenführer im 1. Weltkrieg, hrsg. von Helmut Reichold, Boppard am Rhein 1986.

Witte, Peter u.a. (Hrsg.), Der Dienstkalender Heinrich Himmlers 1941/42, Hamburg 1999.

Zeitung des Central-Verein deutscher Staatsbürger jüdischen Glaubens vom 25.1.1929.

Literatur

Abramowski, Günter, Einleitung, in: Akten der Reichskanzlei. Die Kabinette Marx III und IV. 17. Mai 1926 bis 29. Januar 1927, 29. Januar 1927 bis 29. Juni 1928. Bearb. von Günter Abramowski. Bd. 1. Mai 1926 bis Mai 1927. Dokumente Nr. 1 bis 242, München 1988, S. XVII–CII.

Albrecht, Joachim, Die Avantgarde des »Dritten Reiches«. Die Coburger NSDAP während der Weimarer Republik 1922–1933, Frankfurt am Main 2005.

Allen, Michael, Oswald Pohl – Chef der SS Wirtschaftsunternehmen, in:

Ronald Smelser/Enrico Syring (Hrsg.), Die SS. Elite unter dem Totenkopf, Paderborn 2000, S. 394 ff.

Allen, Peter, The Crown and the Swastika. Hitler, Hess and the Duke of Windsor, London 1983.

Alm, Av Göran, För prinsessan Sibyllas egen skull. Kring ett dokument inför prins Gustaf Adolfs och prinsessan Sibyllas vigsel i det nationalsocialistika Coburg 1932, in: Ingvar von Malmborg (Hrsg.), Familjen Bernadotte – kungligheter och människor (Arsbok for Riksarkivet och Landsarkiven 2010), Stockholm 2010, S. 291–305.

Aly, Götz, Die Belasteten. ›Euthanasie‹ 1939–1945. Eine Gesellschaftsgeschichte, Frankfurt am Main 2013.

Appadurai, Arjun, The Social Life of Things. Commodities in Cultural Perspective, Cambridge (Mass.) 1986.

Armstrong, Neil, England and German Christmas Festlichkeit, c.1800–1914, in: *German History* 26, 4 (2008), S. 486–503.

Arnberger, Heinz (Hrsg.), »Anschluß« 1938. Eine Dokumentation, Wien 1988.

Aronson, Theo, Princess Alice, Countess of Athlone, London 1981.

Asmalsky, Ludwig, Der Nationalsozialismus und die NSDAP in Coburg 1922–1933 (= wissenschaftliche Hausarbeit für das Lehramt an Gymnasien, masch.), Würzburg 1969.

Aston, George, The Duke of Connaught and Strathearn, London 1929.

Auswärtiges Amt, Historischer Dienst (Hrsg.), Biographisches Handbuch des Auswärtigen Dienstes 1871–1956, Band 5: T–Z, Nachträge, Paderborn 2014.

Axmann, Rainer, Neustadt bei Coburg, in: Wolfgang Benz (Hrsg.), Der Ort des Terrors. Geschichte der nationalsozialistischen Konzentrationslager, Bd. 3: Sachsenhausen, Buchenwald, München 2006, S. 533 f.

Bachmann, Harald, Vorwort des Herausgebers, in: Hans-Jürgen Schmidt, Coburg und die amerikanischen Streitkräfte 1945–1990 (Schriftenreihe der Historischen Gesellschaft Coburg e. V., Heft 10), Coburg 1995, S. 3 f.

Bajohr, Frank, Parvenüs und Profiteure. Korruption in der NS-Zeit, Frankfurt am Main 2001.

Ders., Täterforschung: Ertrag, Probleme und Perspektiven eines Forschungsansatzes, in: Ders./Andrea Löw (Hrsg.), Der Holocaust. Ergebnisse und neue Fragen der Forschung, Frankfurt am Main 2015, S. 167–185.

Ders./Michael Wildt, Einleitung, in: Dies. (Hrsg.), Volksgemeinschaft. Neue Forschungen zur Gesellschaft des Nationalsozialismus, Frankfurt am Main 2009, S. 7–23.

Barr, Niall, ›The Legion that Sailed but Never Went‹. The British Legion and the Munich Crisis of 1938, in: Julia Eichenberg/John Paul Newman

(Hrsg.), The Great War and Veteran's Internationalism, London 2013, S. 32–52.

Bauerkämper, Arnd, Die ›radikale Rechte‹ in Großbritannien, Göttingen 1991.

Benz, Wolfgang/Barbara Distel, Der Ort des Terrors. Geschichte der nationalsozialistischen Konzentrationslager, Bd. 5, München 2007.

Berger Waldenegg, Georg Christoph, Hitler, Göring, Mussolini und der »Anschluß« Österreichs an das Deutsche Reich, in: *Vierteljahrshefte für Zeitgeschichte* 51,2 (2003), S. 147–182.

Berghahn, Volker R., Der Stahlhelm: Bund der Frontsoldaten 1918–1935, Düsseldorf 1966.

Bergmann, Joachim, Die innenpolitische Entwicklung Thüringens von 1918 bis 1932, Lauf a. d. Pegnitz 2001.

Bermbach, Udo, Houston Stewart Chamberlain. Wagners Schwiegersohn – Hitlers Vordenker, Stuttgart 2015.

Biege, Bernd, Helfer unter Hitler. Das Rote Kreuz im Dritten Reich, Reinbek 2000.

Blakeway, Deny, The Last Dance. 1936 The Year Our Lives Changed, London 2010.

Bloch, Charles, Die SA und die Krise des NS-Regimes 1934, Frankfurt am Main 1970.

Bloch, Michael, Ribbentrop, London 1992.

Bocca, Geoffrey, The Uneasy Heads – A Report on European Monarchy, London 1959.

Boeckh, Katrin, Von den Balkankriegen zum Ersten Weltkrieg. Kleinstaatenpolitik und ethnische Selbstbestimmung am Balkan, München 1996.

Boelcke, Wilhelm, Kriegspropaganda 1939–41. Geheime Ministerkonferenzen im Reichspropagandaministerium, Stuttgart 1966.

Bollmus, Reinhard, Das Amt Rosenberg und seine Gegner. Studien zum Machtkampf im nationalsozialistischen Herrschaftssystem, Stuttgart 1970.

Boseckert, Christian, »… damit Coburg schöner wird«? Die NS-Baupolitik in der Vestestadt (1933–45), Coburg 2014.

Bourdieu, Pierre, Die feinen Unterschiede. Kritik der gesellschaftlichen Urteilskraft, Frankfurt am Main 1982.

Ders., Ökonomisches Kapital – Kulturelles Kapital – Soziales Kapital, in: Ders., Die verborgenen Mechanismen der Macht. Schriften zu Politik und Kultur 1, Hamburg 1983, S. 49–80.

Boyd, Carl, The Extraordinary Envoy. General Hiroshi Oshima and Diplomacy in the Third Reich, 1934–1939, Washington D. C. 1982.

Bracher, Karl Dietrich, Die Auflösung der Weimarer Republik. Eine Studie zum Problem des Machtverfalls in der Demokratie. 5. Auflage, Düsseldorf 1971.

Bradford, Sarah, George VI., London 1989.

Brechtgen, Magnus, Die nationalsozialistische Herrschaft 1933–1939, Darmstadt 2004.

Breuer, Stefan, Die Völkischen in Deutschland. Kaiserreich und Weimarer Republik, Darmstadt 2008.

Brogini Künzi, Giulia, Italien und der Abessinienkrieg 1935/36. Kolonialkrieg oder Totaler Krieg? Paderborn u. a. 2006.

Bromberger, Barbara, Medizin, Faschismus, Widerstand, Köln 1985.

Broszat, Martin, Der Staat Hitlers. Grundlegung und Entwicklung seiner inneren Verfassung, München 1992.

Ders., Die Reaktion der Mächte auf den 15. März 1939, in: *Bohemia* 8 (1967), S. 253–280.

Ders., Zur Struktur der NS-Massenbewegung, in: *Vierteljahrshefte für Zeitgeschichte* 31 (1983), S. 52–76.

Browning, Christopher, Ganz normale Männer. Das Reserve-Bataillon 101 und die ›Endlösung‹ in Polen, Reinbek 1993.

Bullock, Alan, Hitler. Eine Studie über Tyrannei, Düsseldorf 1961.

Büschel, Hubertus, ›Shrinking Psychohistory‹ – Psychoanalyse und Geschichtswissenschaft: Die USA und (West-) Deutschland, in: Rebekka Habermas/Rebekka von Mallinckrodt (Hrsg.), Interkultureller Transfer und nationaler Eigensinn. Europäische und anglo-amerikanische Positionen der Kulturwissenschaften, Göttingen 2004, S. 123–140.

Ders., Untertanenliebe. Der Kult um deutsche Monarchen 1770–1830, Göttingen 2006.

Cadle, Caron, Kurt Daluege. Der Prototyp des loyalen Nationalsozialisten, in: Ronald Smelser u. a. (Hrsg.), Die braune Elite, Bd. 2, Darmstadt 1993, S. 66–79.

Campbell, Bruce, The SA Generals and the Rise of Nazism, Lexington 2004.

Cannadine, David, The Decline and Fall of British Aristocracy, New Haven (Conn.) 1990.

Carlsson, Erik, Gustav V och andra världskriget, Lund 2006.

Certeau, Michel de, Kunst des Handelns, Berlin 1988.

Chickering, Roger, We Men Who Feel Most German. A Cultural Study of the Pan-German League, 1886–1914, Boston 1984.

Clark, Christopher, Die Schlafwandler. Wie Europa in den Ersten Weltkrieg zog, München 2013.

Clemens, Detlev, Herr Hitler in Germany. Wahrnehmungen und Deutungen des Nationalsozialismus in Großbritannien, Göttingen, Zürich 1994.

Cole, Christopher, The Air Defence of Great Britain 1914–1918, London 1984.

Constant, Stephan, Foxy Ferdinand, 1861–1948. Tsar of Bulgaria, London 1986.

Conze, Eckart/Norbert Frei/Peter Hayes/Moshe Zimmermann, Das Amt und die Vergangenheit. Deutsche Diplomaten im Dritten Reich und in der Bundesrepublik, München 2010.

D'Almeida, Fabrice, Hakenkreuz und Kaviar. Das mondäne Leben im Nationalsozialismus, Düsseldorf 2007.

Denne, Ludwig, Das Danzig-Problem in der deutschen Außenpolitik 1934–1939, Bonn 1959.

Deuerlein, Ernst (Hrsg.), Der Aufstieg der NSDAP in Augenzeugenberichten, München 1980.

Donaldson, Ian, The Rapes of Lucretia. A Myth and its Transformations, Oxford 1982.

Dornheim, Andreas, Die Thüringer Fürstenhäuser zwischen Erbhof-Realität und Reichsstatthalter-Träumen, in: Detlev Heiden/Gunther Mai (Hrsg.), Nationalsozialismus in Thüringen, Weimar, Köln, Wien 1995, S. 269–292.

Douglas-Hamilton, James, Ribbentrop and War, in: *Journal of Contemporary History* 5, 4 (1970), S. 45–63.

Dov Kulka, Otto, Die Nürnberger Rassengesetze und die deutsche Bevölkerung im Lichte geheimer NS-Lage- und Stimmungsberichte, in: *Vierteljahrshefte für Zeitgeschichte* 32 (1984), S. 582–636.

Eckart, Wolfgang U., SS-Obergruppenführer und General der Waffen-SS Prof. Dr. med. Ernst Grawitz, in: Gerd R. Ueberschär (Hrsg.), Hitlers militärische Elite. Vom Kriegsbeginn bis zum Weltkriegsende, Band 2, Darmstadt 1998, S. 63–71.

Ehrenberg, Alain, Le culte de la performance, Paris 1995.

Eichenberg, Julia/John Paul Newman (Hrsg.), The Great War and Veteran's Internationalism, London 2013.

Elley, Geoff, Conservatives and Radical Nationalists in Germany. The Production of Fascist Potentials 1912–1928, in: Martin Blinkhorn (Hrsg.), Fascits and the Conservatives. The Radical Right and the Establishment in Twentienth-Century Europe, London 1990, S. 50–70.

Erdmann, Jürgen, Coburg, Bayern und das Reich 1918–1923, Coburg 1969.

Erger, Johannes, Der Kapp-Lüttwitz-Putsch. Ein Beitrag zur deutschen Innenpolitik 1919/1920, Düsseldorf 1967.

Erikson, Erik, Young Man Luther. A Study in Psychoanalysis and History, New York 1958.

Essner, Cornelia, Die ›Nürnberger Gesetze‹ oder die Verwaltung des Rassenwahns 1933–1945, Paderborn 2002.

Ettle, Maximilian/Herta Rennelt, Die Heil- und Pflegeanstalt Bayreuth, in: Michael Cranach/Hans-Ludwig Siemen (Hrsg.), Psychiatrie im Nationalsozialismus. Die bayerischen Heil- und Pflegeanstalten zwischen 1933 und 1945, München 2012, S. 89–122.

Evans, Richard, Das Dritte Reich, Bd. 2/II: Diktatur, München 2006.

Evrard, Ernest, Les Massacres de Dinant, Imprimerie nationale L. Opdebeek, Anvers 1916.

Facius, Friedrich, Karl Eduard von Sachsen-Coburg und Gotha, in: Neue Deutsche Biographie, Bd. 11, Berlin 1977, S. 261.

Falter, Jürgen W., Die Wahlen des Jahres 1932/33 und der Aufstieg der totalitären Parteien, in: Bayerische Landeszentrale für politische Bildungsarbeit (Hrsg.), Die Weimarer Republik. Das Ende der Demokratie, 1929–1933, München 1995, S. 271–313.

Favez, Jean Claude, Warum schwieg das Rote Kreuz? Eine internationale Organisation und das Dritte Reich, München 1994 (1988).

Feldbauer, Gerhard, Nationalklub 1919–1943, in: Dieter Fricke (Hrsg.), Die bürgerlichen Parteien in Deutschland. Handbuch der Geschichte der bürgerlichen Parteien und anderer bürgerlicher Interessenorganisationen vom Vormärz bis zum Jahre 1945, Band 2, Leipzig 1968, S. 341 f.

Feldkamp, Jörg/Achim Dresler (Hrsg.), 120 Jahre Wanderer 1885–2005. Ein Unternehmen aus Chemnitz und seine Geschichte in der aktuellen Forschung, Chemnitz 2005.

Feldman, Gerald, Die Allianz und die deutsche Versicherungswirtschaft, 1933–1945, München 2001.

Fest, Joachim, Hitler. Eine Biographie, Frankfurt am Main 1973.

Feuchtwanger, Edgar, Englands deutsches Königshaus. Von Coburg nach Windsor, Berlin 2010.

Field, Geoffrey G., Evangelist of Race. The Germanic Vision of Houston Stewart Chamberlain, New York 1981.

Finger, Kurt, Bund Wiking (BW) 1923–1928, in: Dieter Fricke u. a. (Hrsg.), Lexikon zur Parteiengeschichte. Die bürgerlichen und kleinbürgerlichen Parteien und Verbände in Deutschland (1789–1945), 1. Band, Köln 1983, S. 368–373.

Fischer, Ernst Peter, Der Physiker. Max Planck und das Zerfallen der Welt, München 2007.

Fischer, Fritz, Griff nach der Weltmacht. Die Kriegszielpolitik des kaiserlichen Deutschland 1914/18, Düsseldorf 2013 (1961).

Fischer, Ludger, Bodo Ebhardt – Versuche baukünstlerischer Denkmalpflege. Restaurierungen, Rekonstruktionen und Neubauten von Burgen, Schlössern und Herrenhäusern von 1899 bis 1935, Braubach 2010.

Flemming, Jens, »Führersammlung«, »politische Schulung« und »neue Aristokratie«. Die Herrengesellschaft Mecklenburg in der Weimarer Republik, in: Karl Christian Führer/Karen Hagemann/Birthe Kundrus (Hrsg.), Eliten im Wandel. Gesellschaftliche Führungsschichten im 19. und 20. Jahrhundert, Münster 2004, S. 123–154.

Foucault, Michel, Omnes et singulatim: Towards a Criticism of Political Reason (1979), in: Sterling M. McMurrin (Hrsg.), The Tanner Lectures on Human Values 2, Salt Lake City 1981, S. 225–254.

Ders., Überwachen und Strafen. Die Geburt des Gefängnisses, Frankfurt am Main 1976.

Fox, John F., Germany and the Far Eastern Crisis, 1931–1938. A Study in Diplomacy and Ideology, Oxford 1982.

Fraenkel, Heinrich/Roger Manvell, Hermann Göring, Hannover 1964.

Franger, Gaby, Die Reichsschule der NS-Frauenschaft auf Schloss Hohenfels, in: Dies./Edmund Frey/Brigitte Maisch (Hrsg.), »Seien Sie doch vernünftig!« Frauen der Coburger Geschichte, Coburg 2008, S. 211–223.

Frankland, Noble, Withness of a Century. Life and Times of Prince Arthur Duke of Connaught, 1850–1942, London 1993.

Fredette, Raymond H., The Sky on Fire. The First Battle of Britain 1917–1918, New York 1976.

Friedlander, Henry, The Nazi Concentration Camps, in: Michael Ryan (Hrsg.), Human Responses to the Holocaust, New York 1981, S. 33–69.

Ders., The Origins of Nazi Genocide. From Euthanasia to the Final Solution, Chapel Hill, London 1995.

Friedländer, Max J./Jakob Rosenberg, Die Gemälde von Lucas Cranach, Basel 1979.

Fromm, Hubert, Die Coburger Juden. Geschichte und Schicksal, Coburg 2012.

Funck, Marcus, Schock und Chance. Der preußische Militäradel in der Weimarer Republik zwischen Stand und Profession, in: Heinz Reif (Hrsg.), Adel und Bürgertum in Deutschland, Bd. 2, Berlin 2001, S. 121–171.

Funke, Manfred, Sanktionen und Kanonen. Hitler, Mussolini und der internationale Abessinienkonflikt 1934–1936, Düsseldorf 1970.

Ganyard, Clifton Greer, Artur Mahraun and the Young German Order. An Alternative to National Socialism in Weimar Political Culture, Lewiston (NY) 2008.

Gasiorowski, Zygmunt J., The German-Polish Non-aggression Pact of 1934, in: *Journal of Central European Affairs* 15 (1955), S. 3–29.

Gebhardt, Cord, Der Fall des Erzberger-Mörders Heinrich Tillessen. Ein Beitrag zur Justizgeschichte nach 1945, Tübingen 1995.

Gedenkstätte Buchenwald (Hrsg.), Konzentrationslager Buchenwald 1937–1945. Begleitband zur ständigen Ausstellung, Göttingen 1999.

Geldermacher, Andrea, Das Herzogspaar trägt Tracht. Kleidung und Verkleidung auf dem Reinhardsbrunner Trachtenfest im Jahr 1910, in: Museum für Regionalgeschichte (Hrsg.), »Welch herrliches Bild«, S. 29–39.

Dies., Die Wachsenburg-Sammlungen. Ein Museum für Heimat, Reich und Vaterland, Münster 2009.

Genealogisches Handbuch des deutschen Adels, Glücksburg 1991.

Gennep, Arnold van, Übergangsriten, Frankfurt am Main 1986 (1909).

Gerwarth, Robert, Reinhard Heydrich, München 2011.

Geyl, Jürgen, Austria, Germany and the Anschluß, 1931–1938, London u. a. 1963.

Ginzburg, Carlo, Sacchegi rituali. Premesse a una ricerca in corso, in: *Quaderno Storico* 65 (1987), S. 615–636.

Giro, Helmut-Dieter, Die Remilitarisierung des Rheinlands 1936. Hitlers Weg in den Krieg? Göttingen 2006.

Gleichen, Heinrich von, Adel – eine politische Forderung, in: *Preußische Jahrbücher* 2 (1924), S. 131–145.

Goeschel, Christian, Selbstmord im Dritten Reich, Frankfurt am Main 2011 (2009).

Goldhagen, Daniel Jonah, Hitlers willige Vollstrecker. Ganz gewöhnliche Deutsche und der Holocaust, Berlin 1996.

Graml, Hermann, Europas Weg in den Krieg. Hitler und die Mächte 1939, München 1990.

Greg, Robert Philips, On the Meaning and Origin of the Fylfot and Swastika, Westminster 1884.

Griffiths, Richard, Fellow Travelers of the Right: British Enthusiast for Nazi Germany, 1933–1939, London 1983.

Große-Kracht, Klaus, Die Fischer-Kontroverse – von der Fachdebatte zum Publikumsstreit, in: Ders. (Hrsg.), Die zankende Zunft. Historische Kontroversen in Deutschland nach 1945, Göttingen 2005, S. 47–68.

Großmann, Anton, Milieubedingungen von Verfolgung und Widerstand am Beispiel ausgewählter Ortsvereine der SPD, in: Martin Broszat/Martin Mehringer (Hrsg.), Bayern in der NS-Zeit. Bd. 5: Die Parteien KPD, SPD und BVP in Verfolgung und Wiederstand, München, Wien 1983, S. 433–540.

Guratzsch, Dankwart, Macht durch Organisation. Die Grundlegung des Hugenbergschen Presseimperiums, Düsseldorf 1974.

Haar, Ingo, Historiker im Nationalsozialismus, Göttingen 2000.

Haarmann, Torsten, Das Haus Waldeck und Pyrmont. Mehr als 900 Jahre Gesamtgeschichte und Stammesfolge, Werl 2014.

Habel, Hubertus, Die lange »Stunde Null«. Coburg zwischen amerikanischer Besetzung und Entnazifizierung, Coburg 2005.

Hachtmann, Rüdiger, Seldte, Franz, in: Neue Deutsche Biographie, Bd. 24, Berlin 2010, S. 215 f.

Ders., Wissenschaftsmanagement im »Dritten Reich«. Geschichte der Generalverwaltung der Kaiser-Wilhelm-Gesellschaft, Bd. 1 und 2, Göttingen 2007.

Hagenlücke, Heinz, Deutsche Vaterlandspartei. Die nationale Rechte am Ende des Kaiserreichs, Düsseldorf 1997.

Hahn, Judith, Grawitz, Genzken, Gebhardt. Drei Karrieren im Sanitätsdienst der SS, Münster 2008.

Hamann, Brigitte, Winifred Wagner oder Hitlers Bayreuth, München 2002.

Hambrecht, Rainer, Zwischen Bayern und Thüringen – Coburg von 1900 bis 1945, in: Michael Henker/Evamarie Brockhoff (Hrsg.), Ein Herzogtum und viele Kronen. Coburg in Bayern und Europa. Aufsätze zur Landesausstellung 1997 des Hauses der Bayerischen, Regensburg 1997, S. 186–196.

Hankel, Gerd, Die Leipziger Prozesse. Deutsche Kriegsverbrechen und ihre strafrechtliche Verfolgung nach dem Ersten Weltkrieg, Hamburg 2003.

Haraszti, Eva, Treaty-breakers or »Realpolitiker«? The Anglo-German Naval Agreement of June 1935, Boppard am Rhein 1974.

Harris, Sheldon-H., Factories of Death. Japanese Biological Warfare, 1932–1945, and the American Cover-Up, New York 2002.

Hayward, Nicholas F./Davis S. Morris, The First Nazi Town, Avebury 1988.

Hein, Bastian, Elite für Volk und Führer? Die Allgemeine SS und ihre Mitglieder 1925–1945, München 2012.

Heineman, John L., Hitler's First Foreign Minister. Constantin Freiherr von Neurath, Diplomat and Statesman, Berkeley 1979.

Henke, Josef, England in Hitlers politischem Kalkül 1935–1939, Boppard am Rhein 1973.

Herbst, Ludolf/Thomas Weihe/Detlef Krause, Die Commerzbank und die Juden – 1933–1945, München 2004.

Heyde, Philipp, Das Ende der Reparationen. Deutschland, Frankreich und der Youngplan 1929–1932, Paderborn 1998.

Hilberg, Raul, Täter, Opfer, Zuschauer. Die Vernichtung der Juden 1933–1945, Frankfurt am Main 1992.

Historischer Verein für das Fürstentum Liechtenstein (Hrsg.), Untersuchungen zu nachrichtenlosen Vermögen bei liechtensteinischen Banken, Vaduz 2005.

Hitler und England Mitte August 1939. Ein Dokument zur Rolle Fritz Hesses in den deutsch-britischen Beziehungen am Vorabend des Zweiten Weltkrieges, in: *Vierteljahrshefte für Zeitgeschichte* 21,2 (1973), S. 231–242.

Hobsbawm, Eric, Das Zeitalter der Extreme. Weltgeschichte des 20. Jahrhunderts, München 1995.

Hochstetter, Dorothee, Motorisierung und »Volksgemeinschaft«. Das Nationalsozialistische Kraftfahrkorps (NSKK) 1931–1945, München 2005.

Hoffmann, Dieter, Max Planck. Die Entstehung der modernen Physik, München 2008.

Höhne, Heinz, Der Orden unter dem Totenkopf. Die Geschichte der SS, Gütersloh 1967.

Holzbach, Heidrun, Das »System Hugenberg«. Die Organisation bürgerlicher Sammlungspolitik vor dem Aufstieg der NSDAP, Stuttgart 1981.

Horn, Christa, Die Internierungs- und Arbeitslager in Bayern 1945–1952, Frankfurt am Main 1992.

Horne, John N./Alan Kramer, Deutsche Kriegsgräuel 1914. Die umstrittene Wahrheit, Hamburg 2004.

Hörster-Philipps, Ulrike, Konservative Politik in der Endphase der Weimarer Republik. Die Regierung Franz von Papen, Marburg 1980.

Huber, Florian, Kind versprich mir, dass du dich erschießt. Der Untergang der kleinen Leute 1945, Berlin 2015.

Huber, Gabriele, Die Porzellanmanufaktur Allach-München GmbH – Eine »Wirtschaftsunternehmung der SS« zum »Schutz der deutschen Seele«, Marburg 1997.

Hübner, Stefan, Hitler und Ostasien, 1904 bis 1933. Die Entwicklung von Hitlers Japan- und Chinabild vom Russisch-Japanischen Krieg bis zur »Machtergreifung«, in: *OAG Notizen 9* (2009), S. 22–41.

Inachin, Kyran T., Der Gau Pommern – eine preußische Provinz als NS-Gau, in: Jürgen John u. a. (Hrsg.), Die NS-Gaue: regionale Mittelinstanzen im zentralistischen »Führerstaat«, München 2007, S. 280–293.

Ingrao, Christian, Hitlers Elite. Die Wegbereiter des nationalsozialistischen Massenmords, Bonn 2012.

Ingrim, Robert, Hitlers glücklichster Tag, Stuttgart 1962.

Initiative Stadtmuseum e. V. (Hrsg.), Voraus zur Unzeit. Coburg und der Nationalsozialismus in Deutschland (= Coburger Stadtgeschichte, Bd. 2), Coburg 2004.

Jahnke, Helmut, Edgar Julius Jung. Ein konservativer Revolutionär zwischen Tradition und Moderne, Pfaffenweiler 1998.

James, Harold, Die Deutsche Bank und die »Arisierung«, München 2001.

Jones, Larry Eugene, The Harzburg Rally of October 1931, in: *German Studies Review* 29 (2006), S. 483–494.

Jong, Louis de, Die deutsche fünfte Kolonne im Zweiten Weltkrieg, Stuttgart 1959.

Jooss, Birgit, Lebende Bilder. Körperliche Nachahmung von Gruppenbildern in der Goethezeit, Berlin 1999.

Junack, Rudolf, Adolf Friedrich Herzog zu Mecklenburg. Leben und Wirken, Hamburg 1963.

Jung, Ottmar, Direkte Demokratie in der Weimarer Republik. Die Fälle »Aufwertung«, »Fürstenenteignung«, »Panzerkreuzerverbot« und »Youngplan«, Frankfurt am Main, New York 1989.

Ders., Volksgesetzgebung. Die »Weimarer Erfahrungen« aus dem Fall der Vermögensauseinandersetzungen zwischen Freistaaten und ehemaligen Fürsten, Bd. 1, Hamburg 1996.

Kahlenberg, Friedrich P., Bestand NS 10 – Persönliche Adjutantur des Führers und Reichskanzlers, Koblenz 1970.

Kalter, Isolde, Éva Jenöné Kovács und Györgyné Barnai, zwei Ungarinnen im Neustadter Außenlager des Konzentrationslagers Buchenwald, in: Gaby Franger/Edmund Frey/Brigitte Maisch (Hrsg.), »Seien Sie doch vernünftig!« Frauen der Coburger Geschichte, Coburg 2008, S. 238–247.

Keiper, Gerhard, Biographisches Handbuch des deutschen Auswärtigen Dienstes, Paderborn 2005.

Kennedy, Paul, The Pre-war Right in Britain and Germany, in: Ders./Anthony Nichols (Hrsg.), Nationalist and National Movement in Britain and Germany before 1914, Oxford 1981, S. 1–20.

Kershaw, Ian, Antisemitismus und Volksmeinung, in: Martin Broszat/Elke Fröhlich (Hrsg.), Bayern in der NS-Zeit, Band III, München 1979, S. 294.

Ders., Hitler 1889–1936, München 1998.

Ders., Hitler 1936–1945, Stuttgart 2000.

Ders., Making Friends with Hitler. Lord Londonderry, the Nazis and the Road to War, London 2004.

Kertzer, David, Ritual, Politics, and Power, New Haven 1988.

Khan, Daniel-Erasmus, Das Rote Kreuz. Geschichte einer humanitären Weltbewegung, München 2013.

King, Greg, The Duchess of Windsor. The Uncommon Life of Wallis Simpson, New York 1999.

Kiste, John van der, Bee Jordaan, Dearest Alfie… Alfred, Duke of Edinburgh. Queen Victoria's Second Son, Gloucester 1984.

Klar, Alexander, »… Denkmal Deutscher Geschichte«. Die Wiederherstellungen der Veste Coburg, in: Busso von der Dollen/Barbara Schock-Werner (Hrsg.), Burgenromantik und Burgenrestaurierung um 1900.

Der Architekt und Burgenforscher Bodo Ebhardt in seiner Zeit, Baubach 1999, S. 111–120.

Klee, Ernst, »Euthanasie« im NS-Staat. Die »Vernichtung lebensunwerten Lebens«, Frankfurt am Main 2009.

Ders., Das Kulturlexikon zum Dritten Reich. Wer war was vor und nach 1945, Frankfurt am Main 2007.

Ders., Das Personenlexikon zum Dritten Reich. Wer war was vor und nach 1945, Frankfurt am Main 2005.

Ders., Persilscheine und falsche Pässe. Wie die Kirchen den Nazis halfen, Frankfurt am Main 1992.

Kley, Stefan, Hitler, Ribbentrop und die Entfesselung des Zweiten Weltkriegs, Paderborn 1996.

Klinkhammer, Lutz/Amedeo Osti Guerrazzi/Thomas Schlemmer (Hrsg.), Die »Achse« im Krieg. Politik, Ideologie und Kriegführung 1939–1945, Paderborn 2010.

Knoll, Albert, Die Porzellanmanufaktur München-Allach, in: *Dachauer Hefte* 15 (1999), S. 116–133.

Koblik, Steven, The Stones Cry Out. Sweden's Response to the Persecution of the Jews 1933–1945, New York 1988.

Koch, Peter-Ferdinand, Himmlers Graue Eminenz. Oswald Pohl und das Wirtschaftsverwaltungshauptamt der SS, Hamburg 1988.

Kolb, Eberhard, Die Weimarer Republik, München 2002.

Koltermann, Till Philip, Der Untergang des Dritten Reiches im Spiegel der deutsch-japanischen Kulturbegegnung 1933–1945, Wiesbaden 2009.

Könnemann, Erwin/Gerhard Schulze (Hrsg.), Der Kapp-Lüttwitz-Ludendorff-Putsch. Dokumente, München 2002.

Koop, Volker, Hitlers fünfte Kolonne. Die Auslands-Organisation der NSDAP, Berlin 2009.

Kopper, Christopher, Hjalmar Schacht. Aufstieg und Fall von Hitlers mächtigstem Bankier, München 2006.

Krebs, Willi, Deutschvölkischer Schutz- und Trutzbund, in: Dieter Fricke (Hrsg.), Lexikon zur Parteiengeschichte. Die bürgerlichen und kleinbürgerlichen Parteien und Verbände in Deutschland (1789–1945), Bd. 2, Köln 1984, S. 568.

Kröner, Hans-Peter, Von der Rassenhygiene zur Humangenetik. Das Kaiser-Wilhelm-Institut für Anthropologie, menschliche Erblehre und Eugenik nach dem Kriege, Stuttgart u. a. 1998.

Krüger, Gabriele, Die Brigade Ehrhardt, Hamburg 1971.

Kvist, Karin, A Study of Antisemitic Attitudes within Sweden's Wartime Utlanningbryan, in: David Cesarini/Paul A. Levine (Hrsg.), ›Bystanders‹ to the Holocaust. A Re-Evaluation, London 2000, S. 199–211.

La Moal, Frédéric, Victor Emmanuel III. Un roi face à Mussolini, Paris 2015.

Large, David Clay, Ein Spiegelbild des Meisters? Die Rassenlehre von Houston Stewart Chamberlain, in: Dieter Borchmeyer (Hrsg.), Richard Wagner und die Juden, Stuttgart u. a. 2000, S. 144–159.

Leopold, John A., Alfred Hugenberg. The Radical Nationalist Campaign against the Weimar Republic, New Haven 1977.

Levine, Paul A., From Indifference to Activism. Swedish Diplomacy and the Holocaust 1938–1944, Uppsala 1996.

Leyendecker, Brigitte/Burghard F. Klapp, Deutsche Hepatitisforschung im Zweiten Weltkrieg, in: Christian Pross/Götz Aly (Hrsg.), Der Wert des Menschen. Medizin in Deutschland 1918–1945, Berlin 1989, S. 261–293.

Leyh, Ernst-Alfred, »Gesundheitsführung«, »Volksschicksal«, »Wehrkraft«. Leonardo Conti (1900–1945) und die Ideologisierung der Medizin unter der NS-Diktatur (Diss. Masch.), Heidelberg 2002.

Lilla, Joachim u. a. (Hrsg.), Statisten in Uniform. Die Mitglieder des Reichstages 1933–1945, Düsseldorf 2004.

Linehan, Thomas, British Fascism 1918–1939. Parties, Ideology and Culture, Manchester 2000.

Link, Fabian, Burgen und Burgenforschung im Nationalsozialismus. Wissenschaft und Weltanschauung 1933–1945, Köln u. a. 2014.

Lohalm, Uwe, Völkischer Radikalismus. Die Geschichte des Deutschvölkischen Schutz- und Trutz-Bundes 1919–1913, Hamburg 1970.

Lomfors, Ingrid, Blind Spot. Remembrance and Forgetfulness Regarding the Swedish Red Cross Relief Operation in Nazi Germany 1945, in: Oliver von Wrochem (Hrsg.), Skandinavien im Zweiten Weltkrieg und die Rettungsaktion Weiße Busse, Berlin 2012, S. 145–159.

Longerich, Peter, Deutschland 1918–1933. Die Weimarer Republik. Handbuch zur Geschichte, Hannover 1995.

Ders., Goebbels. Biographie, München 2010.

Ders., Heinrich Himmler. Biographie, München 2008.

Lüdicke, Lars, Constantin von Neurath. Eine politische Biographie, Paderborn 2014.

Lüdtke, Alf, Einleitung: Herrschaft als soziale Praxis, in: Ders. (Hrsg.), Herrschaft als soziale Praxis. Historische und sozialanthropologische Studien, Göttingen 1991, S. 9–63.

Ders., Funktionseliten: Täter, Mit-Täter, Opfer? Zu den Bedingungen des deutschen Faschismus, in: Ders. (Hrsg.), Herrschaft als soziale Praxis. Historische und sozialanthropologische Studien, Göttingen 1991, S. 559–590.

Lundgren, Roger, Sibylla. En Biografi, Falun 2007.

Luther, Tammo, Volkstumspolitik des Deutschen Reiches 1933–1938: Die Auslandsdeutschen im Spannungsfeld zwischen Traditionalisten und Nationalsozialisten, Stuttgart 2004.

Machtan, Lothar, Der Kaisersohn bei Hitler, Hamburg 2006.

Ders., Die Abdankung. Wie Deutschlands gekrönte Häupter aus der Geschichte fielen, Berlin 2008.

Maier, Helmut, Forschung als Waffe. Rüstungsforschung in der Kaiser-Wilhelm-Gesellschaft und das Kaiser-Wilhelm-Institut für Metallforschung 1900–1945/48, Göttingen 2007.

Malinowski, Stephan, Vom König zum Führer. Deutscher Adel und Nationalsozialismus, Frankfurt am Main 2004.

Ders./Sven Reichardt, Die Reihen fest geschlossen? Adlige im Führerkorps der SA bis 1934, in: Eckart Conze/Monika Wienfort (Hrsg.), Adel und Moderne. Deutschland im europäischen Vergleich im 19. und 20. Jahrhundert, Köln 2004, S. 119–150.

Mann, Thomas, Königliche Hoheit, Frankfurt am Main 1983 (1909).

Maser, Werner, Die Frühgeschichte der NSDAP, Frankfurt am Main 1965.

Matthäus, Jürgen/Frank Bajohr, Einleitung, in: Rosenberg, Die Tagebücher, S. 9–116.

Mattioli, Aram, Experimentierfeld der Gewalt. Der Abessinienkrieg und seine internationale Bedeutung 1935–1941, Zürich 2005.

Matzen, Nea, Bella Fromm – viele Leben in einem: Societylady, Journalistin, Bestsellerautorin im Exil, in: *Medien & Zeit* 9 (2009), S. 28–56.

Mau, Hermann, Die »Zweite Revolution« – der 30. Juni 1934, in: *Vierteljahrshefte für Zeitgeschichte* 1,2 (1953), S. 119–137.

Mauss, Marcel, Die Gabe. Form und Funktion des Austauschs in archaischen Gesellschaften, in: Ders., Soziologie und Anthropologie 2, Frankfurt am Main 1968 (1923), S. 1–144.

Mazower, Mark, Hitlers Imperium. Europa unter der Herrschaft des Nationalsozialismus, München 2009.

McDonogh, Giles, Otto Horcher, Caterer to the Third Reich, in: *Gastronomica. The Journal of Food and Culture* 7,1 (2007), S. 31 ff.

McDonough, Frank, Nevile Chamberlain, Appeasement, and the British Road to War, Manchester 1998.

McKale, Donald M., The Swastika outside Germany, Kent (Ohio) 1977.

Michalka, Wolfgang, From Anti-Comintern Pact to the Euro-Asiatic Block: Ribbentrop's Alternative Concept to Hitler's Policy Programme, in: Hannsjoachim Wolfgang Koch (Hrsg.), Aspects of the Third Reich, London 1985, S. 267–284.

Ders., Ribbentrop und die deutsche Weltpolitik, 1933–1940. Außenpolitische Konzeptionen und Entscheidungsprozesse im Dritten Reich, München 1980.

Michaud, Eric, Un Art de l'éternité. L'image et le temps du national-socialisme, Paris 1996.

Mitscherlich, Alexander/Fred Mielke (Hrsg.), Medizin ohne Menschlichkeit. Dokumente des Nürnberger Ärzteprozesses, Frankfurt am Main 1960.

Möllers, Heiner, »Reichswehr schießt nicht auf Reichswehr!« Legenden um den Kapp-Lüttwitz-Putsch vom März 1920, in: *Militärgeschichte. Zeitschrift für die Historische Bildung* 11 (2001), S. 53–61.

Mommsen, Hans, Aufstieg und Niedergang der Republik von Weimar 1918–1933, Berlin 1998.

Morgenbrod, Birgitt/Stephanie Merkenich, Das Deutsche Rote Kreuz unter der NS-Diktatur 1933–1945, Paderborn 2008.

Mosse, George L., Die Geschichte des Rassismus in Europa, Frankfurt am Main 2006.

Ders., Die Nationalisierung der Massen. Politische Symbolik und Massenbewegungen in den Befreiungskriegen bis zum Dritten Reich, Frankfurt am Main 1993.

Mund, Gerald (Hrsg.), Ostasien im Spiegel der deutschen Diplomatie. Die privatdienstliche Korrespondenz des Diplomaten Herbert v. Dirksen von 1933 bis 1938, München 2006.

Münzel, Martin, Die jüdischen Mitglieder der deutschen Wirtschaftselite 1927–1955. Verdrängung – Emigration – Rückkehr, Paderborn 2006.

Museum für Regionalgeschichte und Volkskunde Gotha (Hrsg.), »Welch herrliches Bild.« Das Reinhardsbrunner Trachtenfest 1908, Gotha 2008.

Musial, Bogdan (Hrsg.), ›Aktion Reinhardt‹. Der Völkermord an den Juden im Generalgouvernement 1941–1944, Osnabrück 2004.

Naasner, Walter (Hrsg.), SS-Wirtschaft und SS-Verwaltung. Das SS-Wirtschafts-Verwaltungshauptamt und die unter seiner Dienstaufsicht stehenden wirtschaftlichen Unternehmungen, Düsseldorf 1998.

Nahr, Wolf-Dietrich, Coburg 1945. Zwischen Okkupation und Neubeginn, Erlangen 1986.

Neliba, Günter, Wilhelm Frick: Der Legalist des Unrechtsstaates, Paderborn 1992.

Nerdinger, Winfried (Hrsg.), München und der Nationalsozialismus. Katalog des NS-Dokumentationszentrums München, München 2015.

Neville, Peter, Hitler and Appeasement. The British Attempt to Prevent the Second World War, New York 2006.

Niethammer, Lutz, Die Mitläuferfabrik. Entnazifizierung in Bayern. Säuberung und Rehabilitierung unter amerikanischer Besatzung, Frankfurt am Main 1972.

Nilius, Sylvia, Die Hornstube von 1632 als Jagdintarsienzimmer 1825–1840, Coburg 2004.

Nolzen, Armin, Inklusion und Exklusion im »Dritten Reich«. Das Beispiel der NSDAP, in: Frank Bajohr/Michael Wildt (Hrsg.), Volksgemeinschaft. Neue Forschungen zur Gesellschaft des Nationalsozialismus, Frankfurt am Main 2009, S. 60–77.

Ders., Schwede-Coburg, Franz, in: Neue Deutsche Biographie (NDB). Bd. 24, Berlin 2010, S. 36f

Norden, Albert, Fälscher. Zur Geschichte der deutsch-sowjetischen Beziehungen, Berlin 1963.

Oltmann, Joachim, Seine Königliche Hoheit der Obergruppenführer, in: *Die Zeit* 4 (2001) vom 18. 1. 2001, S. 74.

Parkinson, Roger, Peace for Our Time. Munich to Dunkirk – The Inside Story, London 1971.

Paulmann, Johannes, Pomp und Politik. Monarchenbegegnungen in Europa zwischen Ancien Régime und Erstem Weltkrieg, Paderborn 2000.

Persson, Sune, Rettung im letzten Augenblick. Folke Bernadotte und die Befreiung Tausender KZ-Häftlinge durch die Aktion »Weiße Busse«, Berlin 2011.

Petropoulos, Jonathan, Royals and the Reich. The Princes von Hessen in Nazi Germany, Oxford 2006.

Petzold, Joachim, Die Demagogie des Hitlerfaschismus, Berlin 1982.

Pick, Daniel, The Pursuit of the Nazi Mind. Hitler, Hess, and the Analysts, Oxford 2012.

Pogge von Strandmann, Hartmut, Nationalisierungsdruck und königliche Namensänderung in England. Das Ende der Großfamilie europäischer Dynastien, in: Gerhard A. Ritter/Peter Wende (Hrsg.), Rivalität und Partnerschaft. Studien zu den deutsch-britischen Beziehungen im 19. und 20. Jahrhundert, Paderborn 1999, S. 69–91.

Poguntke, Peter, Gleichgeschaltet. Rotkreuzgemeinschaften im NS-Staat, Köln, Weimar, Wien 2010.

Preston, Paul, Franco. A Biography, London 1993.

Ders., Mussolini's Spanish Adventure. From Limited Risk to War, in: Ders./ Ann L. Mackenzie (Hrsg.), The Republic Besieged. Civil War in Spain 1936–1939, Edinburgh 1996, S. 21–51.

Preußen, Friedrich Wilhelm von, »Gott helfe unserem Vaterland.« Das Haus Hohenzollern 1918–1945, München 2003.

Priesner, Rudolf, Herzog Carl Eduard zwischen Deutschland und England. Eine tragische Auseinandersetzung, Gerabronn, Crailsheim 1977.

Pryt, Karina, Befohlene Freundschaft. Die deutsch-polnischen Kulturbeziehungen 1934–1939, Osnabrück 2010.

Pugh, Martin, ›Hurrah for the Blackshirts‹. Fascists and Fascism in Britain between the Wars, London 2005.

Quinn, Malcom, The Swastika. Constructing the Symbol, London 1995.

Rapaport, Helen, A Magnificent Obsession. Victoria, Albert and the Death that Changed the Monarchy, London 2012.

Ray, Roland, Annäherung an Frankreich im Dienste Hitlers? Otto Abetz und die deutsche Frankreichpolitik 1930–1942, München 2000.

Recker, Marie-Luise, Die Außenpolitik des Dritten Reiches, München 1990.

Rees, Laurence, The Nazis. A Warning from History, New York 1997.

Riesenberger, Dieter, Das Deutsche Rote Kreuz. Eine Geschichte 1864–1990, Paderborn 2002.

Rieß, Volker, Die Anfänge der Vernichtung »lebensunwerten Lebens« in den Reichsgauen Danzig-Westpreußen und Wartheland 1939/40, Frankfurt am Main 1995.

Ders., Zentrale und dezentrale Radikalisierung. Die Tötungen »unwerten Lebens« in den annektierten west- und nordpolnischen Gebieten 1939–1941, in Klaus-Michael Mallmann/Bogdan Musial (Hrsg.), Genesis des Genozids – Polen 1939–1941, Darmstadt 2004, S. 127–144.

Ritter, Ernst, Die erste deutsch-englische Gesellschaft (1935–1939), in: Friedrich Kahlenberg (Hrsg.), Aus der Arbeit der Archive, Boppard/Rhein 1989, S. 811–826.

Röhl, John C. G., The Emperor's New Clothes: A Character Sketch of Kaiser Wilhelm II, in: Ders./Nicolas Sombart (Hrsg.), Kaiser Wilhelm II. New Interpretations. The Corfu Papers, Cambridge (UK) 2005, S. 23–63.

Rönnefarth, Helmuth K. G., Die Sudetenkrise in der internationalen Politik. Entstehung – Verlauf – Auswirkung. 2 Bände, Wiesbaden 1961.

Rose, Kenneth, King George V., London 1983.

Rosemann, Mark, Lebensfälle. Biographische Annäherungen an NS Täter, in: Frank Bajohr/Andrea Löw (Hrsg.), Der Holocaust. Ergebnisse und Neue Fragen der Forschung, Frankfurt am Main 2015, S. 186–212.

Rössler, Mechthild/Sabine Schleiermacher (Hrsg.), Der »Generalplan Ost«. Hauptlinien der nationalsozialistischen Planungs- und Vernichtungspolitik, Berlin 1993.

Roth, Daniel B., Hitlers Brückenkopf in Schweden. Die deutsche Botschaft in Stockholm 1933–1945, Berlin 2009.

Roth, Karl Heinz, Franz von Papen und der Deutsche Faschismus, in: *Zeitschrift für Geschichtswissenschaft* 51 (2003), S. 589–625.

Roth, Markus/Andrea Löw, Das Warschauer Getto: Alltag und Widerstand im Angesicht der Vernichtung, München 2013.

Rürup, Reinhard (Hrsg.), Topographie des Terrors. Gestapo, SS- und Reichssicherheitshauptamt auf dem »Prinz-Albrecht-Gelände«. Eine Dokumentation, Berlin 1991.

Ders., Probleme der Revolution in Deutschland 1918/19, Wiesbaden 1968.

Sabrow, Martin, Der Rathenaumord. Rekonstruktion einer Verschwörung gegen die Republik von Weimar, München 1994.

Sachse, Carola (Hrsg.), Die Verbindung nach Auschwitz. Biowissenschaften und Menschenversuche an Kaiser-Wilhelm-Instituten. Dokumentation eines Symposiums, Göttingen 2003.

Salvante, Martina, The Italian Associazone Nazionale Multilati e Invalidi di Guerra and Its International Liaisons in the Post Great War Era, in: Julia Eichenberg/John Paul Newman (Hrsg.), The Great War and Veteran's Internationalism, London 2013, S. 162–186.

Sandner, Harald, Coburg im 20. Jahrhundert. Die Chronik über die Stadt Coburg und das Haus Sachsen-Coburg und Gotha vom 1. Januar 1900 bis zum 31. Dezember 1999 – von der »guten alten Zeit« bis zur Schwelle des 21. Jahrhunderts, Coburg 2000.

Ders., Das Haus Sachsen-Coburg und Gotha. 1826 bis 2001. Eine Dokumentation zum 175-jährigen Jubiläum des Stammhauses in Wort und Bild, Coburg 2001.

Ders., Hitlers Herzog. Carl Eduard von Sachsen-Coburg und Gotha. Die Biographie, Aachen 2010.

Sauer, Bernhard, Freikorps und Antisemitismus in der Frühzeit der Weimarer Republik, in: *Zeitschrift für Geschichtswissenschaft* 56 (2008), S. 5–29.

Schad, Martha, Stephanie von Hohenlohe. Hitlers jüdische Spionin, München 2002.

Schädlich, Karlheinz, Appeaser in Aktion. Hitlers britische Freunde in der Anglo-German Fellowship, in: *Jahrbuch für Geschichte* 1969, S. 228 f.

Schenk, Dieter, Hans Frank. Hitlers Kronjurist und Generalgouverneur, Frankfurt am Main 2006.

Schieder, Wolfgang, Der militärisch-industriell-wissenschaftliche Komplex im »Dritten Reich«. Das Beispiel der Kaiser-Wilhelm-Gesellschaft, in: Noyan Dinckal u. a. (Hrsg.), Selbstmobilisierung der Wissenschaft. Technische Hochschulen im »Dritten Reich«, Darmstadt 2010, S. 47–62.

Schildt, Axel, Radikale Antworten von rechts auf die Kulturkrise der Jahrhundertwende. Zur Herausbildung und Entwicklung der Ideologie einer »Neuen Rechten« in der Wilhelminischen Gesellschaft des Kaiserreichs, in: *Jahrbuch für Antisemitismusforschung* 4 (1995), S. 63–87.

Schlögel, Anton, Geist und Gestalt des Roten Kreuzes. Eine Auswahl von Reden und Aufsätzen, Bonn 1988.

Schmaltz, Florian, Kampfstoff-Forschung im Nationalsozialismus. Zur

Kooperation von Kaiser-Wilhelm-Instituten, Militär und Industrie, Göttingen 2005.

Schmeling, Anke, Josias Fürst zu Waldeck und Pyrmont, Kassel 2008.

Schmidl, Erwin A., Der »Anschluß« Österreichs. Der deutsche Einmarsch im März 1938, Bonn 1994.

Schmidt, Gustav, England in der Krise. Grundzüge und Grundlagen der britischen Appeasement-Politik (1930–1937), Wiesbaden 1981.

Schmidt, Ulf, Hitlers Arzt Karl Brandt. Medizin und Macht im Dritten Reich, Berlin 2009.

Schmuhl, Hans-Walter, Grenzüberschreitungen. Das Kaiser-Wilhelm-Institut für Anthropologie, menschliche Erblehre und Eugenik 1927–1945, Göttingen 2005.

Schneider, Diethard, Der englische Hosenbandorden. Beiträge zur Entstehung und Entwicklung des »The Most Noble Order of the Garter« (1348–1702) mit einem Ausblick bis 1983, Bonn 1988.

Schneider-Kynast, Oskar, Drei Mächte-Pakt, Berlin–Rom–Tokio, Berlin 1940.

Schramm, Gottfried, Der Kurswechsel der deutschen Polenpolitik nach Hitlers Machtantritt, in: Roland G. Förster (Hrsg.), »Unternehmen Barbarossa«. Zum historischen Ort der deutsch-sowjetischen Beziehungen von 1933 bis Herbst 1941, München 1993, S. 23–34.

Schramm, Martin, ›Im Zeichen des Hakenkreuzes‹ – Der Deutsche Tag in Bayreuth 1923, in: *Jahrbuch für fränkische Landesforschung* 65 (2005), S. 253–273.

Schreiner, Klaus, »Wann kommt der Retter Deutschlands?« Formen und Funktionen des politischen Messianismus in der Weimarer Republik, in: *Saeculum* 49 (1998), S. 107–160.

Schröder, Iris, Europa im Zeichen des Hakenkreuzes: Historiographische Perspektiven im Wandel. Ein Kommentar, in: *Zeithistorische Forschungen/Studies in Contemporary History*, Online-Ausgabe, 9 (2012), H. 3, URL: http://www.zeithistorische-forschungen.de/16126041-Schroeder-3-2012.

Schüllerqvist, Bengt, Från kosackval till kohandel – SAPs väg till makten (1928–1933), Stockholm 1992.

Schulte, Jan Erik, Zwangsarbeit und Vernichtung. Das Wirtschaftsimperium der SS. Oswald Pohl und das SS-Wirtschafts-Verwaltungshauptamt 1933–1945, Paderborn 2001.

Schulz, Gerhard, Der »Nationale Klub von 1919« zu Berlin – zum politischen Zerfall einer Gesellschaft, in: *Jahrbuch für die Geschichte Mittel- und Ostdeutschlands* 11 (1962), S. 207–237.

Schulze, Hagen, Freikorps und Republik 1918–1920, Boppard am Rhein 1969.

Schumann, Dirk, Einheitssehnsucht und Gewaltakzeptanz. Politische Grundpositionen des deutschen Bürgertums nach 1918, in: Hans Mommsen (Hrsg.), Der Erste Weltkrieg und die europäische Nachkriegsordnung. Sozialer Wandel und Formveränderung der Politik, Köln u. a. 2000, S. 83–106.

Ders., Politische Gewalt in der Weimarer Republik 1918–1933: Kampf um die Straße und Furcht vor dem Bürgerkrieg, Essen 2001.

Seidler, Franz W., Das Nationalsozialistische Kraftfahrkorps und die Organisation Todt im Zweiten Weltkrieg, in: *Vierteljahrshefte für Zeitgeschichte* 32 (1984), S. 625–636.

Seithe, Horst/Frauke Hagemann, Das Deutsche Rote Kreuz im Dritten Reich (1933–1939), Frankfurt am Main 1993.

Simmel, Georg, Exkurs über den Adel, in: Ders., Soziologie. Untersuchungen über die Formen der Vergesellschaftung, Berlin 1908, S. 545–552.

Simpson, Christopher, Blowback. The First Full Account of America's Recruitment of Nazis, and its Disastrous Effects on the Cold War, New York 1988.

Sprenger, Matthias, Landsknechte auf dem Weg ins Dritte Reich? Zur Genese des Wandels des Freikorps-Mythos, Paderborn 2008.

Stadtmüller, Georg, Ferdinand, Prinz von Sachsen-Coburg und Gotha, in: Neue Deutsche Biographie, Band 5, Berlin 1961, S. 88–90.

Stargardt, Nicholas, Der Deutsche Krieg 1939–45, Frankfurt am Main 2015.

Stasjulevicz, Heiko, Gotha, die Fliegerstadt 1909–1945, Erfurt 2001.

Stauffer, Paul, »Sechs furchtbare Jahre …«. Auf den Spuren Carl J. Burckhardts durch den Zweiten Weltkrieg, Zürich 1998.

Ders., Carl J. Burckhardt. Zwischen Hofmannsthal und Hitler. Facetten einer außergewöhnlichen Existenz, Zürich 1991.

Steel, Nigel/Peter Hart, Tumult in the Clouds.The British Experience of the War in the Air 1914–1918, London 1997.

Stentzel, Rainer, Zum Verhältnis von Recht und Politik in der Weimarer Republik. Der Streit um die sogenannte Fürstenenteignung, in: *Der Staat* 39, 2 (2000), S. 275–297.

Stevenson, Frances, Lloyd-George. A Diary, London 1971.

Stockhorst, Erich, Fünftausend Köpfe. Wer war was im Dritten Reich, Velberg-Kettwig 1967.

Stone, Dan, Responses to Nazism in Britain, 1933–1939. Before War and Holocaust, New York 2003.

Stonus, Dagmar, »Do ut des«. Herkunft und Funktion eines Erklärungsbegriffs, in: *Jahrbuch für Volkskunde* 19 (1996), S. 41–59.

Straub, Rudi, Sir Nevile Henderson. Britischer Botschafter in Berlin 1938–1939, Bonn 1959.

Strauß, Christoph, Zwischen Apathie und Selbstrechtfertigung. Die Internierung NS-belasteter Personen in Württemberg-Baden, in: Paul Hoser (Hrsg.), Kriegsende und Neubeginn. Die Besatzungszeit im schwäbisch-alemannischen Raum, Konstanz 2003, S. 287–313.

Strobl, Gerwin, The Germanic Isle. Nazi Perceptions of Britain, Cambridge (UK) 2000.

Tenfelde, Klaus, Zur historischen Ikonographie des Festzuges, in: *Historische Zeitschrift* 235 (1982), S. 45–84.

Thamer, Hans-Ulrich, Verführung und Gewalt. Deutschland 1933–1945, Berlin 1986.

Theilemann, Wolfram, Adel im grünen Rock. Adliges Jägertum, Großprivatwaldbesitz und die preußische Forstbeamtenschaft 1866–1914, Berlin 2004.

Theweleit, Klaus, Männerphantasien, Bd. 1, Frankfurt am Main 1977.

Thoma, Clemens, Unklare Sicht im Jahre 1933. Ein Brief von Carl Jakob Burckhardt, in: *Freiburger Rundbrief. Zeitschrift für christlich-jüdische Begegnung* 6 (1999), S. 81.

Thorpe, David R., Eden: The Life and Times of Anthony Eden First Earl of Avon 1897–1977, London 2004.

Thurlow, Richard, Facism in Britain. From Oswald Mosley's Blackshirts to the National Front, London, New York 1998.

Tuchel, Johannes, Konzentrationslager. Organisationsgeschichte und Funktion der »Inspektion der Konzentrationslager« 1934–1938, Boppard am Rhein 1991.

Ders./Reinhold Schattenfroh, Zentrale des Terrors. Prinz-Albrecht-Straße 8: Das Hauptquartier der Gestapo, Berlin 1987.

Turner, Henry Ashby Jr., Otto Wagener. Der vergessene Vertraute Hitlers, in: Ronald Smelser u. a. (Hrsg.), Die braune Elite II, Darmstadt 1993, S. 250 f.

Ueberschär, Gerd/Winfried Vogel (Hrsg.), Dienen und Verdienen. Hitlers Geschenke an seine Eliten, Frankfurt am Main 1999.

Ullrich, Volker, Adolf Hitler, Frankfurt am Main 2013.

Ders., Parteigenosse 24. Wie der Prinz und SA-Führer August Wilhelm von Preußen half, den deutschen Hochadel für den Nationalsozialismus zu begeistern, in: *Die Zeit* 26 (2006).

Urbach, Karina, Age of No Extremes? The British Aristocracy Torn between the House of Lords and the Mosley Movement, in: Dies. (Hrsg.), European Aristocracies and the Radical Right 1918–1939, Oxford 2007, S. 53–71.

Dies., Go Betweens for Hitler, Oxford 2015.

Verschau, Ekkart, Leopold von Hoesch, in: Neue Deutsche Biographie, Bd. 9, Berlin 1972, S. 36.

Vickers, Hugo, St. George's Chapel Windsor Castle, Windsor 2008.

Vierhaus, Rudolf, Die Kaiser-Wilhelm-Gesellschaft als ein Beispiel für die außeruniversitären Wissenschaftseinrichtungen im Dritten Reich, in: Christoph J. Scriba (Hrsg.), Die Elite der Nation im Dritten Reich. Das Verhältnis von Akademien und ihrem wissenschaftlichen Umfeld zum Nationalsozialismus, Halle/Saale 1995, S. 57–73.

Vittoria, Albertina, Carlo Delcroix, in: Dizionario Biografico degli Italiani, Bd. 36, Rom 1988, S. 471–477.

Vyšný, Paul, The Runciman Mission to Czechoslovakia, 1938: Prelude to Munich, Hampshire 2003.

Wachsmann, Nikolaus, KL: A history of the Nazi Concentration Camps, London 2015.

Waddington, George T., ›An idyllic and unruffled atmosphere of complete Anglo-German misunderstanding‹. Aspects of the Operations of the Dienststelle Ribbentrop in Great Britain, 1934–1938, in: *History* 82 (1997), S. 44–72.

Walkenhorst, Peter, Nation – Volk – Rasse. Radikaler Nationalismus im Deutschen Kaiserreich 1890–1914, Göttingen 2007.

Walker, Mack, German Hometowns. Community, State and General Estate, 1648–1871, Ithaca (NY) 1971.

Watt, David C., How War Came. The Immediate Origins of the Second World War, 1938–1939, London 1989.

Weber, Max, Wahlrecht und Demokratie in Deutschland, in: Ders., Gesammelte Politische Schriften, hrsg. von Johannes Winckelmann, Tübingen 1958, S. 233–279.

Weeber, Elisabeth, Das Hakenkreuz. Geschichte und Bedeutungswandel eines Symbols, Frankfurt am Main 2007.

Wehler, Hans-Ulrich, Deutsche Gesellschaftsgeschichte, Bd. 4: Vom Beginn des Ersten Weltkrieges bis zur Gründung der beiden deutschen Staaten 1914–1949, München 2003.

Weinberg, Gerhard L. (Hrsg.), Dokumentation: Die geheimen Abkommen zum Antikominternpakt in: *Vierteljahrshefte für Zeitgeschichte* 2 (1954), S. 195 ff.

Ders., Germany, Hitler and World War II. Essays in Modern German and World History, Cambridge (UK) 1995.

Weisel, Hans, F. E. N. – 75 Jahre, in: Teutonen Echo. Mitteilungsblatt der Landsmannschaft im CC Teutonia Bonn und des Verbandes der Alten Herren der Bonner Landsmannschaft Teutonia e. V. 130, 1 (1973), S. 17–21.

Weiß, Dieter J., Kronprinz Rupprecht von Bayern (1869–1955). Eine politische Biographie, Regensburg 2007.

Wernecke, Klaus / Peter Heller, Der vergessene Führer. Alfred Hugenberg. Pressemacht und Nationalsozialismus, Hamburg 1982.

Weschenfelder, Klaus, Veste Coburg. Geschichte und Gestalt, Heidelberg 2005.

Wichmann, Manfred, Die Gesellschaft zum Studium des Faschismus. Ein antidemokratisches Netzwerk zwischen Rechtskonservativismus und Nationalsozialismus, in: *Bulletin für Faschismus- und Weltkriegsforschung* 31/32, Berlin 2008, S. 72–104.

Ders., Waldemar Pabst und die Gesellschaft zum Studium des Faschismus (1931–1934), Berlin 2013.

Wicke, Markus, SS und DRK. Das Präsidium des Deutschen Roten Kreuzes im nationalsozialistischen Herrschaftssystem 1937–1945, Potsdam 2002.

Wiegand, Heinz, Thron- und Erbfolgestreit im Hause Sachsen-Coburg und Gotha 1914–1918, in: *Gothaisches Jahrbuch* 1998, S. 40–57.

Wiggershaus, Norbert Theodor, Der deutsch-englische Flottenvertrag vom 18. Juni 1935 und die geheime deutsche Aufrüstung 1933–1935, Bonn 1972.

Wildt, Michael, Die Epochenzäsur 1989/90 und die NS-Historiographie, in: *Zeithistorische Forschungen/Studies in Contemporary History* 5 (2008), S. 5–17.

Ders., Die Ungleichheit des Volkes. »Volksgemeinschaft« in der politischen Kommunikation der Weimarer Republik, in: Frank Bajohr/Michael Wildt (Hrsg.), Volksgemeinschaft. Neue Forschungen zur Gesellschaft des Nationalsozialismus, Frankfurt am Main 2012 (2009), S. 24–40.

Ders., Generation des Unbedingten. Das Führerkorps des Reichssicherheitshauptamtes, Hamburg 2002.

Ders., Volksgemeinschaft als Selbstermächtigung. Gewalt gegen Juden in der deutschen Provinz, Hamburg 2007.

Williams, Peter/David Wallace, Unit 731 – Japans Secret Biological Warfare in World War II, London 1988.

Winkler, Heinrich August, Weimar 1918–1933. Die Geschichte der ersten deutschen Demokratie, München 1993.

Wiskemann, Elizabeth, The Rome-Berlin Axis. A History of the Relations between Hitler and Mussolini, New York, London 1949.

Wojciechowski, Marian, Der historische Ort der polnischen Politik in der Genesis des Zweiten Weltkrieges, in: Klaus Hildebrand u. a. (Hrsg.), 1939, an der Schwelle zum Weltkrieg. Die Entfesselung des Zweiten Weltkrieges und das internationale System, Berlin 1990, S. 259–275.

Wolf, Heinrich, Die Entstehung des Jungdeutschen Ordens und seine frühen Jahre 1918–1922, München 1970.

Wolz, Alexander, Die Rheinlandkrise 1936. Das Auswärtige Amt und der Locarnopakt 1933–1936, Berlin 2014.

Wrochem, Oliver von, Skandinavien im Zweiten Weltkrieg und die Rettungsaktion Weiße Busse, Berlin 2012.

Young, Louise, Japan's Total Empire. Manchuria and the Culture of Wartime Imperialism, Berkeley 1999.

Zeepvat, Charlotte, Queen Victoria's Youngest Son. The Untold Story of Prince Leopold, London 2013.

Ziegler, Phillip, King Edward VIII., London 1990.

Dank

Ohne die Unterstützung und Hilfe der Mitarbeiterinnen und Mitarbeiter aller Archive, Bibliotheken und Sammlungen die ich besucht habe, hätte dieses Buch niemals in dieser Form entstehen können. Ihnen sei recht herzlich gedankt. Mein besonderer Dank gilt Prinz Andreas und Erbprinz Hubertus von Sachsen-Coburg und Gotha, die ihr privates Hausarchiv erstmals für eine historische Studie zum letzten Coburger Herzog zur Verfügung stellten. Ich erhielt – auch von Frau Geertrui Devolder vom Sekretariat der Stiftung der Herzog von Sachsen-Coburg und Gotha'schen Familie – alle erdenkliche Unterstützung. Es wurde deutlich, dass den Nachkommen Carl Eduards sehr an einer kritisch-historischen Aufarbeitung seiner Geschichte gelegen ist. Nicht zuletzt möchte ich mich beim S. Fischer Verlag und hier vor allem bei meiner Lektorin Tanja Hommen für die hervorragende Begleitung bedanken.

Abbildungsnachweis

Staatsarchiv (StA) Coburg:
9: Bildnr. 6 9-508;
11: Bildnr. 6 9-524;
12: Bildnr. 6 9-520;
14: Bildnr. 6 8-79-42;
15: Bildnr. 6 8-77
Hausarchiv der Stiftung Sachsen-Coburg und Gotha (HA SCG) Coburg:
7, 16, 17, 24
Bundesarchiv (BA) Koblenz:
19: Bildnr. 183-1992-0410-541;
20: Bildnr. 183-E02381;
21: Bildnr. 183-2007-1022-506;
22: Bildnr. 183-2007-1022-502;
23: Bildnr. 146-2007-0183

Personenregister